한일 교류와 상극의 역사

北島万次·孫承喆

橋本 雄·村井章介 엮음

景仁文化社

발간사

이 책은 임진왜란 직후, 전쟁에 의해 단절된 한일관계를 재개했던 1607년의 통신사(제1차 회답겸쇄환사) 파견, 400주년을 기념하기 위해, 일본 큐수국립박물관에서 열린 한일국제학술대회 <조선통신사 400년 기념 : 아시아속의 한일관계사>에서 발표된 논문들을 한데 모아 발간한 것이다. 그런데 2007년은 조선후기 통신사 400주년이기도 하지만, 한일 양국이 한일관계사 연구자들에게는 매우 의미있는 해이기도 했다.

2007년은 한국의 <韓日關係史學會> 창립 15주년이었고, 일본의 <朝鮮王朝實錄講讀會>(前近代對外關係史研究會, 東京) 창립 30주년, <世宗實錄研究會>(福岡)* 창립 10주년이 되는 해였다. 그래서 이 책의 편집자인 北島万次·村井章介·孫承喆·橋本 雄은 1년전부터 이 학술대회를 기획했다. 5년전 <한일관계사학회> 창립 10주년, <조선왕조실록 강독회> 25주년 학술대회를 한국의 춘천에서 개최했기 때문에 이번에는 일본에서 개최하기로 했는데, 때마침 큐수박물관에서 앞장서서 이 학술 대회를 주선하겠다는 제안이 들어왔다.

큐수 다자이후에 있는 큐수국립박물관은 2005년에 개관했는데, 선사 이래 일본열도와 한반도의 가교를 자처하는 입장에서 그동안 개관기념 특별전시회를 개최했었다. 이번에 학술대회를 주선한 것도, 한일간에 임 진왜란이란 전쟁상태를 종식시키고, 평화시대를 열어간 조선통신사의 재 개를 기념하여, 이 학술대회를 개최해주기를 요청했던 것이다. 세 학회 는 이를 적극적으로 수용했고, 日韓文化交流基金의 지원을 받아, 곧바로 준비에 들어갔다. 기획안이 완성되자, 별도로 駐日韓國大使館·韓國觀光 公社福岡支社·九州觀光推進機構·JTB九州의 후원을 받았고, 2007년 12 월 15~16일에 큐수국립박물관 뮤지엄홀에서 심포지엄을 개최했다.

　심포지엄은 큐수박물관 관계자의 인사말에 이어, 세 학회의 소개가 있었고, 곧이어 기조강연 2인, 논문발표 5인과 토론 5인, 총괄토론 2인, 세션보고 8인 등 총 15인의 논문발표와 7인의 토론을 이틀간 진행했다. 이 책은 심포지엄에서 발표된 보고와 토론문을 5부로 다시 재구성하였다. 제1부에서는 학술대회 개최과정 및 각 학회의 간단한 소개(橋本雄, 藤田勵夫, 申東珪, 佐伯弘次, 北島万次), 제2부에서는 연구사와 사료를 중심으로 5개의 논문(関德基, 橋本雄, 木村直也, 關周一, 須田牧子), 제3부에서는 왜관과 왜성에 관한 논문 5개(孫承喆, 大西信行, 村井章介, 柳在春, 尹裕淑), 제4부에서는 외교·전쟁·정보의 관계사에 관한 논문 8개(伊藤幸司, 國原美佐子, 米谷 均, 荒木和憲, 金文子, 北島万次, 池內 敏, 鈴木 文), 제5부에서는 여러 가지 문화전파에 대한 5개의 논문(赤司善彦, 藤田勵夫·志賀智史, 押川信久, 小宮木代良, 加藤榮一) 등 총 27명의 한일 양국 학자들의 글을 수록했다. 아마 한일관계사 분야에 특히 조선시대(중·근세) 한일관계사 분야의 단행본에 이토록 많은 전공학자의 글이 집약된 것은 처음일 것이다. 또한 연구사, 사료, 각 주제 논문 등 전분야를 망라했다는 점에 있어, 중근세 한일관계사 연구의 현주소를 볼 수 있다.

　이러한 의미에서, 이 심포지엄을 기획했던 北島万次·村井章介·孫承喆·橋本 雄등 4인은 이 책을 한 일 양국에서 동시 출판하기로 했다. 일본에서는 校倉書房, 그리고 한국에서는 景仁文化社에서 각기 자국어로 출판하기로 했다. 그러나 발표원고를 수정하고, 또 상대국어로 번역하는 데에 상당한 시간이 걸렸다. 특히 일본 학자들의 글을 한국어로 번역하고 교정하는데에 여러 분이 수고를 했다. 한국에서는 강원대학교의 정지연, 홍을표, 길주희 님께 감사드린다.

한일양국의 한일관계사 연구를 주도하고 있는 세 학회가 5년 전의 성과(2002년, 춘천 개최, <조선왕조실록속의 한국과 일본>)에 이어, 두 번째로 개최한 대회의 성과물로 ≪한일교류와 상극의 역사≫를 발간하면서, 향후 5년후, 2012년에 다시 한국에서 학술대회를 공동으로 개최하기를 염원한다. 이 책이 중·근세 한일관계사 분야 연구의 새로운 시발점과 관계자들의 연구에 일조가 되기를 빈다.

2010년 3월 31일
손 승 철

목 차

제1부

이 책이 만들어지기까지

Ⅰ. 〈서론〉「조선통신사 400년 기념 국제심포지엄 : 아시아 속의 한일관계사」의 내용 및 이 책의 구성

하시모토 유(橋本雄)*

이 책은 2007년 12월 후쿠오카현(福岡縣) 다자이후시(太宰府市)에 있는 큐슈국립박물관(九州國立博物館, 약칭「큐하꾸(九博)」)에서 개최된 국제 심포지엄「조선통신사 400년 기념 국제심포지엄: 아시아 속의 일조 관계사」를 기초로 한 논문집이다. 그러나 심포지엄을 그대로 재현하거나 기록한 것은 아니다. 이 심포지엄에 모인 각 연구회·학회들이 일조관계 사(조일 혹은 한일관계사) 연구의 최전선을 맡으면서 사료강독을 중시해 왔다는 경위에 입각하여 일조관계사에 관련되는 사료론이나 연구사 정 리를 특히 중시하여 편성하였다. 이 책의 머리말로 이 심포지엄과 본서 의 성립과정에 대해 약간 적어 두려고 한다.

2007년은 에도(江戶)시대의 통신사가 시작된 지 400년 째에 해당하는 해였다. 일본과 한국 각지에서 통신사 관련한 이벤트와 심포지엄이 개최 된 것은 우리 기억에도 새로울 것이다. 그러나 흔히 있는, 평화와 우호라 는 측면만을 조명하는 작업으로는 도저히 역사적 실태에 접근할 수 없 다. 오히려 국제관계에 항상 따라다니는 평화와 폭력, 동경과 경모, 성심

---

* 北海道大學

과 사기 등 다양한 모습을 정면에서 파악해 나가지 않으면 안 될 것이다. 그러기 위해서는 복안적으로 여러 史(資)料(문헌사료나 문화재)를 정확하게 읽어 풀고, 항상 대조하는 작업이 요청된다.

또한 그러한 역사학의 기초를 구축하기 위해, 그 중요성을 시민들에게 알리고 연구 성과를 환원하기 위해, 발족 30주년을 눈앞에 둔 「조선왕조실록 강독회(도쿄)」와 2005년에 새로 다자이후에 만들어진 역사계박물관의 한 거점인 「큐슈국립박물관」이 앞장서서 위의 심포지엄을 개최하게 되었다. 후쿠오카에서 개최하는 것, 일조관계사를 주제로 삼는 것으로 역시 15주년을 맞이한 「한일관계사학회(서울)」, 10주년인 「세종실록연구회(후쿠오카)」에도 협력을 청하여 후술하는 바와 같은 充實한 면면을 맞이할 수 있었다(각 연구회에 대해서는 각 모임의 소개문을 참조할 것). 큐슈국립박물관에서는 마침 특별전 「조선통신사」를 개최할 예정이었고, 이와 연결시키는 것도 과제로 떠맡았다. 그래서 조선왕조실록 강독회의 OB이기도 하고 큐슈국립박물관의 전 연구원이기도 한 필자가 사무국으로서 전체기획, 조정역을 맡았으므로 이 책의 편자에도 연명하게 되었다.

이 심포지엄은 매우 다채로운 내용이었다. 자화자찬이 되겠지만 멤버는 쟁쟁한 면면들이다. 우선 아래에 프로그램을 적어보면 다음과 같다 (직함·소속 등은 그 당시. 경칭생략).

≪첫째날≫ 2007년 12월 15일 (토)
개회인사 : 미와 가로꾸 (三輪嘉六, 큐슈국립박물관 관장)
            金賢明 (주 후쿠오카 한국총영사)
            가마타 미찌사다 (鎌田迪貞, 큐슈국립박물관 진흥재단 이
            사장)
종합진행 및 내용설명 : 아카시 요시히꼬 (赤司善彦, 큐슈국립박물관)
■국제연구집회 「조일관계사 연구의 프런티어」
[사회] 사에끼 코지 (佐伯弘次, 큐슈대학)

　　　　이토 코지 (伊藤幸司, 야마구찌<山口>현립대학)
강연1　閔德基 (충주대학교)「한국에 있어서의 한일관계사 연구의 회
　　　　고와 전망－중·근세를 중심으로－」
강연2　기무라 나오야 (木村直也, 産業能率大學)
　　　　「동아시아 속의 근세 일조관계사」
보고1　孫承喆 (강원대학교)「제포 왜관의 과거와 현재」
　　　　코멘트 오오니시 노부유끼 (大西信行, 中央大學 杉並고등
　　　　학교)
보고2　오시카와 노부히사 (押川信久, 큐슈대학)
　　　　「15세기 조선의 일본 통교에 있어서의 대장경의 회사와 그 의
　　　　미－세조대의 대장경 인출사업의 재검토－」
　　　　코멘트 에노모토 와타루 (榎本涉, 토쿄대학)
보고3　아라키 가즈노리 (荒木和憲, 큐슈대학)
　　　　「조일 개전 전야의 쓰시마 소씨 영국」
　　　　코멘트 韓文鍾 (전북대학교)
보고4　金文子 (상명대학교)「히데요시(秀吉)의 병사 풍문과 임진왜란」
　　　　코멘트 나카노 히토시 (中野等, 큐슈대학)
보고5　무라이 쇼스케 (村井章介, 토쿄대학)「왜성을 둘러싼 교류와 갈등」
　　　　코멘트 柳在春 (강원대학교)
총괄코멘트1「일본 중세·조선왕조 전기를 중심으로」
　　　　　　오사 세쯔꼬 (長節子, 九州産業大學)
총괄코멘트2「일본 근세·조선왕조기 후기를 중심으로」
　　　　　　쯔르타 케이 (鶴田啓, 토쿄대학)
종합토론

≪둘째날≫ 2007년 12월 16일 (일)
종합사회·취지실명 : 후시타 레이오 (藤出勵夫, 큐슈국립박물관)
■국제심포지엄「전근대 일조관계의 우호와 마찰－도자기·왜란·통신
　　　　사－」
세션1「도자기로 보는 일조관계사－교역·왜란·지방의 도자기－」
　　　　이토 요시아끼 (伊藤嘉章, 큐슈국립박물관)
　　　　세키 슈이찌 (關周一, つくば國際大學)
　　　　키타지마 만지 (北島万次, 前共立女子大學)
　　　　엔도 케스케 (遠藤啓介, 큐슈 국립박물관)

    세션2 「새로운 근세 통신사 연구」
        요네타니 히토시 (米谷均, 早稻田大學)
        이케우찌 사토시 (池內敏, 名古屋大學)
        尹裕淑 (고려대학교)
        스즈키 아야 (鈴木文, 와세다대학)
    폐회인사 : 申東珪 (강원대학교)
        히로사키 야스쿠니 (廣﨑靖邦, 큐슈국립박물관 진흥재단
        전무이사)
    전시견학회·전시해설 : 아즈마 노보루 (東昇, 큐슈국립박물관)
        하시모토 유 (橋本雄, 北海道大學)

    첫째날 연구집회는 「조일관계사 연구의 프런티어」로서 민덕기·기무라 나오야의 강연으로부터 시작되었다. 모두 한·일 학계에 있어서의 연구사 개요와 과제를 전망하는 내용이다. 이어서 개별 보고, 코멘트가 각각 5개가 있었고, 총괄코멘트 2개, 종합토론으로 종막되었다(각 강연·보고는 이 책의 수록논고를 참조).

    둘째날의 심포지엄에서는 「전근대 일조관계의 우호와 마찰」이라는 제목으로 두가지 세션(좌담회)을 준비했다. 하나는 「도자기로 보는 일조관계사」이다. 이 세션에서는 조선전기 일조교역에 있어서의 도자기의 모습, 큐슈 도자기의 원류, 중국·조선과 일본의 도자기산업의 구조적인 특징 등에 대해서 논의되었다. 문헌사학 연구자들과 고고학 연구자들이라는 이분야교류(異種格鬪)는 실로 자극적이고 실험적인 시도였다고 말할 수 있다.

    둘째는 「새로운 근세 통신사 연구」라는 세션이다. 근세 초기 쓰시마에 의한 국서 위조문제나 근세 일본인의 조선관, 회화사료에 나타난 통신사상 등에 대해서 논의했다. 근세 일조관계사의 중견·신진 연구자들에 의해서 최근의 연구성과와 문제에 대한 관심이 개진되어, 「문화교류」나 「평화우호」 일변도인 근세 일조관계사상을 쇄신하는 내용이었다고 본다.

    이틀에 걸친 이 국제심포지엄의 포인트는 약 30명이 되는 한일 전문

가(연구자)가 등단하여 조일관계사(한일관계사) 연구의 최근 동향을 알기
쉽게 시민들에게 제시했던 점이다. 강연자·보고자들이 각자의 생각과 才
辯으로 거의 만원이 된 청중들을 만족스럽게 해주었다. 심포지엄 종료
후의 전시해설(특집진열 견학회)에도 많은 손님들이 참가했는데, 이 역시
그 관심이 얼마나 큰지를 나타내고 있다고 본다. 그리고 무엇보다 하나
의 역사적 事象을 양국의 연구자들이 함께 실증적으로 확정하고 공유한
다는 일의 중요성을 재차 실감할 수 있던 것은 아주 큰 수확이었다.

　심포지엄의 이러한 성황상과 충실한 내용에 자신을 얻어, 다시 조선
왕조실록 강독회(대표 키타지마 만지, 무라이 쇼스케 및 사무국장 쯔르
타 케이, 동 보좌 스다 마키꼬<須田牧子>)와 내가 선도·조정역이 되어,
재차 기획해서 완성한 것이 이 책이다(물론 둘째날의 세션 내용은 지면
에 재현하기가 어려워, 제각기 논고를 제출한다는 형식으로 변경할 수
밖에 없었던 점은 약간 유감스럽지만). 그 다음에 세종실록연구회와 한
일관계사학회, 큐슈국립박물관의 멤버들에게도 협력을 부탁하여 앞서 서
술한 바와 같이 사료론이나 최신 연구성과를 포함시킨 매우 충실한 내용
편성이 되었다고 생각한다. 이 책의 목차를 보면 알 수 있듯이 심포지엄
구성을 주축으로 하면서 제1부에서는 연구사의 정리를, 제2부에서는 일
조관계사에 관련되는 사적이나 사료의 안내를, 제3부에서는 다양한 정보
와 문화의 교류를 각각 취급하고 있다. 각 연구회·학회 및 큐슈국립박물
관이 넓은 의미에서 「사료」에 진지하게 대면해 온 경험을 아낌없이 보여
주었다고 생각한다. 독자들은 어느 페이지부터 읽어도 상관없으므로 새
로운 조일관계사 연구의 현장을 엿보아 주기 바란다.

　또한 이 책의 토대가 된 국제심포지엄의 개최에 있어서는 (재)일한문
화교류기금과 (재)큐슈국립박물관 진흥재단, (주)JTB 큐슈 등으로부터 금
전면·운영면에서 지원을 받았다. 또한 아주 사용하기 편한 회장을 준비
해 주신 큐슈국립박물관 및 현장의 조정역을 혼자서 맡아 주신 아카시

요시히꼬씨(큐슈국립박물관)에게는 감사의 마음으로 드릴 말씀이 없을
정도이다. 그리고 이 책의 편집과 원고정리 등 실무에 관해서는 키타지
마 만지씨, 스다 마키꼬씨(조선왕조실록강독회), 이토 코지씨(세종실록연
구회, 조선왕조실록강독회의 OB이기도 하다)가 뒤에서 힘을 써주셨음을
특히 부언해 두고 싶다. 또한 이 책을 출판 간행하는데 있어서는 나의
근무처인 홋카이도대학 대학원 문학연구과로부터 출판 조성을 받을 수
있었다. 그 외에도 일일이 이름을 들지 못하는 것이 유감이지만 신세를
진 많은 관계자 여러분께 이 자리를 빌려 독실하게 사례 말씀을 드리고
싶다.

　마지막으로 이 책이 하나의 이정표가 되어 일조(한일)관계사 연구
가, 혹은 양국의 학술교류가 더욱 深化(進化)를 시켜줄 것을 바라 마지
않는다.

Ⅱ. 큐슈(九州)국립박물관, 개관 4년째입니다

후지타 레이오(藤田 勵夫)*

　　큐슈국립박물관은 2005년 10월, 후쿠오카현(福岡縣) 다자이후(太宰府)에서 개관했습니다. 국립박물관으로써는 1세기만에 생긴 최신 박물관입니다.

　　박물관은, 고대부터 대외교류의 창구였던 지역에 위치하여 「일본문화의 형성을 아시아사적 관점에서 바라본다」는 컨셉을 가지고 설치되었습니다. 나라와 현이 제휴해 운영하고 있어 넓은 지역에 열린 박물관으로 자리잡으려 하고 있습니다.

　　건물(사진 1)은 물결과 같은 크고 푸른 지붕과 유리 벽면으로 되어 있습니다. 맑은 날에는 벽면 주위의 나무들이 비쳐, 산맥과 건물이 하나가 된 것 같은 착각을 일으킵니다. 이 큰 지붕과 벽에 둘러싸인 내부에는, 지진의 흔들림을 완화하는 免震層 위에 위치한 전시실과 수장고가 있습니다.

　　상설전시실은 「문화교류 전시실」이라 불리우며, 구석기시대부터 幕末까지의 대외교류사에 관련한 테마를 보실 수 있습니다. 중심부의 기본 전시실은, 소프트볼을 즐길 수 있을 정도의 크기로, 시대에 따라 관람할

---

* 九州國立博物館

〈사진 1〉 구주국립박물관 외관

〈사진 2〉 테마 전시 「북과 남의 民俗詩」

〈사진 3〉 對馬宗家 관계 자료 중 圖書·木印

〈사진 4〉 수장고와 선반

〈사진 5〉 제2회 동아시아 종이문화재 보존관리 심포지움에서의 워크숍

〈사진 6〉 아짓빠(あじっぱ)

수 있습니다. 그 주위에 열 두 개의 방을 배치하여 「떠들썩한 고분의 축제」,
「遣唐使와 실크로드」, 「아시아의 공예」 등을 전시하고 있습니다(사진 2).

특별전시실에서는 44만명의 관람자를 맞이했던 개관기념전 「美의 나
라 일본」이래, 연간 4회씩 특별전이 개최되어, 벌써 14회째 전람회 「공
예의 현재, 전통과 창조」가 개최 중입니다(2009년 1월 현재).

수장품은 아직까지 풍족하다고는 말할 수 없습니다만, 히가시야마(東
山) 御物이었던 목케이(牧谿)의 호테이도(布袋圖)나 3벌(2쌍과 1척)의 남
만병풍 등의 명품이 적지 않습니다. 그 중에서도 1만 4천점에 이르는 쓰
시마(對馬) 소(宗)家 관계 자료에는 조선국왕으로부터 내려진 도서나 국
서위조에 이용된 조선국왕과 무로마치(室町) 장군의 僞印 등(사진 3) 극
히 귀중한 자료가 많이 포함되어 있습니다.

博物課의 근간이라고도 할 수 있는 문화재를 안전하게 지키기 위한
수장고(사진 4)는 건물의 중심부에 위치해, 공기층을 설치한 이중구조의
벽에 둘러싸여 있습니다. 내장에는 큐슈의 삼재와 調濕材를 사용하고 에
어컨에만 의지하지 않는 온습도 환경을 유지하고 있습니다. 또한, 철저
한 청소 관리로 약제 훈증을 하지 않아도 벌레·곰팡이 등의 발생을 억제
하고 있습니다.

문화재의 수리 시설에서는 회화, 서적, 고문서, 조각, 칠공품, 고고자
료 등의 수리를 하고 있습니다. 이곳에서는 전문 기술자에 의해 본관 소
장품 뿐만이 아니라 큐슈·오키나와 등에 소재한 문화재나 해외 미술관
이 수장하는 일본미술품도 수리하고 있습니다. 또한, 수리에 관한 연수
나 국제 심포지엄도 개최(사진 5)하고 있습니다.

무료 존에 설치된 체험형 전시실 「아짓빠(あじっぱ)」(사진 6)에서는
아시아 여러 나라들의 생활문화를 몸소 느낄 수 있습니다. 그 외에 교육
보급활동을 통해 학교 대출용구 「큐팩(きゅうぱっく)」의 대출이나 관
의 소장품 등을 소재로 한 「큐하쿠의 그림책(きゅーはくの繪本)」(フ

レーベル館 간행, 2009년 현재 기간 9권, 이하 속간)을 간행하고 있습니다.

이와 같이 다양한 활동을 하고 있는 박물관에서는 직원 이외에도 200명의 자원봉사자가 교육 보급, 관내 안내, 환경, 자료 정리 등의 활동을 하고 있습니다. 관내 환경은 온습도나 문화재 해충 등의 모니터링을 통해, 항상 최적의 상태로 유지되고 있습니다.

2009년에는 600만명째의 관람객을 맞이했습니다(6월 11일 현재). 앞으로 보다 많은 분들의 내관을 기다리겠습니다.

Ⅲ. 〈한일관계사학회〉 15년의 발자취

신 동 규*

한국의 국립 강원대학교 인문과학연구소에 근무하고 있는 신동규입니다. 우선, 「조선 통신사 400년 기념-국제심포지엄」에 초대해 주신 관계자 여러분께 깊은 감사의 말씀을 드립니다. 그리고, 또 이러한 뜻 깊은 장소에서 한국으로부터 참가하신 분들을 대표해 인사 말씀을 드리게 되어 저 개인적으로도 대단히 영광으로 생각하고 있습니다. 이 심포지엄은 여러분도 아시다시피, 큐슈 국립박물관이 주최한 「조선통신사 400년 기념-국제심포지엄」입니다만, 도쿄의 「전근대 대외관계사 연구회」와 「조선왕조실록 강독회」 30주년, 후쿠오카의 「세종실록 연구회」 10주년, 한국의 「한일관계사학회」 15주년 기념도 겸하여 개최되고 있습니다. 이 기회를 빌려 큐슈 국립박물관의 관계자 여러분, 일본과 한국에서 참가하신 연구회와 학회의 여러분에게도 축하의 말씀을 드립니다. 그와 함께 이 심포지엄을 계기로 큐슈 국립박물관의 새로운 발전과 日韓관계/韓日관계의 우호와 평화를 진심으로 기원합니다. 그러한 의미에서도 이번 국제심포지엄은 양국의 선린관계를 위해 대단히 뜻 깊은 심포지엄이라고 생각합니다.

---

* 강원대학교

　한편, 심포지엄의 여러 가지 준비를 해주신 홋카이도 대학의 하시모토 유 선생님으로부터 이 기회에 한일관계사학회에 대한 소개도 해달라는 부탁이 있었기에 지금까지의 학회 활동 등에 대해서 간단히 소개를 드리겠습니다. 한일관계사학회는 1992년 「한일관계사연구회」라고 하는 명칭으로 창립되었습니다. 창립 당초에는 손승철 교수님, 하우봉 교수님 등을 비롯한 몇몇 선생님이 중심이 되어, 단 17명의 연구자 밖에 없었습니다만, 지금은 약 240명의 한국과 일본의 연구자가 참가하는 한일관계사의 분야에서는 최대의 학회로 발전했습니다. 매월 열리는 월례발표회를 108회, 국내외의 학술심포지엄을 17회 개최하였으며, 특히 2003년에는 도쿄의 「조선왕조실록 강독회」와 공동 주최로 「조선왕조실록 속의 한국과 일본」이라고 하는 주제로 학술대회를 개최하였고, 그 연구 결과를 출판하는 등 한일관계사 분야에서 상당히 많은 성과를 내고 있습니다. 또, 학술잡지인 「한일관계사연구」는 1993년 창간호를 발표한 이래, 지금까지 27호를 출판하고 있으며, 한국학술진흥재단으로부터 A급의 학술잡지로서 평가를 받아 2007년부터는 연간 3책(호)을 간행하고 있습니다. 또한, 학술연구 단행본으로서 『한일관계사 논저목록』·『독도와 대마도』·『한일 양국의 상호인식』·『조선시대의 한일 표류민 연구』·『역주: 교린제성』·『한일관계사 연구의 회고와 전망』·『한일관계 2천년』 등, 20여 권의 연구서를 발행하여 한일관계사 연구발전의 토대를 구축해 나가고 있습니다.

　이상, 한일관계사학회에 대해 소개했습니다만, 이번 심포지엄에 참가하고 느낀 점을 간단하게 말씀드리면, 400년 전의 통신사를 통해서 조선과 일본이 교류를 맺고 있었기 때문에 지금 이러한 심포지엄이 있는 것은 아닐까 라는 생각을 해보았습니다. 400년 전의 한국과 일본의 선조가 남긴 우호적인 역사가 양국의 미래를 위한 초석이 되고 있다는 것을 본 심포지엄을 통해 직감하게 되었습니다. 향후에도 마찬가지로 400년 후,

500년 후도 일본과 한국, 한국과 일본 간에 우호의 장소로서 이러한 뜻
깊은 심포지엄이 열릴 것을 기대하고, 또 반드시 열릴 것이라는 확신을
가져봅니다. 끝으로 심포지엄을 주최해 주신 큐슈 국립박물관의 관계자
여러분들, 그리고 실행위원회의 분들, 그리고 이틀간 참가해 주신 여러
분에게도 다시 한 번 감사의 말씀을 드리면서 인사를 맺고자 합니다. 감
사합니다.

Ⅳ. 〈世宗實錄研究會〉 10년의 발자취

사에키 코지(佐伯弘次)*

　큐슈대학(九州大學)에 세종실록연구회가 발족한 것은 지난 1997년이었다. 그 당시, 문학부 조선사학강좌의 조교수였던 로쿠탄다 유타카(六反田豊)씨가 『조선왕조실록』을 강독하는 연구회를 만들고 싶다고 발의하여, 관계자 사이에서 회합이 열렸다. 조선전기에 관심이 있는 사람이 많았기 때문에, 전기의 사료로 질과 양이 모두 충실한 『세종실록』을 처음부터 격주 輪番으로 읽어가는 것으로 결정하였다. 도쿄대학(東京大學) 사료편찬소에 국내유학 중, 『조선왕조실록』을 읽는 연구회에 참가한 적도 있어서, 큐슈에서 실록을 읽는 연구회가 생긴다는 것이 몹시 기뻤다.

　제1회 연구회는 1997년 12월 2일, 조선사학 연습실에서 이루어졌다. 간사이기도 한 로쿠탄다 유타카씨가 『세종실록』 권1, 即位前記 冒頭를 담당했다. 첫회의 참가 멤버는 로쿠탄다 유타카·諸洪一·오시카와 노부히사(押川信久)·야스코우치 미에(安河內美惠)·나카니시 고(中西豪)·이토 코지(伊藤幸司)·사에키, 모두 7명이었다. 연구회는 1회당 보고자 한 명씩, 로쿠탄다씨를 튜터로 하는 형식으로 연구회는 진행되었다. 즉위전기는 의례의 기사가 많아, 일본사학 전공인 나에게는 아주 어려웠다. 그 후, 쿠

*　九州大學

루메대학(久留米大學)의 쿠와노 에이지(桑野榮治)씨를 새롭게 맞이하는
등, 멤버도 바뀌었다. 보고를 담당할 때 이외는 그다지 큰 부담도 없어,
모임은 담담히 진행되어 갔다.

40회를 지났을 무렵, 예상하지 못한 사태에 직면하였다. 간사·튜터로
서 모임을 견인해 온 로쿠탄다씨가 전출하게 된 것이다. 로쿠탄다씨는
2002년 4월, 도쿄대학 대학원 인문사회계 연구과로 전출하여 연구회도
제45회를 끝으로 중단할 수 밖에 없게 되었다.

같은 해 5월 10일, 남겨진 멤버가 다시 모여 의논한 끝에, 사에키를
간사로 하여 연구회를 계속해 나갈 것을 결정했다. 그리고 일조관계사를
연구하는 멤버가 많으므로 『세종실록』을 모두 읽는다는 당초의 방침을
포기하고, 『중국·조선 사적에 있어서의 일본사료 집성 이조실록지부(中
國·朝鮮の史籍における日本史料集成 李朝實錄之部)』의 제1권, 세종 즉
위년부터 새로 읽어나가는 것으로 결정했다. 말하자면 제2차 세종실록연
구회가 발족한 것이다. 제2차 연구회 발족 때의 멤버는, 카와구치 다이스
케(川口大輔)·마츠오 히로키(松尾弘毅)·이토 코지·아라키 카즈노리(荒木
和憲)·테라지마 히로시(寺嶋宏)·니시노 겐(西野玄)·오오타니 후미코(大
谷史子)·쿠와노 에이지·오시카와 노부히사·사에키 등 10명이다.

다시 열린 제1회이자 제46회 연구회는 같은 해 5월 31일에 행해졌다.
그 후, 조선사학강좌의 사정으로 같은 연습실을 사용할 수 없게 되어, 장
소를 일본사학 연습실로 옮기고, 한 달에 1~2회 정도로 연구회를 열고
있다. 세종 원년(1419)의 기해동정이나 왜구대책, 일본인 통교자의 견사
와 그들에 대한 대응 등, 나에게는 흥미로운 기사들뿐이며, 다른 장르 연
구자들의 지적을 통해, 새롭게 계발하게 되는 점이 많았다.

2009년 7월 현재, 모임은 통산 122회에 이르렀으며, 세종 7년 정월조
를 마쳤다. 현재 고정 멤버는 8명이며, 앞으로도 담담히 읽어나가고자
한다.

V. 〈朝鮮王朝實錄講讀會〉 30년의 발자취

우리가 「朝鮮王朝實錄講讀會」를 시작한 것은 1978년 봄이었다. 당초 강독회는 조선사 전공의 糟谷憲一씨를 강사로, 荒野泰典·石井正敏·加藤榮一·紙屋敦之·村井章介 그리고 내가 참가해, 동경대학 사료편찬소의 한 연구실에서 시작되었다. 텍스트는 「朝鮮王朝宣祖實錄」이었다. 처음에는 선조가 즉위하는 부분부터 읽기 시작했는데, 그 내용은 막 즉위한 李昖에게 儒臣이 유학을 강의하는 장면이 중심이었다. 그러나 유학의 내용이 난해했기 때문에, 임진왜란 부분을 읽기로 하고 선조 25년(1592) 4월조로 바꿨다. 그래도 내용은 난해했지만, 糟谷씨의 조언도 있고 해서 강독회를 지속하게 되었다.

이 강독회를 만들게 된 계기는 1973년 11월 내가 中村榮孝 선생님을 만난 것에 있다. 즉 「田尻鑑種の『高麗日記』」(『歷史評論』 279호. 秀吉가 조선을 침략했을 때 鍋島直茂의 휘하에서 종군한 田尻鑑種의 일기)와 관련해서 中村 선생님한테 연락을 받은 것이다. 그때 선생님으로부터 「朝鮮王朝實錄」을 읽을 것을 권유받았다. 그에 대해 나는 선생님의 『日鮮關係史の研究』에 인용되어 있는 「朝鮮王朝實錄」이 저한테는 난해하다

고 말씀드렸더니, 「그 사료를 못 읽겠으면 삽화라고 생각해도 상관없다」
라는 매서운 질책을 받았다. 또 하나의 계기는 田中正俊씨의 비판이었
다. 즉 1977년 8월 「歷史科學協議會」의 대회에 참가하던 도중, 그해 5월
역사학연구회대회에서 내가 보고한 「豊臣秀吉の朝鮮侵略と幕藩制國家
の成立」과 관련해 「대외관계사를 연구하는 경우, 아무리 훌륭한 역사관
을 가지고 있어도 쌍방의 사료를 못 읽으면 의미가 없다」라는 얘기를 들
었던 것이다. 당시 나는 糟谷憲一씨와 함께 『歷史評論』의 편집위원으로
일하고 있었고, 田中씨는 「歷史科學協議會」의 대표위원이었다. 그래서
『歷史評論』의 편집위원회 석상에서도 田中씨한테 같은 질책을 들었다.
그 자리에 동석했던 糟谷씨가 나중에 「朝鮮王朝實錄」을 같이 읽을 것을
제안해 주었다. 그래서 이전부터 참가하고 있던 田中健夫 선생님 주재
「前近代對外關係史硏究會」의 멤버들(앞에 언급한 荒野泰典 등)과 상담
한 결과 『朝鮮王朝實錄』을 읽어 보기로 한 것이다.

강독회를 2～3년 지속한 뒤, 糟谷씨가 新潟大學에 취직했기 때문에,
강사없이 강독회를 계속하게 되었다. 그 후 강독회에는 木村直也·鶴田
啓·山室恭子·久留島典子·關周一 등이 참가했다. 또 한국에서 유학온 朴
花珍·金文子·閔德基·孫承喆 등도 참가하였고, 몇몇 대학의 대학원생도
참가하게 되었다. 더욱이 九州大學에서 史料編纂所로 국내유학하고 있
던 佐伯弘次도 이 강독회에 참가했다.

지금 텍스트의 복사본에 기록한 메모를 보니, 참가자가 상당수에 달
한다. 田中健夫 선생님은 「나이·학벌·민족의 구별없이」를 원칙으로 할
것을 조언해 주셨다. 그 말을 지침으로 삼아, 강독회에서는 텍스트를 윤
독해가면서 자유롭고 활발히 의견을 교환했다. 앞에서 언급한 것처럼 30
년전에 읽기 시작한 곳은 선조 25년 4월 임진왜란이 발발하는 부분이었
다. 읽어 나가는 속도는 거북이처럼 느리다. 그러나 철저하게 읽는다. 그
래서 대외관계사 연구테마가 중세인 사람도 근세인 사람도 사료를 읽는

방법을 터득하는 것이 가능했다. 그 결과, 젊은 연구자중에서는 연구성
과를 저서로 출판한 사람도 몇명 나왔다.

　더욱이 孫承喆은 한국에 돌아가서 「朝鮮王朝實錄講讀會」에 참가했
던 사람들을 중심으로 「韓日關係史硏究會」를 창설했다. 또 佐伯弘次는
九州大學에 돌아가서 젊은 연구자를 모아 「世宗實錄講讀會」를 창설했
다. 30년전의 작고 작은 밭에 심었던 씨가 지금 결실을 맺고 있다.

제2부

研究史와 史料論—성과와 과제

Ⅰ. 한국에서의 한일관계사 연구의 회고와 전망
-조선시대를 중심으로-

민 덕 기*

1. 머리말

한일관계사에 대한 한국의 연구 성과는 1990년대를 전환점으로 급증하고 있다. 이에는 1992년의 한일관계사학회(『한일관계사연구』발간)와 94년의 일본사학회(『일본역사연구』발간)의 결성과, 이를 기반으로 해방 이후 출생한 한국내 연구자들과 80년대 일본에 유학했다 귀국한 연구자들의 활동이 相乘작용을 일으킨 결과라 할 수 있다. 21세기에 들어와서는 제1기 <한일역사공동연구위원회>의 활동결과물인『한일관계사연구논집(전10권)』(경인문화사, 2005)과, 한일관계사학회 회원을 중심으로 54명의 필진에 의해 출간된『한일관계 2천년－보이는 역사, 보이지 않는 역사(전4권)』(경인문화사, 2006)에 의해 더욱 연구성과가 풍성해졌다.

본 논문에서는 2002년 이후 한국에서 활자화된 조선시대 한일관계사의 연구 성과를 정리하고자 한다. 그 이전의 성과는 이미 2002년에『한일관계사 연구의 회고와 전망』(국학자료원)으로 정리되어 있다.

* 청주대학교

2. 연구의 회고

우선 왜구에 대한 연구로서 이영과 김보한을 들 수 있는데, 그들 연구
의 특징은 왜구의 正體를 일본 지역에서 찾고 있고, 왜구의 발생 배경
또한 일본 역사에서 도출하고 있다는 점이다. 즉 왜구가 남북조시대라는
상황에서 발생한 것으로 파악하고 일본의 '해적' 또한 왜구로 파악하고
있다.

예컨대 이영은 왜구가 대거 침탈하는 '庚寅年 이후의 왜구'의 주체를
'九州의 亂臣'과 '西邊 海島의 완고한 백성들'로, 즉 前者를 쇼니(少貳)
氏와 征西部 세력, 후자를 큐슈 지역의 海民과 혼슈(本州) 서부의 해민
및 시고쿠(四國)의 해민 등으로 파악하고 있다.[1]

김보한은 일본 해적을 왜구와 연관시키지 않고 있는 일본 측의 종래
연구에 대해 문제를 제기하여 그 兩者를 연계시켜 고찰하고 있다. 그리
하여 10~13세기 동아시아의 질서 속에서 일본의 해적이 왜구로 전환되
는 변화과정을 일본 중심으로 교역과 약탈이라는 이중 구조에서 검토하
고 있다.[2] 그는 또 왜구 소멸의 원인을 일본 열도 내부에서 접근해야 한
다고 주장하여, 왜구의 약탈물을 대신하는 대체품이 일본 열도 내에서
확보되었거나 자신들의 근거지에서 안정적인 정착과 생업이 보장되어야
할 것을 조건으로 검토하고 있다.[3]

1) 李領,「『庚寅年 이후의 倭寇』와 松浦黨 - 禑王 3년(1377)의 倭寇를 중심으로」
『日本史學硏究』 24, 2006 :「14세기 동아시아 國際情勢와 倭寇 - 恭愍王 15년
(1366) 禁倭使節의 派遣을 中心으로」『韓日關係史硏究』 26, 2007.
2) 金輔漢,「동아시아 經濟圈域에서의 掠奪의 主役, 海賊과 倭寇 - 10~13世紀
日本의 海賊과 倭寇를 중심으로」『中國史硏究』 29, 2004.
3) 金輔漢,「海洋文化와 倭寇의 消滅 - 五島列島 공동어업권과 관련해서」『文化史
學』 16, 2001 :「日本史에서 본 倭寇의 발생과 소멸과정」『文化史學』 23, 2004.

한편 윤성익은 기존의 을묘왜변(달량왜변이라고도 함, 1555년)의 인식, 즉 삼포왜란과 사량진왜변(1544년)과 같은 성격의 사건으로 그 연속선상에서 파악하고 있는 것에 문제를 제기하여, 『명종실록』의 재검토를 통해 일본 五島의 王直 집단과 큐슈 서북부 지역 사람들이 중심이 된 이른바 후기왜구와 같은 유형의 사건으로 이를 분석하고 있다.4) 이외의 연구로는 왜구의 피해를 받은 특정지역, 예를 들어 마산·사천 등의 개별 지역을 대상으로 지역사의 일환으로서 접근하고 있다.5)

朝鮮前期의 연구로는 『朝鮮前期 向化·受職倭人 연구』(국학자료원, 2005)를 발표한 바 있는 한문종을 들 수 있다. 그는 '일본국왕사' '大藏經', 또는 조선의 對日통제책을 위반한 일본인의 처벌에 대해서도 상세하게 다루고 있다.6) 이런 검토는 문형진에 의해서도 이뤄지고 있다. 그는 조선에서의 일본인 범죄나 일본인에 대한 조선인의 범죄와 그 처벌에 대해 연구하고 있다.7)

이 밖에 그의 연구로는 「今川了俊과 『南九州國人一揆』의 成立 背景」『文化史學』 19, 2003 : 「韓·日史料에서 본 倭寇의 實體」『東洋學簡報』 13, 2002 : 「동아시아 海域의 아웃로우(Outlaw) - 13·14세기 왜구활동과 그 원인」『일본사학연구』 24, 2006.

4) 尹誠翊, 「『後期倭寇』로서의 乙卯倭變」『韓日關係史研究』 24, 2006.

5) 李載範, 「고려말 조선초 왜구와 泗川」『韓國中世泗川地域社會研究』, 韓國中世史學會學術發表大會, 2005 ; 李領, 「고려말의 왜구와 馬山」『韓國中世史研究』 17, 2004 : 「홍산·진포·황산대첩의 역사지리학적고찰」『日本史研究』 15, 2002 ; 具山祐, 「일본원정·왜구침략과 경상도지역의 동향」『韓國中世史研究』 22, 2007.

6) 한문종, 「조선전기 일본의 대장경구청과 한일간 문화교류」『韓日關係史研究』 17, 2002 : 「조선전기왜인통제책과 통교위반자의 처리」『日本思想』 7, 2004 : 「조선전기 일본국왕사의 조선통교」『韓日關係史研究』 21, 2004.

7) 文亨鎭, 「조선초 왜인관련 조선인범죄유형과 그 처벌실태」『歷史文化研究』 21, 2004 : 「조선초 왜인범죄유형과 그 처벌실태」『韓國外國語大學校 日本研究所 日本研究』 2004 : 「세종의 대왜포용정책과 범죄증가실태」『韓國外國語大學校 日本研究所 日本研究』 2005.

그러면 임진란의 연구는 어떠한가? 기존의 임진란 연구가 이순신이나 원균 같은 인물 중심, 또는 의병 활약을 중심으로 이루어졌다는 점을 부인할 수 없을 것이다. 특히 의병연구는 향토사와 민중사적 측면을 강하게 어필할 수 있다는 점에서 선호되어 왔다. 그러나 의병이 전란의 전 기간에 걸쳐 주도적 역할을 한 것처럼 왜곡될 우려가 있고, 특정전투에서의 활약이 강조되어 임진란 전체상을 못 보는 한계가 있었다.[8]

그래서인지 최근에는 다양한 시각으로 임진란에 접근하려하고 있다. 우선 이순신이 아닌 그의 '幕下人物'들의 활약을 조명한 諸章明, 전라도 담양의 소쇄원(瀟灑園) 지역과 그곳 士族이 전란으로 겪는 참화를 밝힌 김덕진의 연구,[9] 그리고 일본군이 조선 성곽을 어떻게 변형·보강하여 이용하고 있었는가 그 실태를 밝힌 유재춘과 順天倭城을 검토한 천득염의 연구도 주목된다 하겠다.[10]

또는 임진란에서 가장 큰 피해를 본 지역인 부산을 대상으로 이를 사회사적인 측면에서 그 변화를 검토한 연구로서 士族 중심의 향촌지배체제 확립과정과 의미, 성리학적 측면을 중심으로 한 對民지배체제 강화를 밝힌 김강식의 연구가 있다.[11] 특정 가문의 전란에 의한 私奴婢의 調整에 대해 검토한 최효식, 朝廷의 財源 捻出策과 식량문제 해결을 위해 중시되었다는 관군의 둔전 경영의 실태를 조명한 송양섭, 도요토미 히데요시(豊臣秀吉)의 대외정책과 인식의 全般을 통해 임진란을 이해하려는 윤유숙의 연구도 주목된다.[12]

---

8) 盧永九, 「임진왜란 초기 양상과 對韓 기존의식의 재검토 – 和歌山縣立博物館所藏『壬辰倭亂圖屛風』에 관한 새로운 이해를 기초로」『韓國文化』31, 2003.
9) 諸章明, 「壬辰倭亂時期李舜臣幕下人物の活動」『歷史와 境界』52, 2004 ; 金德珍, 「倭亂と瀟灑園 – 人人及び瀟灑園」『歷史學硏究』28, 2006.
10) 유재춘, 「임진왜란시 일본군의 조선성곽이용에 대해」『朝鮮時代史學報』24, 2003 ; 千得琰 외, 「順天倭城의 구조와 축성방법에 대한 조사연구」『건축역사연구』26, 2001 : 「順天倭城에 관한 연구」『호남문화연구』28, 2001.
11) 김강식, 「임진왜란전후 부산지역의 사회변화」『港都釜山』22, 2006.

　차인배는 그간의 임진란 연구가 抗戰 관련이 주류를 점하여 戰後 복구 양상과 사회상에 대한 규명이 소략했으며, 그나마도 사회 경제력의 회복문제를 주로 언급하여 왔다고 지적하고 있다. 그는 혼란 정국을 복구하는 과정에서의 치안 정비과정을 還都한 宣祖의 통치질서 회복을 위한 都城 일대에서의 강화된 포도청의 치안활동을 중심으로 검토하고 있다. 그는 또 戰後 복구기 치안활동이 전란기에 발생한 폐습 교정, 일본군 잔재 척결, 明軍의 횡포 단속 등 3가지 양상을 띠고 전개되었다고 주장하고 있다.[13]

　이외의 임진란 연구로는 烽燧와 파발 및 역참의 운영 실태를 분석하고 있는 김문자, 조선과 明과의 외교 갈등을 그린 한명기, 조선과 일본 등의 武器체계를 밝힌 박재광,『東國新續三綱行實圖』에 그려진 일본군 이미지를 검토한 정하미의 연구가 있다.[14] 다만 본 논문에서는 지면상 그간의 의병이나 전투에 대한 연구 성과를 정리하지 않으려 한다.

　다음으로 통신사 연구에 대해서다. 통신사가 결코 일본 측의 '朝鮮通

---

12) 崔孝軾, 「임진왜란직후 한 의병가의 사노비조정고찰」『경주문화』8, 2002 ; 崔孝軾, 「壬亂 직후 海州 堅氏家의 私奴婢 조정」『신라문화』22, 2003 ; 宋亮燮, 「임진왜란기 국가의 둔전설치와 경영」『한국사학보』7, 1999 ; 윤유숙, 「16세기후반, 일본의 대외정책과 대외인식－秀吉의 대륙정복계획을 중심으로」『문화사학』23, 2005 :「豊臣秀吉의 조선침략발전 한일교섭실태」『日本學報』70, 2007.

13) 차인배, 「임진왜란기 도성내 포도청의 치안활동」『동국사학』40, 2004.

14) 김문자, 「정보·통신과 임진왜란」『한일관계사연구』22, 2005 ; 한명기, 「임진왜란기 명·일협상에 관한 연구－명의 강화집착과 조선과의 갈등을 중심으로」『국사관논총』98, 2002 ; 박재광, 「임진왜란기 조·일 양국의 무기체계에 관한 일고찰－화약병기를 중심으로」『한일관계사연구』6, 1996 ; 박재광, 「임진왜란기 조·명·일 삼국의 무기체계와 교류－화약병기를 중심으로」『軍史』51, 2004 ; 정하미, 「『동국신속삼강행실도』에 나타난 일본·왜군의 회화이미지」『省谷論叢』34, 2003. 이밖에 김문자, 「전쟁과 평화의 근세한일관계－임진왜란과 통신사」『일본역사연구』18, 2003 :「16세기 동북아시아에서의 국제질서 변동과 전쟁 －「朝鮮陳留書」「服部傳右衛門覺書」에 나타난 일본무장들의 조선인식을 중심으로」『일본역사연구』27, 2008.

信使'로 통칭되거나 에도(江戶)시대로 국한되어서도 안 되며, 교린을 위한 신의가 강조된 조선시대 全般의 對日사절을 포용하는 의미로 재해석되어야 한다는 손승철은, 그런 점에서 2007년을 通信使行 400주년 기념으로 설정한 것에 이의를 제기하고 있다.[15]

기존 통신사에 대한 연구가『海行叢載』의 주된 내용 검토를 통해 사행, 그것도 三使 중심의 對日 인식이나 일본 견문에 치중한 감이 없지 않다. 그런 점에서 최근의 통신사 연구의 특징으론 경제적 측면에서의 검토가 증가했다는 점이다.

이훈·김덕진 등은 통신사행이 일본에 가서 증정한 禮單을 통해 조·일 외교의 성격과 그 변화를 분석하고 있다.[16] 즉 조선후기의 경우 예단의 규모가 일정선을 유지하여 안정된 외교관계를 반영하고 있다는 것, 그러나 말기로 갈수록 예단 규모가 감소하고 있음은 양국의 재정 악화도 그 한 요인이 되겠으나 예단이 필요 없는 외교체제로의 이행 추세를 반영하고 있다는 것, 예단의 受給者와 그 양으로 조선의 對日외교 자세의 변화를 추출할 수 있다는 것, 예단의 物種은 前期 50種에서 후기엔 27종으로 축소하고 있으며 그 물종이 고도로 상징화된 의례 용도로 定型化되어가고 있다는 것 등이다. 이훈은 이어 1811년의 對馬藩이 조선의 사행 접대에 소요된 비용을 검토하면서, 막부로부터 금 5만냥을 원조 받으면서 3만냥을 특별 수당으로 더 수령하고 있었다고 밝히고 있다.[17]

김덕진은 또 1763년의 통신사 비용을 검토하고 있다. 그리하여 예물이나 지참물 비용이 8만 3천여냥, 교통편 제공에 5만 3천여냥, 사행의 숙식과 연회에 5만 9천여냥이 소요되었다고 하며, 통신사 1회의 使行 총

15) 손승철,「조선시대 통신사 개념의 재검토」『조선시대사학보』27, 2003.
16) 김덕진·변광석·이훈·정성일,「외교와 경제:조선후기, 통신사외교의 경제시스템 -통신사예단에서 본 조일외교의 특징과 그 변화」『한일관계사연구』26, 2007.
17) 이훈,「조선통신사접대와 대마번의 재정 - 1811년 신미통신사를 중심으로」『역사와 경계』55, 2005.

비용은 20만냥 이상이 소요되었을 것으로 가늠하고 있다.[18] 이어 그는 1811년 사행비와 戶曹의 부담에 대해서도 이를 명확히 하고 있다. 특히 사행 파견에 즈음하여 호조로부터 조달한 재정은 31,900냥으로 이는 호조 1년 총 지출액의 4.8%라고 구체적인 수치를 제시하고 있다.[19]

김동철은 1763년 對日 사행과 관련하여 부산 지역민의 부담실태를 검토하고 있다. 이는 통신사행과 관련한 특정 지방의 재정 부담에 대한 최초 연구라 할 수 있을 듯하다.[20] 변광석은 1811년 사행에 경상도가 부담한 재정에 대해 논하고 있다.[21] 통신사 員役을 어떻게 선발하고 있는 가를 연구한 심민정은, 원역이 상상관·상관·차관·중관·하관으로 5등급화 할 수 있으며, 통신사행의 差定을 三使의 自辟과 該司의 差定 및 지방 감영의 차정으로 3분할 수 있다고 밝히고 있다. 그는 종래의 통신사 연구가 정치·외교인식·문학면에 치우쳤다고 지적하고 통신사의 구성원에 관한 연구가 그간 부진하여 역관이나 화원 및 의원의 연구가 있는 정도라고 총괄한다.[22] 정하미는 일본에서 그려진 도시 경관에 등장한 조선의 통신사 그림을 대상으로 그 배경과 의도를 분석하고 있다.[23]

이외에 통신사행에 참여한 譯官과 畫員의 활동에 대한 연구로 김동철·이상규·백옥경 등의 연구가 있다.[24] 그리고 대마도와의 約條나 왜관

---

18) 김덕진, 「1763년 통신사, 사행비의 규모와 그 의의」 『전남사학』 25, 2005.
19) 김덕진, 「1811년 통신사 사행비와 호조의 부담」 『역사와 경계』 55, 2005.
20) 김동철, 「통신사행과 부산지역의 역할」 『통신사 - 한일교류의 길을 걷다』, 2003.
21) 변광석, 「1811년 통신사 파견과 경상도의 재정부담」 『역사와 경계』 55, 2005.
22) 심민정, 「조선후기 통신사원역의 선발실태에 관한 연구」 『한일관계사연구』 23, 2005.
23) 정하미, 「도시경관의 표상으로서의 조선통신사 - 「洛中洛外圖」와 「江戶圖屛風」을 중심으로」 『일어일문학』 24, 2004 : 「일본의 '미디어이벤트' 로서의 조선통신사연구」 『일본학보』 69, 2006.
24) 김동철, 「왜관도를 그린 변박의 대일교류활동과 작품들」 『한일관계사연구』 19, 2003 ; 이상규, 「조선후기, 川寧玄씨가의 역관활동」 『한일관계사연구』 20, 2004 : 「17세기전반 왜학역관 康遇聖의 활동」 『한일관계사연구』 24, 2006 : 「17

에 관한 연구로는 이훈과 장순순 및 윤유숙, 通詞 등을 통한 정보수집과
관련해서는 허지은과 김강일의 연구가 있다.[25]

漂流民에 대해서는 이훈과 정성일의 연구가 대표적이다. 그들은 송환
체제를 제도사적으로도 상세하게 정리하고 있고, 표류 기록을 통한 漁民
과 商人의 해상활동 규명에도 적극적이다. 특히 일본 측의 관련 사료를
적극적으로 풍부하게 이용하고 있음이 주목된다.

『조선후기 표류민과 한일관계』(국학자료원, 2000)을 통하여 조선사회
속에서의 표류의 주체 및 성격을 분명히 하고, 표류·표착 사고를 조선정
부가 어떻게 인식하였나 등을 고찰한 바 있는 이훈은, 에도시대 일본에
표착한 조선인의 표류민과 표류선박에 대한 일본 측의 취급과 송환 관행

세기초중반, 왜학역관 홍희남의 활동 - 통신사파견시 수행역관활동을 중심으로」
『한일관계사연구』 26, 2007 ; 백옥경, 「임술사행록에 나타난 역관의 활동과 일
본인식」『한국사상사학』 26, 2006 : 「역관 吳大齡의 일본인식 - 『溟槎錄』을 중
심으로」『조선시대사학보』 38, 2006 : 「역관 김지남의 일본체험과 일본인식 - 『東
槎日錄』을 중심으로」『한국문화연구』 10, 2006 ; 홍선균, 「조선후기 한일회화
교류와 상호인식 - 통신사행을 중심으로」『학예연구』 2, 2001 : 「조선후기 통신
사 수행화원의 회화활동」『미술사논단』 6, 2003 ; 강대민·이정은, 「조선통신사
수행화원연구 I 수행화원의 구성을 중심으로」『문화예총논집』 11, 2003 ; 김서
란, 「조선후기 통신사수행 왜학역관연구」『백산학보』 71, 2005 ; 홍성덕, 「조선
후기 대일외교사행과 왜학역관」『한일역사공동연구보고서』 2, 2005. 이 밖에 하
우봉, 「조선후기 통신사행원의 일본 古學 이해」『일본사상』 8, 2005 ; 양흥숙,
「17세기전반 회답겸쇄환사의 파견과 경제적 의미」『도항부산』 21, 2005 ; 정성
일, 「통신사기록의 데이터 시스템 구축」『역사와 경계』 55, 2005 ; 한승희 「기
해통신사에 대한 各藩의 御馳走役」『한일관계사연구』 25, 2006.
25) 이훈, 「1836년 南膺中의 난입사건 취급과 근세왜관」『한일관계사연구』 21, 2004 ;
장순순, 「근세 동아시아 외국인 거주지의 특징」『전북사학』 27, 2004 : 「초량왜관
의 폐쇄와 일본조계화 과정」『일본사상』 7, 2004 ; 윤유숙, 「조선후기 한일통교체
제와 『己巳約條』(1809년)」『일본사학연구』 24, 2006 ; 이상규, 「조선후기 대일무
역상의 폐해와 기사약조(1809년)의 체결」『한일관계사연구』 22, 2005 ; 허지은,
『근세대마조선어통사의 정보수집과 유통』, 서강대학교사학과박사학위논문집, 2007 ;
김강일, 「조선후기 왜관의 정보수집에 대한 연구」『한일관계사연구』 29, 2008.

을 명확히 하고 있다.[26]

정성일은 조선 측 표류기록을 통해 표류나 표착의 주체가 되는 조선인들의 삶이라고 하는 하부구조에 대해 분석하고 이를 인적사항에 대한 기초연구로 삼으려하고 있다. 그는 또 전라도 지역민의 일본 표류기록을 분석하고 이를 데이터베이스화하고 있다. 특히 外務省 外交史料館 소장의 외무성 기록인「困難船及漂民救助雜件·朝鮮國ノ部」를 조사 분석하여, 언제 누가 어디에서 어떻게 표류되었으며, 언제 일본의 어디를 거쳐 어떻게 귀국하게 되었는가의 과정을 정리하고, 이를 데이터베이스화하여 다양한 측면에서의 연구를 가능케 할 수 있는 작업을 하고 있다. 게다가 그는 근대 이후의 표류민 연구가 미흡함을 지적하고, 메이지 유신 이후 일제강점기를 전후로 한 시기를 대상으로 표류·표착 등 해난을 당한 조선인에 대해 메이지 정부가 어떤 정책을 수립하여 그들을 구조·송환했는가를 살펴보고 있다.[27]

한일관계에 대한 개인적인 저술활동으로 한·일간의 상호인식을 역사적으로 분석하여 미래지향적인 시각을 제언한 하우봉의『한국과 일본 — 상호인식의 역사와 미래 — 』(살림, 2005)와,『조선시대 한국인의 일본인식』(혜안, 2006)이 있다. 조선시대의 양국관계를 통신사 외교를 중심으로 하여 공존과 대립으로 서술한 손승철의『조선통신사, 일본과 通하다』(동아시아, 2006)와 대마도를 쉽게 개괄한 이훈의『대마도, 역사를 따라 걷다』(역사공간, 2005) 등이 있다. 대마도에 대해서는 유종현의『대마도 역

---

26) 이훈,「바다에서 본 한국사 :『표류』를 통해 본 근대 한일관계 — 송환절차를 중심으로」,『한국사연구』123, 2003.

27) 정성일,「표류기록을 통해 본 조선후기 어민과 상인의 해상활동 —『漂人領來謄錄』과『漂民被仰上帳』을 중심으로」,『국사관논총』98, 2002 :「전라도주민의 일본열도 표류기록 분석과 데이터베이스화」,『사학연구』72, 2003 :「표류민송환체제를 통해 본 근현대 한일관계 — 제도적 접근(1866~1914)」,『한일관계사연구』17, 2002.

사문화기행』(화산문화, 2008)이 가장 최근의 저작이라 할 수 있다. 민덕
기의 『前近代 동아시아 세계의 한·일관계』(경인문화사, 2007)은 『前近
代東アジアのなかの韓日關係』(와세다대학출판부, 1994)의 번역·증보
판에 해당한다. 이외에 번역활동으로 정성일 옮김, 다시로 가즈이 지음,
『왜관 - 조선은 왜 일본사람들을 가두었을까? - 』(논형, 2005, 원저는 『왜
관 - 鎖國시대의 日本人町』 -)를 들 수 있다.

   자료면으로 보면 무엇보다도 高宗·純宗實錄까지를 포함한 『조선왕
조실록』을 국사편찬위원회가 인터넷으로 누구에게나 무료로 이용할 수
있게 하였다는 점이다. 同 위원회는 또 이 실록과 『承政院日記』를 연계
하여 서비스하고 있다. 삼국시대에서 개항기에 이르는 한국 측의 1차 史
料 속의 한일관계 기사 전체를 발췌하여 엮은 손승철 編, 『韓日關係史料
集成(전29권)』(경인문화사, 2004). 釜山廣域市史編纂委員會의 『國譯 倭
人求請膽錄』과 國立晉州博物館의 『임진왜란 史料叢書 - 對明外交 - 』도
발간되었다.

3. 맺음말 - 연구의 展望

   기존의 한일관계사 연구가 문화교류나 상호인식을 중심으로 진행되
어 왔다면, 이제부터는 적극적으로 인접학문과의 연계도 확대시켜가야
할 것이다. 인류학·민속학 등과의 교류도 그러려니와, 漂流기록이나 통
신사 紀行기록을 문학으로만 검토해 왔던 국문·日文學界와의 연계 또
한 중요하다 하겠다. 문학작품으로만 평가되었던 『日東壯遊歌』에 대한
역사학적 접근을 보인 민덕기, 조선시대 양국간의 '음식문화 교류'에 대
한 김상보 外, '通信使船舶'에 대한 김재승 등의 연구가 그 예가 될 것
이다.[28]

　　비교사도 관계사를 풍요롭게 하는 한 측면이 될 것이다. 유재춘의 한일 양국 山城에 대한 비교연구는 양국의 관련성이 뚜렷하지 않은 중세 이후의 성곽에 대한 비교연구로서 상대적 특징에 대한 이해를 통하여 문화적 특색을 이해하는데 의의가 크다. 한국의 包谷形 산성은 대표적인 것이나 邑城은 유사시 주민 수용을 전제로 축조되었다는 것, 그래서 산성을 평지로 옮겨놓은 것과 같은 방식의 읍성이 다소 축조되었다는 것, 그러므로 행정 기능의 지향이 강한 平地 治所城이 보편화되었으면서도 한국에서는 주민수용을 위한 산성의 전통이, 일본에서는 중세이래의 지배집단 專有의 거관·산성의 전통이 유지되어 그 축조방식이나 구조에 반영되었다는 것 등을 자세히 밝히고 있다.29)

　　이 외에 김보한의 중세 韓·日 漁業文化에 대한 비교나 이민웅의 임진란 海戰에서의 朝·明·日 삼국의 전략전술에 대한 비교연구가 있다.30) 정성일의 '조선의 銅錢과 日本의 銀貨'에 대한 비교연구에서는 15세기 조선의 銅錢이 公的 私的으로 合法 불법적 루트로 일본에 유통되었다는 것, 일본의 은이 조선에 유입된 배경과 과정 및 이것이 조선을 경유해 중국으로 어떻게 유출되어 가는가에 대한 것, 그리고 동전과 은화가 무로마치(室町)시대와 에도시대에 어떻게 유통되고 있는가 등을 밝히고 있다.31) 앞으로는 비교학적 시각을 넓혀 對日 사행기록과 對中國 사행기록

---

28) 민덕기, 「김인겸의 『일동장유가』로 본 대일인식 – 조엄의 『해사일기』와의 비교를 통해」 『한일관계사연구』 23, 2005 ; 김상보, 「조선통신사를 포함한 한일관계에서의 음식문화 교류」 『한국식생활문화학회지』 3, 1998 ; 김재승, 「1763년 對日通信使船의 건조 – 사행록 癸未隨槎錄을 중심으로」 『해운물류연구』 42, 2004.

29) 유재춘, 「한일양국의 산성에 관한 비교연구」 『한일관계사연구』 11, 1999.

30) 김보한, 「중세한일어업문화의 비교 – 『高麗史』와 『請放文書』를 중심으로」 『문화사학』 18, 2002 ; 이민웅, 「임진왜란 해전을 통해 본 조·명·일 삼국의 전략전술 비교」 『軍史』 51, 2004. 이것과 유사한 연구로는 박재광, 「동아시아 삼국의 화기제조와 교류」 『학예지』 5, 1997이 있다.

31) 정성일, 「조선의 동전과 일본의 은화 – 화폐의 유통으로 본 15~17세기 한일관계」 『한일관계사연구』 20, 2004.

인 『燕行錄』을 통한 비교 연구로 전개시키는 작업이 요망되지 않을까 여겨진다.[32]

일본 측의 자료 또한 적극 이용하여야 할 것이다. 그동안 일본 고문서 해독능력을 가진 연구자도 증가하였고, 국사편찬위원회에 의한 『對馬島 宗家文書』, 그중에서도 특히 『分類記事大綱』이 마이크로필름으로 정리·공개되는 등, 일본 자료를 편리하게 이용할 수 있는 연구 환경이 많이 개선되었다.

중국·여진족·몽고 등을 포함한 동아시아 세계라는 넓은 안목을 가지고 한일관계사에 접근하는 것 또한 도외시할 수 없을 것이다. 그런 점에서 근세 朝·日관계에 네덜란드를 포함시킨 신동규의 『근세 동아시아 속의 日·朝·蘭 국제관계사』가 돋보인다.[33] 그는 같은 책에서 조선에 표착한 네덜란드인과 그들을 둘러싼 일본·조선·네덜란드의 관계에 대해 규명하고자 하면서도, 국제관계사라는 입장에서 어느 한 국가에 초점을 맞춘 것이 아니라 세 국가가 제각기 구성원의 주체인 동시에 객체라는 방법론에 입각하여 논증하고 있다. 구체적으로는 서양 표류민에 대한 조선과 일본의 대응과 처리, 네덜란드인의 조선 체류가 조선에 어떤 영향을 미쳤고 조선은 그들을 어떻게 이용했는가의 문제, 일본의 그리스도교 禁制요청과 그에 따른 외교문제, 네덜란드 동인도연합회사(VOC)의 일본무역 고착과 조선을 연결하는 중개무역, 네덜란드 관계를 통해 본 조선과 일본의 근대화 비교 등을 중점적으로 고찰하고 있다.

이와는 반대로 국가의 하부단위인 지역의 역사로서의 연구 또한 기대된다. 왜구에게 노출되었던 연안 지역, 임진란에서의 특정 지역, 對日관계와 관련한 경상도·부산 연구도 관계사를 풍요롭게 해 줄 테마일 것이다.

---

32) 『燕行錄』에 대한 연구는 동양사학계가 끊임없이 축적해 왔다. 최근에는 『연행록 연구총서』(전 10권, 조주익 외, 학고방, 2006)가 발간되었다.
33) 신동규, 『근세 동아시아 속의 日·朝·蘭 국제관계사』, 경인문화사, 2007.

　이상에서처럼 연구의 주제와 접근 시각이 다양해져, 중심에서 주변으로 향하는가 하면 외곽에서 중앙으로 나아가고, 상부구조에서 하부구조로 내려가는가 하면, 하부구조의 검토를 통해 상부구조를 파악하는 종횡무진의 입체적 연구가 축적되길 기대한다. 이와 관련하여 조선의 정보·통신 매체나 1596년 후시미(伏見)의 地震을 통해 임진란에 접근하는 김문자의 연구나, 통신사행의 具役들이 일본을 다녀오면서 어떤 반대급부를 기대하고 조선 조정으로부터 무엇을 받았는가를 통신사 연구의 일환으로 내놓은 민덕기의 검토가 떠올려진다.[34]

---

34) 김문자, 「동아시아에서의 환경과 역사 : 豊臣정권 말기의 자연재해와 정치적 상황 − 文祿 5년(1596)의 지진발생을 중심으로」『동양사학연구』 99, 2007 ; 민덕기, 「조선후기 대일통신사행이 기대한 반대급부 − 일본에서 받은 私禮單의 처리와 관련해서」『한일관계사연구』 24, 2006.

Ⅱ. 아시아 속의 中世日朝關係史 연구를 위하여

하시모토 유(橋本 雄)*

본고에서는 ≪아시아 속의 중세 일조관계사는 어떻게 연구되어야 하는가≫라는 문제에 대해 생각해 보고자 한다. 지금까지의 중세 일조관계사 연구를 되돌아보고, 앞으로 어떠한 시점을 더해 가야할 것인지, 개인적인 반성도 포함해 내다보고자 하는 것이다. 다만, 갑자기 ≪아시아≫라는 확대 속에 일조관계를 평가하거나, 혹은 일조관계 속에 ≪아시아≫라는 문맥을 넣거나 하기에는 아직도 때가 덜 무르익은 것 같다는 생각이 든다. 무엇보다 나에게 아주 힘겨운 일이다. 그래서 극히 상식적인 순서이긴 하지만, 우선 일본사 측에서, 그 다음에 조선사 측에서 과거의 일조관계사 연구를 되돌아 보았을 때의 문제점을 제시하고, 거기서 ≪아시아 속의 중세 일조관계사≫를 생각하기 위한 단서를 얻을 수 있으면 한다.[1]

---

* 北海道大學

[1] 큰 문제에 맞설 때, 우선 자세한 논점으로 나누어 생각해야 하는 것은 당연한 규칙일 것이다. 교육사회학자인 가리야 다케히꼬(苅谷剛彦)씨는 이러한 방법을 "물음의 브레이크 다운"이라고 부르고 있다(『知的複眼思考法』, 講談社＋α文庫, 2002, 제3장).

1. 중세 일조관계만이 「다원적」인가?

중세 일조관계사의 성격을 한마디로 하면 아마 다음과 같이 될 것이다. —≪중국 황제 – 일본국왕(무로마치도노<室町殿>)≫의 관계만으로 구성된 일원적인 일명관계에 대해 ≪조선국왕 – 일본국왕(무로마치도노)≫ 뿐만 아니라, 많은 다이묘(大名, 조선 측에서는 "巨酋"라고 부른다)나 中小領主, 海商·海寇 세력들이 통교를 전개한 다원적인 방사선상의 일조관계가 전개되었다는 것이다(田中健夫, 『中世海外交涉史の硏究』, 東京大學出版會, 1959, 제1장. 村井章介, 『アジアのなかの中世日本』, 校倉書房, 1988, 335쪽). 무라이 쇼스케(村井章介)씨는 보다 단적으로 "이 시기의 일조관계는 국왕이 외교권을 독점한다는 동아시아 외교의 일반적인 형식을 취하지 않았다"라고도 개괄했다(村井, 앞의 책, 『アジアのなかの中世日本』, 335쪽).

일찍이 필자도 이러한 일조관계의 모습에 주목하여, ① "다원적"인 일조관계사의 틀이야말로 중세 일본의 권력 분산상황을 현저하게 반영한 것이라는 점, ② 상대국 측이 설정하는 日明勘合이나 日朝牙符와 같은 강력한 符驗시스템에 의하여 비로소 "일본국왕" 무로마치도노의 외교권은 배타적인 것이 되었다는 점을 지적했다(橋本雄, 「室町·戰國期の將軍權力と外交權」 『歷史學硏究』 708호, 1998, 1~2쪽). 즉 무로마치도노의 외교권은 외교 상대국의 태도나 외교체제에 따라 좌우되는 정도에 지나지 않았다는 것이다. 이것은 중세 일본의 국가권력이 국경관리나 월경행위에 많은 힘을 쓰지 않았다는 사실과 일치한다고 봐도 문제가 없을 것이다.

그런데 다시 ≪아시아≫로 넓혀 생각해 보면, 이 상식적인 도식 —≪일명관계=일원적인 관계, 일조관계=다원적인 관계≫라는 인식도 — 은 철두

철미하게 일본사의 문제로서만 立論되어 왔다는 느낌을 불식할 수 없다. 일명관계가 일원적이라고 하는 것은 일본사 측에서 일방적으로 본 견해이며, 명나라(중국)에서 보면 일본 등은 수많은 조공국의 하나에 지나지 않는다. 무엇보다 이와 같은 일본사 측의 "짝사랑"은 단순한 善惡·好惡이라는 문제가 아니라, 연구사에서 볼 때 사실 수준의 문제로서 일명(명일)·일조(조일)관계사가 일본사의 선행으로 이루어져 왔다 — 혹은 일본사 측의 대외관계사가 타국사의 그것보다 선행해 왔다 — 는 사실의 대가로 봐야 할 것이다. 그렇지만 이 책의 테마와 같이 ≪아시아 속≫에서 ≪일조관계사≫를 생각할 경우 역시 종래의 인식에는 한계가 있다는 점은 반드시 지적해 두어야 한다.

그런데, 이상과 같은 문제 의식에 입각하면 종래의 일조관계사 연구는 조선왕조 측에서의 시점을 처음부터 상당히 전제해왔다고 말할 수 있다. 왜냐하면 지금까지의 연구는 조선왕조가 구축한 외교시스템 — 다카하시 기미아키(高橋公明)씨의 말을 빌리면 "조선외교질서"(高橋公明,「朝鮮外交秩序と東アジア海域の交流」『歷史學硏究』573호, 1987) — 를 축으로 진행해 왔다고 해도 과언이 아니기 때문이다. 즉 조선에서 설정한 제도나 규제에 왜인들이 어떻게 대응·반응했는지, 혹은 그것을 어떻게 반대로 이용했는지의 시점으로부터 논의하는 것이 상투적인 연구수법이었다. 이와 같은 사정을 정확히 간파한 것이 무라이 쇼스케씨의 『中世倭人伝』, 岩波新書, 1993, 5쪽의 一節이다(밑줄은 인용자).

A. … 종래 「일조관계사」 속에서는 대충 두 국가[일본과 조선 — 인용자주]가 맺은 관계를 축으로 연구가 진행되어 왔다. 국가라는 <점>과 <점>을 잇는 <선>을 어떻게 인식하는가. 대부분 문제의 관심은 이곳으로 향해 있었다. 물론 무로마치시대(조선전기)의 일조관계는 그렇게 단순하지 않다. 조선으로부터 방사상으로 뻗어 있는 많은 <선>이 일본의 여러 세력들과의 사이를 잇고 있었다.

　　　그리고 <u>이 방사상의 <선>이 얼마나 아슬아슬한 내실을 품고 있었</u>
　　　<u>는지는</u> 나카무라 에이코(中村榮孝)의 『日鮮關係史の硏究』전3권
　　　을 필두로 하는 많은 연구로부터 배울 수 있다. 그런데도 아직 종래
　　　의 연구는 관계라는 <선>에 따라, 그 선을 다스리는 규칙으로서의
　　　제도를 중심으로 진행되어 온 것을 부정할 수 없다.

　　종래의 일조관계사 연구에 비판적인 시선을 던지는 무라이 쇼스케씨
는 그 후 <선>에서 스며나온 <면>의 교류사로, 그리고 ≪국경을 넘는
지역≫의 실상 파악으로 분석을 진행시켰다. 나카무라 에이코씨 이후의
제도사적인 일조관계사 연구를 감히 捨象하고, 국경을 넘는 왜인들의 움
직임 그 자체에 주목하는 것으로 새로운 海域史의 스탠더드를 만들어낸
것이다. 이 책의 임펙트는 일본 국내에서도 심대하지만, 한국어 번역본
(李領 역, 한국제목『중세 왜인 세계』, 小花[서울], 1998)이 출판되어 이
웃나라 한국에서도 널리 보급되었다고 들었다.

2. 중세 일조관계사 연구에 있어서의 水平面的 시각

　　다만, 이와 같은 무라이씨의 지적과 시각, 연구성과의 중요성·획기성
을 파악한 후에도 여전히 내가 문제로 생각하는 점은 위의 인용문 A의
밑줄부분에 관한 문제이다. 즉, <선>의 관계사의 실태는 정말로 모두
해명되었는가 하는 문제이다.
　　나는 지금까지 여러 차례 중세 일조관계사 연구의 회고와 향후의 과
제에 대해 이야기할 기회를 가졌었다.[2] 그것은 오로지 내가 진행시켜 온

---

2) 주된 것으로, 橋本雄, 「中世日本對外關係史の論点－王權論·册封体制論·地
　域論を見直す」『歷史評論』642호, 2003 :『中世日本の國際關係－東アジア
　通交圈と僞使問題』序章, 吉川弘文館, 2005 :「僞使問題から海域史へ」『東

「위사문제」연구를 원리적으로 설명하기 위해서였으나, 한마디로 하면, ≪중세 일본에서 본 日朝關係史像의 구축에는 무엇이 부족하고, 앞으로 무엇이 필요한가≫라는 문제의식을 항상 의식해 왔기 때문이었다. 이 문제의식은 ≪일본에서≫라는 한정이 있기 때문에 이 책에서 다루는 ≪아시아 속의 일조관계사≫라는 시점과 엇갈리는 것 같지만, 앞에서도 언급한 바와 같이 후자의 시점에 도달하기 위한 단계의 하나로 스스로를 평가하고 있으므로, 이하에서 정중하게 설명을 해 두고 싶다.

첫째로, 방사선상 내지 다원적이라고 말해져 왔던 일조관계사의 큰 틀 그 자체를 根底로부터 재검토해 나가야 한다는 점이다. 이것은 지리적인, 수평면에서의 일조관계사상을 재검토하는 일이라고 바꿔 말할 수 있다. 조선왕조 측에서 보면 방사선상에 존재하는 왜인통교자들은 정말로 실재하는 名義人으로부터 파견된 자들인가. 일조관계가 다원적으로 보이는 이유는 단지 통교명의가 다원적으로 존재하고 있었기 때문일 뿐이 아닌가. 즉, 이야말로 「위사문제」 연구의 진면목이라 할 수 있는데, 뚜껑을 열어보면 대부분이 가짜ㅡ즉 쓰시마(對馬) 소씨(宗氏)나 하카타(博多) 상인들이 만들어낸 虛像群ㅡ에 지나지 않았다…는 가능성도 있을 수 있는 것이다.

이 부분이 왜 중요한가 하면, 예전에 언급한 적이 있는 바와 같이 "통교사절이나 파견자의 실체를 파악할 수 없으면, 필경 그 통교관계의 실태를 개별적으로도 일반적으로도 이해할 수 없기" 때문이다(주(2) 橋本, 앞의 책, 『中世日本の國際關係』, 2쪽). 중세 일조관계는 정말로 다원적이었다고 볼 수 있는가ㅡ역시 이 점이야말로 일조관계사의 수평면의 실태를 생각하는데 있어서 결정적으로 중요한 부분일 것이다.3)

アジア海域史研究における史料の發掘と再解釋』<研究代表者:高橋公明> 名古屋大學大學院國際開發研究科, 2008이 있다.
3) 이와 같은 위사연구의 총괄과 대표적인 연구의 소개 등에 대해서는 지면의 형편상, 타시로 카즈이(田代和生)씨 등의 공동집필인 다음의 논고를 참조할 것. 田代

그런데, 이 수평면의 시점과 관련하여 다시 주목해야 하는 것은 세키 슈이찌(關周一)씨의 연구이다. 세키씨는 다나카 타케오(田中健夫)씨와 무라이 쇼스케씨의 제언을 적극적으로 받아들여, 쿠니모찌 다이묘(國持大名) 클래스는 물론, 그것보다 하위층인 코꾸진(國人)층과 민중수준의 교류까지 시야에 두고 분석하였다. 세키씨는 저서 중에서 다음과 같이 문제의 소재를 제기하고 있다(『中世日朝海域史の研究』, 吉川弘文館, 2002, 4쪽. 밑줄은 인용자).

> B. … 국가·지역권력에 의한 교류와 민중레벨의 교류가 어떠한 접점을 가지면서 전개해 갔는가를 밝혀 가는 것이 동아시아 해역의 전체상을 파악하는데 있어서 필수적인 작업이라고 할 수 있다. 그러나 종래, 양자는 별개로 취급되는 경향이 강하여 그 상호관계가 충분히 밝혀졌다고는 말하기 어렵다. 또한, 기초적 사실의 확정도 아직 불충분하고, 특히 교류의 담당자가 활동한 지역에 입각한 구체상을 밝혀갈 필요가 있다.

이와 같은 세키씨의 문제 의식을 공유 내지 계승하여 環지나해역의 여러 "섬"(섬들에 관련되는 사람·물건·문화정보 등)에 주목해 온 후지타 아키요시(藤田明良)씨(「東アジアにおける「海域」と國家」『歴史評論』575호, 1998)나 이른바 "중핵지역"인 쓰시마－하카타와는 다른 이키(壹岐)나 마쓰우라(松浦) 지방 등의 "주변지역"에 시점을 특화시킨 마쯔오 히로키(松尾弘毅)씨(「室町期における壹岐藤九郎の朝鮮通交」『九州史學』124호, 1999.「中世後期における壹岐松浦島の朝鮮通交」『九州史學』134호, 2002) 혹은 쓰시마 내부의 권력구조를 자세히 그려내는 데 성공한 아라키 카즈노리(荒木和憲)씨(『中世對馬宗氏領國と朝鮮』, 山川出版社, 2007) 등에 의

和生·六反田豊·吉田光男·伊藤幸司·橋本雄·米谷均,「＜學說史＞僞使」(日韓歷史共同研究委員會 編,『日韓歷史共同研究報告書 第二分科(中近世)』, 日韓文化交流基金, 2005). 한일문화교류기금의 홈페이지에서도 공개중임.

해 1990년대 이후 많은 지역연구가 탄생하였쪽. 이들로부터 헤아려 보아
도 세키씨의 지적이 적확하고 중요함은 분명하다.

그리고 이러한 연구들 중에서도 무엇보다 세키씨의 연구의 특징은 環
겐카이나다(玄界灘) 지역의 "중핵지역"으로 간주되고 있는 쓰시마 - 하
카타 라인을 상대화하기 위해서도 산인(山陰)지역·이키·고토(五島)열도
등의 "주변지역"의 실태에 특별히 관심을 기울이면서, 동시에 조선 - 쓰시
마 라인과의 역사적 관계성을 모색해 나간다는 자세를 유지하고 있는 점
이다. 즉 내 나름대로 추측해 보면, 쓰시마 - 하카타 라인은 중세 일조관계
사를 연구하는 모두가 인정하는 "중핵지역"이며, ≪약속의 땅≫이다. 그
러나 오히려 그 이외의 지역의 여러 교류양상까지 포함하여 종합적으로
보지 않으면 정확한 일조교류사상은 그려낼 수 없다는 것이다.[4]

나를 포함한 쓰시마 - 하카타 라인 중시론에 치우치기 십상인 일조관
계사 연구자들은 이와 같은 문제시각을 진지하게 받아들여야 할 것이다.
왜냐하면 ≪쓰시마 - 하카타 라인의 相對視≫라는 완전히 새로운 휙터
에 의해서 중세 일조관계사의 전체상을 재구축하려고 하기 때문이다. 그
리고 이 제언을 받은 우리들은 더욱 광역적인 시각에서 일조관계의 모습
을 고찰해 나가야 할 것이다.

---

4) 예를 들어, 다음과 같은 지적은 위사연구에 대해서도 통렬한 부분이다. 「예를 들
면, 쓰시마에 관해서는 오사 세쯔꼬(長節子)씨에 의해서 정밀하고 풍부한 연구가
진행되고 있다. 그러나 쓰시마 - 조선관계를 축으로 고찰되어 있기 때문에, 자칫
하면 쓰시마의 논리로 조선통교가 이해될 경향이 있다(특히 위사에 있어서 현저
함)」(關, 앞의 책, 『中世日朝海域史の硏究』, 13쪽). 덧붙여 여기서 거론되어 있
는 것은 이하의 오사 세쯔꼬씨의 논저·논문이다. 『中世日朝關係と對馬』, 吉川
弘文館, 1987 : 「松浦党硏究と朝鮮史料」『松浦党硏究』 7호, 1984 : 『中世國
境海域の倭と朝鮮』, 吉川弘文館, 2002.

3. 중세 일조관계사 연구에 있어서의 垂直面的 시각

이어서 ≪중세 일본에서 본 일조관계사상의 구축에는 무엇이 부족하고, 앞으로 무엇이 필요한가≫라는 두 번째 문제의식을 살펴본다. 즉, 당시의 일조관계(를 비롯한 국제관계)에 대해 생각할 때, 앞에서 살펴본 수평면 뿐만이 아니라, 수직면의 구조적 파악도 필요하다고 생각하고 있다. 다만, 덧붙여 말해두면, 지금 위에서 "수평"과 "수직"이라고 마치 대비적인 것처럼 서술했지만, 전자의 연구를 강하게 추진하기 위한 시각·방법이 바로 후자이다 라는 것이 나의 인식이다. 이 부분에 유의하면서 이하 설명해 나가고자 한다.

예전에 필자는 막부(무로마치도노) 외교권의 성쇠에 대해 생각하면서 "이른바 ≪막부 외교≫는 막부세력만으로는 성립되지 않고, 장군권력·지역권력·왜구적 세력의 세 가지를 편성하면서 성립되어 있었다" 라고 서술한 적이 있다(橋本, 앞의 논문, 「室町·戰國期の將軍權力と外交權」, 17~18쪽). 왜냐하면 막부장군 권력만으로 외교활동을 성립시키기 위해서는 무역액 출자나 遣使船 경고 등, 더 하위의 제세력들의 협력이 필요했고, 그러한 협력행위는 그들이 평소 행하고 있는 국내외 활동이 기초가 되어 있었다고 생각하기 때문이다. 필자의 저서 서장에서는 이를 확충시키는 형태로 다음과 같이 지적했다(橋本, 앞의 책, 『中世日本の國際關係』, 3쪽).

> C. [중세 일본의 국제관계사를 생각하는데 필요한 것은] … 국왕간 외교나 大臣間 외교, 중소영주들의 통교, 민간 레벨에서의 교류, 혹은 황제−국왕간의 책봉−조공관계 등, 다양한 차원의 관계사·교류사가 각각 독립적으로 존재하는 것이 아니라, 중층적·유기적인 관련성을 가지면서 전개하고 있었다는 수직면의 시점이다. 종래의 연구사

에서는 각각 레벨에서의 교류에 대해서는 어느 정도 개별적인 연구
가 축적되어 왔지만－물론 아직 실마리가 잡힌지 얼마 안 된 분야도
있다－각 레벨에서의 상호관계나 연관성에 대해서는 아직도 충분한
축적을 가지지 못했다. 이 상호영향 관계를 이해할 수 없으면, 국제
관계사의 총체를 구조적으로 파악하는 것은 어렵다고 생각한다.

　필자의 저서(특히 제5장)에서 "구조적" 분석이란, 무로마치도노 권력
과 슈고 다이묘(守護大名)와의 관계에 주된 주목점이 있었고, 그 하위레
벨에서의 교류관계에 대해서는 거의 언급하지 못했다(따라서 앞서 언급
했듯이 세키 슈이찌씨나 후지타 아키요시씨 등으로 대표되는 연구 시각
에는 머리를 숙일 수밖에 없다…). 구체적으로는 막부 외교권의 증거인
日明勘合이나 日朝牙符가 1493년의 메이오(明應)정변 후 "두 명의 장군"
이 常態化되는 가운데, 서일본지역의 각 다이묘들에게 흩어져가는 상황
을 구명했다. 그 결과와 위의 인용문 C에 나타낸 시점을 의식하면서, 막
부 외교권이 15세기 말 이후에는 하위 다이묘권력들에게 사실상 옮겨져
간 것, (최종적으로는 쓰시마 소씨 수중에 일정 수의 牙符가 집중) 그리
고 그것은 중세일본 국제관계(일조관계)의 구조변동으로 봐야 할 것을
주장했다.
　물론 이 주장에 대해서는 세키 슈이찌씨에게 「(하시모토는) 막부가 하
층 세력군을 편성했다는 점만 주목하고 있지만, 일조관계에 관해서는 편성
되지 않았던 부분이 더 크지 않았을까」라는 비판을 받았다. 그리고 그 비판
의 근거는 「15세기 일조관계에 있어서 … 막부가 [日朝牙符制를 가지고－
인용자주] 규제하려고 한 것은 직접 무로마치도노에 관련되는 거짓의 일본
국왕사나 거짓의 왕성대신사이며, 큐슈의 통교자 등은 원래 규제의 대상
외」였다는 점에 있다(이상, 關周一, 「書評：橋本雄著, 『中世日本の國際關
係－東アジア通交圏と僞使問題』」『歷史評論』 680호, 2006).
　물론 이 세키씨의 지적은 매우 정확하다. 필자도 중후한 일조관계사

의 연구사를 배우면서 거의 "상식"으로 생각해왔었다. 그러나 종래대로 그냥 무로마치도노(아시카가 장군)는 ≪다원적인 통교관계≫ 속의 다양한 통교자의 하나에 지나지 않았다고 해버리면, 과연 일조관계의 전체적 파악은 가능할 것인가.

예를 들어, 쓰시마가 "외교"교섭의 상대로 삼고 있던 대상은 도항처인 조선왕조나 하카타 뿐만이 아니었다. 세키씨 스스로가 저서『中世日朝海域史の硏究』중 여기저기에서 언급하고 있듯이, 무로마치도노와의 관계(특히 "隔臣"관계 <세키, 앞의 책, 226~227쪽>)는 결코 등한시 할 수 없었다. 또 최근에는 아라키 카즈노리(荒木和憲)씨가 지적한 바와 같이 요시미쓰(義滿) 치세라는 특수한 시기라고 해도, 무로마치도노의 권위는 쓰시마까지 확실히 뻗쳐있었다(아라키, 앞의 책,『中世對馬宗氏領國と朝鮮』제1장, 30~31쪽). 그리고 근년, 스다 마키꼬(須田牧子)씨에 의해서 검토·해명된 바와 같이 스오(周防) 오우치씨(大內氏)가 무로마치막부－조선왕조 관계의 媒介役으로서 완수한 역사적 역할이 컸음은 오우치씨에게도 당연히 정치적 이익이 있었기 때문이다(須田,「朝鮮王朝－室町政權間外交の成立と大內氏」, 佐藤信·藤田覺 編,『前近代の日本列島と朝鮮半島』, 山川出版社, 2007. 동「室町期における大內氏の對朝關係と先祖觀の形成」『歷史學硏究』761호, 2002. 동「十五世紀における日本の朝鮮仏具輸入とその意義」『韓日關係史硏究』20호, 2004). 근년의 연구는 우리의 상상 이상으로 서일본 지역에 있어서의 무로마치막부의 권위·권력의 높았음을 증명하고 있다(山田康弘,『戰國期室町幕府と將軍』, 吉川弘文館, 2002. 神田千里,『戰國亂世を生きる力』日本の中世11, 中央公論新社, 2002, 제3·6장).

이러한 성과들에서 배울 수 있듯이, 쓰시마 소씨와 무로마치막부와의 관계－혹은 쓰시마로부터 보여진 무로마치도노 권력의 중량감과 이에 따른 이용가치－를 일조관계사 연구의 범주로부터 제외해 버려도 좋을

리가 없다. 일조관계사의 구조적 특질을 파악해 나가기 위해서는, 오히려 국내적인 정치·경제 등 여러 관계들을 일조관계사의 추이전개와 어떻게 접속시켜 갈 것인가가 열쇠가 되기 때문이다.

또한, 조선왕조와 관계를 가진 지역권력 이하의 제세력에 대해서 막부가 제약을 가하지 않았던 것은 사실이다. 그러나 필자는 막부외교와는 관계없이 함양된 제세력들의 통교실적이나 여러 스킬의 集積이 막부의 외교시스템에 있어서 이용 혹은 활용되고 있었다는 점에 주목했던 것이다. (마침 무로마치막부 권력이 그 지역의 관습법을 많이 도입했듯이) 결코 막부외교의 편성범위를 과대시한다든가, 막부의 호령이 미치지 않은 제세력의 움직임은 무시할 수 있다고 생각한 것은 아니다. 오히려 사태는 반대이며, 막부권력의 편제 밖에 있던 제세력들의 독자적인 움직임에 대해서는 선학들의 연구성과에 전면적으로 힘입었고, 내 책에서는 거의 완전하게 捨象했을 뿐이었다.

여기까지 서술해 보니, 세키씨의 시점과 필자의 시점은 현격하다고 볼 수도 있겠지만, 필자 자신은 전혀 그렇게 생각하지 않는다. 왜냐하면 세키씨의 著作 자체가 종래의 일조관계사의 테두리를 한 걸음 나아가, 國內史와의 관련성을 정면에서 논의한 것이기 때문이다. ―讀解보면 알 수 있듯이― 실례인 줄 알면서 말하자면, 책 제목에서는 의외라는 느낌을 받을 정도로 ― 세키씨의 저서는 단순한 일조관계사의 책이 아니다. 즉, 내 책에 대한 세키씨의 비판은 물론 받아들이지만, 세키씨의 구상과 연구방법은 나의 생각과 그다지 크게 떨어져 있지 않다고 생각하는데, 어떨까.

그렇다면 문제는 구체적으로 어떻게 무로마치막부 외교를 중세 일조관계의 구조적 파악과 관련시켜 나가면 좋은가 하는 점이다. 아마 지금까지의 「조선외교질서」론적인 틀 속에서는 이와 같은 논점은 완전하게 흡수하지 못할 것이다. 원래 아직까지 定石은 얻지 못하고 있는 상황이다. 그런 의미에서, 필자의 저서와 같은 「구조적」 분석은 틀림없이 시론에 지나지 않는 것이며, 세키씨에게서 받은 다른 비판－필자는 「<무로마치 막부 외교체제>를 실태보다 과도하게 평가하는 경향이 있다」는 점－등을 포함하여 다시 단련해 나가야 한다고 반성하고 있다.

다만 이점에 관해서 한 가지만 補足해 두자면, 쓰시마나 하카타의 위사파견 세력이 왜 「일본국왕사」나 「유구국왕사」의 가짜를 만드는데 구애되었던 것인가를 생각하면, 동아시아에서의 <국왕외교>의 중요성을 感得할 수 있을 것이다.

4. 조선사에서의 접근－기무라 타쿠(木村拓)씨의 연구를 단서로

다음으로, 조선사 측에서 일조관계사의 과제에 접근한다. 조선왕조는 명나라를 중심으로 한 화이질서(책봉관계) 속에서 일조관계나 琉朝關係 등을 전개하였는데, 그 국제적 질서체계(＝華夷秩序體系)와 어떻게 타협하면서 일본과의 관계를 유지해 왔는가. 근년 이 문제를 정면돌파한 중요한 연구로서 기무라 타쿠(木村拓)씨의 논문 「一五世紀朝鮮王朝の對日本外交における図書使用の意味－册封關係との接点の探求」(『朝鮮學報』191집, 2004)가 있다.[5] 이 논고를 단서로, 이하 위의 문제를 생각해 가고자 한다.

기무라씨의 논문의 특징은 조선왕조의 외교자세에 관한 印鑑論을 조선왕조의 國制나 정치이념과 관련시켜 논의한 점에 있다. 즉, ①조선왕

---

5) 기무라 타쿠씨에게는 관련된 논고로서 「一七世紀前半朝鮮の對日本外交の変容－「爲政以德」印の性格変化をめぐって」『史學雜誌』116편 12호, 2007도 있다. 17세기 전반에 있어서의 조선의 외교논리를 다룬 중요한 논문이다.

조로부터 왜인들에게 가끔 주어진 "도서"(왜인들이 통교할 때 외교문서 =書契에 날인하는 것 – 被給與者의 성명 등을 각인)와 조선왕조의 관청에 구비되어 행정문서에 사용되는 印信(혹은 印章이라고도 함 – 관아명 등을 각인, 최고 랭크는 명나라로부터 주어진 「朝鮮國王之印」)과의 사이에는 명료한 성격 차이가 있고, ②인신을 찍는 문서는 "公幹"문서("공문서")이지만, 도서를 찍는 문서는 "공간"문서가 아니다("私幹"문서="사문서"이다)는 것. 그리고 ③인신을 왜인들에게 하사하는 것은 군신관계를 성립시키는 일이 되어 버려서, "侯國"(피책봉국)의 분수를 넘어버리지만, 도서를 賜與하는 한 군신관계 성립을 의미하지 않기 때문에 명나라에 신경 쓸 부분이 없다는 것이 해명되었다.

그리고 위의 논의를 이어 기무라씨는 일본으로 보내는 외교문서=서계에 "도서"를 찍는 것이 선택된 배경에는, 조선왕조가 명나라에 대해서 "私交"문제[6]에 관한 위구심이나 염려가 있던 것을 지적했다. 물론 이 지적 자체는 기무라씨 스스로가 인정하는 바와 같이 오사 세쯔꼬(長節子)씨에 의해 이미 큰 윤곽이 지적되었다(주(4) 長, 『中世日朝關係と對馬』제2부 제2장). 그러나 조선국내에서 도서와 인신의 성격과 의미에 차이가 있었음을 구체적으로 밝혀내, 이와 "私交"문제를 관련시켜 설명한 점에 기무라설의 독자성을 인정할 수 있다.

그런데, 이 도서와 인신에 차이가 있다는 지적은 다양한 국면에서 연구사에 파문을 일으킨다. 예를 들어, 受職人과 受圖書人과의 성격 차이를 어떻게 파악할 것인가 하는 문제이다. 조선왕조로부터 告身(辭令敎旨) 등을 받는 수직왜인은 국왕배알이 전제가 되어 있는데, 이는 바로 군신관계 수립과 다름없다. 그러나 위에서 보듯이 수도서인과는 군신관계가 없다고 한다면, 처음 발생시 두 가지의 신분 부여의 결정적 차이는

---

6) 임진왜란기에 대해 李啓煌씨가 지적하는 "조·일의 陰結"과 通底한 문제라고 말할 수 있다(李啓煌, 『文祿·慶長の役と東アジア』, 臨川書店, 1997, 제1장 참조).

도대체 어디에 있었던 것일까.

또한 마쯔오 히로키(松尾弘毅)씨가 밝혀낸 바와 같이, 수직인은 1450
년 경을 경계로 수도서인과 같은 조선통교권으로 변용(즉 同質化)되어
갔는데(松尾弘毅,「中世日朝關係における後期受職人の性格」『日本歷史』
663호, 2003), 이것은 도대체 무엇을 의미하고 있는가. 조선왕조의 외교
자세나 외교이념의 변천과 어떻게 관련되는지, 관련되지 않는 것인지….
이것은 아주 큰 문제이다.

더 나아가 기무라설에 의하면 수직인(왜인과의 군신관계,『朝鮮国王之
印』을 찍은 고신이 부여된다)은 명나라-조선의 책봉관계에 접속되어야
했는데, 이에 대해 수도서인은 책봉관계와는 다른 계통의 지배·통속관계로
간주되었다(인신이 아니라 도서가 부여된다). 전근대에 있어서 公·私란 지
극히 상대적인 것이었지만, 조선왕조 외교에 있어서의 "공"과 "사"란 오히
려 상당히 명확하게 정립되어 있었을 가능성을 찾아볼 수 있다.

이와 같이 기무라씨의 논문은 종래의 일조관계사(특히 제도사) 연구사에 비
추어도 실로 많은 논점을 제공해주는 중요한 연구성과라고 말할 수 있다.

5. 조선왕조의 외교의례에서 생각한다

다만, 기무라씨의 논문에 대해서 의문점이 전혀 없는 것은 아니다. 앞
서 살펴본 바와 같이, 기무라씨에 따르면 수도서인은 책봉관계와는 다른
계통의 지배·통속관계로 간주되었다고 한다(수직인은 책봉관계에 연결
된다). 물론 이는 종래 상정되어 온 바와 같이 명나라 황제-조선국왕
간의 책봉관계에 저촉되지 않게 하기 위한 논리-기무라씨의 말을 빌리
면 "私交"문제 극복논리-였다. 기무라설에 따르면 바로 역설적으로, 조
선의 도서 사용의 논리는 책봉관계를「편입시킨」결과라고 한다. 여기서

기무라씨의 말을 그대로 정확하게 인용하면 다음과 같다(木村, 앞의 논문, 「一五世紀朝鮮王朝の對日本外交における図書使用の意味」, 61～62쪽. 밑줄은 인용자).

> D. … 조선왕조의 對日本 外交를 동아시아 속에서 파악하려고 할 경우, "책봉체제하에 있어서의 일본에 대한 대등외교"[=국왕과 국왕간은 對等敵禮라고 간주하는 사고ー인용자주]의 내실 여하에 관계없이, 명나라와의 책봉관계와의 관련성은 어느 정도 시야에 둘 필요가 있다고 말할 수 있다. 다만, <u>도서 사용에서 찾아볼 수 있는 접점</u>이란, 단지 명나라를 중심으로 한 국제질서 형식에 따랐을 뿐이 아니라, <u>조선왕조가 책봉관계와의 상극 속에서, 책봉관계를 자신의 對日本 外交 중에 편입시켰다라는</u> 의미에 있어서의 접점이다.

솔직히 말해서 필자는 이 부분의 지적이 이해하기 어려웠다. 기무라설에서 말하는 ≪책봉관계를 편입시킨다≫와 종래 말해져 왔던 ≪책봉관계를 의식한다(책봉관계와의 거리를 유지한다)≫와의 사이에는 실태적으로 어느 정도의 차이가 있는가. 완고하고 도리에 어두운 필자에게는 양자의 차이를 거의 찾아낼 수 없다.[7)]

오히려 기무라 논문의 진면목은, 이러한 추상적인 총괄보다 구체적인 인신·도서의 차이 등, 조선왕조의 國制 규명 그 자체에 있다. 나의 "이해"가 요점을 놓치고 있음을 확실하게 하기 위해서도, 역시 조선왕조의 對日本 외교에 있어서 책봉 관계의 영향관계라는 것은 한층 더 다각적으로 검토한 다음에 평가를 내려야 하는 부분이 아닐까. 그리고, 바로 이 점이야말로, 기무라씨 자신도 의식하고 있는 ≪아시아 속의 (중세) 일조관계사≫를 생각하는 要諦의 하나라고 생각된다.

---

7) 이는 기무라 타쿠씨에 대한 비판이라고 하기보다 조선왕조의 외교자세에 대한 의문인데, ≪"인신"이라면 책봉관계의 논리에 저촉되지만, "도서"라면 저촉되지 않는다≫라는 논리는 실제로는 궤변에 지나지 않는 것이 아닌가.

그러면 더 다각적으로 이 문제를 검토하기 위해서는 어떻게 해야 하는가. 여기서 하나의 예로서, 對倭人 외교의례라는 소재를 들어보자. 그런데, 여기서 말하는 의례란 기무라씨가 주목한 印制 등 넓은 의미에서의 禮的 체계가 아니고, 실제로 집행되는 협의에서의 의례, 세레모니로서의 의례를 염두에 두고 있다.

잘 알려져 있는 바와 같이, 수도서인이 보내는 사절은 조선왕조가 규정하는 외교 의례체제에 복종하는 존재였다(『海東諸國紀』 「朝聘應接紀」 참조). "일본국왕사"는 진상품(선물) 숙배 때에 조선국왕에 대해서 四拜하는 규정이며, 또한 "국왕사" 이하의 각종 사절은 "下程"(급량)이나 "例賜"(상품)가 베풀어지는 대상이기도 했다. 이것은 상식적으로도 이해되는 대로, 수도서왜인 자체가 조선국왕의 신하의 취급을 받고 있었음을 의미한다(반복하지만, 기무라설에서는 수도서인은 수직인과 달리 신하가 아니었다고 한다).

그러면 시험삼아 명나라의 조공-책봉 관계에 있어서의 의례의 모습을 참조해 보자. 『萬曆大明會典』 권58-禮部16-蕃國禮條의 「蕃國遣使進表」儀나 「蕃使朝貢」儀에 있어서 각국 견명사는 명나라 황제에 대해서 "四拜禮" 등을 행하는 규정이었다(명나라 규정에서는 「번국견사진표」나 「번사조공」의는 원래 「蕃王來朝儀」의 ≪부록≫ 취급되었고, 기본적으로 차이는 없었다). 상세한 차이점은 제외하더라도 여기서 주목해야 할 점은, 넓은 의미에서의 "조공사절"의 배례의 最高度數가 명나라·조선왕조를 막론하고 "四拜"로 규정되어 있는 점이다.

양자가 비슷한 것도 당연한 일이다. 『朝鮮世宗實錄』 「五禮儀」를 보면 조선왕조는 실로 성실하게 명나라의 외교 의례규정(『大明會典』 『大明集禮』 등을 참조)을 준수하고 있었음을 알 수 있다. 반대로 말하자면, 조선왕조는 명나라의 외교 메뉴얼을 참조하면서 왜인들에 대한 대접의 례를 구축하는 것도 충분히 가능했다는 것이다. 그 잔재가 "사배례"에 나타난다고 하는 견해도 불가능하지 않을 것이다.

이러한 견해의 타당성 여부는 향후의 검토를 기다려야 하지만, 수도서인도 신하, 수직인도 신하라고 한다면 (그리고 양자가 다른 것이라고 하면) 적어도 기무라설에 의거하는 한, 국왕 알현의례 등에 있어서는 수도서인 사송인과 수직인 양자 간에는 당연히 어떠한 차이가 있었을 것이다. 그렇지 않으면 조선왕조의 외교이념－수직인(公幹·『조선국왕지인』이 날인된 고신)과 수도서인(私幹·도서가 날인된 서계)이라는 차이를 둔다－과 어긋나 버리기 때문이다.

그러나 의례를 집행하는 장소의 室禮나 의식에 임하는 관계자들의 의상·儀仗이 수직인·수도서인·사송인 사이에 차이가 있었다고 하는 증거는 아직까지 찾아볼 수 없다. 오히려 이러한 사료상황에 입각하면 양자가 같았다고 생각하는 편이 자연스럽지 않을까.

예를 들어, 수도서인·사송왜인의 접대규정은 『해동제국기』「조빙응접기」에 나와 있기는 하지만, 수직인의 접대규정은 거의 보이지 않는다. 「闕內宴」조·「留浦日限」조에서 諸酋使·쓰시마인들과 같은 취급을 받고 있는 정도이다. 너무 논거가 부족하지만, 수직인은 전체적으로 諸酋使들이나 쓰시마인들과 같은 랭크로 대우받는 규정이었던 것이 아닌가.

만약에 그렇다면, 쓰시마인은 거의 무조건 수도서인이기 때문에 수직인과 수도서인과는 접대의례의 면에서 아무런 차이가 없었다고 말할 수 있다. 이는 기무라씨가 밝힌 公幹·私幹의 차이, 수직인·수도서인의 식별논리와 명확하게 저촉되고 있다. 도대체 조선의 외교이념은 어떻게 통일적으로 해석할 수 있을까?

유감스럽지만 현 단계에서는 이에 대답할 준비가 되어있지 못하다. 그러나 이와 같이, 외교의례라는 팩터를 넣어 보는 것으로, 조선왕조의 외교이념과 사대책봉관계와의 거리나 긴장관계는 단순한 방법으로 파악할 수 없는 상황임을 엿볼 수 있을 것이다.

6. 비교 외교의례론의 필요성

밀접하게 관련되는 유사문제로서 受職女眞人과 조선왕조와의 관계
가 있다. 이에 대해서는 케네스 로빈슨(Kenneth. R. Robinson)씨의 논급
이 있으므로, 마지막에 참조해 두고자 한다. 여진인(야인)은 명나라 조선
의 "국경"지대에 바로 "국경을 넘어" 존재하고 있었기 때문에 다음과
같은 상황이었다고 한다(로빈슨, 「朝鮮王朝－受職女眞人の關係と「朝
鮮」」『歷史評論』592호, 1999, 34~35쪽).

> E. … "함경도"에 사는 여진인은 이미 王領 "조선"에 거주해, 아마 다
> 양한 정도의 왕조 관할하에 있었을 것이다. 한편, [조선왕조 북방의
> 애매한 프런티어인－인용자주] 두만강 이북의 여진인들은 왕조가
> 발행한 고신을 가지는 것으로, 왕의 "신하"가 명나라(중국)에도 거주
> 하고 있다는 것이 된다. 여기에는 조선인들의 대 중국 "사대"사상이
> 라는 과제가 나타나지만, 본고에서는 언급하지 않는다.

유감스럽게도 로빈슨씨는 이 과제에 더 이상 깊이 들어가지 않았지
만, 본고의 관심으로 보면 실로 흥미로운 논점인 것은 확실하다. 그리고
조선 북방의 여진인들에게는 명나라의 武官職을 가지는 자도 있었고, 조
선왕조의 무관직을 가지는 자도 있었기 때문에, 명－조선의 사대책봉관
계와의 사이에는 아주 미묘한 긴장감이 존재하고 있음을 알 수 있다. 오
히려 심각했던 것은 대일본·왜인정책보다 여진인에 대한 처우책이었을
지도 모른다.

모두 앞으로의 연구를 기다릴 수밖에 없지만, 명나라·조선·류큐·무
로마치 일본, 그리고 이에 왜인·여진인 등을 곱한 매트릭스에서 각각 전
개되는 협의·광의의 외교의례를 서로 비교 참조하는 것이 필요할 것이

다. 거기서 명나라 - 조선이라는 책봉관계의 영향의 정도, 조선왕조의 통일적인 외교이념 등도 점차 뚜렷해지는 것이 아닐까.[8]

그렇다고 해도 명나라시기·조선왕조 전기·무로마치기로 평행되는 시기의 아시아 각국·각 지역의 외교의례 연구는 그 전시기의 연구에 비해 현저하게 저조한 상태이다. 본고에서도 결국 문제의 소재를 지적하는데 그쳤다. 진부한 말이지만, ≪아시아 속의 일조관계사≫연구에는 여전히 많은 연구가 필요하고, 많은 검토과제를 남기고 있다고 말할 수 있다.

【부기】 본고를 탈고한 후에 木村拓, 「一五世紀前半朝鮮の女眞人への受職と羈縻 — 明の品帶を超えて —」(『朝鮮史研究會論文集』 46집, 2008)을 얻었다. 본고와 밀접한 관계가 있는 내용이며, 또 중요한 논점을 포함하는 논고이지만 논급할 수 없었다. 기무라씨에게 사과하는 동시에 독자 여러분께서 참조해 주시기를 간절히 바란다.

---

8) 다만, 로빈슨씨가 시사하듯이 『해동제국기』가 편찬된 1472년경을 경계로, 왜인·야인(여진인)에 대한 외교이념이나 의례체계가 변화를 보이는 점에는 주의해야 한다. 구체적으로는, 명나라의 武官을 가진 수직여진인에 대한 규정이 홀연히 사라져 버리는 일이다(로빈슨, 앞의 논문, 36~38쪽 참조). 성종기에 사대책봉에 관한 조선왕조의 자세가 변화했다고 봐야 하는 것일까. 후론을 기다린다.

Ⅲ. 동아시아속의 近世朝日關係史

기무라 나오야(木村直也)*

1. 머리말

　최근 전근대 조일관계사 연구는 큰 비약을 보여 왔다. 필자는 본서의 출발점이 된 九州국립박물관의 심포지엄(본서 서장 참조)에서 이러한 전근대 조일관계사의 연구 성과와 과제에 대해 강연할 것을 요청받았다. 말할 것도 없이 일본과 한반도 사이에는 수천 년의 역사가 가로놓여 있다. 그 안에는 우호적인 일도 그렇지 않은 일도 모두 다양한 역사상으로 존재하고 있다. 그러나 필자는 막말 유신기의 조일관계를 중심으로 연구해 온 일도 있고 해서 논급 대상을 근세사에 한정하고자 한다. 또 최근의 풍부한 연구 성과 전체를 망라하는 방식이 아니라 필자가 관심을 가지고 있는 내용에 한정함을 양해해 주길 바란다. 본고에서는 근세 조일관계사 연구가 일본에서 1970년대 이후 어떻게 전개되어 왔는지, 또 앞으로 어떤 시점이 요구되는가에 대해 필자 나름의 생각을 서술하고자 한다.

* 産業能率大學

2. '쇄국'의 재인식

1963년, 岩生成一의 '쇄국'(『岩波講座日本歷史』10, 岩波書店, 1963)
이란 개념으로 대표되듯이, 일찍이 에도시대 일본은 '국제적 고립상태'
에 있었다고 간주되었다. 따라서 당시 대외관계사는 무역이나 문화교류
등과 같이 몇몇 분야에 한정된 이른바 '特殊史'로 취급되었으며, 조일관
계 또한 등한시되었다. 중세를 중심으로 한 조일관계사 연구의 태두인
中村榮孝는 1969년의 『日鮮關係史の硏究 下』(吉川弘文館)에서 근세 조
일관계에 대한 논의를 진전시켜 '大君體制'라는 개념을 제창하는 등 이
후 조일관계사 연구자들에게도 큰 영향을 끼쳤으나, 전반적으로 볼 때
다른 근세사 연구자들의 주목을 끄는 경우는 별로 없었다고 할 수 있다.
　　당시의 학교 교과서에도 에도시대 조일관계에 대한 기술은 매우 적었
다. 예를 들어 1970년의 家永三朗의 『新日本史 改訂版』(三省堂)에서는
에도시대 조일관계에 관한 기술이 전혀 없다. 또 1973년 稻垣泰彥 외의
『日本史 三訂版』(三省堂)에서는 豊臣秀吉의 조선출병에 관해서는 10여
줄에 걸쳐 설명하였으나, '家康の和親外交'라는 항목에서는 "또한 朝鮮·
明과의 국교회복에도 힘썼으나, 文祿·慶長의 役 등도 영향을 미쳐 양국
과의 교섭은 난항을 겪었다. 그러나 1607(慶長12)년에는 조일 간 통상조
약이 체결되었고, 쓰시마의 宗氏가 무역을 독점하였다"고 불과 4줄 정도
로 기술되어 있을 뿐이며, '通信使'라는 말은 아예 나오지도 않는다. 또
한 이러한 기술 뒤에는 1639년에 쇄국이 '완성'되었고 "일본인의 해외
발전은 중단되었다"는 식으로 '쇄국'을 크게 다루고 있기 때문에, 주의
깊게 읽지 않으면 조선과의 관계도 '쇄국'에 의해 소멸되어 버리지는 않
았는가라는 오해를 불러 일으키기 쉽다. 이후의 조일관계에 대해서는 新
井白石에 의해 조선사절에 대한 대우가 변경된 사실이 조금 다루어지고

있을 뿐이다. 그리고 갑자기 메이지 전기의 대외관계로 뛰어넘어 가서, 1868(明治元)년에 신정부가 조선에 국교의 '再開'를 요구했으나 조선이 거부하였고, 征韓論이 주창되어 강화도사건을 계기로 '朝日'수호조규가 체결되었다고 서술되어 있다. 이 시기 교과서 전체를 검토한 것은 아니지만 이러한 기술은 당시 연구 상황과 역사인식의 반영이라 할 수 있다. 현재 모든 교과서에서 '네 개의 창구(四つの口)'에 대해 각각 상당한 분량으로 설명하고 있는 것과 비교한다면 격세지감을 느낀다.

이와 같은 상황 하에서 이른바 '쇄국'적 상태에 있던 일본근세사연구, 다시 말해서 근세일본이 '쇄국'임을 대전제로 근세 초기와 幕末에 있어서 서양 제국과의 관계를 제외하고는 국제환경이나 대외적 계기 등을 거의 고려하지 않던 일본근세사연구는 1970년의 朝尾直廣의 논문「鎖國制の成立」(『講座日本史』四, 幕藩制社會, 東京大學出版會) 등을 계기로 동아시아 국제관계 속에서 근세국가 및 사회를 파악하려는 관점이 점차 중시되어 갔다. 朝尾의 이 논문에서는 근세국가의 성립과 편성과정을 동아시아의 국제관계 속에서 접근할 필요성에 대해 서술하였다. 또 같은 해인 1970년에 山口啓二의「日本の鎖國」(『岩波講座世界歷史』16 近代 3, 岩波書店)이 발표되었고, 1970년대 중반부터는 佐々木潤之介도 근세 막번제국가를 동아시아 동향과 연관지어 서술한 논고들을 발표하였다(「序說 幕藩制國家論」『大系日本國家史』三 近世, 東京大學出版會, 1985).

이러한 관점을 1980년대에 확립하여 세간에 널리 알린 것이 荒野泰典이다. 荒野는 1988년의 『近世日本と東アジア』(東京大學出版會)에서 長崎·對馬·薩摩·松前 등 '네 개의 창구'의 존재를 지적하면서 종래의 '쇄국' 개념을 비판하였고, 근세 일본의 대외관계를 '海禁'과 '華夷秩序'라는 개념을 통해 파악해야 한다고 주장하였다. 이러한 주장은 중세 대외관계사 전공인 田中健夫가 이미 제기한 바 있는데, 荒野 자신도 田中健夫로부터의 영향을 언급하고 있다. 이제 적어도 연구자 사이에서는 상식이 되었으나, '쇄국'이란 나라를 완전히 봉쇄한 것도 아니며, 또 봉쇄하려는 의도가 있었던 것도 아니다. 당시 교류가 가능했던 주변국가 및 민족과는 제한적이나마 교류가 계속되었음을 荒野는 강조하였다. 말하자면 종래의 폐쇄적인 '쇄국' 개념이 근세 후기 서양제국에 대한 강한 관심과 위기감에서 발생하여 막말유신기에 정착되었다는 것인 데 반해, 위의 새로운 관점은 동아시아 속에서의 국제관계를 중시한 입장에서 나온 것이다.

또한 미국인 연구자인 로널드 토비도 이 시기까지 근세 일본이 고립적 '쇄국' 상태에 있던 것이 아니며 동아시아 국제질서 속에서 파악해야 한다고 여러 논문들에서 논하였다. 그리고 1984년에는 이 논문들을 『State and Diplomacy in Early Modern Japan』(Princeton University Press)이라는 제목의 영문 저작으로 간행하였다. 이 저작을 바로 인지하게 된 일본인 일본사연구자는 그리 많지 않았는데, 1990년에 일본어로 번역된 『近世日本の國家形成と外交』(速水融·永積洋子·川勝平太譯, 創文社)가 나오고 나서 비로소 널리 알려지게 되었다.

3. 근세 조일관계사 연구의 진전

근세의 쓰시마를 매개로 한 조일관계에 대해서는 이미 1970년대부터 통신사나 무역에 관한 연구가 진전을 보이면서 에도시대 조일교류의 의의가 크게 평가되어 왔다. 그 중요한 계기 중 하나가 姜在彦이 번역한 申維翰의 『海游錄』(姜在彦譯, 東洋文庫, 平凡社)이 1974년에 출판된 일일 것이다. 亨保 4년(1719)의 통신사절단에 제술관으로 참여했던 신유한의 기행문인 『해유록』은 한문으로 쓰여 있어 일반 독자뿐만 아니라 일본사연구자들도 난해하게 여겼다. 그런데 이를 강재언이 번역해 냄으로써 널리 읽히게 되었으며, 또 그를 통해 통신사의 구체적인 실태나 당시의 신유한과 雨森芳洲 사이의 교류도 많은 사람들에게 알려졌다. 이를 배경으로 李進熙는 1976년에 『李朝の通信使』(講談社, 1976)를 출판하여 통신사가 도래할 때의 다채로운 문화교류를 소개하였고, 또 영상문화협회는 통신사에 관한 다큐멘터리 영화를 제작하여 화제가 되었다. 이를 바탕으로 『江戸時代の朝鮮通信使』(映像文化協會編, 每日新聞社刊, 1979)라는 책이 간행되는 등 조선통신사는 널리 주목받는 역사적 사건이 되었다. 통신사를 중심으로 한 조일교류에 대해서는 미술사를 포함한 다양한 분야에서 연구가 이루어졌는데, 특히 仲尾宏이나 辛基秀는 정력적으로 많은 저작들을 발표하고 있다.[1] 그리고 12회에 걸친 근세 통신사의 실태를 실증적인 방법으로 착실하게 탐구한 것이 三宅英利이다. 1986년에는 그의 연구를 집대성한 『近世日朝關係史の研究』(文獻出版, 1986)가 간행되었다. 문화교류에 역점을 둔 연구로는 李元植의 『朝鮮通信使の研究』(思文閣出版, 1997)가 있다. 또한 雨森芳洲가 『交隣提醒』(1728) 중에서 「誠信之交」에 대해 말한 일[2]도 유명하게 되었다. 이와 같은 외교사나 문화교류사 외에 1970년대에는 田代和生이 무역사의 입장에서 정력적인 실증연구를 수행하여, 이른바 '쇄국' 하에서 對馬藩을 매개로 한 조일무역이 커다란 의미가 있었음을 밝혔으며, 이는 1981년에 『近世日朝通交貿易史の研究』(創文社)라는 책으로 출판되었다.

통신사로 대표되는 근세 조일관계에 대한 재평가, 곧 에도시대의 '쇄국' 하에서도 풍부한 교류가 이루어졌다는 사실에 주목하기 시작한 것은 조일관계사 전체에 대한 인식에도 영향을 끼쳤다. 1980년대에는 '밝은

1) 仲尾宏, 『前近代の日本と朝鮮－朝鮮通信使の軌跡』, 明石書店, 1989 ; 『朝鮮通信使－江戸日本の誠信外交』, 岩波親書新赤版, 岩波書店, 2007 등. 辛基秀, 『朝鮮通信使』, 明石書店, 1999 등.
2) 「誠信と申候ハ實意と申事ニて、互ニ不欺不爭、眞實を以交リ候を誠信とは申候」(泉澄一 編, 『芳洲外交關係資料書翰集 雨森芳洲全書 三』, 關西大學出版部, 1982).

근세'라는 상이 시민권을 획득해 감에 따라 "2천년 여에 걸친 조일관계
사는 불행한 관계만 있던 것이 아니라, 오히려 평화적인 관계 쪽의 역사
가 길다"고 자주 이야기되었다.

　이를 상징하는 것이 1990년에 일본을 방문한 한국의 盧泰愚 전 대통
령의 발언이다. 그때까지 한국의 대통령이 일본 국회 등에서 연설할 때
에는 반드시 일본의 식민지지배를 중심으로 한 불행한 역사를 언급하는
것이 보통이었는데, 5월 24일의 궁중 만찬회에서의 노태우 대통령의 인
사에는 다음과 같은 문장이 있었다.

　　　270년 전, 조선과의 외교에 종사한 雨森芳洲는 '성의와 신의의 교제'
　　를 신조로 하였다고 전해집니다. 그의 상대역이던 조선의 玄德潤은 동래
　　에 誠信堂을 세워 일본의 사절을 대접했습니다. 금후 우리 양국 관계도
　　이와 같은 상호존중과 이해 위에서 공동의 이상과 가치를 지향하여 발전
　　시켜 가야 할 것입니다(『朝日新聞』 1990년 5월 25일 조간).

　이와 같이 한국 대통령이 방일 중 공식 연설에서 근세 조일관계의 긍
정적인 면을 언급한 것은 처음 있는 일이었기 때문에 많은 사람들이 놀
랍게 받아들였으며, 雨森芳洲는 일약 저명한 역사적 인물이 되었다. 한
국의 외교스텝이 이 문장을 기초하였다고는 하나 근세 조일관계사 연구
의 진전이 그 배경에 있었음이 틀림없다.

4. 최근의 근세 조일관계사 연구의 諸相

　이렇게 하여 사람들의 주목을 모으게 된 근세 조일관계사는 1980년
대 이후 실로 다양한 분야에서 연구가 진전되어 현재에 이르고 있다. 豊
臣秀吉에 의한 조선침략에 대해서는 北島万次의 일련의 연구(『豊臣政權

の對外認識と朝鮮侵略』, 校倉書房, 1990 ;『豊臣秀吉の朝鮮侵略』, 吉川弘文館, 1995 등)와 貫井正之의 연구(『豊臣政權の海外侵略と朝鮮義兵研究』, 靑木書店, 1996 등), 그리고 최근에는 村井章介의 연구(「朝鮮史料から見た倭城」『東洋史研究』66권 2호, 2007) 등이 있다. 근년에는 일본 측 사료만이 아니라 조선 측 사료도 이용하는 경향이 현저해 지고 있는데, 일본 측 사료를 중심으로 한 中野等 등의 연구도 있다. 또한 최근 왜성에 대한 연구도 한일 양쪽에서 모두 활발히 이루어지고 있다. 2006년에는 太田秀春의『朝鮮の役と日朝城郭史の研究』(淸文堂出版)도 출판되었다.

근세 초기 쓰시마에 의한 國書僞造·改竄을 포함한 국교 회복에 대해서는 田代和生의『書き替えられた國書』(中公親書 中央公論社, 1983)가 일반적으로 널리 읽혔다고 생각되나, 荒野泰典·高橋公明·閔德基·米谷均 등의 연구도 있다. 중세부터 근세 초기까지의 僞使에 관한 연구가 크게 진전되어, 對馬藩이 국서위조에 사용한 인감이 발견된 사실이 田代和生·米谷均에 의해 1995년에 소개되었으며(田代和生·米谷均,「宗家旧藏『図書』と木印」『朝鮮學報』156집. 同資料類는 현재 九州국립박물관에 소장되어 있다), 또 최근에는 현존하는 조선국서의 종이나 인감을 과학적으로 분석한 결과 훌륭하게 위서의 특질을 명백히 확인하게 되었음을 田代가 보고하였다(「朝鮮國書原本の所在と科學分析」『朝鮮學報』202집, 1997). 이는 종래 사료에 근거한 연구에다가 실재하는 물건에 기초한 연구를 더함으로써 연구 범위의 지대한 확대를 가져왔다고 말해도 좋을 것이다.

조일외교의 형식과 제 교섭에 대해서는 米谷均의 上表文 등에 관한 외교문서 연구(「近世日朝關係における對馬の上表文について」『朝鮮學報』, 一五四輯, 1995 등)와 閔德基의『前近代東アジアのなかの韓日關係』(早稻田大學出版部, 1994), 田代和生의『日朝交易と對馬』(創文社, 2007)를 비롯하여 尹裕淑, 鶴田啓의 연구 등 많은 업적이 있다. 완전히

대중화된 雨森芳洲에 관해서는 많은 문헌들이 출판되었는데, 上垣外憲一의 『雨森芳洲』(中公新書, 中央公論社, 1989) 정도가 많이 읽혔다고 생각되지만, 역사학적 방법으로 제대로 실증한 것은 그다지 많지 않으며, 착실한 연구로는 泉澄一의 『對馬藩藩儒雨森芳洲の基礎的研究』(關西大學出版部, 1997)를 들 수 있다. 외교와 무역의 무대가 된 倭館에 대한 연구도 金義煥의 연구를 이어 최근 진전을 보이고 있다. 田代和生의 『倭館』(文春親書 文芸春秋社, 2002)을 비롯하여, 윤유숙의 연구(「近世倭館の造營·修補について」『歷史評論』595호, 1999), 그리고 최근 건축사에서의 왜관복원연구(夫學柱, 「近世日朝通交據点「草梁倭館」に關する指図の比較とその編年」『日本建築學會計畵系論文集』609호, 2006) 등이 있다. 또한 雨森芳洲의 獻策에 의해 만들어진 朝鮮通詞 양성시스템이나 통사의 활동에 대해서는 田代和生, 米谷均, 木村直也 등의 연구[3]가 있으며, 長州藩·薩摩藩 등 다른 藩의 조선통사 연구도 눈에 띈다.

조일관계에서 민중과의 관련성은 홍미 깊은 주제이다. 우선 표류민에 대해서는 최근 연구가 크게 진전되어 池內敏의 『近世日本と朝鮮漂流民』(臨川書店, 1998)과 한국의 李薫의 연구(池內敏譯, 『朝鮮後期漂流民と日朝關係』, 法政大學出版局, 2008)를 비롯하여 木部和昭(「近世期對馬の沖合漁業と漁民の朝鮮漂流について」『東亞経濟研究』六二卷二号, 2008 등) 등에 의한 각지의 표류민 사례연구가 있어 민중과의 관계도 엿볼 수 있게 되었다. 그리고 조일 양국민의 상호인식과 관련한 문제로서의 대외인식은 자기인식과 표리의 관계에 있어 매우 심도 깊은 연구 주제인 동시에 방법적으로 어려운 주제이기도 하다. 그런데 이전과 같이 이데올로기나 위정자들의 인식뿐만 아니라, 해명이 곤란한 민중의 의식에 대해서도

---

3) 田代和生, 「對馬藩の朝鮮語通詞」『史學』60-4, 1991 ; 米谷均, 「對馬藩の朝鮮通詞と雨森芳洲」(『海事史研究』48, 1991 ; 木村直也, 「朝鮮通詞と情報」(岩下哲典·眞榮平房昭 編, 『近世日本の海外情報』, 岩田書店, 1997).

발을 들여놓은 연구도 등장하였다. 池內敏의 『「唐人殺し」の世界』(臨川書店, 1999)나 『大君外交と「武威」』(名古屋大學出版部, 2006), 倉知克直의 『近世日本人は朝鮮をどうみていたか』(角川書店, 2001) 등은 연구 대상의 확대를 느끼게 한다.

전술한 바와 같이 현재의 교과서에는 통신사 도래 등 근세 조일관계에 대해 분명히 설명하고 있으나, 근대로의 전개 부분으로 가면 충분한 설명 없이 메이지 초기의 정한론으로 넘어가 버린다. 戰前의 田保橋潔의 『近代日鮮關係の硏究 上卷』(朝鮮總督府中樞院, 1940) 이래 연구가 거의 공백 상태이던 막말유신기의 조일관계에 대해서도 조금씩 연구가 진전되고 있다. 필자 자신도 이 시기 조일관계의 전환을 연구해 왔는데,[4] 최근에는 石川寬과 한국인인 沈箕載, 玄明喆 등의 연구[5]가 있다. 이러한 최근 연구에 의해 밝혀진 사실은 무역 부진으로 재정이 궁핍해진 對馬藩이 막말에 이르러 종래의 조일 간 통교시스템의 변혁을 도모하면서 조선 진출을 주장하였고, 막부나 메이지유신 정부도 이를 받아들여 조일관계의 재편 쪽으로 움직여 갔다는 것이다. 종래에는 메이지 초년에 정한론이 고양된 직접적인 계기로서, 明治元年(1868) 조선에 메이지신정부수립에 관한 통고서계를 보냈을 때 對馬藩이 서계의 형식을 일방적으로 바꾸어 조선 측이 서계의 수리를 거부한 사실을 들어 왔으나, 그 배경에 막말 이래의 對馬藩의 동향이 있었던 사실을 알지 못한다면 근세에서 근대로

---

4) 木村直也,「文久三年對馬藩援助要求運動について－日朝外交貿易体制の矛盾と朝鮮進出論」(田中健夫 編, 『日本前近代の國家と對外關係』, 吉川弘文館, 1987) :「幕末の日朝關係と征韓論」『歷史評論』516호, 1993 :「幕末における日朝關係の轉回」『歷史學硏究』651호, 1993 :「幕末期の幕府の朝鮮政策」(田中健夫 編,『前近代の日本と東アジア』, 吉川弘文館, 1995) :「幕末期の朝鮮進出論とその政策化」『歷史學硏究』679호, 1995 등.
5) 石川寬,「明治維新期の對馬藩の動向」『歷史學硏究』709호, 1998 ; 沈箕載, 『幕末維新日朝外交史の硏究』, 臨川書店, 1997 ; 玄明喆,「文久元年對馬藩移封運動について」『日本歷史』536호, 1993 등.

의 조일관계의 전환, 즉 '交隣'에서 '征韓'으로의 전환을 올바르게 이해
할 수 없을 것이다.

　이상과 같이 어느 분야에서든 精微한 연구가 진전되고 있다. 다만 여
러 출판된 문헌들 중 일부, 특히 일반 독자를 대상으로 한 문헌 중에는
에도시대 조일관계에 대해 평화적·우호적 측면만 강조하여 단순화하는
경우도 있음을 지적해 두고 싶다. 에도시대의 조일관계는 결코 장밋빛만
은 아니었다. 「誠信之交」 또한 이상과는 다른 현실상의 양국관계에 근거
한 雨森芳洲의 인식을 보여준다.[6] 근세의 조일 양국은 다양한 곤란을 겪
어가면서도 안정된 관계를 유지하고 있던 것이다.

5. 동아시아 속의 근세 조일관계사 연구를 향하여

1) 一國史를 넘어서

　1980년대 이후 한일 연구자의 상호 유학이나 연구 방문의 기회가 증
가함에 따라 양국 연구자 간의 교류도 진전되어 각종 공동연구 등이 상
례화 되었음은 특기할 만하다. 근세 조일관계사연구에 한해 말하자면,
일본인 연구자의 한국 유학보다도 한국인 연구자의 일본 유학이 훨씬 많
아졌다고 생각된다. 일본에 유학한 경험이 있는 한국인 연구자로는 孫承
喆, 李薰, 閔德基, 鄭成一, 金東哲, 河宇鳳 등이 있는데, 이들은 정력적으
로 충실한 '한일관계사' 업적을 내고 있다. 일본과 조선 양국에 걸친 '관
계사'를 추구하고자 한다면, 근세에 있어서의 양국의 실태를 이해하는

---

6) 전술한 雨森芳洲의 『交隣提醒』 중 「誠信之交」에 관한 유명한 문구(주2) 참조)
　도 그 전후 문맥으로 보자면 그것이 현실과는 동떨어져 있다고 芳洲가 인식하고
　있음을 이해할 수 있다.

것은 물론, 현재 한일 쌍방의 연구 상황을 파악해 둘 필요가 있음은 두말할 필요도 없다. 이 점에서 조선 측 사료나 한국의 연구업적을 능숙하게 구사할 수 있는 일본인 연구자가 아직 상대적으로 적은 것에 대해서는 필자를 포함하여 반성을 요하는 점이다. 도쿄에서 '조선왕조실록을 읽는 모임'의 활동이 이미 30주년을 맞이하여 필자도 오래도록 참가하고 있는데, 이 연구회에 참가함으로써 적어도 조선 측 한문사료에 대한 저항감이 사라진 사실에 의미를 두고 싶다.

한일 간 역사인식의 차이라는 현대적 과제를 의식할 때, 각 나라의 시점이나 가치관에 구속되지 않고 현재의 국가 틀을 상대화한 시점에서 연구할 필요가 있으며, 그를 위해서는 지역으로부터 혹은 동아시아 전체로부터의 시점이 유효할 것이다. 근세의 경계지역(쓰시마와 같이)을 생각할 경우 중세사에서의 海域論, 곧 주변지역이라 하는 논의는 크게 참고가 되지만 그냥 그대로 근세에 적용할 수는 없다. 중세에 비해 한층 국가의 틀이 강화되어 조일관계에서 민중의 자유로운 교류는 극히 제한되어 있었기 때문이다. 그러나 경계지역으로서의 쓰시마의 독자적 성격이나 중앙권력(막부)으로부터의 일정한 자립성을 파악할 필요가 있다. 예를 들면 조일교섭의 최전선에 선 통사나 역관들의 독자적 세계를 탐구하는 일도 흥미로울 것이며, 이는 '네 개의 창구' 각각의 독자성을 해명하고 각 시기 조일관계의 고유 형태와 문제를 밝히는 데 연결될 것이라고 생각한다.

국가를 相對化한 시점에서 연구를 추진하기 위해서는 전술한 바와 같이 근세에서의 조일 양국의 실태를 숙지하는 것이 바람직하지만, 한 사람의 연구자가 일본사와 조선사 쌍방에 걸쳐 전문적이고 깊이 있는 연구를 행하는 것은 현실적으로는 매우 어려운 일이다. 따라서 우선은 각 분야에서 비교사적 연구를 공동연구 등의 방법을 통해 추진해 본다면 어떨까. 근세 조일 양국의 사회구조에는 적지 않은 차이가 있다. 일찍이 동경대학문학부 조선문화연구실에 유학하고 있던 金炫榮은 당시 前近代對外

關係史硏究會(對外史硏)에서의 보고7)에서 근세 일본과 조선의 농촌사회를 비교하였다. 이 보고를 듣고 필자는 약간의 당혹감을 느꼈는데, 그러나 그 후 확실히 豪農과 兩班의 단순비교는 어렵겠지만, 그야말로 조일 양국사회의 질적 차이를 상징하는 것은 아닐까라고 생각하게 되었다. 막번제국가였던 일본의 在地社會에서는 영주 아래에 호농 등 중간층의 역할이 중요했는데, 조선왕조에서는 양반계급의 힘이 강하였다. 또 예를 들어 일본에서 크리스챤은 엄히 단속되었던 데 반해, 조선에서는 1860년대에 프랑스인 선교사 리델 등 11명이 5년 정도 잠입하여 포교를 행하였다. 그들은 결국 대원군정권에 의해 탄압을 받았다. 그것이 1866년의 프랑스 함대의 조선습격, 즉 丙寅洋擾를 야기하게 되지만, 외국인 선교사가 이와 같이 잠입·포교할 수 있었던 것은 근세 일본사회에서는 생각할 수 없는 일이었다. 이것은 양국의 크리스트교에 대한 대응의 차이뿐만 아니라, 양국의 지역 지배나 촌락구조형태의 차이에도 기인하는 것이라 생각된다. 이와 같은 사회구조의 차이는 민중과 국가 간의 관계를 특징 지우며, 각 계층의 국가의식과 나아가 대외의식에도 영향을 끼친다. 또한 이러한 차이는 역사학연구의 커다란 주제가 될 것이다.

2) 동아시아 제국의 근대화의 차이를 둘러싸고

동아시아 각국의 서양근대에 대한 대응과 근대화 형태의 차이는 이후 역사의 전개를 생각할 때 극히 중요한 의미를 지닌다. 중국과 조선은 문관 우위의 관료사회였으나 막번제국가였던 일본은 무가사회였기 때문에, 그것이 근대로의 이행에도 차이를 야기했다고 일컬어진다. 2001년에 등장하여 한일 간 교과서문제로 발전하게 된 扶桑社의 『新しい歷史敎科

---

7) 金炫榮, 「日本近世における百姓の平等性－比較史による一視点」, 前近代對外關係史硏究會報告, 1997년 7월 11일.

書』초판본8)은 조일관계 혹은 전근대 동아시아의 華夷질서와 근대로의
전개에 대해 중학교 교과서로서는 매우 이례적일 정도로 많은 자수를 할
애하며 기술하였다. 그 후 집필진 교체와 채택율 향상을 이유로 개정판
이 발행되었는데, 초판본에 보이던 대담한 기술들은 이제 흔적을 감추게
되었으나 기본적인 자세는 변하지 않았다. 扶桑社의 교과서는 청과 조선
의 경우 전통적인 가치관에 구속되어 있었으나, 일본은 구미열강의 무력
적 위협에 민감하게 반응하며 서양근대문명을 서둘러 도입하였다는 식
의 역사인식이 농후하게 나타난다. 일본의 독자성을 강조하면서도 서양
문명에 다가서려는 태도는 모순일 것이다. 이것은 결국 서양 근대문명
지상주의에 바탕한 자국우위의 과시에 지나지 않으며, 또한 현재와 같이
글로벌한 관점이나 각 민족마다의 고유 가치에 대한 존중이 요청되는 시
대에 있어서는 수용하기 어려운 역사인식이다. 각각의 사회형태가 서양
근대에 대한 대응적 성격을 가지고 있음은 당연한 일이다. 단순히 근대
화의 遲速으로 우열을 가늠하는 것이 아니라, 어디까지나 근대화 과정에
서의 성격 차이로 평가해야 한다고 생각한다. 그러나 그것이 동아시아
근대사를 규정지었음을 고려한다면, 그 성격의 차이란 무시할 수 없는
중요한 문제일 것이다. 일본이 일찍이 근대국가 체재를 정비하였다는 식
의 이미 달성된 근대의 측면으로부터 근세를 평가하는 것이 아니라, 각
국 근세사회의 고유형태를 인식한 위에서 근대로의 전개를 고찰해야 할
것이다.

　이 문제를 고찰할 때 朝尾直弘이 제기한 '일본형 화이의식'의 키워드
인 '武威'의 실체를 규명하는 일은 중요한 의미를 지닌다. 朝尾에 따르면
戰國時代를 이겨 낸 武家에 의해 근세국가가 수립되었고, 이 과정에서
태어난 '일본형 화이의식'은 '武威'라는 관념에 의해 지지받고 있었기 때

---

　8)「새로운 역사교과서를 만드는 모임」이 편집한 중학교용 역사교과서. 대표집필자
　　는 西尾幹二.

문에, 중국이나 조선의 상황과는 매우 다르다. 바로 이 점으로부터 일본
은 동아시아 각국의 근대화와는 그 성격에서 큰 차이를 보이게 되었을
것이다. 앞서 들었던 池內敏의『大君外交と「武威」』는 '무위' 관념에 대
해 검토하였다. 이에 대해서는 필자가 일찍이『歷史批評』에서 코멘트를
한 적이 있는데(「近世對外關係史の現在」,『歷史評論』654, 2004년 10
월), 池內는 "'무위'를 기축으로 한 국제질서의 형성이 일본인 일반의 세
계관을 규정했다고는 말할 수 없으며, 일본인의 조선관이 근세 전체를
통해 균질했을 리도 없다"고 지적하였다. 이는 곧 '의식'을 다루는 경우
계층성과 시기에 따른 특성을 무시해서는 안 된다는 것으로 필자는 이에
크게 찬동하고 싶다. 필자 자신은 이에 대해 체계적으로 분석한 적도 없
으나, 좁은 식견에 한하여 막말의 '무위'에 관해 깨닫게 된 바를 조금 부
연하고자 한다.

① '무위'적 정권인 막부가 결국에는 '무위'를 해치지 않기 위해 구미
열강과의 전쟁을 피하려는 태도를 취하였다. 阿部正弘이 老中 首
座로서 幕政을 담당하고 있던 시기, 이국선철퇴령 부활에 관한 논
의나 페리 내항 시 논의를 보면, 결국 패전으로 인한 권위상실을
막기 위해 열강과의 전쟁회피를 선택하고 있음을 알 수 있다. 예를
들어 福岡藩主 黑田齊溥는 페리 내항시의 막부 자문에 대해 嘉永
6년(1853) 7월 17일자 上書(『大日本古文書 幕末外國關係文書 一』
285호 문서)에서 이르길, 미국과 전쟁을 벌여 결과적으로 일이 잘
못되어 상대요구를 허용하는 사태에 이른다면, "往古より武國之
名高き日本之武威衰候哉ニも相聞へ, 以之外之御事"라고 하였
다. 또한 같은 해 10월 江川太郎左衛門(英龍)手附高島喜平(秋帆)
意見書(『大日本古文書 幕末外國關係文書 三』49호 문서)에서는
내년에 페리가 來日했을 때 일본이 미국배와 싸워 승리함으로써
상대가 일본의 '무위'에 위축된다면 좋겠지만, 여러 가지 문제로
인해 싸우다가 도중에 군대를 거두게라도 된다면 국체가 손상될
것이라는 취지가 기록되어 있다.

② 페리 내항 후 일본인이 항해와 통상으로써 '무위'를 떨치려 한다는 말이 보인다. 앞에서 들었던 黑田齊溥의 上書(1853)에는 往古와 같이 자유롭게 해외로의 도항을 허락한다면, "日本之武威世界へ輝き, 万國恐服無疑儀ニ御座候"라고 되어 있다. 또한 長州藩 長井雅樂의 「航海遠略策」(1861)에는 서둘러 뱃길을 열어 "漸次皇國ノ御武威ヲ以テ五大洲ヲ橫行"한다면, 외국은 저절로 황국을 두려워하여 來貢할 것(『日本思想大系』五六 幕末政治論集, 岩波書店, 1976)이라고 되어 있다.

③ 文久元年(1861) 러시아의 뽀사드닉호에 의한 對馬淺茅灣 점거사건 때, 러시아함에 대한 무력행사 여부와 관련하여 '무위'에 대한 언급이 보인다. 동년 3월 10일자 宗 對馬守(義和)로부터 막부로의 上書(長崎縣立對馬歷史民俗資料館藏·宗家文庫「公義被仰上」三八)에는 외국배가 내박한다면 士民은 기아에 빠지고 本朝의 '무위'를 더럽힐 것이기 때문에 지휘를 바란다고 반복해서 언급되어 있다. 또한 4월 15일자 宗 對馬守의 上書(「公義被仰上」三八)에는 (러시아함 승무원에 의해 백성 安五郞가 사살된 일로) 러시아함과는 싸우지 않도록 藩內를 억제해 왔으나, 이렇게 되어서는 本朝의 '무위'를 더럽히지나 않을지 영단을 구한다는 취지가 기록되어 있다.

④ 막말에 對馬藩은 조일 간 통교시스템의 변혁과 조선진출론을 내세웠으며, 이 노선에 기초하여 文久3년(1863)에는 거액의 원조를 막부에 요구하였다. 다음해 對馬藩士 大島友之允의 朝鮮進出建白書 중에는 군사적으로 약한 조선에 일본의 '武威勇氣'를 보여야 한다는 기술이 있다(木村直也, 「元治元年大島友之允の朝鮮進出建白書について(上)」『史學』57권 4호, 1988).

다수 사례에 의한 체계적인 분석을 행하지 않았기 때문에 결론 같은 것을 말할 수는 없지만, 막말에는 '무위'라는 말이 開國·通商論을 포함한 다양한 입장에서 사용되었으며('무위' 이외에 유사한 말로 '兵威' 등도 있다), 당시 '무위'라는 관념이 실제 존재했고, 또 일본의 '무위'가 관철되길 바란다는 기대로써 사용되었다고는 할 수 없을까. 그리고 일본의

'무위'로 자신보다 약소한 주변 제국을 정복하자는 논의가 있음을 고려한다면, 막말의 이러한 '무위'에 대한 고찰은 일본이 서양근대국제사회의 약육강식적 측면을 수용해 간 논리를 해명할 수 있는 하나의 실마리가 되지는 않을까.

3) 동아시아로부터의 시선

일국사적인 시점을 넘어 동아시아 전체로부터의 시점을 취한 연구가 최근 진전되고 있다. 경제사 연구나 중국을 중심으로 한 책봉체제, 표류민 송환시스템, 국제정보의 전달 등의 분야에서 연구가 활발하다. 그 중에서도 류큐를 축으로 한 국제관계 연구는 동아시아 전체와 관련되는 것으로, 朝鮮·琉球關係史 연구 등과 같은 구래의 일국사의 틀을 넘어서는 시도로 주목된다.

최근 동경대학 사료편찬소가 북경에 있는 中國第一檔案館과 제휴하여 제일당안관에 소장되어 있는 일본관계사료를 수집하고 있는데, 그 중 막말 八戶順叔事件에 관한 사료가 몇몇 포함되어 있다. 慶応 2년(1866) 12월 香港에 체재하고 있던 일본인 八戶順叔이 일본의 국정에 관해 서술한 기사가 청국의 한자신문에 게재되었다. 이 사건에 대해서는 戰前의 田保橋潔의 『近代日鮮關係の研究 上卷』(前揭)에서도 다루고 있는데, 그 취지는 다음과 같다. "일본은 구미로부터 학습하여 군사력을 증강하고 화륜선을 다수 건조하고 있으며, 국내 제후들을 모아 무비를 정비하고 국위를 발양할 것에 대해 논하였다. 조선은 일본에 5년에 한 번씩 조공하고 있었는데, 현재는 복종하지 않으므로 일본은 실제로 조선에 가서 토벌할 의지가 있다."

八戶順叔이 어떤 이유로 이와 같은 기사를 게재했는지 그 자세한 경위는 알 수 없다. 이 시기에 이미 對馬藩은 종래의 조일 간 통교형태를

변혁하고자 조선진출론을 주장하고 있었으며, 또 이 해에는 對馬藩·幕
府가 조선이 프랑스함대 및 미국상선과 무력충돌을 일으켰다는(丙寅洋
擾) 정보를 입수하고 중재를 위해 조선으로 막부의 사절을 파견하고자
계획을 세우고 있었기 때문에, 혹 그러한 일본의 정황과 연관이 있는지
도 모른다.

청국은 조선의 종주국이기 때문에 이 신문기사 내용을 우려하여 이를
조선에 전달했다. 이에 놀란 조선은 對馬藩에 이를 힐문하였고, 막부(德
川慶喜 정권)는 對馬藩을 통해 이 기사 내용을 부정하도록 하였다. 중국
제일당안관의 사료에는 청조가 입수한 신문기사 정보를 청조 내부에 전
달한 문서, 신문기사를 조선에 전달하여 그에 대한 조선의 회답이 있었
다는 보고문서, 또 일본의 회답서계가 도착했다는 조선의 청국에 대한
보고문서와 그 관련문서가 포함되어 있다. 특히 막부의 지시에 따라 신
문기사 내용이 사실무근이라 부정하는 對馬藩의 조선에 대한 회답서계
(한문)가 그대로 필사되어 있다. 이는 對馬藩 측에서 조일 간의 서계를
기록한「朝鮮往復書」七五(慶應義塾図書館藏·宗家記録)의 내용과 비교
할 때 겨우 몇 글자의 차이만 있을 뿐 그 외에는 모두 일치한다. 德川幕
府와 청조 사이에는 정식의 통신관계, 즉 국교는 없었으나 조일 간 외교
문서가 북경에도 정확히 기록되어 있던 것이다.

뿐만 아니라 메이지정부 수립 후 일본이 강화도사건에 이어 1876년
에 수호조규 체결을 강요한 사실에 대해 조선이 청국에 보고한 내용도
제일당안관에 소장되어 있는데, 거기에서 조선은 일본을 경계하는 요인
으로 八戶順叔事件을 들고 있다. 구미열강의 압력 하에 있던 막말유신기
에도 중국 중심의 전통적인 동아시아 외교질서와 국제정보 전달시스템
이 기능하고 있었음을 엿볼 수 있다.

이 사료들은 주변사료도 포함하여 재검토할 여지가 크고, 해명해야
할 문제들도 안고 있다. 또한 그것은 국제적인 정보 교류와 삼국 간의

상호인식이라는 주제로도 활용할 수 있을 것이다. 그리고 동아시아, 적
어도 중국·조선·일본 삼국에 미치고 있는 동아시아의 고유한 가치관의
존재를 분명히 파악하고, 또 이를 단순히 서양의 근대국제관계에 의해
부정될 것으로 접근하지 않는다면, 더욱 풍부한 사실들을 눈앞에서 확인
할 수 있을 것이다.

Ⅳ. 『朝鮮王朝實錄』의 日本關係史料

세끼 슈우이찌(關周一)*

1. 시작

조선왕조 전기, 일본 中世에 있어서 한일관계에 관한 史料의 대부분은 朝鮮의 사료이다. 그 중심이 되는 것이 『朝鮮王朝實錄』이다. 본고는 『조선왕조실록』 중 일본관계 사료에 관하여 우선, 그것을 抄出한 史料集인 『中國·朝鮮의史籍에 있어서의 日本史料集成』李朝實錄之部를 소개한다. 그리고 일본관계 史料의 특색의 일부를 応永外寇(조선에서는 己亥東征라고 칭함)에 관한 일본 사료와 비교하면서 제시하고자 한다.

2. 『朝鮮王朝實錄』과 각종 史料集

『朝鮮王朝實錄』은 조선왕조 역대 왕에 관한 편년체의 史書이다.[1] 太

---

* 筑波國際大學
1) 이하의 기술은 今西龍,「李朝實錄에 관하여」(同著·今西春秋 編, 『高麗及李朝史研究』, 國書刊行會, 1974 수록) ; 末松保和,「李朝實錄考略」『學習院大學

祖에서 純宗까지의 27대(1392년~1910년)가 31종 1946권으로 편찬되어 있다. 太宗9년(1409)에『太祖實錄』의 편찬에 착수한 이래 각 왕의 서거 후에 편찬이 행해졌다. 1865년『哲宗實錄』의 편찬으로 완결되었다. 편찬의 담당은『太祖實錄』에서『仁祖實錄』까지는 春秋館,『哲宗實錄』에서『憲宗實錄』까지는 實錄廳, 마지막인『高宗實錄』과『純宗實錄』은 한일합방 후 李王職이 담당했다. 편찬의 근본이 된 史料는 史官의 기록인『史草』(家史)와 관청의 중요 문서를 撰集한『時政記』이다.

實錄의 보전에 있어 朝鮮王朝는 부본을 만들어 여러 군데 두는 방침을 취했다. 成宗 4년(1473)이후는 淸書本 1권과 인쇄본 3권을 중앙의 春秋館의 史庫와 충주·전주·성주의 3군데 지방 史庫에 나눠 보관했다. 그런데 토요토미 히데요시(豊臣秀吉)의 조선침략에 의해 전주 이외 3곳의 史庫의 實錄은 소실되었다. 戰後 전주사고의 실록을 底本으로 새롭게 3부를 인쇄했다. 이것과 校正刷 1부, 원본(구 전주 史庫本)을 포함한 5부의 實錄을 춘추관·묘향산(이후 적상산)·태백산·오대산·강화 등 5군데 史庫에 나누어 보관했다.

한일합방후 오대산 史庫本(교정쇄본)은 동경제국대학에 기증되었지만, 大正12년(1923) 관동대지진에 의해 그 대부분은 소실되었다. 그때 史料編纂所에 대출된『成宗實錄』1부만 소실되지 않고, 현재는 東京大學 부속도서관에 소장되었으며, 2006년 7월에는 동경대학교에서 서울대학교로 기증·이관되었다(동본의 화상은 이미 아래의 사이트에서 공개 중. http://gazo.dll.itc.u-tokyo.ac.jp/jitsuroku).[2] 적상산·태백산·강화 史庫本을 서울에 모아서 보관했다.

文學部硏究年報』第5号, 1954. 후에 補筆·補注을 더해『靑丘史草』第2号에 轉載.『末松保和朝鮮史著作集』第6卷 朝鮮史と史料, 吉川弘文館, 1997年에 再錄)에 의거한다(특히 末松論文에 의거하고 있다).
2) 田中健夫,「『朝鮮王朝實錄』雜話」:『前近代の國際交流と外交文書』, 吉川弘文館, 1996 수록.

1929~32년 京城大學은 태백산 史庫本(1부는 강화 史庫本)를 底本으로 『太祖實錄』에서 『哲宗實錄』까지 전체 실록의 사진 축쇄본을 간행했다. 총 목록을 합쳐서 889권이다. 重印의 부수는 30부이고, 한국·일본의 국공립대학의 도서관에 분포되었다. 이것을 더욱 縮寫하여 1953년에 學習院大學 동양문화연구소가 『李朝實錄』 56권을 간행했다.

한국에서는 1955년부터 국사편찬위원회가 『朝鮮王朝實錄』 전 49권(색인 1권 포함)을 간행했다. 『高宗實錄』, 『純宗實錄』는 별도로 『高宗純宗實錄』 전 3권으로 간행되었다. 한국·북한도 『朝鮮王朝實錄』의 한글번역이 완성되어 있다.[3] 한국의 국사편찬위원회에서 全文이 전자정보로 만들어지고, 원문과 한글번역이 CD-ROM이나 인터넷(http://sillok.history.go.kr/main/main.jsp)으로 검색이 가능하다.

일본에서는 『朝鮮王朝實錄』 중에서 일본·류큐(현재 오키나와)관계의 記事를 골라 낸 史料集이 國書刊行會에서 간행되어 있다.[4] 1972년 동경교육대학(쯔쿠바대학의 前身) 동양사학교실의 관계자를 중심으로, 中國·朝鮮의 史籍에 있어서의 日本史料集成編纂會(대표 酒井忠夫씨)가 결성되고, 國書刊行會의 佐藤今朝夫사장과 편찬계획을 결정하였다. 동 대학의 和歌森太郎씨(일본사·민속학)로부터 현대판 『異稱日本伝』을 제작할 수 없느냐고 요청이 있었다고 한다. 사회문화사학회의 明淸史연구그룹, 朝鮮史연구그룹 등이 일본관계 사료의 수집·정리를 맡은 것이 기초가 되었다. 편찬회는 中國正史, 明實錄, 淸實錄, 朝鮮의 三國高麗 및 李朝實錄을 5반으로 나눠 일본관계 사료의 편찬이 이루어지고 『中國·朝鮮의 史籍에 있어서 日本史料集成』(이하 『日本史料集成』)으로 國書刊行會에

---

3) 木村直也, 「『朝鮮王朝實錄』과 古典國譯事業 심포지엄 參加記」 『歷史學硏究』 第670号, 1995.

4) 간행하게 된 경위는 『中國·朝鮮の史籍における日本史料集成』, 李朝實錄之 部(一), 國書刊行會, 1976의 「總序」 및 有井智德, 「『李朝實錄』の日本關係史料の硏究」 『靑丘學術論集』 第3集, 1993에 의거한다.

서 간행되었다. 「李朝實錄之部」 제12권의 간행으로, 이 史料集은 완결되었다. 「正史之部」 2권, 「明實錄之部」 3권, 「淸實錄之部」 2권, 「三國高麗之部」 1권을 합쳐 전20권이다.

李朝實錄之部는 有井智德·岡本敬二兩씨를 중심으로 편찬 작업이 진행되었다. 제1권은 1976년 11월에 간행되어 『太祖康獻大王實錄』·『恭靖王實錄』(定宗實錄)·『太宗恭定大王實錄』『世宗莊憲大王實錄』(71권까지)을 담고 있다. 제12권은 2007년 11월에 간행되어 『宣祖昭敬大王實錄』(66권~83권)을 담고 宣祖 28년(1595) 8월~宣祖 29년(1596) 12월, 1년 4개월의 일본관계 記事를 抄出하고 있다. 제8권 이후는 모두『宣祖實錄』이지만 豊臣秀吉의 조선 침략으로 일본관계사료가 다른 시대에 비해 특히 많아 전부를 출판할 수 없었다. A5판 上下 2단으로 史料를 게재하고 (다른 권은 1단으로) 12권 통산 3,856페이지에 달하는(본서의 페이지 수는 통권) 『李朝實錄』(『朝鮮王朝實錄』)은 사료가 많고, 일본관계 사료도 상당한 양이므로 다른 권의 완결 후에도 간행이 계속되었다. 有井·岡本씨가 전 권을 담당하였고 그 밖에 田中通彦·小林新三·佐々木寬·金井德行·吉田寅·靑木恒雄·石田德行·渡辺和夫·大川富士夫·長瀬守·楢木野宣·町田隆吉·渡辺惇·池內功(담당 권 순서대로)씨 등이 참여, 이 중에서는 중국관계의 史籍을 담당한 사람도 포함되어 있다. 제12권은 有井智德(故人)·池內功·岡本敬二·田中通彦씨가 담당하고 있다. 그 이후의 실록도 계속 편찬한다는 계획도 있었지만, 30년을 넘긴 큰 사업이고, 그 사이에 편집자의 연령이 점점 높아지고 사망자도 나오는 상황에서, 제12권까지 간행하고 중단하게 되었다.

3. 『朝鮮王朝實錄』의 일본관계 史料의 특징

1) 일본관계 史料의 내용

다음으로 『朝鮮王朝實錄』의 일본관계 史料는 어떠한 내용인가를 살펴보고자 한다. 이 점에 대해서는 앞에서 이미 논한 『日本史料集成』을 편찬한 有井씨의 연구가 있으므로 有井씨의 견해를 소개하고자 한다.[5]

有井씨에 의하면 앞에서 논한 『日本史料集成』은 광의의 일본관계 사료를 수집하고 있다. 「좁은 의미의 일본관계 사료는 일본의 정치·사회·경제·문화 등에 대하여 기록한 사료 및 이씨 조선과 일본과의 교류에 대하여 기록한 사료이고, 넓은 의미의 일본관계 사료는 좁은 범위의 일본관계 사료에, 이씨 조선이 일본의 정치·경제·군사 그 외의 모든 방면에 있어서의 시책과 시설 등에 대하여 기록한 사료도 더한 사료를 칭한다.」[6] 라고 설명하고 있다. 이 史料集이 분량이 많은 것은 광의의 일본관계 史料를 담고 있는 것도 하나의 원인이며 이 책의 두드러진 특색 중 하나이다. 특히 朝鮮王朝의 沿岸部의 방비에 관한 사료를 광범위하게 채록하고, 한일관계사라는 관점뿐만 아니라 軍事史나 海域史 등의 시점에서도 본 사료집을 활용할 수 있다.

有井씨는 『日本史料集成』의 편찬 작업을 시작으로 『太祖實錄』에서 『宣祖實錄』, 『宣祖修正實錄』까지 일본관계 사료의 내용을 분류하고, 그 건수를 정리하여 표를 작성했다. 예를 들면 『太祖實錄』, 『定宗實錄』, 『太宗實錄』, 『世宗實錄』에서는 사료 내용은 왜구 대책, 왜구 침공, 對倭孝子·順孫·節婦, 일본에서의 포로송환, 포로의 중국 호송, 일본에서의 사

---

5) 有井智德, 재인용(4) 論文. 이하 有井씨의 견해는 전부 同論文에 의거한다.
6) 有井智德, 재인용(4) 論文, 261쪽.

신, 일본으로의 사신, 일본인의 항복 등이다.

有井씨는『李朝實錄』(前期)『太祖實錄』에서『宣祖修正實錄』까지 13,397건의 기사를 정리하여 총괄표를 작성했다.[7] 사료 내용의 내역은 왜구대책(6,546건), 왜구 침공(312건), 對倭孝子·順孫·節婦(12건), 일본에서의 포로송환(64건), 포로의 중국 호송(57건), 일본에서의 사신(2,369건), 일본으로의 사신(71건), 향화 왜인(前述의「일본인의 항복」에 해당. 108건), 왜인통교무역통제(525건), 그 외(3,933건)이다. 有井씨는 각 實錄마다 차이가 있다는 것을 지적하고, 史料 내용의 중요성과 그 필요성의 시대에 인한 변화에 기인하는 현상이었다고 하고 있다. 이러한 실록마다의 차이는 筆者에 의하면 개개의 시기에 있어서 한일관계의 자세나 朝鮮王朝의 대일정책의 변화가 반영된 것이라고 한다. 실록마다 편집 기준, 記事의 상세함에 차이가 있다는 것도 반영하고 있다.

또 有井씨는 琉球 관계의 기사에 대해『太祖實錄』에서『中宗實錄』까지 257건을 추출하고, 사료 내용을 琉球의 표류민송환(13건), 조선왕조의 琉球사신접대(71건), 琉球에 의한 포로송환(5건), 琉球에서의 사신(31건), 琉球와 조선의 무역(26건), 琉球의 정치·문화 등(7건), 그 외(104건)이다. 그 중에 琉球의 정치·문화에 관한 記事는 琉球에 표착하여 그 후 조선에 송환된 표류인의 발언에 입각한 것이 포함되어 있다.[8]

---

7) 有井씨는 이 합계는 정확한 숫자 일리가 없고, 史料 분류는 아무래도 主觀에 의지하지 않으면 안 된다고 말하고 있다(재인용(4) 논문, 327쪽). 有井씨의 論考에 따라 日本關係 史料의 내용의 경향을 개괄할 수 있게 된 의의는 크지만, 더욱더 재검토할 필요가 있다. 예를 들면 有井씨의 표에서는 倭人通交貿易統制는『文宗實錄』에 처음으로 등장한다(16件). 그러나『太宗實錄』과『世宗實錄』에도 이 것에 관한 記事가 있다.

8)『朝鮮王朝實錄』의 琉球관계 사료에 관해서는 池谷望子·內田晶子·高瀨恭子,『朝鮮王朝實錄 琉球史料集成』, 榕樹書林, 2005를 참조. 同書는『南島史學』에 연재된 것을 바탕으로 간행되었으며, 本文과 譯註를 수록하고 있다.

2) 實錄 記事의 근거

다음으로『朝鮮王朝實錄』의 일본관계 記事가 어떠한 정보를 바탕으로 작성되었는가에 대해서 생각해 보고자 한다.

實錄은 각 왕의 치세를 기록한 것으로 그 주체는 조선국왕이고, 국왕의 動靜, 發言이나 命令 등을 기록한 것이다.

초기『太祖實錄』,『定宗實錄』,『太宗實錄』에서는 기사의 요점을 처음에 서술하는 형식인 綱目體를 취하고 있다. 일본관계 사료를 보면 史官의 문장으로 요점을 말하는 형식이 대부분이고 개개의 기사도 짧은 것이 많다.『世宗實錄』이후 점차 상세한 기사가 늘어났다.

그럼『世宗實錄』의 応永外寇(己亥東征)에 관한 기사를 구체적으로 들어보겠다.9)

---

9) 己亥東征에 관한 주된 연구를 들자면 三浦周行,「応永の外寇」『日本史の研究』第1輯, 岩波書店, 1922 :「応永の外寇の眞相」『日本史の研究』第2輯, 岩波書店, 1930 ; 秋山謙藏,「朝鮮史料に遺る応永の外寇」『日支交涉史話』, 內外書籍, 1935 ; 中村榮孝,「朝鮮世宗己亥の對馬征伐－応永の外寇を朝鮮から見る－」『日鮮關係史の研究』上卷, 吉川弘文館, 1965, 初出은 1932 ; 高木眞太郞,『応永外寇の前後－中世の日鮮交涉－』, 八木書店, 1942 ; 田中健夫,『中世對外關係史』, 東京大學出版會, 1975 ; 村井章介,「『老松堂日本行錄』解說」『アジアのなかの中世日本』, 校倉書房, 1988 등이 있다.

이 중에서 中村論文이 朝鮮史料를 중심으로 己亥東征의 전체 모습을 명료하게 나타내고 있어 己亥東征에 관한 基本文獻이다. 같은 집필자의「応永の外寇」『國史大辭典』第2卷, 吉川弘文館, 1980도 유익하다.

개별의 論点에 관해서는 對馬島의 歸屬을 둘러싼 한일간의 교섭에 관해서는 村井章介,『中世倭人伝』, 岩波書店, 1993과 大石直正·高良倉吉·高橋公明,『日本の歷史14－周緣から見た中世日本』, 講談社, 2001 ; 關周一,『中世日朝海域史の研究』, 吉川弘文館, 2002가 있다. 妙樂寺 居僧인 無涯亮倪에 관한 上田純一,『九州中世禪宗史の研究』, 文獻出版, 2000. 朝鮮王朝의 海域 政策의 일환으로 己亥東征을 평가한 藤田明良,「東アジアにおける『海域』と國家－14～15世紀の朝鮮半島を中心に－」『歷史評論』第575号, 1998. 朝鮮王朝에 拘留된 倭人의 送還에 관하여 有井智德,「李朝初期向化倭人考」(村上四男博士退

応永外寇(己亥東征)는 応永 26년(世宗 원년, 1419) 朝鮮王朝의 上王
인 太宗에 의해 계획된 外征으로 왜구의 근거지로 간주된 對馬를 공격
한 것이다. 그 계기는 같은 해 5월 倭船 51여 척이 충청도 庇仁縣 都豆
音串에 침입해 병선을 불태우는 사건 등이었다. 5월 13~14일의 太宗과
大臣들이 논의하여 대마도 출병을 결정하고 원정군을 편성하였다. 또
朝鮮에 체재하고 있던 대마도민은 조선 측에 拘留되어 각지에 分置되었
다. 5월 25일 三軍都統使인 柳廷顯이 대마도 정벌에 참전했다. 5월 29
일에는 도체찰사인 이종무에 명하여 대마도 군주인 宗貞盛에게 서간을
보내 정벌의 이유를 알리고 6월 9일에 太宗은 나라 안팎에 征戰의 목적
을 선언한다. 諸軍은 6월 12일에 乃而浦, 19일에는 巨濟島를 출발하여
대마도로 향해, 다음날 아소만(淺芽湾)에 상륙하여 전투에 들어간다. 26
일 尼老郡(仁位郡)에 들어갔으나 「糠岳전투」에 패한다. 宗貞盛으로부터
의 정전 수호 요청에 응해 조선군은 철퇴하여 7월 3일에는 거제도에 돌
아왔다.

『世宗實錄』 3권(世宗 元年 정월~4월)·4권(동년 5월~7월)의 일본관
계 기사가 어떠한 정보, 기록에 의한 것인가를 보고자 한다.

3권을 보면 우선 정월 1일 群臣과 「승려·이슬람인(回回)」들과 함께
「倭人」이 국왕인 世宗에게 朝賀를 올리는 기사에서 시작된다(3권 동년
1월 1일 병오). 다음과 같은 早田左衛門太郎의 通交 기사 등을 볼 수
있다.

官記念論文集編集委員會 編, 『村上四男先生和歌山大學退官記念論文集』, 開
明書院, 1982)과 關周一, 『中世日朝海域史の研究』(前揭)가 있다. 또 다음 節에
서 말할 己亥東征에 관한 일본 史料에 대해서 瀨田勝哉, 「伊勢の神をめぐる
病と信仰」 『洛中洛外の群像—失われた中世京都へ—』, 平凡社, 1994 ; 關周
一, 「中世後期における『唐人』をめぐる意識」(田中健夫 編, 『前近代の日本
と東アジア』, 吉川弘文館, 1995) ; 西山克, 「応永の外寇異聞」 『關西學院史
學』 第三一号, 2004 ; 清水克行, 『大飢饉、室町社會を襲う!』, 吉川弘文館,
2008이 있다.

日本國對馬島万戶左衛門大郎、遣人來獻土物、
(일본국 대마도 만호 좌위문대랑이 사람을 보내어 토산물을 바쳤다.)
(동년 1월 무신)
對馬州都万戶表阿時等、來獻土物、
(對馬州都萬戶 表阿時 등이 와서 토산물을 바쳤다.)
(동년 1월 6일 신해)

한편, 이 시기에는 대마도의 宗氏들이 島民의 송환을 청하는 사례가
보이고, 對馬州代官 宗俊이 항복해 온 왜인 30여명의 송환을 청하여 世
宗(「上」)은 왜인들이 귀환을 원한다면 돌려보내 주라고 명했다.

對馬州代官宗俊、請還曾來降倭三十餘、上命從降倭自願遣還、
(동년 1월 6일 신해)

이와 같은 史官이 쓴 文章에 의해 일본으로부터의 통교기사를 간략하
게 서술하고 있지만, 대체적으로 각 실록의 공통적인 기재 방식이다.
4권에 들어가면 倭寇의 출현에 의해 기재 방식이 변화하는 것을 볼
수 있다.
우선 지방관으로부터 왜구의 출현이 조정에 보고되고 그 골자가 인용
되었다. 그 시작은 충청도 절제사의 보고였다.

忠淸道都節制使報、倭般〔船〕現于結城之境、
(충청도 도절제사가 보고하기를, "왜선이 結城땅에 나타났다."고 하
였다.)
(동년 5월 4일 무신)

다음날에는 전라도 절제사가 보고하기를 "왜선 39척이 「上國」(명나
라)을 침범하고 조선 인근 섬에 머물고 있다는 것과 병사를 영광 땅에
주둔시켰다"고 전하고 있다(동년 5월 5일 기유). 그리고 5월 7일에는 다

음과 같이 충청도 관찰사 鄭津의 비보가 전해진다(이하, 인용을 나타내는 「 」는 필자의 해석에 근거를 둔다).

　　忠淸道觀察使鄭津飛報、「本月初五日曉、倭賊五十余艘、突至庇仁縣之都豆音串、図我兵船焚之、烟霧曚暗、未弁彼我」
　　(충청도 관찰사 정진이 비보하기를, 「본월 초5일 새벽에 왜적의 배 50여 척이 돌연 비인현 도두음곶에 이르러, 우리 병선을 에워싸고 불살라서, 연기가 자욱하게 끼어 서로를 분별하지 못할 지경이다.」
　　　　　　　　　　　　　　　　　　　　　(동년 5월 7일 신해)

　그리고 국왕의 수레가 고양현 가둔원 앞에 머물자 정진의 보고가 왔다(동년 5월 7일 신해). 게다가 13일 황해도 감사로부터 급보가 전해졌는데, 인용된 급보에는 朝戰 절제사 이사검 등에 대한

　　「我等非爲朝鮮來、本欲向中國、因絶糧而至此、若給我糧、我当退去矣、前日都豆音串之戰、非我也、汝國人先下手、故我不得已而応之爾」
　　(우리들은 조선을 목적하고 온 것이 아니라, 본래 중국을 향하여 가려고 하였으나, 마침 양식이 떨어졌으므로 여기에 왔노라. 만일 우리에게 양식을 주면 우리는 곧 물러가겠으며, 전일에 도두음곶에서 싸움한 것은 우리가 먼저 친 것이 아니라, 도리어 그대의 나라 사람들이 우리들을 下手하기에 부득이 응하였을 뿐이라.)

　고 하는 왜적의 말도 포함되어 있었다(동년 5월 13일 정사). 또 대마도의 宗峻이 보낸 사절로부터 대마도의 정세에 관해 묻고, 그 발언이 인용되어 있다.

　　對馬島宗峻使送倭人等告還本島、上命饋之、因令知申事元肅語之曰、「我國与宗貞茂和好久矣、故凡有所欲、罔不從之、今乃放賊、來侵辺鄙、燒破兵船、殺人甚衆、是何故耶」、對曰、「對馬州人心不一、故或有如此者、貞茂生時、向殿下誠意極厚、今其子嗣位、誠意過於貞

茂、謂朝鮮如兄弟、期於永世、今聞賊人來侵、多有慙愧」、肅曰、「汝
往本島、告於守護、推首謀作賊者、置之於法、刷送其妻子、又刷還被
虜人」、對曰、「当速歸以告」、上王尋命右倭八人、分置咸吉道、

　　(대마도 宗峻의 사신으로 보낸 왜인들이 본도에 돌아갈 것을 고하니,
임금이 대접하게 하고, 지신사 元肅으로 하여금 말하기를, 「우리나라가
宗貞茂와 화친한 지 오래므로, 무엇이나 원하는 대로 좇지 아니한 것이
없었더니, 이제 와서는 도적을 시켜 우리의 변방을 침노하고 병선까지 불
사르며, 살인한 것도 심히 많으니, 무슨 까닭이냐.」 하니, 대답하기를,
　　「대마도의 인심이 모두 같지 않으므로 이와 같은 자도 있으나, 貞茂의
생시에는 전하께 성의가 극히 후하였더니, 이제 그 아들이 자리를 이어서
부터 성의가 貞茂보다도 지나쳐서 말하기를, ' 조선은 형제와 같아서, 이
뜻을 오래도록 지키려고 한다.' 하더니, 이제 賊人이 많이 침노한다 하니,
부끄러운 일입니다.」 하였다. 肅이 이르기를, 「너의 본도에 가서 守護에
게 고하되, 처음에 도적질하기를 꾀한 자를 찾아서 법으로 다스리게 할
것이며, 그 처자를 보내고, 또 사로잡힌 우리나라 사람들을 모두 돌려보
내라.」 한 즉, 대답하기를 「속히 돌아가서 고하리다.」 하였다. 상왕이 곧
명하기를, "위의 왜인 8인을 함길도로 보내어 나누어 두게 하라."

(동년 5월 20일 갑자)

　「보고」나 「급보」를 받으면 상왕인 太宗과 대신들은 대책을 심의, 결
정하고, 그것을 기록하고 있다. 예를 들면 이미 전술한 바 있는 충청도
관찰사 정진의 비보를 받고, 상왕인 太宗이 엄중한 경비를 명한 것을 「상
왕이 곧 명하기를, "그 道 侍衛別牌와 下番甲士와 守護軍을 징집하여,
當下領船軍과 같이 엄하게 방비할 것」이라 하였고, 본래 대마도 사람인
受職倭人인 平道全을 좌의정 박언의 啓로 충청도 조전 병마사로 삼기로
결정했다(동년 5월 7일 신해). 太宗·世宗은 유정현·박언·이원·허조등을
불러 허술한 틈을 타서 대마도를 치는 것이 좋을지 어떨지 의논했다. 그
때의 개개의 發言은 6월 8일을 기약하고 각도의 兵船을 見乃梁에 모이
기로 했다는 결정이 기술되어 있다(동년 5월 14일 무오).
　5월 25일의 기사에서는 삼군도통사 유정현에 대해 太宗이 친히 보낸

宣旨를 인용하고 있다(동년 5월 25일 기사). 6월 9일의 기사에서는 太宗이 나라 안팎으로 敎諭한 것을 인용하고 있다. 대마도 출병을 敎諭했지만, 그 중에는 「對馬爲島、本是我國之地、但以阻僻隘陋、聽爲倭奴所據(대마도는 본래 우리나라 땅인데, 다만 궁벽하게 막혀있고, 또 좁고 누추하므로 왜놈이 거류하게 두었더니)」와 같이 「대마도는 본래 조선의 땅이지만, 왜놈의 거류를 허락하고 있다」라는 인식을 나타내고 있다(동년 6월 9일 임오).

또 대마도 수호 宗貞盛 앞으로 보내는 書契가 작성되어, 差出·수신인이나 연월일 등을 제외하고, 그 본문이 인용되어 있다(동년 5월 29일 계유).

한편 대마도에서의 전쟁의 경위에 관한 기사는 많다고는 할 수 없다. 太宗·世宗 앞으로 전투에 관해 보고되었을 것이라고 생각되지만, 그 자체를 인용한 것이 아니고 史官의 문장으로 정리되어 기재되어 있다.

6월 17일 삼군도절제사가 구절제사를 거느리고 거제도를 출발했지만 역풍을 만나 다시 거제도로 돌아왔다. 兵船은 총계 227척, 장병은 총 17,285명, 65일 양식을 준비해 갔다고 기술되어 있다(동년 6월 17일 경인). 6월 20일의 기사에 대마도에 상륙하고 나서의 행동을 史官의 문장으로 다음과 같은 기사를 게재하고 있다.

> 午時、我師十余艘先至對馬島、賊望之以爲本島人得利而還、持酒肉以待之、大軍繼至、泊豆知浦、賊皆喪魄遁逃、唯五十余人拒戰而潰、悉棄糧儲什物、走入險阻、不与敵、先遣投化倭池文、以書諭都都熊瓦(丸)、不報、我師分道搜捕、奪賊船大小百二十九艘、擇可用者二十艘、余悉焚之、又焚賊戶千九百三十九、前後斬首百十四、擒生口二十一、芟除田上禾穀、獲被虜中國男婦百三十一名、諸將問所獲漢人、知島中飢甚且倉卒、雖富者不過持糧一二斗而走、以爲、久困則必餓死、遂置柵於訓乃串、以遏賊往來之衝、以示久留之意、(午時에 우리 군사 10여 척이 먼저 대마도에 도착하였다. 섬에 있는 도적이 바라보고서 본섬에 있는 사람이 得利하여 가지고 돌아온다 하고, 술과 고기를 가지고 환영하다가, 대군이 뒤이어 豆知浦에 정박하니, 모두 넋을 잃

고 도망하고, 다만 50여 인이 막으며 싸우다 흩어져 양식과 재산을 버리
고, 험하고 막힌 곳에 숨어서 대적하지 않거늘, 먼저 귀화한 왜인 池文을
보내어 편지로 都都熊瓦에게 깨우쳐 이르나 대답하지 않았다. 이에 우리
군사가 길을 나누어 수색하여, 크고 작은 적선 1백 29척을 빼앗아, 그 중
에 사용할 만한 것으로 20척을 고르고, 나머지는 모두 불살라 버렸다. 또
도적의 가옥 1천 9백 39호를 불 질렀으며, 전후에 머리 벤 것이 1백 14
요, 사로잡은 사람이 21명이었다. 밭에 있는 벼 곡식을 베어버렸고, 포로
된 중국인 남녀가 합하여 1백 31명이었다. 제장들이 포로된 중국인에게
물으니, 섬 중에 기갈이 심하고, 또 창졸간에 부자라 하여도 겨우 양식
한두 말만 가지고 달아났으니, 오랫동안 포위하면 반드시 굶어 죽으리라
하므로, 드디어 柵을 訓乃串에 세워 놓고 적의 왕래하는 중요한 곳을 막
으며, 오래 머무를 뜻을 보였다(동년 6월 20일 게사).

조선군은 아소만(淺茅湾)에 들어와 尾崎의 豆知浦(土寄)에 정박하고
서신을 宗都都熊丸(貞盛)에게 보냈지만 답신이 없어서, 섬 안을 수색하
여「賊船」을 빼앗고, 집을 태우고, 중국인 포로를 얻었다. 그리고 訓乃串
(船越)에 柵을 쌓고 오래 머무를 뜻을 보였다.

이 기사가 20일 게재된 것은, 이 날 太宗이「赴征將士發船之報(출정
한 장수의 배로 떠났다는 보고)」가 오지 않으므로 형조참판 홍여방을 체
복사로 삼으려 하였으나 마침 유정현의 보고가 있었기 때문이다.

是日、上王以赴征將士發船之報不來、命刑曹參判洪汝方爲体覆
使、適柳廷顯報至云、「十七日庚寅已發船」、乃止、尋聞諸將以風逆
還巨濟、命兵曹正郞權孟孫爲敬差官、授宣旨遣之、宣旨曰、「今月十
一日甲申、乃發船吉日、而諸將不肯發船、十二日乙酉、乃發船到巨
濟、至十七日庚寅、又不肯發船、且諸將報云、『十七日發船、以風逆
還巨濟、』此皆行軍大事、卿何不分弁以啓乎、右各日遲留事由及逆風
眞僞、其速分弁以啓、且宜督諸將發船、(이 날에 상왕이 출정한 장수
의 배로 떠났다는 보고가 오지 아니하므로, 형조 참판 홍여방을 명하여
체복사를 삼으려 하였으나, 마침 유정현의 보고가 들어와 <이 보고에>
「17일 경인에 이미 발선하여 나갔다」하므로, 이에 그쳤다. 이어서 들으
니 모든 장수가 마파람으로 인하여 거제도로 돌아왔다 하기에, 병조 정랑

권맹손을 명하여 경차관을 삼고 교지를 주어 보내니, 교지에 말하기를, 「금월 11일 갑신은 곧 발선하는 吉日이어늘, 제장이 배가 떠나는 것을 즐거하지 않았고, 12일 을유에 겨우 배가 떠나서 거제도에 도착하고, 17일 경인에 이르러 또 제장이 배 떠나는 것을 좋아하지 않는다 하고, 또 제장의 보고에 이르되, 『17일에 배가 떠났으나, 바람에 거슬려 거제도로 돌아왔다.』 하니, 이것은 다 행군하는 큰일이어늘, 경이 어찌하여 분변하여 장계하지 않았는가. 위에 적은 그날의 더디게 된 사유와 역풍의 진위를 속히 분변하여 장계할 것이며, 또 제장을 독촉하여 발선하게 하라.」고 하였다(동년 6월 20일 계사).

6월 29일 유정현의 종사관 조의구가 대마도에서 돌아와 승전보를 전했다(1491년 6월 29일 임인). 거기에 근거한 것으로 생각되는 전투 경위가 같은 날 게재되었다. 이종무 등이 豆知浦(土寄)에 상륙하였으나 좌군절제사 박실이 복병을 만나 패했다는 것이다.

李從茂等住船豆知浦、日遣褊將、下陸搜捕、復火其戶六十八、焚其船十五艘、斬賊九級、獲漢人男婦十五名·本國人八名、賊、日夜思所以拒我師者、己亥(二六日)、從茂進至尼老郡、令三軍分道下陸、欲与一戰、督左右軍先下、左軍節制使朴實与賊相遇、據險設伏以待之、實率軍士、登高欲戰、伏發突前、我師敗績、褊將朴弘信·朴茂陽·金該·金熹等戰死、實收兵還上船、賊追擊之、我師戰及墜崖死者百數十人、右軍節制使李順蒙、兵馬使金孝誠等亦遇賊力戰拒之、賊乃退、中軍竟不下陸、都都熊瓦(丸)恐我師久留、奉書乞退師修好、且曰「七月之間、恒有風変、不宜久留、」

이종무 등이 배를 豆知浦에 머무르게 하고 날마다 편장을 보내어 육지에 내려 수색하여 잡고, 다시 그 가옥 68호와 배 15척을 불사르고, 도적 9급을 베고, 중국인 남녀 15명과 본국인 8명을 얻었다.

적이 밤낮으로 우리 군사 막기를 생각하므로, 26일에 종무가 전진하여, 尼老郡에 이르러 3군에 명령하여, 길을 나누어 육지에 내려, 한 번 싸우고자 좌우 군사들을 독려하여 먼저 하륙케 하니, 좌군절제사 박실이 적과 서로 만났다. 적이 험한 곳에 모여 복병하고 기다렸다가, 실이 군사를 거느리고 높은 곳에 올라 싸우려 할 그 순간에, 졸지에 복병이 일어나

앞으로 돌격해 와서, 우리 군사가 패전하여, 편장 박홍신·박무양·김해·
김희 등이 전사하였으므로, 박실이 군사를 거두어 다시 배에 오르니, 적
이 추격하여 왔다. 우리 군사 중에 전사하거나 언덕에서 떨어져 죽은 자
가 백 수십 인이나 되었다.

　　우군절제사 이순몽과 병마사 김효성 등이 또한 적을 만나 힘껏 싸워
막으니, 적이 그제야 물러갔고, 중군은 마침내 하륙하지 아니하였다. 도도
웅와는 우리 군사가 오래 머물까 두려워서 글을 받들고 군사를 물려 수호
하기를 빌면서 말하기를, "7월 사이에는 항상 풍파의 변이 있으니, 오래
머무름이 옳지 않습니다." 하였다.

(동년 6월 29일 임인)

　이상과 같이 『朝鮮王朝實錄』은 국왕 혹은 중앙정부하에 모인 정보가
기재된 것이라 할 수 있을 것이다. 일본에 관한 정보도 그 중의 하나였
다. 그 외 명나라와 일본·류큐의 國書나 書契, 명나라에서의 勅書·咨文
과 일본에서의 國書·書契와 류큐에서의 國書(咨文·書契)에 관해서는 본
문을 인용하는 경우도 많다.[10]

4. 일본 史料와의 비교

　다음으로 『朝鮮王朝實錄』에 비교해서 일본 史料에 어떠한 특징이 있
는가에 대해서 지적하고자 한다.

　고대의 율령국가에서는 朝鮮王朝와 같이 戰亂에 대해, 地方官衙에서
의 보고가 수도(京)에 보고된다. 寬仁 3년(1019), 女眞族이 침략해 온 刀

---

10) 實錄마다 그 기재에는 차이가 있다. 『世宗實錄』 후반 이후가 되면 大臣들의 發
　言을 상세하게 기록하거나, 文書의 인용이 증가한다. 『成宗實錄』에서는 朝鮮國
　王이나 日本國王의 國書 本文을 인용하는 일이 많다. 『中宗實錄』 이후가 되면
　日本에서 文書를 割注로 인용하는 경우가 있다. 『宣祖實錄』에서는 史官이 人
　物評을 割注로 기록하고 있다.

伊의 入寇때 大宰府는 飛驛使를 수도(京)에 보냈다. 단, 11세기는 正史를 편찬하고 있지 않으므로 藤原實資의 『小右記』(寬仁 3년 4월 17일. 그 외 『日本紀略』寬仁 3년 4월 17일 등)와 같은 公家의 일기로 기록되어 있다.[11]

己亥東征이 일어난 15세기의 일본은, 足利將軍에게 정보를 집약하는 시스템도 없고, 正史도 편찬되지 않았다. 그로 인해 己亥東征에 관한 사료는 그렇게 많지 않았다. 그런 상황에서도 京都의 公家일기에 己亥東征에 관한 풍문의 기사가 보인다.[12] 그것의 두 가지의 특징을 지적하고자 한다.

첫째, 비공식적인 정보 확대의 속도다. 「異國」이 습격했다는 풍문은 조선군의 출병보다도 빠른 5월 23일 京都에 퍼졌고, 그 일을 貞成親王이 일기(『看聞日記』)에 기록하고 있다.

> 抑只今聞、大唐國·南蛮·高麗等、日本ニ可責來云々、自高麗告申
> 云々、室町殿御仰 天、但神國有何事乎、(『看聞日記』応永 26年 5月
> 23日條)

둘째, 풍문에 틀린 정보가 많고 그것이 과장되어 가는 것이다. 위의 記事에서도 공격의 주체는 「大唐國·南蛮·高麗 등」으로 완전히 誤認되고, 神國意識이 토로되고 있다. 그리고 「大唐蜂起」(『看聞日記』応永 26年 6月 25日) 이를테면 몽골의 습격을 재현하듯이 기록되어 있었다. 또 많은 神社에서는 怪異한 기사가 자주 나타났다.

---

11) 村井章介,「1019年の女眞海賊と高麗·日本」『朝鮮文化研究』第3号, 1996年 : 「刀伊の入寇、被害者の証言」『東アジアの中の日本文化』, 放送大學教育振興會, 2005.
12) 關周一,「中世後期における『唐人』をめぐる意識」재인용(10).

北野御靈西方ヲ指テ飛云々、御殿御戶開云々、

(『看聞日記』 応永 26年 6月 29日條)

出雲大社振動流血云々、又西宮荒戎宮震動、又軍兵數十騎廣田社
ヨリ東方ヘ行、其中ニ女騎之武者一人如大將云々、

(同、応永 26年 6月 25日條)

또 7월 16일의 「熱田社怪異」 등 각지 神社의 怪異한 소식이 京都에
전해지고(『滿濟准后日記』 応永 26年 7月 19日條), 각지 神社의 怪異한
소식이 京都에 급보로 전해지는 「諸社怪異驚入者也」(『看聞日記』 応永
26年 6月 29日條) 상황이었다.

그러면 己亥東征은 室町幕府에 어떻게 보고되었을까. 7월 15일자의
「探題持範注進狀」(『看聞日記』 応永 26年 8月 13日條)인 僞文書가 京
都에 유포되었다(持範이라는 인물은 없다). 이것은 위 풍문을 집대성했
다고 할 수 있는 것으로 瀨田勝哉는 이 내용은 廣田社로부터의 보고와
부합하고, 廣田社가 少貳氏의 문서의 내용을 개작해 自社의 독자적인
神威를 강조한 문장으로 만들어 수도권 중심으로 퍼뜨렸다고 상정하고
있다.[13]

한편 공식적인 보고서라고 볼 수 있는 것은, 8월 7일에 京都에 도착한
「九州 少貳方」(少貳滿貞)의 보고서이고, 장군 足利義持의 앞에서 낭독된
(『滿濟准后日記』 応永 26년 8월 7일). 「몽골의 배 500여 척이 先陣」 하여
「대마도 나루」에 몰려왔지만 생포한 「異國大將」 2명의 「자백」에 의하면
그들은 모두 「고려국 사람(高麗國者)」라고 한다. 「唐船 배 2만여 척」은
6월 6일 「강풍」으로 귀환하거나 혹은 과반은 침몰했다고 한다.

조선왕조와의 큰 상이점은 외교·전쟁에 관한 정보가 풍문이라는 형
태로 퍼져있는 것이고, 게다가 정확하지 않은 정보를 포함하고 있다는
것이다. 조선왕조에서는 외교·전쟁에 관한 정보는 기밀사항에 관련된 것

---

13) 瀨田勝哉 재인용(10) 論文, 202～203쪽.

이지만 일본에서는 외교를 담당하지 않는 公家가 풍문으로 정보를 입수하여 일기로 써서 남기고 있다.

5. 마무리

마지막으로 己亥東征후 足利義持가 어떠한 대응을 했는지 알아 보고자 한다.

応永 26년 九州지방의 長官인 澁川滿賴는 博多商人인 宗金을 京都에 불렀다. 宗金은 장군 측근의 陳外郎에게 己亥東征에 관한 사정을 상세하게 고하고, 陳外郎은 이것을 義持에 보고했다. 義持는 少貳氏가 보고한 사실과 달라서 당황했지만 사절 파견을 결정하고 博多의 妙樂寺 居僧인 無涯亮倪를 正使, 陳外郎의 아들인 平方吉久(博多상인)를 副使로 했다(『老松堂日本行錄』 발문). 다음해 조선에서의 回禮使 宋希璟 일행이 京都에 갔다. 조선왕조가 對馬島를 공격한 것에 노해 있던 義持는 宋希璟에 대해 냉담하게 대응하였지만, 朝鮮(朝鮮國王)이 일본에 대하여 다른 의도없이 宋希璟이 親厚하기 위한 사절이라는 것을 알고, 일변하여 宋希璟 일행을 후하게 대접했다(『老松堂日本行錄』 110, 123, 130절 등. 節은 岩波文庫本(村井章介 校注)에 근거).

이와 같은 경위의 근거는 모두 宋希璟의 『老松堂日本行錄』라는 朝鮮史料이다. 足利義持의 외교 자세를 알기 위한 기본 史料가 朝鮮 史料라는 점에서 朝鮮王朝 前期 한일관계에 있어서의 특색을 엿볼 수 있다.

V. 『韓國文集叢刊』으로 본 일본관계기사

스다 마키코(須田牧子)*

    본고에서는 한국의 문집사료에 보이는 일본관계기사들 중에서 주로 15세기부터 16세기 초기의 것을 수집하여 그 경향과 기사 내용을 간단히 소개하고자 한다.

    『朝鮮王朝實錄』에는 일본관계기사가 풍부하게 실려 있어 두말 할 필요도 없이 중세 후기 조일관계사 연구의 기본사료가 되고 있다. 그 개요와 특질은 본서의 關씨 논문에 소개되어 있는 대로이다. 한국에 이처럼 『조선왕조실록』과 같은 거질의 정사가 16세기 이전의 것도 남아 있다는 사실은 『六國史』 이후 각 정권의 정사가 남아있지 않은 일본과 비교할 때 커다란 차이를 보인다. 한편 古文書와 古記錄이 대량 남아 있는 일본에 비해, 한국에는 조선왕조 후기 이전, 즉 16세기 이전 문서사료는 많지 않다. 정권의 하루하루 기록들이 방대하게 편찬되어 있는 한편, 편찬되지 않은 생생한 사료들의 경우 그만큼 남아 있지 않은 것이 한국 사료 상황의 특징이다.

    이와 같은 상황에서 역대 관료들이 남긴 시문을 편찬·출판한 문집사료들이 『조선왕조실록』에 수록되지 않은 사실들을 전하고 있을 가능성

---

* 東京大學 史料編纂所

이 있어 귀중하다고 할 수 있다. 현존하는 문집의 대부분은 자손 혹은 학문상의 제자 등에 의해 편찬된 것이며, 때때로 목판 인쇄되어 반포되었다. 문집의 편찬 계기는 다양하다. 편찬시기도 사망 직후부터 수십 년 뒤에 비로소 편찬되는 경우도 있어 일률적으로 설명할 수는 없다. 그러나 개인의 시문 편찬은 사대부로서 그들의 사적을 현창하는 전통에 기반한 것으로 오래 전부터 널리 행해져 왔다. 현재 한국에 남아 있는 문집 수는 19세기 이전 것에 한정하더라도 수천 종을 넘는다고 한다.

본고에서는 우선 한국의 문집사료에 대한 일본에서의 이용 상황을 개관하고, 이어서 구체적인 기사내용을 소개하고자 한다.

1. 일본에서의 한국문집사료 이용개황

대외관계사 분야에서 문집사료를 적극 이용한 선구적 연구로는 1995년에 간행된 村井章介씨의 『東アジア往還－漢詩と外交』(朝日新聞社, 1995년)가 있다. 이는 중세 동아시아 외교에 있어서 한시의 중요성을 부각시킨 것으로, 한국의 문집사료와 관련해서도 『東文選』은 물론 申叔舟의 『保閑齋集』, 金安國의 『慕齋集』 등에 의거하여 조일교류사상 저명한 인물들의 시문을 다수 소개하고 있다. 이후 米谷均씨가 1998년에 史料編纂所 소장의 『日本關係朝鮮史料』(全 17책)를 소개한 이래, 문집사료가 전해주는 그 세계의 광대함이 널리 알려지게 되었다(米谷均, 「東大史料編纂所架藏 『日本關係朝鮮史料』」『古文書研究』 48호, 1998).

『日本關係朝鮮史料』는 1930년~1932년에 걸쳐 『大日本史料』 12편의 편찬을 위해 사료편찬소가 朝鮮史編修會의 조선문집에서 일본관계기사의 발췌를 의뢰하여 작성된 것이다. 米谷씨의 정리에 따르면 14~18세기를 살았던 작자의 문집 약 120종을 대상으로 하였는데, 16세기 후

반 豊臣秀吉이 조선침략을 개시하기 직전까지의 시기로 한정한다 하더
라도, 대략 250여 건의 일본관계기사가 수집되었다고 한다. 한국 문인의
시문 속에서 일본에 관한 작품을 수집하는 일은 『異稱日本傳』등을 시
작으로 에도시대부터 행해져 왔으나, 이 정도의 대규모 수집은 아마도
이것이 처음일 것이다. 다만 이 성과가 당시의 편찬출판 사업에 충분히
반영되었다고는 말할 수 없을 듯하다.[1]『일본관계조선사료』는 米谷씨에
의해 역사적 사실들이 정성스레 발굴 소개됨으로써 재발견되었고, 아울
러 한국 문집사료의 중요성도 인식될 수 있었다. 때마침 한일관계사연구
의 흥륭과도 발맞추어, 이후 문집사료의 이용도 조금씩 증가하기 시작했
다(예를 들면 橋本雄, 『中世日本の國際關係－東アジア通交圈と僞使問
題』, 吉川弘文館, 2005 등).

　비슷한 시기 한국에서는 문집사료들에 대한 망라적인 간행사업이 추
진되고 있었다. 1990년부터 간행되기 시작한 民族文化推進會 편찬 景仁
文化社 발행 『韓國文集叢刊』은 "삼국시대부터 구한말까지 저술된 한국
인의 현존하는 문집 총 4,000여 종 중에서, 660여 종을 선택 330여 책의
총서로 발간하기로 한 『韓國文集叢刊編刊計劃』(1986)에 의거하여 간
행"(『韓國文集叢刊』凡例)된 것으로, 이미 간행된 것만 340책에 이른다.
각 문집은 여러 판본들 중에서 善本을 골라 영인하고 讀點을 찍어 두었
으며, 각 문집 첫머리에는 반드시 간단한 서지정보와 작자소개를 실었다.
수록 순서는 崔致遠(857〜?)의 『桂苑筆耕集』을 필두로 거의 작자의 생
년 순을 따르고 있다. 14세기를 산 인물은 제2권 중간부터 등장하여 제8
권 전후까지, 15세기를 산 인물은 제6권 중간부터 등장하여 제28권 전후
까지, 16세기를 산 인물은 14권 중간부터 등장하고, 16세기 중반에 태어
난 인물의 문집은 50권 전후부터 등장한다. 그러므로 대략 제2권부터 제

---

[1] 수집을 의뢰한 12편도, 또 그 외의 편이라 해도 한국의 문집사료 이용은 거의
『東文選』·『朝鮮通文大紀』에 수록된 것에 한정되어 있는 듯하다.

60권 전후까지가 일본 중세에 해당하는 문집이라 할 수 있다.

『한국문집총간』이 간행되고 또 그것이 일본에 수입됨에 따라 『일본관계조선사료』에 보이는 문집의 원본과 맞추어 보는 일이 이전에 비해 훨씬 용이해졌다. 또한 전부는 아니더라도 현존하는 주된 문집의 서지정보까지 일본에서 간편히 살펴 볼 수 있게 되었다. 이는 사료 상황의 획기적인 변화라고 말해도 좋을 것이다. 물론 주요 문집은 당시 이미 간행되어 있었지만, 누구의 어떤 문집이 현존하고 있는가를 총서라는 형태로 일람할 수 있게 된 의의는 역시 크다고 할 수 있다. 최근에는 한국문집총간 데이터베이스도 작성되어 인터넷 상에서 무료로 전문 검색할 수 있게 되었다(http://www.minchu.or.kr).

이러한 사료이용환경의 충실을 배경으로 『한국문집총간』을 근거로 하여 이미 한 번 한국의 문집사료에서 일본관계기사를 수집하려는 시도가 관동과 관서지역에서 거의 동시에 이루어졌다. 그 중 하나는 2003～2007년 사료편찬소 保谷徹씨의 과학연구비를 통한 연구(이하 科研)(「前近代東アジアにおける日本關係史料の研究」)로 수행되었으며, 또 하나는 2004～2008년 九州大學 佐伯弘次씨의 科研(「朝鮮書籍から見た中世の日本と國際關係」)에 의해 수행되었다. 전자는 필자가 단독 수행한 작업으로, 1권부터 20권까지에서 일본관계기사를 추출, 상호 관련성을 고려하여 하나의 표로 정리한 것이다(須田牧子, 「漢文史料の收集分析と大日本史料について」, 保谷徹代表科研究報告書, 『前近代東アジアにおける日本關係史料の研究』, 東京大學史料編纂所, 2007). 문집 총수는 109종으로, 그 중 일본관계기사를 포함한 문집은 62종, 기사총수는 약 480건에 이른다. 후자는 많은 사람들의 공동작업으로 1권에서 100권까지 약 350종의 문집을 대상으로 하며, 그 중 일본관계기사를 포함한 문집은 약 23종, 기사총수는 약 1,080건이라고 하는 광대한 성과를 얻을 수 있었다. 전자는 종이매체로 데이터를 공개하고, 후자는 보고서에 전자매체(CD)가

딸린 형태로 공개하였다(佐伯弘次代表科硏報告書『朝鮮書籍から見た中世の日本と國制關係』九州大學大學院人文科學硏究院, 2008).

위 작업들은 문집에서 일본관계기사를 뽑아낸다는 목적도 같고 방침도 거의 중첩된다. 그러나 인간의 작업이 항상 그러하듯 양 작업의 성과는 같지 않았다. 1~20권분에 대해서만 비교해 볼 때 佐伯科硏의 기사 총수는 약 450건으로, 총수만 보면 保谷科硏과 거의 같다고 할 수 있다. 그러나 수집한 기사에는 상당한 차이가 있어 대강 검토해 보더라도 데이터의 약 4할 가까이가 서로 어긋난다. 따라서 한국문집사료의 일본관계기사를 개관하기에는 두 개의 데이터를 교차 검토하는 쪽이 좋을 것이다. 이는 그만큼 문집사료의 일본관계기사가 다채롭기 때문이라고도 말할 수 있다. 이하에서는 문집총간에 보이는 일본관계기사를 구체적으로 소개함으로써 그 다양성의 일단을 보이고자 한다.

2. 일본관계기사의 경향과 내용

문집에 포함된 일본관계기사로는 우선 元寇·倭寇 관계기사를 들 수 있다. 이 기사들 중에는 당시대의 것과 후에 회고한 것이 있는데, 조선왕조의 창시자인 李成桂가 1380년에 왜구와 싸워 대승을 올렸다는 雲峰縣에 대해서는 특히나 빈번하게 회고되어 詩·文으로 엮어져 있다. 또 일본으로의 使者를 배웅하는 送別詩, 혹은 일본이나 류큐로부터 파견된 사절과의 贈答詩도 눈에 띈다. 문집의 작자가 기초한 일본으로의 외교문서가 수록된 경우도 있다. 시로 읊어진 일본의 물산은 철쭉과 벼루가 대표적이다. 벼루는 일본에서 파견된 사절이 가져오거나, 일본으로 간 사절이 기념품으로 가져오는 등 사절의 왕래와 동반되는 경우가 많은데, 그 중에는 熊川薺浦에서 구입했다는 注記가 붙어 있는 경우도 있다(『佔畢齋集詩集』

권8 "以日本硯贈克己, 有謝詩, 次韻"). 三浦에서 매매되고 있던 물품의 일단이 엿보인다. 일본 벼루를 종종 紫石硯이라고 표현하고 있는 것으로 볼 때, 아마도 赤間關 特産의 벼루가 많았을 것이다. 철쭉은 使者의 왕래와는 관계없이 읊어지는 경우도 있는데, 成俔(1439~1504)의 『虛白堂集詩集』 권8에서 "伯氏仮山畔, 倭躑躅盛開…"라고 한 것을 보면, 15세기 중반에는 이미 조선의 땅에 뿌리를 내리고 있었던 듯하다.

기사의 특징으로는 『高麗史』·『高麗史節要』·『朝鮮王朝實錄』(이하 『실록』) 등의 기본사료와 대응하거나 보완될 수 있는, 또는 『실록』에는 기재되지 않은 사실을 알 수 있는 경우가 매우 많다. 아래에서는 이와 같은 몇 가지 예를 들어 보자.

1) 일본사절의 접대 현장으로부터

1425년 日本國王使 梵齡이 자신의 암자인 '松泉幽處'와 관련된 송별시의 작성을 청하였던 까닭에, 세종은 문신 수십 명에게 시를 작성하게 했다는 기록이 『실록』 세종 7년(1425) 4월 임술조, 5월 무인·경진조 등에 보인다. 梵齡은 1423년·1425년·1432년에 일본국왕사로서 임무를 수행했으며, 1432년에 富山浦에서 서거한 인물이다. 그런데 李原(1368~1429)의 『容軒集』 권2에는 「題日本僧松泉幽處卷中」이란 제목의 시가 1수, 李稷(1362~1431)의 『亨齋詩集』 권3에는 「松泉幽處<日本僧梵齡庵名>」이란 제목의 시가 2수 수록되어 있다. 이직의 시 중 1수는 『실록』의 5월 경진조에도 수록되어 있으나 이원의 것은 보이지 않는다. 따라서 문집기사를 통해 이때 梵齡을 위해 실제로 시를 작성한 조선 관료의 이름을 하나 더 추가하게 되었다고 말할 수 있다.

또 문집에 수록된 贈答詩로부터 『실록』에는 기재되어 있지 않은 일본 측 사절의 이름이 새로 확인되는 경우도 있다.

　　1479년 長門國 安國寺에 공양할 대장경을 청하고자 大內政弘의 사자가 조선에 파견되었다. 김종직(1431～1492)의 『佔畢齋集詩集』 권14에는 「月波亭宴, 大內殿使臣, 瑞興·德恩等二人, 用板上韻以賦, 求余和, 走筆贈之」, 「二使復和, 次韻」, 「侍者瑞秀見和, 復答」과 같은 제목의 시가 남겨져 있어, 김종직이 大內씨의 사자 瑞興·德恩·瑞秀 등과 시를 주고받는 모습을 엿볼 수 있다. 그런데 『실록』기사를 통해서는 당시 大內씨의 사자로서 瑞興밖에 알려져 있지 않았다. 德恩·瑞秀라는 인물이 大內政弘이 파견한 사절단에 참여했음은 본 기사에 의해 비로소 알려진 사실이다. 瑞興은 長亨 元年(1487)에 공첩을 받아 大內씨의 외교활동과 관계 깊은 長門安國寺에 입사한 인물로 알려져 있다(『蔭凉軒日錄』長亨 元年 10월 27일·同 11월 20일. 伊藤幸司, 「大內氏の外交と博多聖福寺」 『中世日本の外交と禪宗』, 吉川弘文館, 2002). 德恩에 대해서는 밝혀진 바가 없으나, 瑞秀의 경우에는 明應 2년(1493)에 공첩을 받아 長門安國寺에 입사한 것이 확인된다.[2] 즉 정사인 瑞興을 따라 조선을 향하던 '侍者瑞秀'가 후에 瑞興과 같은 절에 출가했다는 것으로, 大內씨의 외교인맥과 그 형성 및 유지의 일단을 엿볼 수 있다.

　　마찬가지의 예로서, 李陸(1438～1498)의 『靑坡集』 권2에는 「日本國賴忠使送師川首座 請僧景轍字圓行字說」이라 제목을 붙인 문장이 있는

---

　2) 『蔭凉軒目錄』 明應 2년(1493) 3월 5일조에는 "瑞秀首座長門國安國入寺, 同前"이라고 되어 있다. 또 同16일조에는 "又瑞秀首座公帖, 取之否問侍衣, 此仁, 文首座吹噓也, 彼雜掌之僧物詣之故, 未取公帖云云"이라고 되어 있고, 同18일조에는 "自秀文首座方, 瑞秀西堂公帖礼一縅贈之"라는 기술이 보인다. 이를 볼 때 瑞秀가 秀文首座의 추천을 받았음을 알 수 있다. 秀文首座는 大內씨의 雜掌으로서의 활동이 확인되는 인물로, 瑞秀의 安國寺 입사가 大內씨의 의향에 따른 것임을 확인할 수 있다. 또한 續史料大成의 『蔭凉軒目錄』은 5일조의 '瑞秀'를 '瑞香'이라 표기했는데, 尊經閣文庫所藏의 江戶期 영인본(東京大學史料編纂所架藏寫眞帳에 따름)에서는 분명하게 '瑞秀'라고 기록되어 있을 뿐만 아니라, 내용으로 보더라도 '瑞秀'라 생각해도 좋을 것이다.

데, 그 안에 "(前略)我殿下卽位之 明年歲庚寅秋, 首座川公, 奉主將命, 來
覲于京師, 將還也, 以景轍円行字說相請…"라는 기술이 보인다. 이류이
살아 있던 경인년은 1470년뿐으로 그것은 成宗 즉위 다음해에 해당하기
때문에, 1470년에 少貳賴忠 사절의 청에 따라 景轍의 字說을 작성하게
되었음을 보여주는 기사라 할 수 있다. 『실록』 성종 원년(1470) 7월 임오
조에는 少貳씨 사절이 조선에 파견되었음을 전하는 기사가 있으나 사자
의 이름은 보이지 않는다. 위 기사는 실제 조선에 파견된 少貳賴忠의 사
자의 이름을 알 수 있다는 점에서 귀중한 사료라 할 수 있다. 師川에 관
해서는 『佔畢齋集文集』 권2에 「日本國居士重俊字說」이라는 제목의 문
장이 있는데, 그 본문에는 "日本使者師川, 竣事將還, 以居士重俊之請,
求字於余, 而並徵其說…"이라고 기술되어 있다. 동일 인물이 사절로서
두 번, 세 번 파견되는 경우도 많기 때문에 이를 1470년 때의 일이라 단
정할 수는 없으나, 師川首座라는 일본 승려가 景轍·重俊을 위해 조선의
문인으로부터 순조롭게 字說을 얻었음은 확실하다. 이 3인과 그들을 둘
러싼 인맥의 일단이 밝혀진다면, 이 사자가 少貳賴忠의 사자로서 실질을
갖추고 있었는가의 문제도 포함하여, 당시 사절의 실태에 접근할 수 있
는 좋은 재료가 될 것이다. 다만 師川·景轍·重俊 모두 현재로서는 일본
측 사료에서 찾아볼 수 없다.

2) 일본사절의 호송

문집의 연보에 기록된 개인 事績으로부터 일본사절의 護送使로 근무
한 내용을 확인할 수 있는 경우도 있다. 예를 들어 洪貴達(1438~1504)의
『虛白亭集續集』에 게재되어 있는 그의 연보에는 "成化八年(1472)<成宗
大王三年> 壬辰 (中略) 差倭人護送使, 下嶺南<時日本源敎直使者, 入貢
來, 住東平館, 其還, 先生差護送使, 發行. ○佔畢齋贈行詩曰…>, 至金海

界海上, 發送倭使<有送倭僧詩, 載集中>"이라는 기술이 있으며, 1472년
에는 源敎直의 사자를 호송했다는 기술이 보인다. 『佔畢載集詩集』 권1
에 「送兼善護送日本源敎直使者」라는 제목의 시가 있음은 이 사실과 대
응된다. 여기에서 兼善은 홍귀달을 말한다. 『실록』 성종 2년(1471) 12월
戊辰條에는 "日本國九州都元帥源敎直, (중략) 遣人來獻土宜"라는 기술
이 있는데, 이는 1471년 12월에 源敎直이란 인물이 사자를 파견했다는
사실을 전해준다. 『실록』에는 그 이상의 기사는 없지만, 이들 문집사료
의 기사로부터 홍귀달이라는 관료가 해당 사절의 서울－부산 간 호송을
담당했음을 알 수 있다.

　『佔畢齋集詩集』 권6에는 「贈日本西海元帥源敎直使者」라고 제목을
붙인 5수의 시가 수록되어 있는데, 그 마지막에는 다음과 같은 설명이
붙어 있다.

　　僕承殿下命, □送足下還國, 艱關道路, 得共杯酒之雅, 幾訖二旬, 今
　　到薺浦臨別, 戀戀有縞紵之懷, 聊以拙詩, 代爲行贐, 不足充源公帳下兒
　　所看云, 皇明成化六年二月初四日, 朝鮮國某官某識

　이에 따르면 홍귀달이 일본사절의 호송을 담당하기 2년 전인 成化 6
년(1470)에 김종직 또한 源敎直의 사자를 호송하여 제포에 이른 사실을
알 수 있다. 『실록』成宗 卽位年(1469) 12월 정사조에는 "日本國九州都
元帥源敎直, 遣人來獻土宜"라는 기술이 보이며, 同 갑자조에는 "日本國
關西路九州都元帥源敎直之使信沙也文, 進香于永昌殿"이라는 기술이 있
어, 전년 12월에 源敎直이 파견한 사자가 서울에 체재 중이던 사실과 그
사자의 이름이 信左衛門이란 사실을 알 수 있다. 김종직이 호송한 것은
이 信左衛門일 것이다.

　『佔畢齋集詩集』에는 그 외에도 "贈楊檢閱守泗, 字學源, 時以日本使
護送至蔚山…"(卷2) "送對馬島宗四郞, 代護送官任正叔"(卷3) 등의 시가

있다. 전자는 일본사절을 호송하여 울산에 가는 楊學源에 대한 송별시
로, 이 사절이 언제 누구 명의의 사자인가는 명확하지 않지만, 호송한 조
선 관료의 이름은 분명히 알 수 있다. 그리고 앞서의 源敎直의 사자는
제포에 호송되었는데, 이번에는 울산이다. 후자는 시기가 분명치 않으나,
호송관 任正叔을 대신하여 宗四郞에 대한 송별시를 작성한 것이다. 또
李宗準(?~1499)의 『慵齋遺稿』 「行狀」 丁未(1487)條에는 "是年秋, 日本
使來聘, 上以關坊甚重, 且彼國使有文才, 命極擇護送使, 銓曹以先生應
旨, 先生奉命至東萊, 倭使得先生書畵, 拜受曰 『始得天下重寶』…"라고
되어 있어, 이종준이 일본에서 온 사자의 호송사로 선발되어 동래까지
갔음을 알 수 있다. 이는 시기로 볼 때 1487년에 等堅을 정사로 한 일본
국왕사가 조선에 파견되었을 때의 일일 것이다.

  조선 국내에서의 외국사절에 대한 호송제도 자체는 알려져 있으나, 『실
록』에만 의존한다면 각 일본사절의 호송을 누가 담당했는지를 밝히기는
쉽지 않다. 호송 담당자가 누구인가를 보여주는 이러한 문집기사들은 조
선의 일본사절에 대한 접대제도를 살펴 볼 수 있는 소재로도 유효할 것
이다.

3) 환상의 使行錄

  일본에 사절로 파견된 인물의 사행록이 존재했음을 알게 되는 경우도
있다. 일본으로의 사행록으로는 1420년에 파견된 朝鮮國王使 宋希璟의
『老松堂日本行錄』이 유명하나, 鄭樞(1333~1382)의 『円齋藁』에 수록된
「羅興儒判書奉使日本, 旣廻以行錄示予, 用錄中所載綴句贈之」라는 제목
의 시는 羅興儒가 보여준 사행록의 어구를 이용하여 시를 지어 보낸 사
실을 전해준다. 나흥유는 1375년에 일본으로 가서 京까지 갔다.

  그의 행록에 대해서는 李穡(1328~1396)의 『牧隱藁文藁』 권9에도 관

련기사가 실려 있다. 「中順堂集序」라는 제목의 글 중에는 "…自請奉使日本, 遇物興懷, 輒形於詩, 凡二百五十篇, 日本曹溪禪者, 所贈又二十篇…"라는 기술이 있는데, 이를 보면 일본으로 奉使했을 때의 시 약 250편과 일본의 선승으로부터 받은 시 20편을 모아 놓은 『中順堂集』이라는 시집이 있고, 또 이색이 이것의 서문을 작성했음을 알 수 있다. 中順堂은 나흥유의 호이다. 『老松堂日本行錄』에 수록된 시문은 모두 200수 정도이기 때문에 나흥유의 사행록이 양에 있어서 그것을 능가하는 것이 된다.

또한 李詹(1345~1405)의 『雙梅堂篋藏集』 권25에는 「朴判事日本行錄跋」이라는 제목의 글이 있어, 1398년에 일본에 간 朴惇之도 일본행록을 작성했음을 알 수 있다.[3] 나흥유의 경우도 박돈지의 경우도 사행록 자체는 전해지지 않는 듯하나, 1479년에 파견된 조선국왕사 서장관이던 金訢의 문집 『顏樂堂集』 권1에는 「扶桑使行錄」이라는 제목의 일본사행록에서 뽑은 시가 수록되어 있다. 1479년의 조선국왕사는 쓰시마에서 그냥 돌아갔기 때문에 쓰시마까지의 도정에 한정되어 있는데, 15세기 후반 일본 정세를 전해주는 생생한 기록이라 할 수 있다. 더구나 이 사료는 최근 米谷均씨에 의해 전문 번각되어 소개되었다(米谷均, 「朝鮮通信使による對馬紀行文集」, 早稻田大學水稻文化研究所編, 『海のクロスロード對馬』, 雄山閣, 2007).

4) 國書

일본에 사절을 파견할 때 작성했던 문서의 초고, 혹은 하사된 문서 자체가 수록되어 있는 경우도 있다. 예를 들면 金安國(1478~1543)의 『慕齋集』 권9에는 「復日本國王書」라는 제목의 글이 있는데, 이는 『실록』

3) 朴惇之의 사행 및 발문 내용에 대해서는 拙稿, 「朝鮮王朝—室町政權間外交の成立と大內氏」(佐藤信·藤田覺 編, 『前近代の日本列島と朝鮮半島』, 山川出版社, 2007)를 참조하기 바란다.

중종 7년(1512) 9월 정축조에「答日本國王書契日」이라는 제목으로 수록되어 있다. 또 문말에는 "司成金安國所製也"라고 주가 붙어 있다. 『실록』과 문서기초자의 문집 쌍방에 국서가 남아 있는 예이다.

한편 南秀文(1408~1442)의 『敬齋遺稿』 권2에는 「通信使僉知中樞院使高得宗賚去 日本國王處書契」라는 제목의 문장이 수록되어 있다. 高得宗은 1439년에 일본에 간 조선국왕사이다. 이때 일본국왕에게 보낸 조선국왕의 서장은 『실록』에는 실려 있지 않으므로, 이 기사는 고득종을 파견했을 때 국서의 내용을 전해주는 사료로서 중요하다. 다만 그 문장 자체는 "孟秋猶熱, 想動靜佳勝, 念惟我隣於貴國, 世惇舊好, 第以海洋遼遠久闊 交聘緬懷良深, 今遣臣某官某聊達遲悰, 不凭土宜具如別幅, 切希留納, 冀順序自重"라고 극히 일반적인 문장으로 구성되어 있는 까닭에, 1439년만의 특유한 정보를 읽어내기는 어렵다. 사자의 이름도 나와 있지 않기 때문에 위 문장은 초고이거나 국서의 부속문서로 간주된다. 또 본 문장 바로 앞에는 「日本大內殿書契」라는 제목의 문장이 배치되어 있다. 고득종이 휴대한 서계 바로 앞에 배치되어 있음을 볼 때, 이 또한 1439년의 고득종 파견과 관련이 있을 가능성이 크다. 여기에서도 "遙聞足下嗣守先業, 欣賀良深, 追惟先人修好, 我國終始不渝, 冀足下克承先志, 益篤世好, 我殿下令差通信使某官某, 不賆土宜某某物, 領納, 春寒, 惟順序自愛多福, 不宣"이라고 하여, 역시 '通信使某官某'라고 되어 있을 뿐 사자의 이름이 나와 있지 않기 때문에 이 또한 초고라고 생각된다. 그리고 실제 이러한 내용으로 전달되었는지도 명확하지 않다. 다만 1439년 단계에서 大內씨 앞으로 보낸 서계가 『실록』에도 수록되지 않았고, 일본 측의 『善隣國寶記』에도 남아 있지 않으므로(이 점은 일본국왕 앞으로 보낸 경우에도 마찬가지), 이 점에서 위 기사는 중요한 사료라고 할 수 있다.

5) 왕래하는 승려들

문집에 수록된 송별시 등으로부터 한국에 거주한 日本僧·일본에 간 韓國僧의 존재를 살펴볼 수도 있다. 조선왕조 초기까지로 거의 한정되지만, 한국에 있던 일본승으로는 中庵守允·永茂·弘慧·万峰惟一이, 한국에서 일본에 가려 한 한국승으로는 自休·方外復庵 등을 들 수 있다. 이 중 中庵守允·永茂·自休에 대해서는 이미 米谷씨나 村井章介씨에 의해 상세히 소개되었기 때문에(村井章介,「國際社會としての中世禪林－東アジアの文化交流を支えた人々－」『遼寧省·京畿道·神奈川縣の文物展』(展覽會図錄), 神奈川縣立歷史博物館, 2001 / 米谷均,「東大史料編纂所架藏『日本關係朝鮮史料』」『古文書研究』48호, 1998) 그 외 인물에 대해서만 약간 언급해 두겠다.

弘慧의 경우『牧隱藁詩藁』권12에「日本釋弘慧求詩」라는 제목의 시가 보인다.

> 上人東海客, 日沒處來游, 飛錫千山暮, 回舟一葉秋, 聞名如見面, 送別却搔頭, 漫與詩篇在, 他年倘再求

이 시만으로는 체재하고 있던 절이 분명하지 않다. 사절단의 일원으로서 단기체재하고 있던 것으로도 생각되지만,[4] "日沒處來游, 飛錫千山暮"이라는 표현으로부터 일난 高麗에 遊學와서 어딘가의 설에 머물고 있었다고 해 두자.『牧隱藁』에는 계속해서「送日本釋, 因有所感」라는 제목의 "東海茫茫天一涯, 病軀無復管安危, 年衰豈有驚人句, 秋盡頻題送客詩, 末路悲嘆如夢寐, 中原舊故絶追隨, 扶桑出日西飛疾, 慧老歸來定幾時"라고 읊은 시가 수록되어 있다. 米谷씨는 이를「送日本釋因有, 所感」

---

4) 前揭의 米谷均,「東大資料編纂所架藏『日本關係朝鮮史料』」에 그와 같이 해석되어 있다.

이라 해석하고, 이색과 교류가 있던 일본승 중 因有라는 인물이 있었다고 추정하였으나, 본문에 慧老라고 되어 있기 때문에 이 또한 弘慧에 대한 송별시로 해석해야 할 것이다.

万峰惟一은 마찬가지로 『牧隱藁詩藁』 권6의 「万峰, 爲惟一上人題, 日本人也, 時奉使其國」이라는 제목의 시에 보인다. 또 이와 관련이 있는지 분명하지 않지만, 바로 앞에 「代友人送日本奉使」라는 시가 배치되어 이다. 이것이 어느 사절을 말하는 것인지 전혀 알 수 없지만, 고려 혹은 조선왕조가 일본에 사절을 파견했을 때 한국에 체재 중인 일본승도 가담하고 있음을 알 수 있다. 이와는 반대로 일본에 체재 중이던 고려승이 나홍유에 대한 일본 측 返禮使節로 파견된 예도 있다. 그의 이름은 良柔라 하는데, 한국의 晉州 출신이며, 젊었을 때 일본승을 따라 일본으로 건너갔다고 한다(『高麗史節要』 권30, 辛禑 2년 10월조). 어느 정도 자국 사정에 밝았던 상대국 출신자는 외교를 원활하게 추진함에 있어 편리한 인재였을 것이다. 이밖에 万峰惟一에 대해서는 鄭樞(1333~1382)의 『円齋藁』의 권중에 「題日本僧万峰詩卷」, 즉 일본승 万峰의 詩卷에 제목을 붙인다는 것이 있어 정추와도 교류가 있었음을 알 수 있다.

方外復庵은 李崇仁(1347~1392)의 『陶隱集』 권2에 「送復庵游日東求法」이라는 시가 있어 구법을 위해 고려를 떠나 일본에 가고자 했음을 알 수 있다. 본문을 살펴보자.

方外復庵子, 奇鋒誰敢當, 家風繼臨濟, 木道向扶桑, 一隻江湖眼, 三
生定慧香, 逢場須作戱、此去莫徊徨,

‘家風繼臨濟’라는 부분으로부터 그가 임제종 승려임을 알 수 있다. 동시기의 고려승 自休는 구법을 위해 江南으로 갈 때 일본을 경유했을 뿐인데(「送曹溪大選自休游日本, 因往江南求法」 『牧隱藁詩集』 권9), 復庵의 목적지는 일본이었다. 앞서 들었던 良柔의 예나 일본 측의 永茂·守

允·弘慧·惟一 등의 예는 14세기 후반 한국 禪林과 일본 禪林 사이의 교류가 알려진 것 이상으로 많이 있었을지 모른다고 말해 주고 있다.5)

　　【付記】본고는 須田牧子「漢文史料の收集分析と大日本史料について」(『前近代東アジアにおける日本關係史料の研究』科硏報告書, 2007年 3月)의 일부를 증보·개정한 것이다.

---

5) 이 점은 본문 前揭의 村井章介,「國際社會としての中世禪林」에서도 이미 지적하였다.

제3부
왜관, 왜성을 걷다

I. 薺浦 倭館의 과거와 현재

孫 承 喆[*]

1. 倭寇에서 通交의 時代로

高麗末 倭寇가 한반도를 약탈하던 시기에 일본으로부터 通交를 위한 遣使는 1379년부터 시작된다. 高麗에서는 倭寇禁壓을 위해 1366년부터 1379년까지 6차례에 걸쳐 室町幕府와 九州探題에게 사신을 파견했고, 그들이 귀국할 때에 日本使臣이 4차례에 걸쳐 동행했지만, 高麗使臣과 별도로 日本에서 단독으로 使臣을 파견한 것은 1379년 僧 法印의 기사가 처음이다. 그러나 이 기록만 가지고는 누가 무슨 목적으로 파견했는지를 알 수는 없다. 이후 『高麗史』와 『高麗史節要』에는 1383년 9월부터 총 10회에 걸쳐 日本으로부터 왕래가 있었다.

〈高麗末 日本으로부터의 遣使〉

回數	年度	派遣者	記事內容	出 處
1	1379.2	日本	日本國遣僧法印來報聘獻土物	『高麗史』 辛禑 5년 2월
2	1383.9	日本	日本歸我被虜民一百十二人	『高麗史節要』 辛禑 9년 9월
3	1384.8	日本	日本遣使歸我被虜民九十二人	『高麗史節要』 辛禑 10년 8월

* 江原大學校

4	1386.7	日本	日本覇家臺歸所虜一百五十人	『高麗史』辛禑 13년 정월
5	1388.7	源了俊	關西省探題源了俊遣人來獻方物歸我被虜民二百五十人仍來藏經	『高麗史節要』辛禑 14년 7월
6	1389.8	中山王	琉球國中山王察度來聘歸我被倭虜掠人口	『高麗史節要』恭讓王 원년 8월
7	1390.8	中山王	琉球國中山王察度遣使來聘歸我被虜民三十七	『高麗史節要』恭讓王 2년 3월
8	1391.8	源了俊	日本九州節度使源了俊遣使來朝歸我被虜民六十八人	『高麗史節要』恭讓王 3년 8월
9	1391.11	源了俊	日本國源了俊遣使來	『高麗史節要』恭讓王 3년 11월
10	1392.6	日本	日本遣使來藏經仍獻方物	『高麗史節要』恭讓王 4년 6월

이 표를 볼 때, 총 10회 중 유구국에서 2회 遣使했고, 나머지 8회중 九州節度使 源了俊이 遣使한 것이 3회이고, 5회는 遣使의 주체를 알 수 없다. 아마도 源了俊일 것으로 추측된다. 이로 볼 때, 고려말 倭寇의 약탈로부터 通交시대로의 전환은 九州節度使 源了俊이 주도했고, 그 형태는 被虜人送還과 大藏經請求로 시작됨을 알 수 있다. 그러나 이들 사료만 가지고 본격적인 통교가 시작되었다고 보기는 힘들다.

1392년 7월, 朝鮮王朝 건국 후, 통교의 양상은 조금씩 달라졌다. 예를 들면 遣使의 주체가 中山王과 源了俊 이외로 확대된다. 1392년 10월에는 築州太守 藏忠佳가 견사했고, 1393년 6월에는 一岐島의 僧 建哲이 피로인 200여인을 돌려보내고 方物을 바쳤다. 또 1392년 9월에는 유구국 외에 野人 吾良哈이 朝會에 參詣했고, 1393년 12월에는 東南亞의 暹羅斛에서도 사신을 보내왔다. 1394년 7월에는 고려말 통교 이래 최대 규모로 被虜人 送還이 이루어 졌는데, 九州節度使 源了俊이 659명을 돌려보냈다. 그리고 1395년 1월에는 倭人의 投降記事가 있는데, 이들 降倭를 慶尙道 州郡에 살도록 했다. 또 그해 4월에는 薩摩守總州가 被虜人을 돌려보냈고, 7월에는 九州節度使 源了俊이 다시 被虜人 570명을 돌려 보내며 大藏經을 청했다. 이때 源了俊의 서계에는 "오늘날은 옛날과 비교하여 도둑들이 10분의 8, 9할은 감소되었다"고 했다. 이듬해인 1396년 12월에는 왜선 60척이 寧海에서 투항을 했고, 降倭 疚六에게 <宣略將軍龍驤巡衛司行司 直兼海道管軍民萬戶>를 授職하였다. 이로서 疚六은 최초의 受職倭人이 되었다. 1397년 2월에는 都評議使司에서 "근래에 倭寇의 侵寇가 적으므로 船軍의 役을 줄이자"고 건의하였다.

1398년 1월 1일에는 太祖가 百官의 朝會를 받았는데, 이 자리에 <日本國使者와 壹岐·對馬·覇家臺의 使人> 등이 참가했다. 이 시기가 되면 日本의 각 지역으로부터 왕래가 늘어나고 있음을 볼 수 있다. 아직 倭寇 掠奪은 계속되고 있었지만, 日本 각지의 사인들이 朝會에 참석하는 것은 倭寇勢力들이 통교자로 전환되었음을 시사한다. 1399년 3월에는 東北面과 江原道의 船軍을 파하고, 京畿·慶尙·忠淸·全羅道의 船軍을 감했다. 7월에는 對馬島 都摠管 宗貞茂가 서계를 보내어, 倭寇가 근절되었음을 통보하기도 했다. 그리고 1401년 8월에는 倭寇로 인해 육지로 운반하던 남쪽지방의 租稅를 모두 水運하도록 명했다.

1402년 6월에는 幕府將軍이 遣使하여 <賜日本國大相國土物>하였다. 日本將軍으로부터는 1399년 5월 通信官 朴惇之편에 사신을 동반시킨 적이 있었지만, 將軍이 단독으로 遣使한 것은 이때가 처음이다. 1404년 7월에는 將軍이 <日本國王>의 명의로 國王使를 파견하였고, 이후 僞使의 의심은 있지만 거의 매년 日本國王使가 來朝하고 있다.

이상에서 본 바와 같이 倭人의 浦所入港은 이미 1379년부터 이루어지고 있고, 주로 九州節度使 源了俊과 琉球國王 察度의 遣使에 의해서 이루었다. 이러한 遣使行爲는 1392년 朝鮮 建國이후 더욱 확대되었고, 1395년부터는 降倭도 발생했고, 그 이듬해부터는 受職倭人의 기사도 다수 확인할 수 있다. 1398년 朝會에는 將軍 및 對馬·壹岐·九州의 使節이 參詣했다. 이러한 使送倭人과 投化倭人의 등장은 朝日關係가 본격적인 通交時代로 접어들었음을 의미한다.

2. 浦所의 制限과 倭館의 設置

『朝鮮王朝實錄』에 興利倭人이 처음 나타나는 것은 1407년 7월, 慶尙道 兵馬節制使 姜思德이 各浦의 상황을 보고하는 글에서이다.

> "興利倭船, 於各浦散泊, 窺覘兵船虛實, 實爲未便. 前番都節制使報
> 于議政府, 使於左右道都萬戶防禦之處到泊, (令)諸島 倭 船不能通知其
> 故, 依前於各浦散泊. 乞通諭各島, 渠首行狀成給, 使於都萬戶在處到泊,
> 以防詐僞, 以一體統."

여기서 左右道都萬戶가 방어하는 곳은 釜山浦와 乃而浦의 두 포구를 말한다. 즉 興利倭人이 대거 도항해 오면서, 浦所入港이 문란해지자 국방상의 이유로 浦所를 2곳으로 제한한다는 내용이다. 문맥으로 보아서는 이미 시행하고 있던 규제를 강화해야 한다는 上書文이다. 따라서 浦所制限은 1407년 7월 이전에 이미 시행되고 있음을 알 수 있다. 뿐만 아니라 姜思德의 上書文에는 실제로 <自願向化海邊各郡分處 倭人, 與興利 倭人 往來無禁, 亂雜言說, 將來可慮。乞於陸地遠處移置>라 하여 降倭와 興利倭人의 접촉을 경계하고 있다.

따라서 이 시기가 되면 日本으로부터의 通交者는 남해안의 어느 포구로든 임의로 입항했음을 알 수 있고, 이들 중 上京人員을 제외하고는 포소에 머물렀을 것이다. 이들이 입항할 가능성이 있는 포소는 기본적으로 慶尙左道의 경우, 都萬戶가 있던 釜山浦와 萬戶가 있던 11곳의 포구(鹽浦·西生浦·丑山浦·烏浦·通洋浦·包伊浦·甘浦·開雲浦·豆毛浦·海雲浦·多大浦)나 右道의 경우, 都萬戶가 있던 薺浦와 萬戶가 있던 8곳(加背梁·吾兒浦·永登浦·見乃梁·樊溪·仇良梁·赤梁·露梁)의 포구였을 것이다.[1] 浦所에 입항한 이들에게는 상거래를 위한 장소와 숙소가 필요했을 것이고, 그것이 倭館의 형태로 발전했을 것이다.

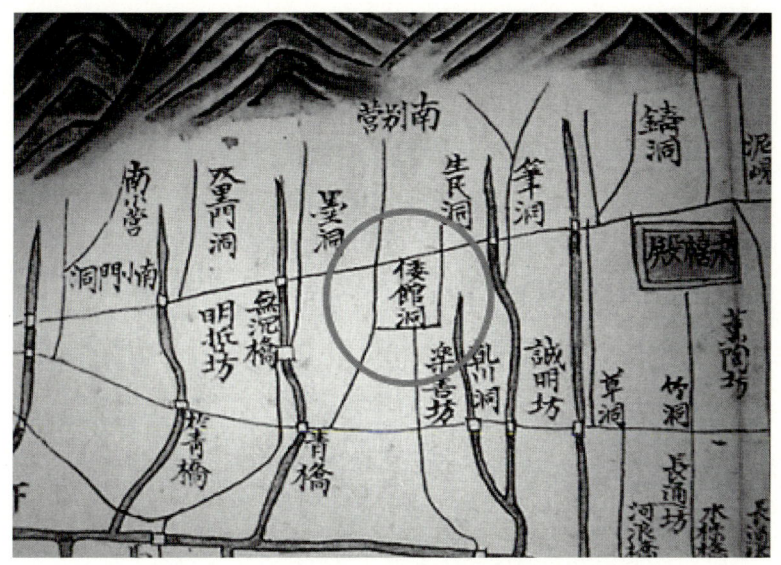

〈그림 1〉 서울 古地圖의 倭館洞(東平館이 있던 곳)

그러나 『조선왕조실록』에 의하면 포소에 倭館設置를 운운하는 직접적인
기록은 1418년 3월, "左道 鹽浦와 右道 加背梁에 각각 倭館을 설치하여 恒
居倭人을 분치하여 거주하게 하자."는 기록과 1423년 10월, "客人이 숙박하
고 있는 乃而浦와 釜山浦 두 곳에다가 船軍으로 하여금 官舍와 倉庫를 더
짓게 하고, 鋪陳할 器皿을 공식적으로 갖추어서 두자."는 기록밖에 없다. 이
기록에 의하면 1407년 姜思德의 上書文에도 불구하고, 釜山浦와 乃而浦 두
곳만이 入港處로 시켜신 것 같지는 않았고, 1418년 딘계에는 이미 恒居倭人
이 포구에 倭人村을 형성하고 있었음을 알 수 있다. 결국 1418년 3월에 鹽浦
와 加背梁이 추가되었고, 1419년 6월 李從茂의 對馬征伐에 의해 일시 폐쇄
되었다가, 1423년 10월에 乃而浦와 釜山浦에 倭館을 더 짓게 되었고, 1426
년 1월에는 鹽浦를 추가로 지정하여 소위 三浦時代가 개막된다. 따라서 이

---

1) 포소의 명칭과 위치에 대해서는 『世宗實錄地理志』를 참조.

기록들만을 가지고 浦所倭館이 정확하게 언제 설치되었는가는 알 수가 없다.

한편 상경한 왜인들이 머무르는 숙소는 東平館(그림 1 참조)이었는데, 東平館의 설립에 관하여는 1409년 2월에, "閔無咎·閔無疾의 서울에 있는 집을 헐어서 그 재목과 기와로 東平館과 西平館을 짓고, 그 값을 주도록 명하였다."는 기록을 통하여 볼 때, 1409년에 처음 지었음을 알 수 있다. 그런데 東平館과 西平館은 서로 다른 위치에 있는 것이 아니라, 한 장소에 두 건물이 있었기 때문에 그 명칭이 혼란이 되어 1438년에는 東平館을 東平館 1所, 西平館을 東平館 2所로 부르도록 하였다. 東平館의 위치에 관하여는 여러 기록에 南部 樂善坊 倭館洞[2]으로 되어 있는 것으로 보아, 지금의 중구 충무로 4가 부근으로 추측된다. 東平館의 정확한 위치에 관하여 서울文化史學會 故金永上會長은 지금의 중구 인현동 2가 192번지 일대로 忠武路 4街 파출소와 德水中學校사이의 중간지점에 해당된다고 하였다(金永上, 『서울 百年史』 권2, 한국일보사, 1995년, 129쪽).

3. 薺浦 土城의 劃定

薺浦는 慶尙南道 鎭海市 熊川洞에 있었던 포구로, 서쪽으로는 馬山의 龜山面 일대가 바다쪽으로 突出하여 鎭海灣을 감싸고 있고, 남쪽으로는 巨濟島가 가로막고 있으며, 東南쪽으로 加德島가 자리잡고 있어서 입

---

2) 『通文館志』에는 「館于東平館, 館在南部樂善坊, 今之倭館洞夜」라고 되어 있고, 『新增東國輿地勝覽』에는 「東平館, 在南部樂善坊, 待日本諸國使」라고 하였다. 『宮闕志』에는 「東平館, 在南部樂善坊, 接待日本諸國使之所, 今廢」, 『文獻備考』에는 「東平館, 在南部樂善坊, 接待日本諸國使之所, 今廢」, 『東國輿地備考』에는 「在南部樂善坊, 國初置, 接待日本諸國使之所, 壬辰兵燹燬, 遂廢, 今稱其地爲倭館洞」라고 기록되어 있다. 『漢京識略』에는 「東平館, 在南部樂善坊, 接待日本諸國使之所, 今廢」라고 기록되어 있다.

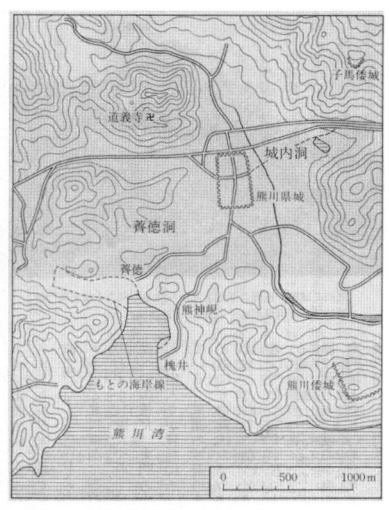

〈그림 2〉 『海東諸國紀』의 熊川薺浦之圖와 현재의 熊川
(村井章介, 『中世倭人伝』에서 인용)

지상으로 馬山－巨濟島－加德島로 둘러싸여 있다. 薺浦는 조선초부터
慶尙右道水軍僉節制使營이 설치되어 安骨浦·蛇梁·唐浦·永登浦·玉浦·
平山浦·赤梁 등을 관할하던 곳이었고, 근처에 莎火郎 봉수가 있어, 保平
驛을 통해 金海·昌原·安骨浦 등과 이어지는 교통의 요충지이기도 했다.

　『海東諸國紀』의 <熊川薺浦之圖>를 보면, 현재의 지형과 크게 다르
지 않게 묘사되어 있다. 熊川城에서 薺浦倭館으로 통하는 길목에 熊神峴
이 있고, 고개 길을 따라 내려가면 倭館址와 倭人村이 자리잡고 있다. 현
재도 倭館址는 그대로 남아 있어 밭으로 이용되고 있으며, 倭人村이 묘사
되어 있는 곳이 현재의 槐井洞이다. 그런데 <熊川薺浦之圖>를 보면, 熊
神峴의 고개를 넘는 길목 좌우 산등성이(營廳 뒤편의 산과 왜관 위쪽)에
木柵과 같은 표시가 되어 있다. 이 표시가 土城을 표시한 것인지, 아니면
산의 나무를 표시한 것인지 알 수 없지만, 釜山浦와 鹽浦에는 없으며, 현
재 이곳에 남아있는 土城址의 구역과 거의 일치한다(그림 4·5 참조).

〈그림 3〉 발굴에서 드러난 제포만의 수중목책

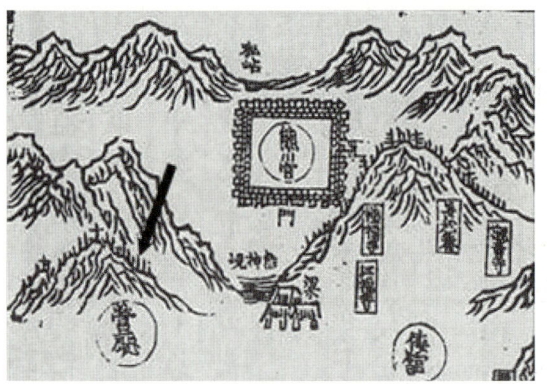

〈그림 4〉 熊川薺浦之圖의 토성표시부분

〈그림 5〉 현재 薺浦土城

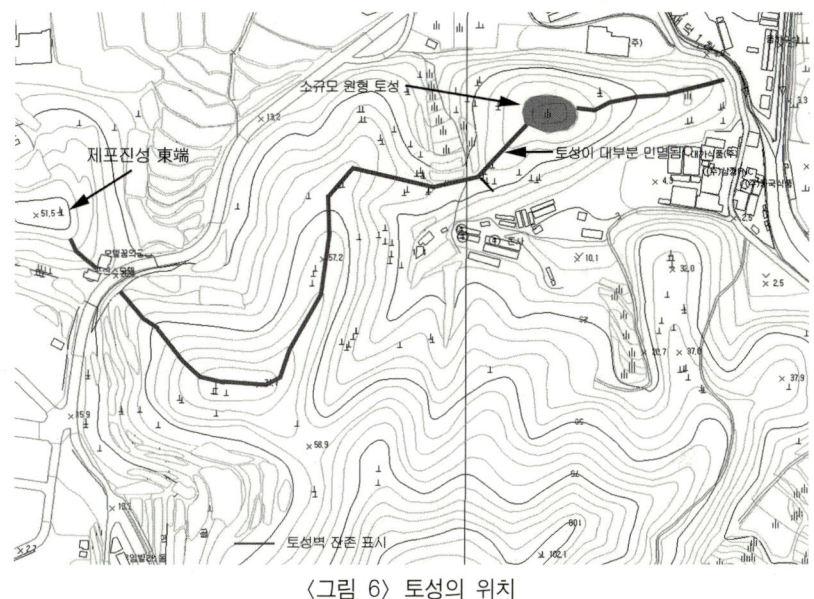

〈그림 6〉 토성의 위치

　薺浦土城의 축조시기는 명확치 않다. 『朝鮮王朝實錄』에 의하면, 1455년 8월, 右參贊 黃守身의 건의에 의해, 倭人이 거주하고 있는 북쪽 산등이로부터 서쪽으로 萬戶營까지와 동쪽으로는 熊浦까지 城子를 쌓고, 또 물이 얕은 곳에는 木柵을 설치하고 이어서 關門을 세우고는 熊川에 있는 군사 20~30인으로 하여금 파수를 보도록 했다. 하지만 이 건의는 왜인들이 놀라서, 혹 변고가 생길 수 있으므로 축성은 불가하다고 결론을 지었다. 이 건의 외에 薺浦土城에 관한 더 이상의 기록은 없다. 그러나 1999년 부산 동아대박물관이 薺浦灣 일대에서 水中木柵을 발굴하여 木柵의 존재를 확인하였고(그림 3 참조), 또 현재 남아있는 土城의 일부를 정밀 조사한 결과,3) 이 건의가 결국 받아들여져 土城을 쌓았던 것

---

3) 필자는 2006년도 한국학술진흥재단의 기초학문연구지원금에 의해, 「『海東諸國紀』의 역사·지리·민속에 대한 종합적 연구」를 하여, 2006년 9월과 2007년 1월 두 차례에 걸쳐 강원대학교 유재춘 교수와 함께 이 지역을 조사하였다. 제포토성

으로 판단된다.

　土城은 능선의 좌우를 삭토하여 구축하였는데, 일부 구간은 무너져서 土城의 흔적을 뚜렷하게 찾아 볼 수 없는 지점도 있지만, 대개는 그 형태를 알아 볼 수 있다. 잔존한 성벽의 높이나 폭은 일정하지 않다. 높이가 높은 지점은 약 3,5m이고, 1m 미만으로 낮은 지점도 있다. 종래에는 土城의 전체 길이가 약 340m 정도 되는 것으로 알려졌는데, 이는 土城이 薺浦 浦口만을 둘러싸고 있을 것이라고 추정하였기 때문인데, 제포 뒤편 작은 고지에 이르는 구간은 도로 개설로 거의 파괴되어 있고, 서북쪽으로 토성이 이어져 있었던 것을 제대로 파악하지 못하였다. 특히 과수원을 지나 45m 고지 일대는 대나무가 빼곡히 들어서 있어서 토성의 관찰이 매우 어렵다. 그러나 계속 능선을 따라 내려가면, 이어져 내려온 土城 흔적이 명확히 나타난다. 토성 전체 길이는 약 1km 정도이다. 전체 토성의 위치는 <그림 6>과 같다.

4. 倭館址와 倭人居住地

　『海東諸國紀』 <薺浦之圖>에는 倭館과 倭人村이 그려져 있다. 현재 지명으로는 鎭海市 薺浦洞 槐井里로 165세대 445명의 주민이 살고 있다. 지도에 熊神峴이라고 표기된 고개에는 熊川邑에서 2005년에 薺浦洞을 거쳐 水島까지 도로를 신설하였다. 熊神峴에서 100미터 정도 내려가면 水島와 槐井里로 갈라지는 지점에 '槐井마트'가 있는데, 그 길 건너편 산구릉지에 倭館址가 있다.

　에 관해서는 유교수의 견해를 참조하였다(柳在春, 「『海東諸國紀』 속의 삼포의 군사방어에 대해」 『韓日關係史硏究』 27집, 2007).

〈그림 7〉 현재의 왜관지
(1, 2, 3단의 석축을 쌓았다)

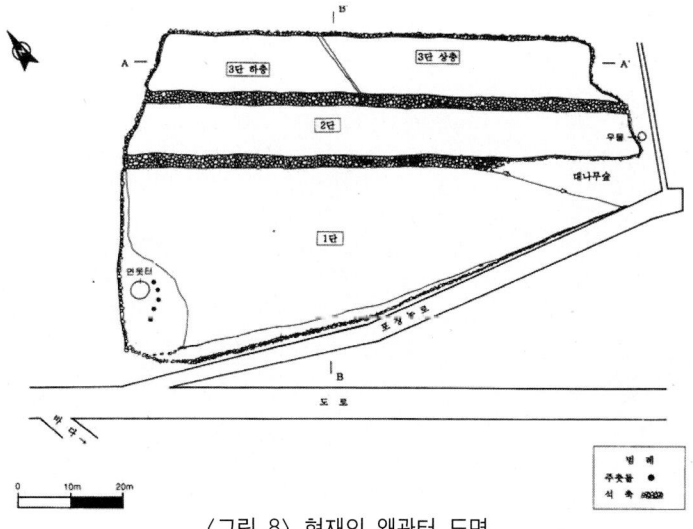

〈그림 8〉 현재의 왜관터 도면

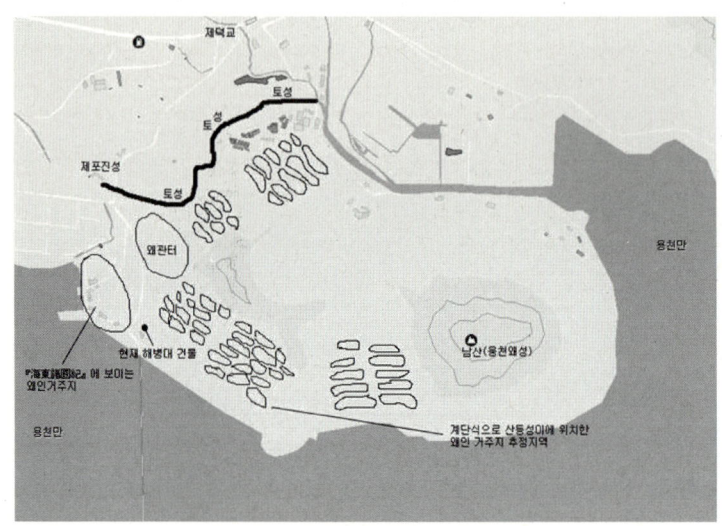

〈그림 9〉 제포토성과 왜관지 및
왜인촌의 추정지

〈그림 10〉 왜관지에서 본 괴정동
(『海東諸國紀』의 倭人村)

현재의 倭館址는 3단으로 되어 있다. 1단은 공터로 되어 있는데, 연못 터가 있는 것으로 보아 왜관의 입구로 추정된다. 2단과 3단이 현재 밭인데, 이곳이 건물지로 本廳과 宿所 등이 있었을 것이다. 1단과 2단, 3단은 각기 6m와 4m의 築臺가 쌓여있고, 倭館址의 전체넓이는 가로 96m, 세로 64m로 1,700여평 규모이다.

倭館址에는 많은 瓦片들과 瓷器片들이 발견되는데, 倭館 건물의 瓦片과 당시 왜관에서 사용되었던 陶瓷器 편들로 추정된다. 다만, 瓦片 및 瓷器片은 제1단과 제2단을 중심으로 분포되어 있고 그 이외의 지역에서는 발견되지 않는다. 倭館址의 위쪽 능선에는 현재 묘지가 6기 있는데, 이곳은 아마 『海東諸國紀』에 보이는 寺址로 추정된다. 그리고 倭館址 밑의 槐井마트를 지나 아래쪽으로 가면 마을이 밀집되어 있는데, <薺浦之圖>에 보이는 倭人村이다. 종래에는 그 지역만을 倭人居住地로 생각했으나, 『朝鮮王朝實錄』에 의한 薺浦의 倭人數(1494년, 2,500인)를 감안하면 이 지역만에서는 2,500人이 거주할 수 없고, 아마도 그보다 훨씬 너른 지역에 분포했을 것이다.

실제로 항공사진(國立地理院, 1975년판)과 Google 위성사진 및 現地 調査 결과, 倭人 居住地는 현재의 槐井里 및 그 옆의 구릉지대(현 해병대 초소)와 熊川倭城의 서편 구릉지대, 그리고 倭館址 북쪽의 구릉지대 및 그 너머 熊浦쪽으로 土城안쪽 구릉지대 등 5곳 이상을 추가로 추정할 수 있다. 이 지역들은 현재에도 계단식 밭처럼 주거지 흔적을 발견할 수 있으며, 항공사진을 식별할 경우 더욱 선명하게 드러난다.

현재 薺浦灣 일대는 <釜山·鎭海 經濟 自由地域建設> 계획에 의해 水島까지 매립되었고, 이 일대는 2020년까지 해양리조트지구로 개발된다. 더 이상 공사가 진행되기 전에 薺浦地域에 대한 보다 체계적인 조사가 요망된다.

Ⅱ. 薺浦에서 釜山浦로

오오니시 노부유키(大西信行)*

<薺浦 倭館의 과거와 현재>라는 제목의 보고(본서에 개정 수록)에서 孫承喆은 1999년의 부산 동아대박물관의 발표 조사결과와 함께 『海東諸國紀』의 <熊川薺浦之圖>(이하 <薺浦之圖>)에도 묘사되어 있는 토성·倭館터와 왜인 거주지를 어떻게 확정했는가를, 조사시의 슬라이드 등을 사용하며 설명했다. 또한 제포만 일대에 해양 리조트 지구 개발이 계획되어 있고 그에 따른 매립의 결과 경관이 크게 변할 가능성이 높다는 점, 따라서 공사가 진행되기 전에 이 지역을 체계적으로 조사할 필요가 있음을 아울러 지적했다. 좀처럼 현지에 가 볼 기회가 없는 필자로서는 매우 뜻 깊은 보고였다.

손승철의 보고에 대해, 토론자의 입장에서 필자가 제기한 주요 질문은 다음과 같다.

① 손승철의 보고자료에 게시되어 있는 倭館터의 실측도면(본서 손승철 논문의 왜관터 도면)에 대한 질문으로, 각각의 구획(段)에 세워진 건물의 규모는 어느 정도이며, 각각의 건물이 어떠한 역할을

지니고 있었는지 유물 등을 통해 알 수 있는가?

② 마찬가지로 보고자료에 제시된 <제포 토성과 倭館터 및 倭人 마을의 추정지>(본서 손승철 논문의 괴정동 사진)에 대한 질문으로, <薺浦之圖>에 기록된 이외의 倭館터가 전게 실측도면과 마찬가지로 계단식으로 산등성이에 배치되어 있었다고 추정하고 있는데, 예컨대 현지의 상황에서 그러한 추정이 가능한 것인지, 혹은 표면 채취에 의해 모종의 유물이 발견되었는가?

③ 이 정도로 규모가 컸으며, 왜인에게 중요했던 제포가 왜 폐쇄되었는가?

이상의 질문에 대해 손승철의 답변은 다음과 같았다.

초석으로 보여지는 돌은 여러 개 발견되었다. 그러나 현재 해당 장소는 밭으로 변해 있고, 초석으로 보이는 돌들도 처음에 있었던 것으로 추정되는 장소로부터 옮겨져 있기 때문에 예전의 모습을 추정하는 것은 어렵다.

절이 있던 곳에서는 기와가 발견되었는데, 왜인 거주지의 건물 터로 여겨지는 곳에서는 발견되지 않았다. 이들 건물은 풀이나 짚으로 지붕을 얹은 것으로 여겨지기 때문에 건물에 관련된 모종의 유물이 발견될 가능성은 낮다고 생각한다.

아마도 국방상의 이유일 것이다. 한편 대마로부터 가까운 곳은 부산포이며, 이 점도 관계가 있을 것 같다.

이하에서는 손승철이 '국방상의 이유'라고 한 제포의 폐쇄와 부산포로의 왜인 거류지 통합에 관해 약간의 고찰을 덧붙여 보고자 한다.

널리 알려진 바와 같이, 삼포가 병립하던 시대에는 제포가 최대의 그리고 가장 중요한 거류지였다. 이 같은 사실은 『海東諸國紀』에 기록된 恒居倭의 호수가 다른 두 곳에 비해 압도적으로 많은(제포 308, 부산포 67, 염포 36) 점이나, 손승철의 보고에서도 지적되었듯이 왜인의 거주지가 <薺浦之圖>를 통해 상정되는 것보다 넓은 지역에 분포하고 있었다고 여겨지는 점에서도 알 수 있다. 중종 5년(1510)의 삼포의 난에 의해 조선·대마 관계는 일시적으로 단절되는데, 2년 후에 임신약조가 체결되었을 때 입항장으로 설정된 것은 제포였다. 그러나 얼마 안 되어 왜인의 접대 장소를 부산포로도 분산시키는 것이 제안되었으며, 이 제안은 중종 16년(1521)에 실현되었다. 그 후, 후기 왜구의 활발화를 배경으로 중종 39년(1544)에 경상도 蛇梁에서 발생한 왜구 사건(이른바 사량왜변)을 계기로 조선과 대마의 관계는 다시금 단절되고, 명종 2년(1547)에 맺어진 정미약조에서 왜인의 입항지가 부산포로 한정됨으로써 제포는 폐쇄되기에 이르렀다.

村井章介는 제포를 '조선 측의 두통거리'라고 표현했는데(村井,『中世倭人伝』, 岩波新書, 1993, 184쪽), 그렇다면 왜 임신약조에서 유일하게 개방된 것이 제포였던 것일까? 물론 그것은 삼포의 난 이전 시기 최대의 개항장이었던 제포에 대마 측이 집착했기 때문이기는 할 테지만, 그렇다면 임신약조의 시점에서 불가능했던 제포 폐쇄를, 왜인이 사력을 다하여 방해할 것이라는 우려(전게 村井,『중세왜인전』, 184쪽 참조)에도 불구하고, 왜 명종 2년 加德島에 鎭을 설치하면서까지 강행한 것일까?

정미약조에 의한 제포의 폐쇄 후, 적어도 두 차례(명종 17년(1562)·22년(1567))에 걸쳐 제포의 재개방에 대한 일본 측의 요청이 대마를 통해 전달되었지만, 조선왕조가 이를 인정하는 일은 없었다. 그 때 어떠한 논의가 조선 측에서 이루어졌는지에 대해, 中村榮孝가 임신약조에 의해 정지된 접대와 통교명의의 부활을 위한 교섭과정을 논하면서 소개한 사료의 일부를 재차 살펴보고자 한다(中村榮孝,「16世紀朝鮮の對日約條更定」『日鮮關係史の硏究 下』, 吉川弘文館, 1969, 207~213쪽 참조).

　　上(국왕)이 六曹·東西班 2품 이상에게 명하여, 中樞府에 모여 일본국이 청하는 다섯 개 사안을 허용할 지에 대해 논의토록 하였다. 領議政 李浚慶·領中樞府事 沈通源·左議政 李蓂이 議啓하여 말하기를, '오늘 일본이 요청한 5개 사안에 대해 육조 및 동서반 2품 이상과 함께 논의한 바, 제포를 개방하는 사안의 경우 祖宗朝 때에 이들 무리를 본 포에서 접대한 바 있습니다. 그런데 본 포의 앞 바다에는 島嶼가 심히 많아 이들 무리가 조공을 빙자하여 여러 섬에 몰래 정박하고 출입하여 약탈행위를 일삼았으며, 1년에 살해된 자가 대략 100여 명이었습니다. 庚午의 변(삼포의 난) 때에도 이들 무리가 몰래 정박하고 적대행위를 일삼아 폐해가 막대했습니다. 그러한 까닭에 조정에서 몇 번이고 숙의를 거듭하여 이들 무리를 부산으로 옮겨가게 했습니다. 부산의 포구로 말하자면 전망이 확 트여 있습니다. 이들 무리가 왕래하는데 있어서 몰래 정박하고 숨어 들 곳이 없고, 바람과 파도로 인해 왕래하기가 쉽지 않습니다. 이러한 까닭에 지금 이들 무리가 한사코 제포의 개방을 요청하고 있는 것입니다. 적국을 접대하는 방도는 왕래 길이 편한 바에 따라서는 안 되며, 關防의 설비를 쉽게 撤毁해서는 안 됩니다. 따라서 일본국에서 요구하는 5개 사안은 모두 불가하다고 여겨집니다. (중략)' 답하여 말하기를, '논의하여 아뢴 내용이 모두 온당하다.' (하략)

(『조선명종실록』 22년 5월 경오)

　　새삼스레 해설할 것까지는 없다고 여겨지지만, 조선이 제포의 재개방을 인정하고 싶지 않았던 이유(동시에 대마가 제포의 재개방을 고집한 이유이기도 하지만)는 제포와 부산포 쌍방의 지리적 이유에 의한 것이었다. 제포의 근방에는 왜구로 둔갑할 수 있는 요주의의 왜인이 조선 측의 단속을 피해 몸을 숨길 만한 섬이 많았으며, 삼포의 난 때에도 그들이 많은 폐해를 남겼다. 부산포에는 그처럼 은신처가 될 만한 지형이 없고, 또한 풍파를 피할 만한 장소도 없기 때문에 來航이 불편했다. 구태여 적국의 편의를 봐 줄 필요는 없다는 취지이다. 또한 사료 중에 '한사코 제포의 개방을 요청'이라고 보이듯이, 대마 사람들은 제포의 폐쇄에 대해 크게 저항했다는 점도 엿볼 수 있다.

　　여기서 長節子 저서의 지도를 바탕으로 필자가 작성한 그림 1을 보면, 제포는 거제도와 가덕도의 두 섬에 의해 문자 그대로 보호 받듯이 위치하고 있는데, 그림 2에 게시한 1920년 참모본부가 작성한 지형도에 槐井이라고 표기된 집락이 예전의 제포이다. 일대는 기복이 심하고, 가장 가까운 고을인 熊川으로부터는 고개를 넘어야 한다는 점을 알 수 있다. 울타리 같은 것(아마도 <薺浦之圖>에 묘사된 것이 측량 당시까지 남아 있었을 것이다)이 보이는 점, '城內里'라는 집락 명칭이 있는 점으로 보아 웅천이라는 고을이 예전의 熊川營廳이라는 점은 분명하다고 여겨진다. 한편 槐井에서 동쪽으로 약 1.5킬로 떨어진 곳에 '南山'이라고 표기된 작은 산이 바다쪽으로 돌출되어 보이는데, 이곳에는 秀吉의 조선 출병 때에 축조된 왜성의 하나로 이 주변의 왜성 가운데에서 중심적인 기능을 수행한 것으로 여겨지고 있는 웅천왜성의 터가 남아 있다(高田徹, 「熊川倭城の繩張り」『倭城の研究』5호, 2002, 81쪽 참조). 이러한 사실로부터도 이 부근이 군사적 거점이 될 수 있는 중요한 지역이었다는 점을 알 수 있으며, 조선왕조가 그곳을 왜인의 항구적인 거주지로 삼는 데에 반대한 것은 충분히 납득할 수 있다(여담이지만, 이 일대의 군사적 중요성은 러일전쟁 때에 제포로부터 그다지 멀지 않은 가덕도에 일본해군이 포대를 건설한 사실에서도 분명하다 하겠다).

(그림 3)은 1943년에 작성된 부산 중심부의 지형도이다. 지도의 중앙 하부에 '子城台'라고 표기된 작은 산이 있는데, 그것이 『海東諸國紀』<東萊釜山浦之圖> 속에서 왜관과 집락 사이에 그려져 있는 산이라고 여겨진다. 村井章介가 지적한 바와 같이 東萊府와의 위치관계로부터 이 지도는 서북을 북으로 설정하여 그려졌다는 사실을 알 수 있으므로(전게 村井, 『中世倭人傳』, 89쪽), 子城台와의 위치관계나 강의 흐름에서 생각해 볼 때, 子城台에 인접한 경부선의 선로 부근에서 子城台·방적공장을 끼고 강에 이르는 지역에 왜관 및 왜인 거주지가 있었다고 여겨진다(전게 村井, 『中世倭人傳』, 148쪽). 한편 근세에 왜관

이 설치된 곳은 이곳에서 남남서로 약 4.5킬로 떨어진 龍頭山 공원 일
대이다.

부산포 일대를 지형도에서 조망하는 한, 제포와 비교해 평야가 많아
동래부에서 왜관 일대를 감찰하는 것은 사료에 보이듯이 적어도 제포 보
다는 용이한 것 같다. 물론 부산포 앞바다에도 입구를 가로막듯이 絶影
島(현 影島)가 위치하고는 있지만, 제포 부근과 같이 해안선이 복잡하지
않아 이 점에 있어서도 관리하기 수월했을 것으로 여겨진다. 조선 관헌
의 눈을 피하고자 하는 왜인의 입장에서는 제포 쪽이 여러모로 편리했을
테지만, 그들이 순식간에 왜구로 둔갑하여 조선에 피해를 입힐 수도 있
는 상황 하에서는 역시 그들의 강력한 저항을 눌러서라도 그들에 대한
감시의 눈이 미칠 수 있는 거류지를 마련하고, 그곳에 수용하지 않으면
안 되었을 것이다.

끝으로 冒頭에서 이야기한 바와 같이, 이번 손승철의 보고에 의해 우
리는 한일 쌍방의 역사에 관련된 중요한 유적 및 역사적 경관이 크게 손
상되려 한다는 사실을 알게 되었다. 이 지역의 개발이 진행되더라도 예
전의 모습을 더듬어 볼 수 있는 무언가가 남겨지기를 간절히 바라는 바
이다.

〈그림 1〉 조선 동남부 연해 島嶼圖
(長節子,『中世國境海域の倭と朝鮮』, 吉川弘文館, 2002년을 참고로 작성)

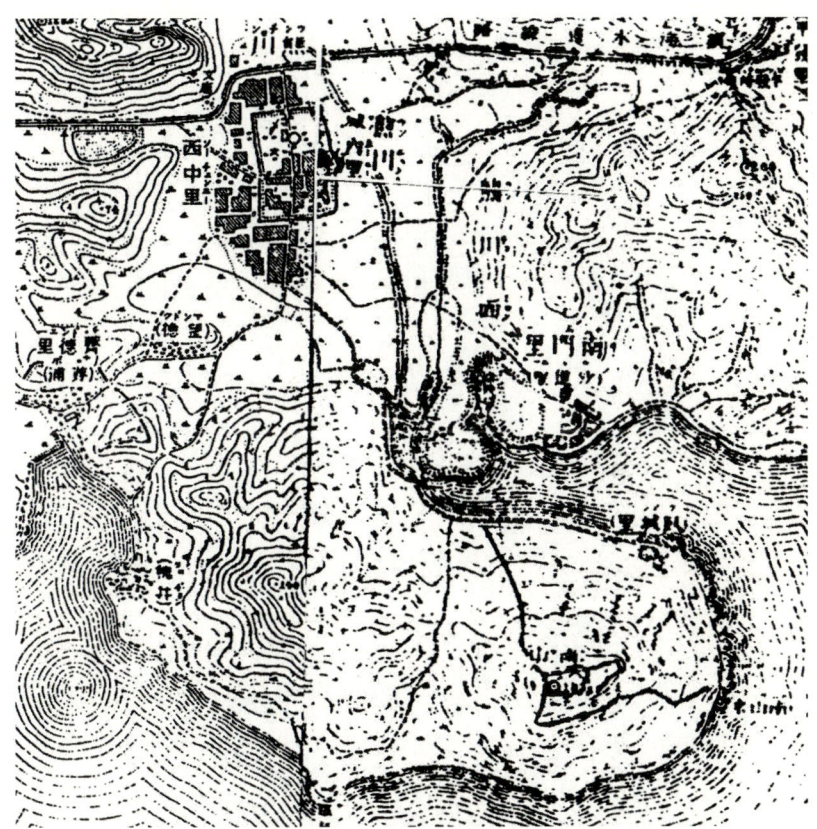

〈그림 2〉 예전의 제포 부근의 지형도
(1920년 참모본부 육지측량부 발행 1/25000 지형도 〈所沙里〉·〈鎭海〉에서 작성)

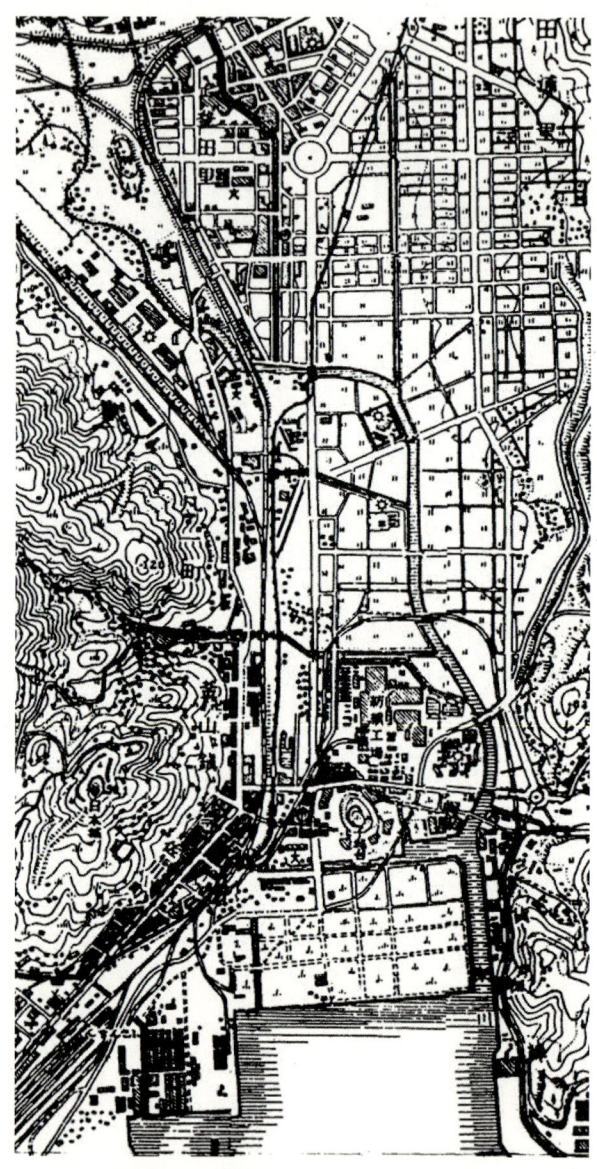

〈그림 3〉예전의 부산포 부근의 지형도
(1943년 참모본부 육지측량부 발행 1/25000 지형도
〈부산〉에서 작성)

Ⅲ. 倭城을 둘러싼 교류와 갈등

무라이 쇼스케(村井章介)*

1. 들어가며

倭城이란, 16세기 말의 동아시아를 뒤흔든 도요토미 히데요시(豊臣秀吉)의 조선출병 과정에서 일본군이 조선 각지에 쌓은 성곽을 말한다. 왜성들은 크게 둘로 분류되는데,[1] 본 논문에서 다루는 것은 일본 측 사료에 '御仕置の城'이라고 표현된 것으로, 명에 진공하려는 야망이 좌절되어 전략목표가 조선반도 남부의 확보로 변화된 단계에서 ① 조선 측의 (특히 해상으로부터의) 공격에 대한 방어, ② 지역지배의 거점형성을 목적으로 주로 경상남도의 해안부에 밀도 높게 축조된 일본식 성곽군이다 (시도를 참조).

---

* 東京大學
1) 왜성의 개요와 왜성연구의 문제점에 대해서는 무라이 쇼스케, 「朝鮮史料から見た'倭城'」『東洋史研究』66권 2호, 2007의 'はじめに'를 참조.

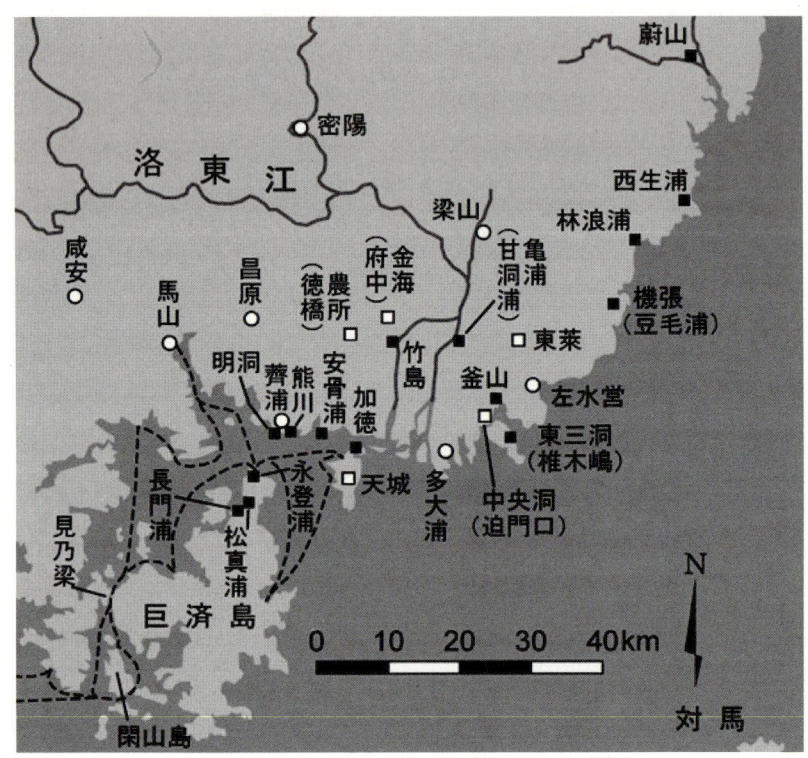

〈■ 왜성(옛터 있음) □ 왜성(추정) ○ 읍성 등
1592년 조선수군(이순신) 제1회 항로〉

　근년의 왜성연구에서는, 일본 측 사료에 대한 조사와 분석을 매우 정밀하
게 행하고 있는 것과 대조적으로, 조선 측 사료를 충분히 참고하고 있지 않
다(대부분의 경우, 완전히 무시하고 있다). 이것을 중대한 문제점이라고 생각
한 필자는 倭城群의 전략적 배치, 수비군의 규모와 지휘자, 성곽 자체의 구조
라는 세 가지 논점에 대해 작년에 논문 「朝鮮史料から見た'倭城'」(주 1)을
참조)을 집필하였다. 한편 왜성과 조선민중이 접촉하고 있는 모습에 대해서
는, 간신히 최근에 조선 측 사료를 많이 이용한 두세 편의 연구성과(후쿠시마
가즈히코(福島克彦), 「'都市'を指向した倭城」, 城郭談話會 編, 『倭城の硏究』

3호, 1999. 오타 히데하루(太田秀春),『朝鮮の役と日朝城郭史の研究－異文化の遭遇・受容・變容－』, 清文堂出版, 2006, 제4·5장)가 발표되었으나, 소개된 사례는 아직 적으며 이용된 사료도『朝鮮宣祖實錄』에 편중되어 있다.

따라서 본고에서는『조선선조실록』이외에 李舜臣의『壬辰狀草』와『李忠武公全書』에도 주목하고[2] 일본 측 사료를 아울러 이용해가면서, 왜성의 출현이 조선민중에게 초래한 것, 다시 말하자면 왜성을 둘러싼 일본군과 조선민중과의 교류와 갈등의 다양한 모습을 그려내고 싶다. 조선 측 사료를 활용하는 의미는 정보의 양적인 증대에만 있지 않다. 일본 측 사료에만 바탕을 둔 연구는 아무리 치밀하게 하더라도 쳐들어간 측의 논리에 좌우되는 역사상을 그려내는 것이 될 것이다. 침략 당한 측의 사료를 이용함으로써 대상을 향한 시선이 복선화되어 보다 공평한 시점에서 전쟁의 진실에 다가갈 수 있으리라 생각한다.

여기에서 미리 전쟁의 추이 속에서 본고에서 다룰 두 시기의 사건들을 간단한 연표로 정리해서 제시해 둔다.

1593/4/18	일본군이 서울에서 철수
1593/6/29	일본군이 경상남도 晉州城을 함락
1593/7/27	히데요시(秀吉)가 大名들에게 경상도 南岸 일대에 왜성을 축조할 것을 지시
1593/8/…	李舜臣이 全羅左水使에 충청·전라·경상 三道水軍 統制使를 겸함
1595초	고니시 유키나가(小西行長)가 명의 沈惟敬과 함께 日明講和 3개조를 정리
1595/4/28	히데요시를 '일본국왕'으로 책봉할 명의 冊封使가 서울에 도착
1595/5/22	히데요시가 왜성 15곳 중에서 10곳의 파괴를 명령
1595/8/28	데라자와 마사나리(寺澤正成)·고니시 유키나가가 巨濟島의 일본군을 加德島로 철수시킴
1595/9/4	책봉사가 서울을 출발
1595/9~10 무렵	시마즈 다다츠네(島津忠恒)가 가덕도에서 왜성을 축조
1595/12/1	책봉사가 釜山의 일본군 진영에 들어감

---

2) 2007년도 學習院史學會大會에서 행한 강연 <朝鮮から見た倭城>에서 李舜臣 軍이 적의 정세를 정탐한 사실을 알려주는『임진장초』와『이충무공전서』의 기사를 소개하였다(『學習院史學』46호, 2008).

2. 탄압과 통치

왜성은 점령지역을 확보하기 위한 군사기지였기에 당연히 주변 주민들에게 가혹한 폭력을 휘둘렀다. 왜성의 지역점령·축조·존속은 많은 조선인민의 살륙을 수반하였다. 그러나 주위를 무인지역으로 만든다면 왜성 그 자체도 존속할 수 없게 된다. 바로 이 점에서 왜성은 조선인민을 통치하는 거점으로서의 성격도 띠게 된다.

개전 후 반년 정도가 지난 1592년 11월 10일에, 히데요시는 조선에 주둔 중인 고바야카와 다카카게(小早川隆景)에게 '내년 봄에는 내 자신이 반드시 건너갈 것이니 반란을 일으키는 자들은 모조리 죽여서(나데기리(撫切)) 지역을 평정해 두어라. 그것에 대비하여 주둔하고 있는 성 뿐만이 아니라 본성에서 떨어져 요충지에 쌓은 성에 이르기까지 충분히 신경을 써서 병량을 비축하고 요충지를 견고하게 해 두도록'이라고 지시하였다(『小早川家文書之一』, 307~308쪽). 같은 날짜에 수군 장수인 와키자카 야스하루(脇坂安治) 앞으로 보낸 朱印狀에서는, '반란을 일으키는 자들'이란 부분이 '반란을 일으키는 자들의 감시선 이하'로 되어있는데, '설령 적선이 쳐들어오더라도 상륙해서 군사행동을 벌일 수 없도록 성을 견고하게 확보해 두도록'이라고 지시하였다(「脇坂文書」『兵庫縣史』사료편 중세1, 195쪽).

개전 초기의 쾌진격에 도취한 히데요시는 나고야(名護屋)에 도착한 후 금방이라도 조선으로 건너가 그대로 명으로 향할 속셈이었지만, 大名들이 간언하여 말렸고 게다가 어머니인 오만도코로(大政所)가 위독하다는 보고를 받아 일단 오사카(大坂)로 돌아가지 않을 수 없었다. 어머니의 장례를 마치고 나고야에 돌아온 것이 11월 1일로, 조선으로 건너갈 결의를 다시 한번 굳히고 준비작업을 서둘렀다. 그 중심이 되는 것이 왜성을 거점으로 저항하는 자들은 모두 죽여버린다는 '나데기리(撫切)' 전술로, 일본 국내의 통일전쟁에서 반란세력을 짓밟아 뭉갠 방법을 그대로 적용한 것이었다.

조선으로 건너가려고 한 히데요시의 계획은 결국 실행되지 않았고 전쟁이 장기화되자, 일본 측의 목표는 이미 장악한 지역인 조선반도 동남부를 사수하는 것으로 바뀌었다. 따라서 왜성은 그 거점으로서 더한층 중요해졌다. 변경을 방비하는 임무에서 출발해 국가권력의 중추를 담당하게 된 중앙관청 '備邊司'는 1594년 1월에 선조에게 바친 계(啓-보고서)에서 慶尙右道防禦使 金應瑞가 올린 보고를 인용하여 다음과 같이 적고 있다(『선조실록』 27년 정월 을사조).

요즘 慶州에 오랫동안 머물면서 東萊와 釜山을 정탐하여 왜적의 정황을 상세히 알게 되었습니다. 커다란 왜선 약 5백여 척이 海口에 정박하고 있고 상륙한 군졸들은 다섯 개의 진으로 나뉘어 부산·동래 등지로 흩어져 들어갔습니다. 또한 해변에 가을보리나 마늘을 많이 재배하고 있는 장소가 있는데, 거기에서 왜적들은 투항해온 조선인들을 분류하여 '屯'을 만들고 투항자 중의 한 사람을 '屯長'에 임명하였습니다. 둔장은 '기올(其兀)'이라고 불리는데 이것은 우리나라의 '勸農'이란 명칭에 해당합니다. 협박받아 적군에 투항해 각 둔에 배치된 인민들을 기올이 주관하고 있습니다. 하나의 둔마다 왜적이 수십 명씩 섞여 있습니다. 기올이 오면 왜장은 매우 극진히 대우하고 음식을 장만하여 대접합니다. 기올은 출입할 때 붉은 색 말의 꼬리털로 만든 갓을 쓰고 두 사람에게 말을 끌게 하여 마치 의젓한 관원과 같은 모습입니다. 왜인이라 하더라도 그 둔에 속한 자는 모두 기올에게 다스리게 합니다. 그래서 왜인도 기올을 두려워합니다.

동래와 부산은 왜군의 상륙기지로, 부산 본성을 중심으로 同子城·동래성·椎木嶋城·迫門口城으로 구성된 왜성군이 긴밀한 연대 하에 배치되어 있었다. 부근의 해변에는 농장이 만들어져 왜인과 조선인의 혼성으로 구성된 '둔'이라는 조직이 경작을 담당하였다. 기올이라고 불린 둔장에는 조선인이 기용되어 자신의 둔에 소속된 자들을 왜인도 포함하여 지휘하였다. 사역되는 조선인의 대부분은 왜성 주변의 일반주민들로 '협박받아 적군에게 투항한 인민'이었다고 생각된다. 그러나 그 중에는 적극적으로 일본군에 접근하여 기올로 발탁되어 권세를 휘두른 투항자도 있었다. 일본군은 단지 조선인을 죽이기만 한 것이 아니라 왜성 주변지역에서 통치자로서 군림하고자 한 것이다.

3. 축성·造船에의 동원

왜성의 군사기능을 유지하기 위해서 축성이나 造船에 조선인민이 동원되었다.

이순신은 1594년 3월 10일에 중앙에 올린 보고 속에서 이렇게 적고 있다(『임진장초』 狀66·『이충무공전서』 권4, <왜군의 정세를 아뢰는 장계>).[3]

> 앞서 언급한 명나라 병사와 함께 나타난, 우리 나라 사람으로 포로가 된 상주에 사는 私奴 希順이 왜말을 잘하여 (일본 측의) 통사를 겸하여 왔으므로 명나라 병사 茂火에게 희순을 (명으로) 데리고 돌아가서는 안 된다고 이치를 들어 설득하였습니다만 (무화는) 의심을 품고 결정하지 못했습니다.…(희순에게) 적 진영의 형세와 명나라 병사가 나오게 된 원인을 추궁하니 다음과 같이 진술하였습니다. '…熊川城의 왜적은 세 개의

---

3) 『임진장초』(朝鮮史料叢刊 제6에 수록)는 이순신이 전선에서 도성으로 작성하여 보낸 전황·군공 보고서의 부본 70여 통을 수록한 것이다. 문체는 이두를 많이 사용한 조선식 한문으로 일본인들이 읽기에는 어려운데, 이두를 생략하여 보통의 한문으로 고쳐 쓴 것이 『이충무공전서』(影印標點韓國文集叢刊 제55에 수록) 권2~권4에 수록되어 있다. 후자에는 각 문서에 표제가 달려있는 한편, 발급한 연월일은 생략되어 있다. 당연히 인용할 때에는 전자를 주로 사용해야 한다.

진으로 나뉘어 있는데 각 진마다 천여 명 혹은 8~9백 명 정도가 있습니다. 그러나 병으로 쓰러진 자들이 많을 뿐만 아니라 토목공사에 지친 끝에 본토로 도망가는 자들도 이루 헤아릴 수 없습니다.…우리 나라의 남녀들은 어떤 이는 일본으로 보내졌고 어떤 이는 (왜성에) 남아 부려지고 있습니다. 또한 일본 본토에서도 많은 여인들을 데려와 부리고 있습니다. 왜적들이 날마다 사역시키는 목적은 탄환을 만들거나 성을 쌓고 집을 짓는 것입니다.…'

축성에 대해서는 기술적인 문제가 있었기 때문인지 노동력의 주체는 종군한 일본인 노동자였던 것 같다. 그러나 병으로 쓰러진 사람들이 많았고 본국으로 도망간 사람들도 이루 헤아릴 수 없을 정도로 많았기 때문에, 부족한 노동력을 보충하기 위해서 조선인 남녀들이나 일본에서 데려온 여인들을 탄환의 제조나 축성공사에 사역시켰다.

한편, 경상남도 固城의 수군인 陳新貴는 1593년 8월 8일에 집 앞에 상륙한 왜선에 형과 함께 끌려가 동 19일에 야음을 틈타 탈출할 때까지, 巨濟島의 일본군 진영을 자세히 관찰하여 이순신의 앞에서 다음과 같이 진술하였다(『임진장초』 장34·『이충무공전서』 권3, <왜군의 정세를 아뢰는 장계>).

거제도의 永登浦에서는 貫革基·선창가·北峯 밑의 세 곳에 집을 짓고 있는데 그 수는 무려 200여 채에 이릅니다. 또한 북쪽 봉우리에는 나무를 벌채하여 평평하게 깎고 토성을 쌓았는데 주위는 매우 넓으며 그 안에서는 마침 집 짓는 공사가 한창이었습니다. 우리나라 백성들이 왜인들 사이에 삼분의 일 정도 섞여 사역당하고 있었습니다. 본국으로부터 군량이나 겨울을 지낼 의복 등이 배에 실려 2~3일 마다 차례차례 실려옵니다. 영등포에는 항상 배들이 드나드는데 그때에는 50여 척이 정박 중으로 띠처럼 묶여져 있었습니다. 長門浦·松眞浦 등지에서도 봉우리의 정상부분을 평평하게 깎아 토성을 쌓고 성 안에 집을 짓고 있습니다. 배들은 대형선과 중형선을 합쳐 혹은 백여 척 혹은 70여 척으로, 언덕 아래에 줄지어 정박하고 있습니다. 熊浦의 서쪽 봉우리, 薺浦의 북쪽 산, 安骨浦의 서쪽 봉우리 등지에도 토성을 쌓고 성 안에 집을 짓고 있습니다. 정박한 배들은 언덕에 가려져 볼 수 없었습니다. 제포의 선창가에는 대형선과 중형선이 무수히 줄지어 정박하고 있습니다. 그 외에 일본 본토에서 加德·웅천·거제로 향하는 배가 쭉 이어져 끊이지 않습니다. 저에게는 왜인들이 단지 나무를 베거나 물 길어오는 일만 시킬 뿐이었습니다.

거제도에서는 영등포·장문포·송진포의 세 곳에 왜성이 축조되었다. 산을 평평하게 깎아 토성을 쌓고 성 안에 집을 짓는 공사에 종사한 노동자의 삼분의 일은 조선인이었다. 그러나 진신귀와 같은 신참자에게는 나무를 베거나 물 긷는 일만 시켰다는 점에서 축성공사에는 어느 정도의 숙련도가 필요하였다는 것을 알 수 있다. 웅천왜성 부근에 본성과 떨어져 요충지에 축조된 성들이 여러 개 있었다는 것, 일본에서 군량이나 의복을 운반하는 배가 거제도·가덕도·웅천 등지로 끊임없이 드나들고 있었다는 것 등도 주목되는 정보이다.

이 진술에 대해서 이순신은 다음과 같은 코멘트를 덧붙였다.

> 웅천의 세 곳과 거제도의 세 곳에 성을 쌓고 집을 짓고 있는 중이라는 증언은 포로가 되었다가 도망쳐온 奉事 諸萬春의 진술과 거의 일치합니다. 본토에서 군량이나 의복을 속속 반입하고 있다는 것은 변변치 못한 사람의 말로 전부 신뢰하기는 힘들지만, 적의 상황을 관찰하면 분명히 겨울을 지낼 의도가 보입니다. 원통하기 그지 없습니다.

왜성의 중요한 특징 중의 하나는 해안가나 강가에 위치하고 선착장을 갖추고 있어 육군 뿐만이 아니라 수군의 기지로서도 기능하였다는 점이다. 제1절에서 인용한 히데요시가 와키자카에게 내린 지시에서 그것을 엿볼 수 있다. 가토 기요마사(加藤淸正)가 쌓은, 동해에 면한 西生浦城에서는 배를 건조하고 있었다. 도체찰사 이원익이 1597년 2월에 한양으로 보낸 서장에서 인용한 경상좌수사의 보고서에는 다음과 같은 대목이 있다(『선조실록』 30년 3월 갑인조).

왜적에 가담했다가 도망쳐온 豆毛岳(제주도의 海民의 일종)인 金淡孫 등의 거처를 방문하니, '기요마사가 서생포성에 있을 때 적에게 가담한 海尺(제주도의 해민) 河甘同이란 자가 우리나라 판옥선의 양식으로 배 한 척을 건조하여 기요마사에게 보내어 사용하게 하였다'고 진술하였습니다. 그래서 하감동을 잡아다가 문초를 하니 그 진술도 마찬가지였습니다.

이 보고를 받은 이원익은 '매우 경악스러운 사태입니다. 즉시 처벌을 해야합니다'라고 아뢰고 있다. 제주도의 해민은 원래 경계적인 사람들로 왜인과 공통적인 요소가 많았는데(다카하시 기미아키(高橋公明), 「中世東アジア海域における海民と交流」『名古屋大學文學部研究論集』, 史學 33호, 1987), 조선식 배 그 자체뿐만이 아니라 조선기술도 함께 일본군에게 제공되었을 가능성이 있다. 조선 측이 일본군의 緖戰의 기세를 꺾고 반격할 수 있었던 주요한 요인에는 수군력의 우위가 있었다. 이 사건은 그것을 뒤집어엎을 단서가 될 수도 있었으니 조선 측이 커다란 충격을 받은 것도 당연하다.

실제로 1595년 말에 경상도 梁山의 관원인 崔沂가 상인으로 변장하여 정탐한 바에 의하면, 서생포성의 해구에는 무수히 많은 왜선이 정박하고 있었는데 그 중에 조선식의 대형 판옥선도 두 척 섞여 있었다고 한다(『선조실록』 28년 12월 신축조).

4. 농경과 공납

일본군은 왜성 주변지역을 통치함에 있어서 농경을 권장하고 공납을 거두는 것에 힘을 기울였다. 1593년 5월의 비변사의 장계는 '경상남도 웅천성에 주둔한 일본군이 농작물을 재배하여 장기간 거주할 것을 꾀하고 있다'고 보고하고, '군사의 처자식이나 구원병의 병기를 운반해오기

로 되어있고 그 후 전라도를 침범한 뒤에 회군한다'고 하는 下女의 진술
을 소개한 뒤 다음과 같이 적고 있다(『선조실록』 26년 5월 갑술조).

> 昌原에 주둔하고 있는 일본군은 보리와 밀을 경작하여 이미 제초를
> 마쳤고 3월 말에는 모두 자기들이 수확한다고 합니다. 金海의 촌민들은
> 모두 왜적에 가담하여 크고 작은 길로 이어진 경상도의 곳곳으로 길안내
> 를 합니다. 鄕吏 金變虎의 下吏인 裵仁 등은 왜장이 되어 분탕질할 때마
> 다 반드시 선도합니다. 왜적의 세력범위에 살고 있는 인민들은 이들의 행
> 위를 보고 모두 옷차림을 왜복으로 바꾸고 있으니 조선 측으로 도망쳐
> 나올 낌새가 전혀 없습니다.

이 사료에 의하면 경작·제초·수확 등의 농업노동은 일본 측 사람들
이 행하고 있었던 듯하다. 이것은 1594년 정월의 히데요시의 주인장(시
마즈 요시히로(島津義弘)·다치바나 무네시게(立花宗茂)·깃카와 히로이
에(吉川廣家) 앞으로 보낸 것이 남아있다)에 '성의 주변에 전답을 개간하
여 지역에 정착하라(弥有付可申候)'고 되어있는 것과 일치한다. '아리츠
키(有付)'라는 말은 단순한 군사제압이 아니라 현지주민에 대한 통치행
위를 통해 지속적으로 지역을 확보한다는 의미로 잘 사용된다.

그러나 낯선 토지에서의 경작을 일본 측이 전적으로 담당했을 리가
없다. 일본군의 앞잡이를 자임하고 나선 자가 있을 정도이므로 농업노동
에 사역된 자도 있었음에 틀림없다. 1592년 9월에 포로가 된 후 이듬해
8월에 이순신의 진으로 도망쳐올 때까지 일본군의 상황을 상세히 관찰
한, 경상도 고성에 사는 訓練奉事 제만춘은 동래의 主鍊里의 상황을 '우
리나라 사람들이 많이 살면서 적들과 사귀어 왕래하기를 조금도 꺼리지
않습니다'라고 아뢴 후, 양산의 蛇代島에 대해서 '(가덕도의)天城·가덕에
서 방비를 담당하고 있던 수군이 무려 4백여 호나 정주하고 있는데, 20
여 명의 왜적이 酋長이라 칭하면서 (그들을 부려) 농사짓고 추수하는 것
은 평상시와 다를 바 없었습니다'라고 보고하고 있다(『임진장초』 장37·

『이충무공전서』권3, <포로였던 군사가 보고한 왜군의 정세를 아뢰는 장계>).

조선인에게서 세금을 징수하는 것에 대해서는, 1595년 10월에 왜성의 파괴상황을 돌아다니며 조사한 訓練主簿 金景祥이 金海府城에 대해 다음과 같이 보고하고 있다(『선조실록』28년 11월 경오조).

성 안의 왜병은 대부분 竹島城으로 이주하여 收租倭가 2~3백 명 정도 잔류하고 있을 뿐입니다 … 부의 객사에 석성을 쌓아 (왜군의) 장수가 점거하고 있으며 성 밖에는 우리나라 사람과 왜적이 뒤섞여 살고 있습니다. 우리나라 사람들의 집은 6백여 호에 이릅니다.

또한 측근관료 앞으로 보낸 1593년 8월의 히데요시의 주인장에는 다음과 같은 내용이 있다(『淺野家文書』, 93~4쪽, 8월 20일 히데요시의 주인장).

곳곳에 있는 왜성의 성아래 지역에 사는 백성(조선인민)들이 금년에는 벼가 잘 여물었다고 한다. 그렇다면 年貢의 징수에 대해서는 수확량의 4할을 창고에 납부시키고 나머지 6할은 백성들의 소유로 한다. 정착하게 하려고 생각하여 이와 같은 조치를 취하는 것이다. 4할에 대해서는 볍씨의 형태로 창고에 납부시키도록. 내년 봄이 되면 씨앗으로 쓰도록 명령을 내릴 작정이기 때문이다. 이 뜻을 성주들에게 잘 전달하라. 마찬가지로 백성들에게도 알려주어라.

이처럼 재생산할 수 없을 정도로 수탈하는 것은 피하는 정책이 채택되었다. 그 결과, 1595년 3월 경에는 다음과 같은 상황이 발생하였다. 도원수 권율이 올린 장계의 한 구절이다(『선조실록』28년 3월 갑술조).

전해 듣기에, 동래·부산·김해 등지에서 들녘에 넘치도록 경작하고 있는 자들 중 삼분의 이는 우리나라 백성들입니다. 이따금 머리를 깎고 이를 물들여 왜의 풍속에 따르는 자들까지도 있습니다. 또한 먼 지방에서 장사목적으로 오는 자들도 있는데 각각 물품을 가지고 왕래하며 적진에서 교역하고 있습니다. 거의 막을 수 없는 상황으로 한심하기 그지 없습니다.

이처럼 왜성의 성아래 지역은 농업생산의 공간이며 동시에 교역의 거점이기도 하였다. 그곳을 생활공간으로 삼는 조선인민은 생존을 위해 왜성의 유지에 관련된 일에 종사했으며, 또한 왜인들에게 잘 보일 수 있는 풍속이나 행위를 선택하였다. 감히 말하자면, 거대한 군사시설의 갑작스런 출현은 일부 사람들에게 있어서는 비지니스의 기회로도 비쳤을 것이리라.

5. 식량·물자의 공급

왜성에서 병사들이 생활하기 위해서는 주변지역으로부터 식량과 물자를 공급받지 않으면 안 되었다. 예를 들면, 오모다카 렌쵸보우(面高連長坊)의 <高麗入日記> 文祿 3년(1594) 12월 23일조에는 거제도의 시마즈(島津) 본진에 '해변의 외국인'이 두 차례 생선을 진상하였다고 기록되어 있다(『舊記雜錄後編』 권33). 1596년 9월에 도체찰사 이원익은 부산 부근에 집결한 일본군의 상황을 언급하던 중에 '요사이 潛商의 무리들이 제멋대로 드나들며 倭奴들의 심복 노릇을 하기에 특별히 금지하고 있으나 그 폐해는 나날이 심해지고 있다'고 적고 있다(『선조실록』 29년 9월 갑오조).

1595년 정월에 명의 유격 陳雲鴻을 수행해서 왜성을 돌아다니며 조사한 接伴使 李時發은 나베시마 나오시게(鍋島直茂)의 김해 죽도성과 고니시 유키나가(小西行長)의 웅천성에 대해서 다음과 같이 보고하였다(『선조실록』 28년 2월 계축조).

김해 죽도성의 입지에 대하여. 넓이는 平壤城과 같은 정도로 (성을 쌓은 구릉의) 북·동·남의 삼면이 강(낙동강)에 면하고 있습니다. 주위를 목책과 토성이 이중으로 둘러싸고 있으며 그 안에 돌로 된 축벽을 쌓았습니다. 성 안에는 벽이 흰색으로 칠해진 높은 누각이 우뚝 솟아 있으며, 크고 작은 흙벽의 건물들이 빽빽이 들어서있어 만 명 이상의 군사를 수용할 수 있는 규모입니다. 성 아래에는 크고 작은 배들이 이루 헤아릴 수 없을 정도로 많이 매어져 있습니다. 일본군에 투항한 조선인들이 성밖에 조그만 집을 지어 몇 군데에 무리지어 살며 어업을 생업으로 하고 있습니다.

웅천성은 해안에 있는 산 하나를 차지하고 있는데 산세는 매우 험준합니다. 주위를 돌로 된 축벽으로 둘러싸고 그 위에 목책을 세웠습니다. 주위는 6~7리 정도 될 것입니다. 산등성이를 끊어 견고한 해자를 만들었으며 생선비늘이 늘어선 것처럼 집들이 세워져 있습니다. 성벽은 바다를 압도하는 것 같았으며 구멍이 뚫린 문이 별처럼 늘어서 있습니다. 문은 배를 묶어두는 장소에 있습니다. 진유격은 관대를 갖추고 蟒龍衣를 입고 배에서 내려 성에 들어갔습니다. 구경하는 남녀들이 거리에 빽빽하게 늘어서 있었습니다. 긴 통로의 양옆에는 가게들이 늘어서서 물건을 매매하고 있었는데 그 대부분은 해산물입니다.

이 두 성은 왜성 중에서도 중핵이 되는 대규모 성곽이다. 성을 세운 산은 웅천성쪽이 험준하며 수면으로부터의 표고차도 크지만 전체적으로는 공통된 경관이 보인다. 물류의 관점에서는 성곽과 항만이 일체화되어 있는 점에 주목된다. 웅천성에서는 선착장과 성문을 연결하는 도로의 양옆에 상점가가 형성되어 주로 해산물을 파는 가게가 늘어서 있었다. 그 가게 주인의 대부분은 조선인이었을 것이다. 성 밖에 살며 어업에 종사하고 잡아온 것을 파는 조선인의 거래상대가 만 명 규모의 인구를 수용하는 왜성의 거주자였다는 것은 상상하기 힘들지 않다.

1595년 2월에 도원수 권율이 경상우병사 김응서로부터 '통사인 왜인 요시라(要時羅－요시로(與四郎)인가)가 아뢰기를, 부산·동래·機張·

林郞浦·서생포의 왜성에서는 경상좌도의 인민들이 매매를 목적으로 50명, 100명의 규모로 연달아 드나들면서 강화가 이루어질 리 만무하다고 하는 등 낭설을 퍼트리고 있다고 합니다'라는 급보를 받아 중앙에 다음과 같이 치계(馳啓 — 급히 보고하는 것)하였다(『선조실록』 28년 2월 계유조).

　　대개 降倭를 유인해 온다고 빙자하거나 혹은 교역과 매매를 하기 위해 (왜성에) 드나드는 자들이 속출하고 있습니다. 거듭 금지하고 있습니다다만, 다만 생각하건데, 만일 완전히 출입을 금지하면 반드시 일본군 將官의 의심을 사는 결과가 될 것입니다. 적절히 처치하기가 매우 곤란합니다.

이 상황에 대해서 비변사는 왕에게 다음과 같이 대책을 올렸다.

　　경상좌우도의 인민들이 적의 성에 드나들면서 제멋대로 장사를 하고 있는데 기밀에 관한 중대 사안이 누설되고 있음에 틀림없습니다. 매우 놀랄만한 사태이니 일체 (출입을) 금지해야 합니다.

중앙의 인식은 기밀누설을 막는다는 군사적 관점에서 왜성에 드나드는 것을 금지하고자 한 것이었으나, 그 억지력은 왜성의 성아래 지역에 살고 있는 조선인들에게까지는 미치지 못한 것 같다. 같은 해 11월에 훈련주부 김경상은 부산성을 정탐한 결과를 다음과 같이 보고하였다(『선조실록』 28년 11월 경오조).

　　이전에 있던 적은 철수를 마쳤고 그 자리에 고니시 유키나가가 진을 옮겼습니다. 유키나가는 수하에 6인의 무장을 거느리고 있는데, 각 무장이 수천 명의 병력을 가지고 있으며 또한 포수와 검수 천여 명도 거느리고 있습니다. 배의 숫자는 680여 척입니다 … 새롭게 쌓은 성은 주위가 6~7리로, 시장을 개설하여 왜적의 남녀와 우리나라의 인민들이 날마다

물자를 교역하고 있습니다. 東平에서 凡川에 걸쳐 (왜적과) 섞여 사는 조
선인들의 집이 3백여 호나 되며, 佐子川 근처에는 전복을 채취하는 어민
들이 백여 호 섞여 살고 있습니다. 主山 위에는 석성을 쌓아 3층의 궁전
을 조영했습니다. 왜적이 사람들의 출입을 금지하여 내부를 보지 못하게
하고 있습니다. 조선인에게 그 이유를 물어보니 '병기 등의 물자를 들여
놓았기 때문에 사람들이 보지 못하도록 하는 것입니다'라는 대답이었습
니다.

부산성에는 이 해 중순까지 모리(毛利)군이 주둔하고 있었는데 강화
교섭을 받아들여 이 시점에서는 철수를 마치고 고니시군과 교대하였다.
고니시군의 규모는 수하의 무장 6인이 각각 수천 명의 병력과 천여 명의
포수와 검수를 거느리고 있었다는 것에서 총 병력은 3만을 넘을 것이다.
680여 척이란 선박 숫자도 두드러지게 많다.

산 위에 있는 주성이란 甑山 정상부에 있는 부산본성이며, 새롭게 쌓
은 성이란 본성 동쪽의 저지대에 돌출되어 있는 작은 구릉(城臺)에 자
리잡은 子城으로 생각된다. 본성과 자성은 전략적으로 배치되었으나 동
시에 축조되었던 것이 아니라 자성은 1595년 무렵에 새롭게 축조되었다
는 것을 알 수 있다. 본성 북쪽의 범천에서 동평에 걸쳐 왜인들과 섞여
살던 조선인들이나 본성 남쪽에 인접한 좌자천(부산직할시 동구 좌천동
인가)에 섞여 살던 어민들은, 명확히 기록되어 있지는 않지만, 왜성과의
상부상조의 관계 속에서 살아간 것이리라.

더욱이 김경상은 부산성의 북북동쪽으로 8킬로미터 정도 떨어진 곳
에 있는 동래성에 대해서도, 성의 안팎에 서로 섞여 사는 조선인들의
집이 3백여 호 있다고 보고하였다. 동래성은 일본식 성곽을 새롭게 축
조한 것이 아니라 조선 측의 읍성을 일본군이 재이용한 것으로 생각된
다. 성의 내부에도 조선인이 거주하고 있었던 것은 그 때문이라고 생각
된다.

6. 마치며

이상에서 왜성과 조선인민과의 관계를 보여주는 몇 개의 사례를 소개
하였다. '교류와 갈등'이라고 내세우면서도 갈등, 또는 조선 측의 저항이
나 수난에 대해 언급한 부분은 적으며 왜성과 지역의 공존이란 측면만을
지나치게 강조한 것은 아닌가 싶다. 그러나 緖戰의 쾌진격이 저지되어
강화교섭기에 들어가면, 왜성네트워크를 정비하고 있는 상황과는 상반되
게, 일본군 진영에서는 '항왜'가 속출한다. 이 현상의 배후에는 일본군의
厭戰분위기 뿐만이 아니라 조선 측의 적극적인 유인책도 있었다. 앞서
인용한 사료에도 항왜를 유인한다는 것을 핑계삼아 왜성에 드나드는 조
선인의 모습이 보인다.

1594년 9월 이전에 부산성의 모리 히데모토(毛利秀元)의 진영에 잠입
한 동래의 校生 宋昌世는 적의 정세를 '왜적은 대체로 내부분열되어 병
사들은 원망하는 마음을 품고 있다. 지금이야말로 하늘이 (그들을) 멸망
시키려고 하는 때이다. 兵家에서 말하는 離間策의 기회가 실로 여기에
있다. 항왜의 본심을 너무 의심하여 시기를 놓쳐서는 안 된다'고 관찰하
고 있다(『선조실록』 27년 9월 기묘조). 송창세의 유인공작에 의해 모리
군의 무장인 가야시마 기헤에(萱島木兵衛)는 血判의 항복문서를 경상도
감사에게 보내고, 같은 해 8월에 선조로부터 '折衝將軍 行 龍驤衛上護
軍'이란 무관직에 임명하는 고신(告身－임명장)을 받았다(『朝鮮史』 제4
편 10의 수록도판, <粟屋直衛氏所藏文書>).

그러나 기헤에는 얼마 되지 않아 일본 측으로 복귀하였다. 그의 자손
이 하기번(萩藩)에 바친 서면에 '조선왕이 반복하여 자기편으로 끌여들
이려고 하였는데 그 후 히데모토공이 그것을 들으셔서 조선 측에 거짓
회답을 하도록 명령하셨기 때문에, 집에 보관하고 있는 조선왕에게서 받

은 敎旨·서한 3통의 사본을 바칩니다'라는 구절이 있다(『萩藩閥閱錄』
권131, 粟屋八左衛門). 만일 이것이 사실이라면 조선 측은 감쪽같이 당
한 것이 되지만 명확한 증거는 없다. 50명이 넘는 부하를 거느리고 투항
한 기헤에가 예상치 못한 사태를 일으킬 것을 두려워한 조선 측이 정보
를 뽑아낸 후 추방했다고도 생각된다(기타지마 만지(北島万次), 『豊臣秀
吉の朝鮮侵略』, 吉川弘文館, 1995, 168쪽 이하. 무라이 쇼스케(村井章
介, 「降倭の血判」『古文書硏究』55호, 2002). 어느 쪽이든 간에, 왜성은
조선과 일본 양 측의 공작이나 모략이 뒤얽힌 공간이었다.

Ⅳ. 韓日 城郭變遷史 比較 一考

柳 在 春*

1. 머리말

韓·日 兩國은 地理的으로 인접국인 만큼 싫든 좋든 깊은 상호관계속에서 역사가 전개되어 왔다. 그런 면에서 양국은 文化的인 유사성이나 관련성도 다른 나라에 비해 깊은 편이라 하겠다. 그러나 안으로 한발 들어가 보면 또한 각기 뚜렷한 독자의 文化가 엄연히 존재하고 있음을 알수 있게 된다. 이는 城郭에서도 마찬가지이다. 일본은 고대로부터 城郭 文化 전파와 관련하여 한국과 밀접한 관계가 있었지만 각기 다른 자연환경적 요인이나 독자의 역사적 배경으로 말미암아 중세 이후에는 다른 양상으로 정착해 나가게 되었다. 또한 城郭은 당시대의 주요 武器나 戰法, 축성주체자의 의식 등에 따라 각기 다른 형태로 나타나게 되며, 각 나라나 민족의 성곽 양상은 權力構造나 對外關係, 그리고 사회·경제적인 변화에 따라서 변천하게 된다.

한일 양국의 성곽축조 양상은 물론 상당한 차이점이 있지만 양국 축성사에 있어서 공통점도 발견할 수 있다. 이에 대한 비교연구는 그 상대

---

* 江原大學校

적 특성을 인식할 수 있을 뿐만 아니라 이를 통하여 自國의 역사를 보다 명확히 인식할 수 있는 것이기도 하다. 특히 壬亂 당시 日本軍이 구축한 이른바 倭城이나 陣所, 그리고 日本軍의 조선 성곽 이용 행태를 보면 당시 양국 성곽의 차이점을 보다 분명하게 알 수 있다.

韓日 兩國 성곽의 關係史 내지는 比較研究는 주로 고대와 관련한 연구가 주를 이루고 있으며, 중·근세시대와 관련된 연구로는 한국 남해안 지역에 산재하고 있는 '倭城'에 대한 것이 있으나 대개 유적조사 차원의 것이 주류를 이루고 있다. 韓國 山城과 관련된 것은 아니지만 鳥羽正雄의 日本과 中國 城郭에 대한 비교 연구나 기타 단편적이긴 하지만 西歐 城郭과의 비교연구가 있다. 兩國의 관련성이 뚜렷한 古代의 城에 대한 비교연구가 양국 성곽의 상호관계를 이해하는데 중요한 의미가 있다면 관련성이 뚜렷하지 않은 중세이후의 성곽에 대한 비교연구는 상대적 특징에 대한 이해를 통하여 역사적, 문화적 특색을 이해하는데 의의가 있을 것이다.

여러 시대를 거치면서 변화한 축성의 양상을 한마디로 정리하는 것 자체가 그렇게 간단한 문제는 아니다. 특히 역사적으로나 문화적으로 각기 다른 전통을 가지고 있는 한일 양국의 성곽변천사를 정리하는 문제는 더욱 그러하다. 본 글에서는 주로 중세시대 양국의 축성 양상의 변화를 중심으로 비교해 보고자 한다.[1]

---

1) 여기에서는 주로 일본의 畿內·關東·東北지역의 성곽을 비교대상으로 하였으나, 현재 일본을 기준으로 하면 沖繩나 北海道의 성곽과 九州 및 本州·四國 지역의 성곽과는 그 성격에 다소 차이가 있어 일괄하여 말할 수 없는 부분도 있다. 그러한 점에 대해서는 본고에서는 고찰하지 않는다는 것을 명기해 두고자 한다.

2. 한일 양국 중세 산성의 변천 비교

1) 立地的인 측면

산성은 군사시설로 만들어진 것이기 때문에 그 입지를 선정하는데 있어서 당연히 기본적인 요건이 갖추어져야 하지만 산성 운영의 주요 목적이나 전투방식을 달리하는 축조 주체에 따라 입지 선정이 달라질 수 있다. 일본의 중세 산성과 우리나라 산성을 비교하여 보면, 입지선정에 있어 공통적으로 고려되는 요건은 險地를 택하고 있다는 것, 교통의 요충에 위치하는 경우가 많다는 것, 관측이 용이한 곳을 택한 점, 有水處를 중시한 점 등이다.

한편 입지상 다른 점도 몇 가지 있다.

① 중세 일본의 산성은 獨山에 많이 입지하는 반면, 한국의 경우는 支脈, 또는 獨山에 위치하고 있다. 특히 한국의 경우는 谷을 포함한 이른바 包谷式 산성이 많이 있기 때문에 獨山이 아닌 경우가 많다고 해야 할 것이다. 이는 성곽 축조방식과도 밀접한 관련이 있어 일본의 산성은 능선위를 중심으로 城을 구축해 나가지만 한국의 산성은 谷을 내부공간으로 하여 능선위에 성벽을 둘러친다. 때문에 일본의 경우는 능선을 중심으로 좌우에 공간학보가 가능한 지점을 선택하는 경우가 많고 한국의 경우는 외부는 험하고 내부는 완만한 지형을 선택하게 되는 것이다. 당시의 이러한 입지상의 차이에 대해서는 임진왜란 당시 조선의 산성에 대해 柳成龍 등이 제기한 문제점에도 잘 나타나고 있다.

② 일본 중세 산성이 한국의 산성과 비교하여 집락지에 대한 근접성이 높다는 점이다. 물론 이는 시기에 따라 다소 차이가 있다. 鎌倉末이나 南北朝時期에는 군사적 긴장이 계속되고 지방의 각 세력가들은 대개 館

에 거주하고 산성은 전투시에만 사용하는 임시의 것이었기 때문에 전략
면에서 우위를 점할 수 있는 험준한 곳을 우선하여 선택하였다. 그러나
室町期 이후, 특히 戰國時代 이후에는 領國支配와 군사적 거점을 겸하는
곳으로서의 산성이 선호되었기 때문에 자연히 집락지에 대한 근접성이
높아졌다고 할 수 있다. 한국의 경우도 邑治의 배후산성이 관아소재지로
부터 60리 이상 멀리 떨어져 있는 경우도 다수 있었으나 대체로 20리
이내인 경우가 많았다. 그러나 일본의 중세산성, 특히 戰國時代 이후로
는 일본의 산성이 훨씬 집락지에 대한 근접성이 높았다고 할 수 있다.

③ 일본의 중세 산성, 특히 南北朝 이전 시기의 경우, 험준한 곳에
입지하더라도 퇴로가 절단된 곳은 피하였다는 점이다. 이 부분에 대하여
角田誠은 鎌倉末 惡黨들의 산성 축조법에서 자주 볼 수 있는 것이라고
하였는데, 이는 중세 전법 가운데 陣의 설치에 있어서 後尾切處는 피한
다는 것과 맥을 같이 하는 것이 아닌가 생각된다. 그러나 角田誠은 室町
時代 이후는 領國에 대한 사수의지가 두드러지고, 산성이 임시적인 것이
아니고 항구적인 군사시설이 되면서 全方位 방어형태로 바뀌어 감으로
써 종전의 퇴로에 대한 의미는 없어지게 되었다고 보고 있다.

2) 構造와 築城法的인 측면

앞서 서술한 바와 같이 한일 양국은 상호 다른 역사적 배경속에서 산
성축조의 경향을 달리하였다. 이는 산성의 구조나 축조법에서 더욱 두드
러지게 나타나며 이는 대체로 양국 산성의 기능상의 차이에서 비롯되는
것이다. 구조와 축조법에 관한 몇 가지 중요한 점만을 비교하여 살펴보
면 다음과 같다.

① 우선 가장 큰 차이점은 한국의 조선시대 산성이 주로 포곡형인 반
면, 일본의 중세산성은 稜線多段式으로 되어 있다는 점이다. 즉 조선시

대 산성은 일대에 거주하는 官民을 入保시키고 총력전을 전개하기 위한 城이었기 때문에 일대의 官民을 수용할 적절한 城內空間이 반드시 필요하였고, 水源도 보다 많이 필요하였다. 따라서 이러한 요인으로 말미암아 결국 谷을 포함한 성벽구축이 보다 유리한 것이다. 반면 일본의 산성은 전투원만을 위한 일종의 陣地的인 성격이 강하기 때문에 성곽구조 자체가 전투적 기능을 우선시 하는 방향으로 발전하였다. 다단식의 구조는 적의 공격시 1선의 전투를 2선에서 지원하고, 1선의 붕괴시 신속히 2선으로 후퇴하여 방어하기 위한 것인데, 이러한 방식은 방어면적을 줄여가면서, 병력손실에서 오는 결점을 메울 수 있는 장점이 있다. 즉 일본의 중세산성이 대개 城 本陣을 기준으로 一面, 혹은 多面으로 길게 축조된 경우가 많은 것은 바로 그 이유에서이다.

　② 한국의 조선시대 산성은 거의 대부분이 石築인 반면, 일본의 경우는 土築이 주를 이루고 점차 부분적으로나마 석축 적용이 증가하게 되는 것은 대개 戰國時代 이후이다. 한국의 산성은 대개 국가 차원에서 항구적인 방비시설로 관리되는 것이었기 때문에 애초부터 내구성이 상대적으로 우수한 석축성을 주로 구축하였다. 또한 자연적인 조건상 산에서 城石을 구하기 쉽고, 더구나 한국은 일찍부터 석축성 축조에 대한 기술적 축적도 있었기 때문이다. 반면에 일본의 경우는 戰國時代에 이르기까지는 산성 자체가 항구적인 시설보다는 임시적인 군사시설로 취급되는 경향이 강하였기 때문에 領主나 각지의 세력가들은 功役이 많이 드는 石城을 굳이 쌓을 필요성이 크지 않았고, 또한 석축성에 대한 기술적 축적이나 領主들의 경제적 능력도 수반되어야 하기 때문에 간단한 문제는 아니었다. 또한 일본에는 지진이 자주 발생한다는 자연적 조건과도 관련이 있다. 일본에서는 戰國時代 이후 산성이 군사시설로 항구화하면서 인위적인 방어시설이 한층 발달하게 됨으로써 점차 석축의 적용이 증가하게 되었다.

③ 한국의 조선시대 산성은 대체로 성벽 그 자체가 가장 중요한 방어시설이었지만 일본의 경우는 내외부의 각종 장애물과 전투보조시설이 특별히 발달하였다. 물론 한국의 산성에도 壕라든가 鹿角木 등 城外補助防備施設과 將臺·望臺·砲樓 등 여러 보조시설이 있지만 성벽과 성벽을 구성하고 있는 女牆, 혹은 치성·곡성 등이 큰 비중을 차지하고 있다.

반면 일본의 경우는 성벽 그 자체(削平이나 盛土·石築에 의해 확보된 曲輪)보다는 空堀·堀切·竪堀(畝形竪堀 포함)·橫堀을 비롯하여 水堀(水濠 포함) 등 성을 둘러싼 각종 장애시설이 갖는 비중이 크다고 할 수 있다.

④ 규모면에서도 큰 차이를 보이고 있다. 앞서 서술한 바와 같이 조선시대의 산성은 수용성을 중시하였기 때문에 대개 규모가 큰 편이다. 반면에 일본의 중세 산성은 전투기능을 중요시 한데다가 능선위에 축조되었기 때문에 郭內部만 산정한다면 그다지 규모가 크지 않다.

3. 양국의 平地 治所城 발달에 대한 비교

城郭의 기본적인 기능은 말할 것도 없이 '防禦施設'로서의 기능이다. 그러나 성곽이 行政權(혹은 권력)을 행사하는 治所와 결합할 경우는 군사외적인 기능과 의미를 가지게 된다. 이는 한국이나 중국의 都城을 비롯한 지방의 읍성, 혹은 유럽이나 일본의 封建領主들의 居城을 생각할 때 쉽게 이해될 것이다. 당초 성곽은 거주공간을 방비하는 것에서 시작되었기 때문에 治所와 軍事機能(방어기능)의 분리는 없었다. 그러나 시대의 변화에 따라서 여러 가지 요인에 의해 治所의 기능은 城으로부터 분리되기도 하고, 혹은 통합되기도 하였다. 특히 한국과 일본의 城郭史에서 중·근세시대는 그러한 변화를 거듭 겪으며 통합기능성인 平地 治所城으로의 지향이 명확히 나타난 시기이다. 물론 平地 治所城이 보편화되기 시작한 시기나 형태·구조도 다르지만 그 과정에 대한 이해를 통하여 兩國의 城郭發達史의 상대적 특징뿐만 아니라 文化變化 양상의 한 단면을 이해할 수 있을 것이라고 생각한다. 韓日 兩國의 軍·政機能 統合型의 平地 治所城 발달과정에서 나타난 유사점이나 특징을 몇 가지로 정리하여 보면 다음과 같다.

첫째, 14∼17세기에 있어서 한국의 경우는 대체로 대외관계 요인에 의하여 성곽의 軍·政기능의 통합과 분리가 반복되어 왔으나 세종대 이후 平地 治所城으로의 지향은 뚜렷이 나타났다. 반면에 일본에서는 각 지역 領主들의 세력확장이나 재편 등 대내적인 요인속에서 통합기능성곽으로의 길을 걷게 되었다. 다만 한국에서는 줄곧 일부지역에서는 治所와 입보성곽(산성)이 분리되어 유지된 곳도 있었던 반면 일본의 경우는 근세에 들어서 1國 1城令이 내려진 후로는 사실 기능이 분리된 산성은 거의 없어졌다고 할 수 있을 것이다.

둘째, 한일 양국의 平地 治所城 발달 과정을 보면 권력의 안정화와 상당한 관련성이 있다는 것을 알 수 있다. 한국의 경우 조선시대에 들어서 권력이 안정화된 세종대에 각 지역의 읍성축조를 적극 추진하였던 것에서나 日本의 戰國時代 末期에 평지성 축조 경향이 뚜렷이 나타난 것에서 그런 경향을 명확히 볼 수 있다. 특히 일본의 戰國末期 이후에 축성된 성곽 가운데는 군사적 기능 보다는 통치권 행사의 중심지, 혹은 권력 과시의 경향이 뚜렷이 나타나고 있다.

셋째, 平地 治所城으로의 변천과정에서 한국의 경우는 반통합형태(평지읍성, 산성유지), 일본의 경우는 根小屋式 형태가 특징적인 면이라고 할 수 있다. 『世宗實錄』地理志에는 漢城과 開城을 제외한 전국 334개 지역 가운데 이러한 형태였던 곳이 28개소에 이르렀다. 또 읍성과 산성 중 한 곳만을 택하여 수축하도록 한 세종대의 기본지침과도 배치되는 사실이다. 그러나 이것이 중종대를 전후하여서는 그러한 반통합지역이 9개소로 감소하고 있는 것을 보면 확실히 조선시대에 들어서 지역단위의 성곽에 대한 기능통합이 추진되었음을 알 수 있다. 한편 일본의 경우는 앞서 말한 바와 같이 중세 治所와 성곽(주로 산성)의 완전 분리 상태에서 근세의 통합형 평지성으로 변화하면서 이른바 根小屋式城이라고 불리는 양식은 매우 특징적인 형태를 보인다. 그런데 戰國時代에 그러한 성곽이 어느 정도 있었는지는 알 수 없지만 분명한 것은 大小 領主들이 모두 자신의 根據地城을 가지고 있었으며 그 가운데 이러한 根小屋式城을 근거지로 하고 있거나 과거에 그런 성곽에 입성하여 있다가 평지로 옮긴 경우가 대부분이었던 것으로 추정된다.

넷째, 한일 양국의 성곽이 중·근세에 이르러 점차 평지의 통합기능형 성곽으로 변화하는 과정에서 상호 그 축조방식에서는 현격한 차이를 보이면서도 한편으로는 종래의 성곽문화의 응용이라는 점에서는 유사성을 갖고 있다. 한국의 경우 고려말부터 적극적으로 평지에 읍성을 축조하게 된 것을 보면 중국의 영향을 부정할 수는 없을 것이다. 그러나 실제 건설된 각 지역의 읍성은 중국의 城(方形城 또는 그 변형)은 그다지 많지 않다. 형태로 보자면 대개 不定形이 다수를 차지하게 되는데 이는 한국 평지성(읍성)의 입지가 대개 야산이나 구릉을 끼고 축조되었기 때문이다. 이는 일본의 근세 지방의 治所城이 대개 방형, 또는 그 변형으로 건설된 것과는 대조적이다. 반면에 일본의 경우는 이미 古代로부터 중국·한국의 축성법으로부터 영향을 받았으며, 15세기 이후 戰國時代를 통하여 비약적인 축성법을 발전시키게 되는데 일본 각지의 領主들은 축성의 선진국이라 할 韓·中의 축성법에 당연 관심을 가졌을 것으로 생각된다. 그러나 16세기 후반에 축조된 平地 治所城은 중국·한국과는 전혀 다른 형태였다. 근세 각 지역의 治所城은 그 모양은 여러 가지지만 결국은 중세이래의 居館과 산성의 형태를 조합한 방식이며, 대체로 중세이래 지배집단의 전투원만을 위한 城이라는 성격도 변하지 않았다.

다섯째, 한국과 일본의 근세시대 군사와 행정의 통합기능을 가진 평지성으로의 이전은 후대 도시발전에도 상당한 영향을 주었다. 통상 한국의 조선시대 읍성은 지방행정의 중심지였을 뿐만 아니라 지방경제의 중심지이기도 하였다. 治所城인 읍성을 중심으로 교통로가 발달하고 시장이 형성되어 유통의 중심지가 됨으로써 자연히 지방도시가 형성되어 갔다. 일본의 경우도 戰國時代 후반기에 들어서 領主들의 居館이 성내로 옮겨지거나 성곽과 근접한 지대에 居館이 건설됨으로써 성곽 주변에 집락지가 형성되었다. 日本史에서는 이러한 성곽 주변에 형성된 市街를 흔히 城下町이라고 칭하는데, 이는 城內나 근접지로 居館을 옮기면서 領主의 필요성에 의해 인위적이고, 계획적으로 市街를 만들었던 것이다.

4. 역사적 배경에서의 비교 고찰

한국과 일본의 城郭史는 여러 가지 점에서 다른 양상을 나타낸다. 이는 앞서 언급한 바와 같이 양국이 가지고 있는 지리적 환경이나 당시의 권력구조, 또는 사회·경제적인 상태의 차이 등에 주요인이 있다고 할 수 있다. 몇 가지 중요한 사항을 지적하면 다음과 같다.

첫째는 권력구조와 성곽의 관계이다. 이는 비단 산성에만 적용되는 것은 아니지만 중(근)세 한국과 일본의 권력구조는 기본적으로 판이하게 되어 있다. 한국의 경우는 이미 고대에서부터 多少의 浮沈은 있었지만 줄곧 중앙집권적인 형태를 유지하여 왔다. 이러한 권력구조는 방비시설의 국가 주도형을 가능하게 하였고, 이는 결국 築城이 국가 차원의 邊境과 주요 군사적 요지에 집중되어지는 양상으로 나타나게 되었다. 반면에 일본은 중세사회 내내 대체로 중앙권력의 확립은 이루어지지 못하였고 지방은 독립적, 혹은 반독립적 상태에 있었다. 이는 결국 각 쿠니(國), 혹은 지방세력가 중심의 자체적인 방비시설로써 성곽이 구축되었으며, 극히 일부를 제외하고는 사실상 국가차원의 방어시설과는 별로 관련이 없는 것이었다.

둘째는 대외관계와 성곽축조 양상이다. 이는 결국 양국이 위치한 지리적인 특성에 따른 것이지만 日本은 島國이기 때문에 대륙의 군사적 위협을 그다지 받지 않았고, 한국의 경우는 이미 고대로부터 끊임없는 외부의 침략을 받아 온 나라이다. 때문에 한국에서는 침략에 대한 방어는 물론 民의 보호를 위한 '保民爲主'의 산성이 발전되었던 것이다. 반면에 일본의 경우는 중세의 대부분의 기간을 통하여 각 호족(혹은 領主)간의 끊임없는 전투와 그 긴장 속에서 전개되어 왔고, 그 전투는 주민총력전이 아닌 武士를 비롯한 전투원들을 고려한 전투적 기능에 초점이 맞추어져 산성이 건설되었던 것이다.

셋째는 사회경제적 변화가 성곽(여기서는 산성) 축조에 미친 영향이다. 한국의 경우는 전통적으로 兵農一致의 사회였다고 할 수 있다. 물론 軍役의 의무가 부과되는 계층은 주로 良民이었지만 실제 외침을 받았을 경우에 있어서는 이들만의 전투가 행해지는 경우는 별로 없었다. 이러한 점이 바로 戰鬪員만을 위한 城보다는 주민보호와 주민총력전을 위한 산성을 발전시키게 한 요인이었다. 반면에 日本은 8세기초~후반경에 徵兵制가 폐지되고 점차 兵農分離와 함께 武士階級이 출현하게 됨으로써 전투는 이들만으로 이루어지게 되었다. 일반 농민을 포함한 양민들이 전란으로부터 안전한 것은 아니었지만 이들이 전투의 주역으로 참여하는 예는 거의 없었다(藤木久志, 『戰國の村を行く』朝日選書, 朝日新聞社, 1997年, 30~31쪽). 이러한 구조는 중세의 주요 전투장소였던 山城의 형태를 순전히 지배집단을 비롯한 전투원만을 위한 공간으로 조성하게끔 하는 중요한 요인이 되었다.

넷째, 중세도시 발달과 성곽 문제이다. 戰國時代에 大名들은 山城을

居館으로 하거나 혹은 이른바 根小屋式 산성을 축조하면서 그 城下에
城下町을 인위적으로 건설하여 영주집단의 각종 需要에 이바지하도록
하였다. 이는 일본 중세도시형성에 있어서 매우 특이한 사례로써 후대
도시형성에도 큰 영향을 미쳤다. 반면 한국의 중세·근세 산성에서는 이
러한 사례가 많지 않다.

다섯째는 평지성 발달과정에 나타난 전통성 고수 문제이다. 한국의
평지성은 앞서 언급한 바와 같이 이미 삼국시대부터 나타나고 그것이 중
국의 영향을 받기도 하였지만 한국의 경우는 중국과는 전혀 다른 산성
중심의 전통이 형성되었다. 이러한 전통은 근세에 이르러서 부분적으로
중국의 城制가 도입되고 또 점차 평지 읍성(治所城)이 축조되었지만 그
방식은 다르게 나타났다. 일본의 경우도 마찬가지이다. 일찍부터 중국·
한국의 영향을 받았지만 중·근세를 통하여 확립된 평지의 治所城(大名
들의 居城)은 한국이나 중국의 것과는 다른 형태로 나타나게 되었다.

5. 倭城 構築 양상을 통해 본 양국 성곽 비교

임란시 일본군은 조선 주둔이 장기화되면서 방어시설의 구축은 필수
불가결한 사안이 되었다. 방어시설의 구축은 병참선의 보호에 긴요한 문
제였을 뿐만 아니라 한양을 점령하고 평양·함경도 방면으로 신주하면서
보다 안전한 주둔에 대비하기 위해서도 매우 필요한 일이었다. 특히 조
선이 전열을 가다듬어 반격의 채비를 갖추어가고 明軍도 가세함에 따라
일본군이 느끼는 전투에 대한 부담은 한층 심화되었고 이제 일본군도 방
어적인 농성전투에 대비하지 않으면 안되었다.

이와 같은 것은 豊臣秀吉이 조선에 건너온 일본군에게 내린 지시에서
도 분명히 확인되고 있다. 1592년 5월 豊臣秀吉은 일본군이 조선의 수도

한양을 함락시켰다는 소식을 전해 듣고 조속한 시기에 직접 조선으로 건너와 일본군을 지휘하고자 하였다. 이에 조선에 건너온 여러 장수들에게 부산~한양에 이르는 路程에 秀吉의 숙박소 건설을 지시하였다. 또한 6월에는 명나라 국경까지 이른바 'つなぎの城'[2]의 구축을 지시하게 된다 (天正 20年 6月 3日 加藤淸正・鍋島直茂宛 豊臣秀吉朱印狀. 日下寬編『豊公遺文』博文館, 1914年, 376~377쪽).

吉見元賴의 『朝鮮渡海日記』는 당시 秀吉의 지시에 의해 조선에 구축된 일본군의 축성을 알려주는 자료인데, 이에서 보면 각 지역별로 日軍 武將이 주둔하고 있던 곳에는 어떠한 형태든 방어시설을 갖추고 있다는 것을 알 수 있고, "新城"이라고 표기된 곳이 12개소 나타나는데 이는 日軍이 새로 성곽을 축조하는 것을 말하는 것이며, 그 이외의 지역은 朝鮮의 성곽을 이용하였을 것이다. 太田秀春氏도 그의 논문「文祿・慶長の役における日本軍の築城觀の變遷について - 朝鮮邑城の利用から倭城築城への過程を中心に - 」에서 같은 의견을 제시한 바 있다. 그러나 여기에 제시된 지역 가운데는 당시 읍성이 설비되어 있지 않았던 지역도 있기 때문에 반드시 읍성을 이용하였다고는 할 수 없다. 이 경우 그 지역 내에 있는 古城을 이용하거나 적절한 장소에 임시적으로 성을 만들고 주둔하였다.

『조선왕조실록』의 기사내용을 보면 조선에 침략한 日軍이 임시의 방어시설물을 조성하여 사용하였던 것을 알 수 있다. 기록에서 窟을 팠다거나 함정을 팠다고 하는 것은 동굴식 토굴을 팠다는 것이라기보다는 아마 일본의 성곽에서 보이는 堀切, 橫堀, 竪堀, 畝堀 등의 시설을 의미하는 것으로 보인다. 또 '전주성은 왜적의 무리가 다 헐어버려 터만 남아

---

2) つなぎ라고 하는 말은 '連結'을 의미하며, 여기에서 'つなぎの城'이라고 한 것은 선봉부대부터 본진에 이르기까지 각 요지에 兵站線을 확보하면서 쌓은 성을 가리킨다.

있을 뿐이고, 남원은 城池가 그대로 있는데 왜적의 자취는 없어졌다'고 하고, 왜인들이 '남원 서쪽 언덕에 옛 성이 있는데 왜적이 지금 옛 성을 수축하여 돌을 쌓아 기초를 다지고 나무를 엮어 寨를 만들며 웅거하여 지키려는 계획을 하고 있다'고 하고 있다. 이러한 사실로 본다면 전주성과 남원성이 모두 그대로 있었는데 한쪽은 파괴해 버리고 다른 한쪽은 아예 방치하고 부근에 있는 古城에 새로 성곽시설을 만들었다는 것을 알 수 있다. 이는 기본적으로 城制의 차이 때문에 일본군이 조선의 성곽을 직접 사용, 또는 활용하는데 여러 어려움이 있었다는 것을 말하는 것이며, 그렇기 때문에 온전한 조선의 성곽을 두고도 별도로 성을 축조하였음을 알 수 있다.

이러한 城制의 상이성을 잘 보여주는 것이 尙州·固城·慶州·平壤 등지에서 日軍이 조선의 읍성을 활용한 사례이다. 일본의 성곽 구조는 조선의 성곽과는 전혀 달랐고, 이에 따라서 일본군이 조선의 邑城을 그대로 활용할 수는 없었다. 趙靖의 『黔澗集』은 壬辰倭亂 당시 경상북도 尙州 사람 黔間 趙靖이 당시의 견문을 적은 것으로, 尙州城에 주둔한 日本軍이 王山을 중심으로 성내에 土屋, 高閣 등의 시설을 짓고, 토성을 만든 다음 그 위에 목책을 세우고 흙을 발라 벽을 구축하고 총안을 만들어 방어시설을 구축하였던 것을 알 수 있다. 또한 『商山誌』 城池條에 실려 있는 邑城에 대한 기록을 종합하여 보면 일본군이 상주 성내에 주둔하면서 성 밖에 새로 壕를 팠다는 것을 알 수 있다. 기록의 내용을 가지고 추정컨대 일본군은 본래 尙州邑城 城壁과 새로 판 壕로 1차 방어선을 구축하고, 그 안에 王山을 중심으로 土城을 쌓아 방어시설을 구축하였다는 것을 알 수 있다. 또 왕산 위에 2층 高閣을 세웠다고 하는 것으로 보아 이곳에 主將이 유숙하는 시설을 만들고 그 주변에 토성을 쌓아 曲輪을 만들고 목책토벽을 세웠을 것으로 추정된다.

이렇게 조선 성곽을 이용하면서도 시설의 보강이나 새로운 성곽을 축조하였던 것은 말할 것도 없이 당시 조선과 일본의 성곽축조방식의 차이 때문이다. 주로 구심성이 강한 복곽성을 축조하여 사용하던 일본군에게 구심성이 없는 單郭의 朝鮮 邑城을 그대로 이용할 수는 없었던 것이다. 특히 曲輪으로 이루어진 복곽성의 형태를 갖추기 위해서 일본군은 불가피하게 새로운 시설을 구축하여야 했다. 또한 한국의 성곽은 대개 壕가 발달하지 않았지만 日本 성곽의 경우는 평지성일 경우 반드시 壕를 시설하기 때문에 尙州邑城을 이용하면서 城 밖에 즉각 壕를 팠던 것이다. 일본군이 조선의 산성을 이용하였던 사례는 강원도 김화군(현재는 철원군 김화읍)에 있는 城山城 유적에서도 찾아 볼 수 있다(유재춘, 「임진왜란시 일본군의 조선 성곽 이용에 대하여 - 철원 성산성 사례를 중심으로」『조선시대사학보』 24, 조선시대사학회, 2003).

6. 맺음말

한국의 성곽은 주로 대외관계속에서 발전하여 外侵이 잦은 변경지대나 수도를 중심으로 하는 요충지에 집중되어지는 경향이 있었으나 축성은 국가주도하에 국토전역을 대상으로 하는 구상 속에서 이루어졌다. 반면에 日本의 경우는 주로 對外戰爭 보다는 중세이후 각 지역 封建勢力間의 투쟁속에서 築城이 주로 이루어졌고, 이에 따라 축성도 주로 封建領主를 중심으로 하는 전략구상 속에서 이루어졌다. 韓國의 중세이후 산성은 주로 이민족과의 대외투쟁 속에서 공동체의 보호 기능을 우선시 하였다. 이는 高麗末의 倭寇나 壬亂, 胡亂 등에서도 분명히 나타나는 바와 같이 전쟁이라는 것이 항상 양민에 대한 납치가 자행되는 현상을 나타내고 있었기 때문에 保民機能爲主의 성곽건설은 필연적이었고, 그들의 고된 城役에 대한 정당성의 근거가 될 수 있었던 것이다. 또한 당시 한국은 상비군을 충분하게 보유하지 않은 兵農一致 사회구조를 가지고 있었기 때문에 民·官·軍의 총력전을 전개하지 않고는 대외투쟁에 성공적일 수 없었으며, 五軍 위주의 부대 편성 방식도 성곽 구조를 쉽게 바꾸기 어렵게 하는 요인이었다.

반면에 日本의 중세산성은 당초부터 주민보호를 위한 시설에서 출발하지 않았기 때문에 住民收容보다는 잦은 전투를 통하여 그 기능을 높이는 방향으로 발전되어 왔다. 이는 日本史에 있어서 8세기초∼후반경에 徵兵制가 폐지되고 점차 무예가 있는 자 중에서 선발하거나 豪族과 富農의 자제로 이루어진 군대를 조직하는 쪽으로 바뀌어 가게 되고 궁극적으로는 武士階級을 형성하게 됨으로써 전투라는 것 자체가 한국에서처럼 官民共同體의 총력전 양상이 아니라 무사를 중심으로 한 전투원만으로 이루어진 것과 깊은 관련이 있다. 이런 요인은 축성에서도 그대로 반영되어 日本 社會에 있어서 城郭이란 지배자를 중심으로 한 지배집단의 전유물로 되었던 것이며, 이에 따라 성곽도 전투원의 전투적 기능만을 중시하는 방향으로 발전하게 된 것이다.

한편 임진왜란은 양국의 성곽전이라고 해도 과언이 아닐 만큼 많은 곳에서 치열한 성곽전투가 전개된 만큼 당시 일본군이 구축한 방어시설물(倭城)을 통하여 양국의 성곽 양상의 확연한 차이를 알 수 있다. 또 조선내에서 日軍이 구축한 방어시설은 종종 조선 관료들에게 目睹되어 難攻의 시설로, 巧妙한 시설로 인식되기도 하고 西生浦倭城과 같이 倭城 가운데는 전쟁후에 朝鮮 官軍에 의해 활용된 곳도 있다. 그러나 日本軍이 조선 성곽을 개조해서 사용했던 것과 마찬가지로 조선도 이를 개조해서 사용하였지만 기본적으로 조선에서는 日本의 성곽 축조방식을 부분적으로 응용하였을 뿐 日本式 성곽이 축조되지는 않았다. 이는 19세기 日本에서 유럽의 城制를 그대로 받아들여 五稜郭 성곽을 구축하였던 것과는 전혀 다른 측면으로 문화를 수용하는 방식의 차이를 보여주는 일면이라고 볼 수도 있을 것이다.

그러나 임진왜란을 통하여 왜군은 조선의 전국 각지를 침략하며 수많
은 조선의 성곽을 직접 目睹하였으며, 또한 조선 땅에 日本式 성곽을 직
접 축조함으로써 한국에는 축성주체나 축조방식이 전혀 다른 성곽이 공
존한 시기가 있었다. 이는 축성법에 있어서 상호작용의 가능성을 시사하
는 부분이며, 또 중국군의 파견과 조선에서의 활동은 중국 성곽 축조술
이나 군사운용방식이 드러나게 되었다. 특히 남원성 방어 실패는 임란후
조선의 성곽 운용에 결정적인 영향을 주었다.

V. 근세왜관 - 朝日 접촉과 밀무역*

尹 裕 淑**

1. 근세왜관

조일관계에서 왜관이란 조선왕조가 일본에서 오는 통교자를 수용하고 그들을 접대하기 위해 설치한 객관, 즉 일종의 게스트 하우스(Guest house)라 할 수 있다. 왜관에서는 양국의 통교와 관련된 외교의례와 무역이 행해졌으므로 조선후기 조선국내에서는 유일한 '일본인의 체재공간', '일본인촌'인 동시에 일본의 외교사절을 접대하고 수용하는 '객관(客館)'이자 '대일 무역소(商館)'였다.

임진왜란이 종료되고 나서 강화교섭을 위해 대마도의 使者가 조선에 도해하는데 그들의 접대는 부산 앞바다의 絶影島(통칭 '牧の島', 현 '影島')에 설치된 假倭館에서 행해졌다. 절영도의 가왜관은 1601년에서 1607년까지 존속했다고 추정된다.

1607년, 정식 왜관이 부산 豆毛浦에 신설되었다. 두모포왜관의 위치는 釜山城 근처로써 현재 부산시 동구 水晶洞 일대에 해당된다. 넓이는

---

* 본 논문은 『사총』 67집, 2008년 9월에 게재된 내용의 일부를 대폭 수정한 것이다.
** 동북아역사재단

약 1만평으로, 동쪽은 바다에 접하고 왜관의 東門 밖에 佐川이라는 강이
흐르고 있었다. 현재도 두모포왜관이 위치했다고 추정되는 수정동과 佐
川洞은 인접해 있다. 관련사료의 부족으로 인해 두모포왜관의 상세한 내
부구조는 알기 어렵지만 두모포왜관은 남·북·서를 담으로 둘러치고 안
에는 東館·西館으로 불리는 건물이 있었던 것으로 보인다.

두모포왜관은 관사가 협소하여 조일통교가 본궤도에 오르기 시작하
면서 도해해 오는 일본인의 수가 증가하자 그들을 모두 수용할 수 없었
을 뿐더러 여기저기 결함이 많아서 일찍부터 대마번은 조선정부에 개축
과 증축, 移館을 빈번하게 요구했다. 건물이 밀집해 있어서 화재가 발생
할 때마다 관사의 연소도 빈발했다고 한다. 무엇보다도 선창에 水柵이
설치되어 있기는 했지만 남풍을 직접 받기 때문에 평소 선박을 육지에
끌어올려 놓아야 했다. 두모포왜관은 관사의 규모나 입지조건상 여러모
로 불편한 점이 많았던 것이다.

대마번이 수차례에 걸쳐 왜관의 이전을 요청하자 조선은 1673년, 왜
관을 이전하기로 결정하고 草梁이라는 곳에 약 3년 걸려 새로운 왜관을
조영, 1678년 완성되었다. 이것이 근세왜관으로 불리는 초량왜관이다.
초량왜관의 위치는 현재 부산의 용두산 공원일대이다. 초량왜관은 1678
년부터 약 200년간 조일통교의 통상적인 외교와 무역업무가 행해지는,
중요한 기능을 담당하는 장소로 존속했다. 초량왜관의 부지면적은 약 10
만평이다. 이는 舊館으로도 불리는 두모포왜관의 10배에 상당하며 일본
나가사키(長崎)의 도오진야시키(唐人屋敷, 약 1만평)나 데지마(出島, 약
4,000평), 가고시마 유구관(鹿兒島琉球館, 3,599평), 중국의 복주 유구관
(福州琉球館) 등과 비교해도 현격하게 차이가 난다. 초량왜관은 당시 동
아시아에서 명실공히 최대급의 규모를 자랑하는 외국인 거류지였던 것
이다.

왜관 내외에는 대마번인들을 수용하고 통교업무를 수행하는 데 필요

한 다양한 기능의 건축물들이 조영되어 있었다. 먼저 초량왜관의 내부구
조를 살펴보면 사방을 담으로 둘러친 관내에는 다양한 기능의 건물들이
늘어서 있었다. 왜관의 건물은 부지의 중앙에 위치한 용두산을 경계로
해서 크게 西館과 東館으로 나뉘어 있었다. 서관에는 서관삼대청(第一船
正官屋·參判屋·副特送使正官屋)과 六行廊이 늘어서 있어서 이곳이 대
마번 使者들의 숙박소로 이용되었다. 이른바 '사절단의 숙박소'에 해당
되며 대마번은 이곳을 僉官屋이라 불렀다.

그리고 동관에는 館守屋(관수란 관내를 통할하는 대마번 측 관리), 裁
判屋(재판은 외교교섭 담당), 開市大廳이 있어 이 세 개의 건물을 동관삼
대청이라 한다. 동관에는 그 밖에도 代官屋(대관은 무역업무 담당), 東向
寺(동향사 승려는 외교문서를 담당), 通事屋(대마번의 통역관), 요코메(橫
目)·메츠케(目付)의 숙사, 상인의 숙사, 창고 등이 있었다. 즉 왜관에는
대마번이 파견한 외교사행, 왜관에서 근무하는 관리, 상인이 기거하는
곳이 각각 별개의 건물로 배치되어 있어 왜관에 체재하는 대마번인은 자
신의 역할에 따라 지정된 숙사를 사용했다.

그리고 담 바깥 쪽으로 조금 떨어진 곳에 宴享大廳(외교의례상의 연
회를 행하는 곳), 誠信堂(조선역관의 집무소), 客舍(肅拜所라고도 함. 朝
鮮國王의 殿牌를 향해 배례를 행하는 곳), 通事廳, 柔遠館(응접하러 온
조선인 관리의 숙소), 伏兵幕(조선 軍官의 초소) 등이 있었다. 관외에 조
영된 이러한 부속시설은 대개 외교의례용이거나 조선 관리의 관사라는
성격을 지니고 있었다.

이처럼 초량왜관은 규모가 큰 만큼 이들 시설을 관리하고 유지하는
것도 양국의 통교활동에서 상당히 중요한 문제였다. 17세기 초기에서 19
세기 중반에 이르는 시기까지 왜관에서는 화재로 인한 재건이나 크고 작
은 규모의 수리가 약 20여회 가량 실시되었고 초량에서의 신축 공사와
선창, 담의 개축까지 포함하면 그 회수는 약 30회에 이른다. 동관에 '木

手倭家'가 설치되어 있었던 것으로 보아 초량왜관에는 대마번의 목수가 상주하면서 수시로 건물을 수리했을 것이라 추정된다. 그리고 대규모 수리도 정기적으로 행해져 25년마다 동관삼대청과 서관 전체를 수리했고, 비정기적인 형태로 소실된 건물의 재건과 부분적인 수리가 행해졌다. 단 초량왜관의 건조물 중에는 왜관을 처음 조영하는 단계에서 조선이 비용을 부담하여 세운 것과 대마번이 비용을 내어 세운 것이 있어서 처음 건축비용을 낸 측이 그 후에도 해당 건조물의 수리와 재건비용을 부담하는 것이 관례가 되었다.

서관삼대청과 동관삼대청을 수리하거나 재건하는 경우 대마번은 의례 일단의 토목 기술자 집단을 왜관에 파견하곤 했다. 大工(목수)·杖突(토지 측량사)·木挽(나무 켜는 사람) 등으로 구성된 수십 명의 토목 기술자 집단은 왜관의 수리 작업에 참가하고 조선은 그들에 대한 임금(役價)을 대마번에 지불하는 것이 항례였다. 그들뿐 아니라 왜관의 건설과 수리에는 조선인 인부도 참가했으므로 왜관은 조일 양국의 공동기술로 이루어진 합작품이라 할 수 있겠다. 25년마다 한 번씩 행해지던 동관, 서관의 정기수리는 1809년에 체결된 己巳約條를 계기로 '40년에 한번' 실시하는 것으로 개정된다. 그것은 정기수리의 연한을 25년에서 40년으로 연장하여 수리 회수를 감소시킴으로써 왜관의 관리에 소요되는 경제적인 비용을 절감하려는 조선의 의도에서 비롯되었다.

2. 양국인의 접촉과 拔船이라는 밀무역

초량 왜관에는 평균 400～500명 정도의 대마번인들이 체재하고 있었는데 그들이 왜관에 체제하는 기간은 매우 다양했다. 평균 400～500명이나 되는 일본인들이 머물다 보니 왜관과 그 주변에서는 갖가지 형태의 분쟁과 마찰이 발생하기도 했다. 그러한 분쟁, 사건, 사고는 왜관의 일본인과 조선인이 접촉하는 가운데 발생한 것으로 밀무역, 상해, 살인, 도난, 闌出,[1] 交奸(조선여성과 일본남성간의 성관계) 등이 그것이다.

조선정부의 방침은 통교업무와 관련하여 왜관에 출입하는 조선의 관리나 상인이 아닌 일반인이 일본인과 접촉하는 것을 가능한 봉쇄하는 것이었다. 그러나 조선정부의 그 같은 방침에도 불구하고 실제로 왜관의 일본인과 조선인들 간에는 실로 다양한 형태의 접촉이 이루어졌고 그러한 접촉이 불법적인 행위나 사건으로 비화되는 일도 비일비재했다. 가장 대표적인 사례 중의 하나가 밀무역이다. 조선후기 밀무역의 형태는 매우 다양했다. 밀무역은 왜관에 체재하는 일본인과 조선인 사이에서, 혹은 조선통신사의 渡日이나 문위행(조선역관으로 구성된 외교사절)의 대마도 도해에 편승하여 발생하곤 했다. 그리고 일본이 '拔船' '僞船'이라 지칭하는 밀무역도 있었는데 이것은 대마번이나 또는 그 외 일본 지역의 주민이 에도막부의 쇄국령(해외도항 금지령)을 어기고 조선연안에 도항하여 밀거래하는 것을 말한다.

이러한 발선사건은 왜관 내외에서 발생한 밀무역이나 사행에 부수된 밀무역에 비해 자료상에 기록된 횟수가 현저하게 적은 편이다. 양국의 무역품과 상인이 집중되는 왜관이 잠상을 하기에 비교적 용이한 장소였던 반면 막부의 쇄국령과 대마번의 선박 통제체제를 뚫고 조선까지 항해를 감행하는 일이 상대적으로 위험부담이 높았기 때문이었을 것이다. 따라서 대마번 주민뿐만 아니라 타지역의 주민들이 대거 참가하는 발선사건에는 의례 대마번의 주민이 중심적인 역할을 수행하곤 했다. 그것은 그들이 왜관무역의 경험을 통해 조선무역의 이점, 항로, 왜관 부근 연안지역의 지리 등을 숙지하고 있었고 조선 측 거래상대를 확보할 수 있는

---

1) 난출은 왜관에 체재하는 일본인이 왜관을 중심으로 정해진 통행 범위를 무단이탈하는 것이다.

기회가 있었기 때문이었을 것이다(윤유숙, 「조선후기에 한일간 밀무역은 어떻게 처리되었나」, 『한일관계 2천년－보이는 역사, 보이지 않는 역사－』 근세편, 경인문화사, 2006).

특히 1667년 일본에서 발각된 발선사건[2]은 당시 일본 사회에 커다란 파장을 일으켰다. 이 조직의 주모자이자 실질적인 자금원으로 지목된 자는 당시 일본에서 유서 깊은 상인가문으로 알려진 하카다(博多)의 豪商 이토 코자에몬(伊藤小左衛門)이었고, 실행범은 대마번 출신의 오오쿠보 진에몬(大久保甚右衛門)을 비롯하여 조선 무역의 요령을 체득한 海商들이었다. 조선인과의 의사소통을 위해서인지 가담자 중에는 대마번의 朝鮮通事도 있었다. 그들은 대마번, 나가사키, 오사카, 하카다, 시마바라(島原), 미야자키(宮崎), 구루메(久留米) 등지의 상인과 주민들로 구성된 이른바 광역적인 연계를 가진 조직이었다.

이 사건은 일본의 국법인 '해외도항 금지령'과 관련된 중대 사안인 만큼 막부가 직접 조사를 지휘했다. 그 결과 밀수조직은 1662년부터 1666년에 이르는 5년간 총 7차례 조선으로의 도항을 감행하였고 그 중 1663～1666년의 4차례는 조선인과의 매매에 성공했음이 판명되었다. 더구나 그들이 판매한 것은 수출 금지품목인 일본제 무구류 즉 조총, 鎧(갑옷)·鎗·長刀·脇差(劍의 일종)·鐵砲藥(화약의 원료) 등이었다. 막부에 의해 유죄판결을 받은 자가 이토 코자에몬을 포함하여 무려 87명에 이르렀고 조선에 판매된 유황은 조선의 문헌상으로 확인되는 수량만을 꼽아도 약 10만 근에 달했다. 가담자의 규모, 거래물량, 거래품의 성격, 거래방식 등 여러 가지 측면에서 그야말로 일본의 에도시대를 통해 유례를 찾아보기 어려운 대규모 밀무역이었다.[3] 조선의 왜관에 건너가 무역을 수

─────────

2) 이 사건에 대한 논고로는 荒野泰典, 「小左衛門と金右衛門－地域と海禁をめ ぐる斷章－」(大林太郎他 編, 『海と列島文化 10, 海から見た日本文化』小學 館, 1992) ; 武野要子, 『悲劇の豪商 伊藤小左衛門』, 石風社, 1999 : 『商人群 像』, 黎明出版, 1991이 있다.

행할 수 있었던 것은 대마번인에 한정되어 있었으므로 조직에 가담한 대마번인들이 왜관무역에서 얻은 경험 내지는 정보가 밀무역 실행에서 주요하게 기능했을 것으로 보인다.

그렇다면 일본의 밀무역 집단은 대체 어떤 계기로 그토록 많은 양의 무구류를 조선으로 싣고 가게 되었으며 누가 그들의 물품을 사들인 것일까. 일반 개인의 소비품적인 성격과는 거리가 먼 무기 및 대량의 군수물자는 조선에서 과연 어떻게 처리되었을까. 그리고 1660년대 전반에 일본으로부터 그처럼 대량의 무기류가 조선으로 수출될 수 있었던 이유는 무엇일까. 이 문제를 풀기 위해서는 조선사회 내에서 일본제 무기류 및 군수물자가 지니는 의의를 먼저 살펴볼 필요가 있다.

일본제 무기류에 대한 조선정부의 관심이 증폭된 계기는 다름 아닌 임진왜란이었다. 전쟁을 계기로 일본제 무기(鳥銃·刀劍)의 우수성을 인식한 조선은 종전 후 통교가 재개되자 공식적인 통로를 통해 일본제 무기를 적극적으로 수입하기 시작했다. 일본 내에서 해외로의 무기 수출에 관한 금지령이나 제한이 존재하지 않았던 1600년대~1610년대에 조선은 비교적 용이하게 일본의 무기류를 매입할 수 있었고, 일본도 조선에 대한 무기판매에 협조적이었다. 1621년 막부가 무기수출 금지령을 발포한 이후 대마번은 일본의 국법 위반이라는 점을 인식하면서도 대조선 교섭을 유리하게 끌어가기 위한 재료로써 무기 수출을 감행했다. 이 시기 조선은 1620년대~1630년대에 걸쳐 후금과의 군사적인 충돌로 인해 일본제 무기에 대한 주목도가 현저하게 상승하여 이전보다 한층 더 대마번의 무기 수출을 환영했다. 그러나 막부가 야나가와잇켄(柳川一件)을 심의하는 과정에서 대마번이 조선 측에 병기를 송출한 사실이 야나가와 시게오

---

3) 1725년에 발각된 발선사건에 대해서는 윤유숙, 「石橋七郎右衛門の拔船事件と申禁使」(田代和生 監修, 『對馬宗家文書 第Ⅲ期 倭館館守日記·裁判記錄 別冊 上』, ゆまに書房, 2004).

키(柳川調興)에 의해 폭로되자 그 후로 대마번주 소오씨(宗氏)는 무기류
의 조선 반출을 자중하지 않을 수 없게 되었다(米谷均,「十七世紀前期日
朝關係における武器輸出」, 藤田覺編『十七世紀の日本と東アジア』山
川出版社, 2000). 야나가와잇켄을 기점으로 하여 대마번이 國禁을 이유
로 들면서 무기의 수출을 기피하게 되었고, 유일하게 1650년대에 두 차
례 유황을 공식 수입한 것을 최후로 조선이 일본의 무기류를 수입할 수
있는 길은 사실상 두절되었다.

　한편 조선은 17세기 중엽 孝宗, 顯宗代를 거쳐 肅宗初까지 북벌정책
을 표방하고 軍備擴充을 목표로 각 군사기관이 군사훈련과 무기생산에
박차를 가하였다. 조총·火藥·鉛丸(조총의 탄환) 등의 생산이 증가함에
따라 제조원료인 철·유황·鉛鐵 등의 수요도 자연히 급증했다. 특히 화약
은 비단 조총 탄환의 발사물로써 뿐만 아니라 각종 火器에 절실하게 필
요한 소모품이었는데 화약을 제조하기 위해서는 염초, 유황, 柳灰(버드나
무 재)가 필수적인 삼대 원료였다. 그 중 유회는 쉽게 구할 수 있었지만
17세기 중엽에 조선의 염초 제조기술은 저급한 수준이었고 유황광산도
거의 개발되지 않은 상태여서 이것이 군비문제에서 정부가 가장 고심한
부분이기도 했다.

　염초의 경우 1627년 정묘호란 이후로 명으로부터의 정식 수입로가
단절되고 淸이 염초를 비롯한 군수물자의 해외유출을 엄금하자 조선정
부는 부득이하게 使行便을 이용하여 염초를 밀매입하기 시작했다. 그러
나 사행원의 매입사실이 발각되어 청조의 처벌을 받는 등 국가적인 수모
가 커지자 조정 스스로 염초 등 군수물자의 매입을 중단하기로 결의,
1666년 이후 정부가 공인하는 염초 밀수는 사라졌다.[4] 염초 제조기술(煮

---

　4) 조선후기의 염초와 유황의 조달에 대해서는 柳承宙,「조선후기 군수공업에 관한
　　一硏究」『軍史』3, 1981 :「조선전기 군수공업에 관한 一硏究」『史學硏究』
　　32, 1981 :「17세기 사무역에 대한 일고찰 – 朝·淸·日간의 염초·유황무역을 중
　　심으로 –」『홍대논총』10, 1977.

硝法)은 그 후 발전을 거듭하여 1698년(숙종 24), 한어역관 김지남이 '新傳煮硝方'을 내놓음으로써 염초의 국내생산이 확고해졌다.

　유황의 경우 조선은 유일하게 그 수입을 일본에 의존하고 있었다. 일본에는 화산지대가 넓게 분포하여 화산과 관계있는 유황광산이 많았고 채취도 용이하여 고대 이래 각처에서 유황이 생산되었다. 일본의 유황은 일찍부터 해외로 수출되어 가마쿠라 시대 초기에는 南宋에, 日明무역을 통해 중국, 또는 조선으로도 수출되었다. 이 유황은 '石硫黃'이라 기록되었는데 石硫黃은 '華硫黃'이라고도 하여 자연생 유황광석을 가리킨다.

　결국 야나가와잇켄 이후 대마번이라는 수입통로를 상실한 조선이 일본산 유황을 수입하기 위해 각고의 노력을 기울인 배경에는, 군비확충을 기저로 한 對淸 정책을 표방했음에도 불구하고 국내 유황광산의 미개발로 인해 화약원료의 수요를 충족시키지 못하는 실상이 존재했던 것이다. 항상적인 구매 통로를 상실해버린 조선은 점차 비공식 통로를 이용하게 되었다.

　조선의 문헌에 의하면 유황을 적재한 비정규 일본선이 처음으로 조선 근해에 출현한 것은 1663년이다. 조선은 1655년과 1657년, 두 번에 걸쳐 막부의 허가를 얻어 공식적으로 무기류와 유황을 구입하는데 성공한 적이 있었다.[5] 그러나 그 이래로 일본으로부터 공식적인 형태의 유황수입은 단절된 상태였기 때문에 당시 조선에서는 유황 가격이 100근당 銀 150兩까지 폭등하고 각지의 비축량도 품귀현상을 빚고 있었다. 그러자 훈련도감 大將 李浣은 조선에서 산출되지 않는 유황을 입수하기 위해 한성에 거주하는 富商 李應祥에게 명하여 사람을 東萊에 보내 유황을 매입할 수 있는 길을 도모하도록 하였다. 이에 이응상은 林茂盛을 동래에 보

---

5) 『通航一覽 第三』 권128, 508쪽. 『邊例集要』 권1, 別差倭, 丁酉四月. 「朝鮮國より硫黃所望之儀記之」(韓國國史編纂委員會所藏對馬宗家記錄, 記錄類 No.5222)·「朝鮮國より硫黃所望之儀記之候帳面之与」(同, 記錄類 No.5223)

내 왜인들의 사정을 잘 아는 釜山鎭 군관 朴命天과 함께 수입을 주선하
도록 했고 그 결과 1663년 가을 일본선박이 유황 13,600여 근을 적재하
고 加德鎭에 나타났다. 역관 한시열, 상인 방이공·임무성·김덕생 등이
이것을 100근당 은 70냥에 사들여 훈련도감에 9,700여 근, 어영청에
2,000여 근을 조달했다. 훈련도감은 유황을 사들인 사람에게 대가를 지
급하고 私財까지 들여 매입을 원활하게 마친 공적을 치하하여 그들을 논
상하도록 진언했고 이상의 경과를 보고받은 국왕 현종은 관계자들을 논
상하도록 윤허했다(『備邊司謄錄』顯宗 5년 3월 4일).

　이상의 과정에서 주목되는 점은 중앙군문인 훈련도감의 대장이 직접
상인에게 일본의 유황을 매입할 수 있는 방법을 모색하도록 지시했다는
사실이다. 그 지시를 받은 역관과 상인이 중개인으로 움직여 조선 측의
구입의사가 왜관의 일본인에게 은밀히 전달되었을 것이다. 밀매조직에는
대마번인이 여러 명 있었는데 아마도 이들이 왜관을 통해 입수한 정보를
바탕으로 해서 일본 측에서는 자금원, 물품 조달자, 운반책, 도항자, 통역
담당 등의 역할로 가담하는 자들이 생겨 자연스럽게 밀매조직이 형성되
었다고 추정된다. 이렇게 해서 1663년 가을 첫 번째 매매가 이루어졌다.

　현종 5년(1664) 2월, 훈련도감의 草記에 있는 유황 구입자에 관한 현
종의 하문에 대해 兵曹判書 金佐明, 漢城右尹 柳赫然이 보고한 내용에
의하면, 훈련도감 提調인 좌의정 元斗杓·이완[6]·漢城右尹 유혁연 등이
문위행의 당상관 김근행에게 대마도에 가서 유황을 구입할 수 있는 방도
를 마련하도록 권유했다. 역관 김근행은 1660, 1663, 1664, 1666, 1672년
에 문위당상관으로서 대마도에 건너간 바 있으므로 1660년 아니면 1663
년 문위행으로 대마도에 갔을 때 비밀리에 유황과 무기류의 매매 商談을
성사시켰을 것이다. 김근행의 노력 때문인지 1664년 실제로 유황과 장검

---

　6) 효종이 북벌 대임을 맡겼는데, 문신인 元斗杓·무신 李浣이었다. 金良洙,「朝鮮
　　後期 역관들의 軍備講究」『실학사상연구』19·20, 2001, 303~304쪽.

을 적재한 일본선이 가덕도로 올 것이라는 정보가 조정에 보고되었다. 뒤이어 3월에는 좌의정 원두표가 "지금 세 명의 왜인이 와서 은밀히 매매를 하고 있고 섬 안에도 배에 실어 숨겨둔 것이 있다고 합니다. 그리고 전번에는 유황 1백 근 값이 은화 80냥까지 갔었는데 지금은 70냥에 불과하고, 앞으로도 그보다 더 내릴 것이므로 이 길을 끊어서는 안 됩니다"라고 매매 현황을 보고했다. 조정은 이것이 비록 '潛賣'이기는 하지만 유황은 조선에서 산출되지 않으므로 그 입수 경로를 단절시켜서는 안 된다는 점을 수차례 강조하며 매입에 적극적인 자세를 보였다. 같은 해 병조판서 김좌명의 제언에 의거하여 유황무역에 가담했던 인물에 대한 논상이 이루어졌다(『顯宗實錄』 5년 윤6월 계유).

또한 『조선왕조실록』 현종 5년(1664) 7월 戊申條에 의하면 동래부사 安縝이 올린 密啓에 "왜선이 야음을 타고 가덕진에 와서 정박했다. 상인 林之竹이라는 자가 白金 6천 9백여 냥을 지불하고 일본선으로부터 石硫黃 11,300근과 黑角·長鳥銃·長劍 등을 사들였다. 왜인들이 임지죽에게 별도로 준 長劍·短劍·長槍·石硫黃 등을 감히 사사로이 쓰지 않고 모두 조정에 진상했으니 廟堂에서 품의하여 처리해 주십시오"라고 되어 있다. 앞서 인용한 『조선왕조실록』 1664년 2월 壬戌條에서 일본선박의 내박이 예정되어 있다고 보고된 후 실제로 일본선이 가덕진에 나타나자 상인 임지죽 등이 이를 매입한 것으로 생각된다. 동래부사 안진의 밀계는 이전에 문위역관 김근행과 일본인의 밀약에 의거하여 두 번째 밀매가 성립되었음을 알리는 보고문인 셈이다. 비변사는 石硫黃과 총검류를 密陽에서는 배로, 善山에서는 말로 운반하고 忠州에 이르러서는 다시 배에 실어 서울로 운반하게 할 것을 청하였다(『顯宗實錄』 5년 7월 무신,『邊例集要』 권12, 求貿, 갑진 7월.『接待事目』 병오 7월).

또한 같은 해 7월 경상감사 任義伯이 유황을 적재한 일본선 1척이 용초도에 정박하고 있고 일본인들이 상인 林之竹과 皮起門과의 면회를 희망하고 있다고 보고했다. 두 사람은 이전부터 김근행과 연계되어 유황 매입에 종사했던 인물들로서 임지죽은 1664년에도 가덕도에 정박한 일본선으로부터 무기류를 사들인 적이 있었다. 이 보고를 접한 비변사는 피기문과 임지죽에게 비밀리에 교역하게 하도록 동래부사와 통제사에게 명하는 한편 금후 상인의 밀무역을 엄금하도록 동래부사에게 신칙하였다. 구입한 유황의 삼분의 일은 경상도의 병영·수영·통영에 분급하고 한성으로 운반된 분도 軍務 관련 아문에 급부하여 해당 가격을 치르게 했다(『備邊司謄錄』 현종 6년 10월 5일).

주목되는 점은 조선조정은 이 구입을 마지막으로 해서 이후 무기류 입수를 중지하기로 결의했다는 점이다. 조정에는 이미 이전부터 무기류를 밀구입하는 것에 대해 우려를 표하는 신료들이 있었다. 1664년 호조판서 鄭致和는 정부를 배후로 하는 유황 구입에 편승하여 일반인의 밀매매가 출현했다고 보고했다(『顯宗實錄』 5년 윤6월 계해). 1665년 경상감사 임의백이 일본선의 출현을 보고했을 때에도 형조판서 김좌명이 일본인이 가져온 유황이 27,000근이라고 고하자 정치화는 "밀무역은 일본이 엄중히 금하는 것입니다. 우리나라가 하는 처사를 왜관의 일본인이 뻔히 알고 있을 것이고, 또 장사꾼들이 반드시 이 일을 빌미삼아 멋대로 밀무역을 하려들 것이니, 어찌 나라의 체통이 손상되지 않겠습니까. 신의 생각에는 이후로 엄중히 금지시켜야 한다고 봅니다(『顯宗實錄』 6년 7월 계축)"라며 비공식적인 매입의 폐해에 관해 역설하였다. 현종은 "석유황은 현재 나라 안에 있는 것만 가지고도 우선은 쓸 만하니, 이후로는 잠상을 일체 엄금함이 마땅하다"는 정치화의 주장에 동의하여 이후 잠상을 엄금한다고 하명했다(『備邊司謄錄』 顯宗 6년 10월 5일).

조정이 이 같은 결단을 내린 데에는 유황광산 개발이 진척을 보이기 시작한 점도 작용할 것이다. 1661년 수어청이 전라도 珍山에서 유황광산을 발굴한 것을 계기로 각지에서 유황광산의 개발이 활발하게 진행되어,

1669년에 이르러서는 좌의정 許積이 '硫黃則多有産處, 不患不足'이라고 할 만큼 유황의 조달문제가 일정 정도 해결을 보게 되었기 때문이다(주 4) 柳承宙 「朝鮮後期 軍需工業에 관한 一硏究」 73~74쪽).

1666년 7월 유황 43,364근·長劍 50柄·中劍 100柄·조총 7柄을 적재한 일본선이 知世浦(현 거제도)에 나타났다. 그들은 이전에 小通事 金檢忠과 매매를 약속했다고 주장했다. 그러자 조선은 "지극히 놀랍다"고 하며 김검충을 체포하는 한편 유황과 총검류는 일단 사들이기로 했다. 일본인들이 싣고 온 물품을 곧바로 入送하면 前事가 드러날 수 있다는 이유로 우선 慶尙監營이 이를 換貿하고 후일 각 아문에 送置하기로 했다. 실질적인 매매는 부산훈도(訓導, 譯官)들에 의해 수행되었고 長劍을 비롯한 모든 물품을 훈도 한시열이 '勅需'로 別貿하여 정부에 진상하였다. 더불어 상대 일본인들에게는 이후 매매를 일체 금지한다는 의향을 전달했다.[7]

소통사 김검충의 이름은 『接待事目錄抄』 수록 1664년 기사에서도 확인되는데 김검충은 1664년 상인 임지죽·피기문 등과 함께 관련 물품의 구입에 참가했다고 한다. 김검충은 그 때 일본인들과 접촉하는 과정에서 한 번 더 매매하기로 약속한 게 아니었을까. 1666년, 지세포에 나타난 일본선은 무려 4만 3천여 근의 유황을 적재하고 있었는데 이전과 비교해 볼 때 가히 파격적이라 할 만한 양이었다. 그러나 이 건에 한해서 조선정부의 대응양상이 종전과는 상당히 상이했다. 일단 유황과 총검류를 사들이기는 했지만 일본선의 출현에 매우 놀라는 모습을 감추지 않으며 물품의 주문자로 지명된 김검충을 구류하여 별건의 매매 약속이 또 있는지 여부를 심문했기 때문이다.

---

7) 『接待倭人事例』 병오 7월 10일. 『接待事目錄抄』 병오 7월. 『邊例集要』 권12, 求貿, 갑진 8월. 『邊例集要』는 이 사건을 1664년으로 기록하였으나 오기라고 생각된다.

이러한 정황으로 보건대 이 건은 처음부터 정부 고위자의 지시나 승인을 전제로 하여 추진된 거래가 아니었을 가능성이 크다. 전술한 바와 같이 정부가 일본제 무기류의 비공식적인 수입을 권장 내지는 승인하는 처사에 대해 조정내의 반대의견이 고조되고, 이에 편승한 밀무역의 증가를 우려하는 목소리가 높아지자 조정은 1665년의 수입을 마지막으로 하여 불법적인 선박과의 거래를 중지하기로 결정했기 때문이다. 그런 가운데 1666년 유황을 적재한 일본선박의 출현은 그간 조정 일각에서 염려하던 '편승 밀무역'이 대규모의 형태로 현실화된 것이기도 했다. 조선은 마침내 일본의 밀항선을 향하여 "금후 금단한다"는 의사를 천명했다.

3. 拔船 발각 후 양국의 교섭

이듬해 1667년 2월, 조선정부는 문위행의 귀국 보고를 통해 막부가 일본의 수출 금지품을 조선에 판매한 일본인들의 검거와 조사에 착수했다는 사실을 알게 되었다(『接待事目錄抄』 정미 2월). 한편 막부는 대마번을 통해 조선정부에 진상 규명과 공식적인 해명을 요구함으로써 拔船 사건은 양국 정부 간의 외교문제로까지 확대되었다.

이에 대마번은 平田所左衛門(平成尙)을 왜관에 파견하여 대마번주(宗義眞)의 명의로 작성된 서한을 예조참판 앞으로 제출하고 拔船 사건의 발각과 관련자들에 대한 막부의 처벌개요를 알리는 한편 조선 측 내통자를 적발하여 엄벌에 처하도록 요구했다(『邊例集要』 권14, 潛商路浮稅幷錄, 무술 2월). 이에 대해 예조참판 曹漢英의 답서는 "과거 변경에서 발생한 일에 관해 아직 보고된 바 없다. 來敎가 먼저 미치면 곡절의 推恕를 할 것이고 旣往을 推씀하기를 원치 않는다 (후략)"는 내용이었다. 실상 본건의 경우는 그 발단부터 조정이 깊숙이 관여한 터라 이처럼 애매모호

한 대응이 불가피했을 것이다(田中健夫・田代和生 校訂『朝鮮通交大記』
名著出版, 1978, 262쪽).

여기에 만족하지 못한 대마번은 1668년 6월, 재차 平田所左衛門을
왜관에 파송하여 일본의 무기류를 매입한 조선인의 색출을 요구하고 文
引을 소지하지 않은 일본선을 퇴거시키지 않은 점을 추궁했다. 文引이란
대마번주가 발행하는 일종의 도항증명서로써, 조선에 도항하는 대마번
선박은 반드시 문인을 지참하도록 '기유약조(1609)'에 규정되어 있었다.
대마번은 朝日 통교약조의 기본 규정을 충족시키지 못한 일본 선박을 퇴
거시키지 않은 책임이 조선정부에 있다는 주장을 편 것이다.

그러자 예조참판 南龍翼은 "(전략) 往歲에 일본선이 조선의 경계에
정박하여 유황을 팔고자 했다. 유황은 우리 조선에서 산출되지 않는 물
품이라서 조선이 과거 유황교역을 원했다는 것은 대마번도 숙지하고 있
을 것이다. 그 일본배가 왔을 때 印契의 驗証을 생각하지 않고 금단하지
않은 점은 참으로 疏漏한 처사였다. (중략) 일의 本末이 이와 같으니 죄
가 귀속되는 바가 없다. 단 차후 이를 엄금함에 조금이라도 소홀함이 있
겠는가. 邊界에 명하여 조심해서 이를 지키게 할 것이다."(『通航一覽』
제3, 권129, 516~517쪽. 전게 田中健夫・田代和生 校訂『朝鮮通交大記』
262~263쪽) 라는 내용의 답서를 발급했다. 이 답서에서 조선은 국내의
유황생산 부족으로 인해 문인(印契)을 지참하지 않은 선박을 상대로 유
황의 구입이 이루어진 사실, 그리고 그것을 금단하지 않은 것이 실책이
었음을 인정하였다. 동시에 "죄를 물어야 할 대상이 없다"고 못 박아서
막부로 하여금 더 이상 추궁하지 못하도록 하고, 차후에는 엄중히 금단
하겠다는 약속으로 외교적인 성의를 보여 국가의 체면을 지키는 형태로
사태를 마무리 지으려 했다. 대마번도 더 이상 조선정부에 사건의 진상
에 관해 추궁하지 않았고 막부의 체면도 실추시키지 않는 선에서 외교교
섭을 마무리했다. 따라서 사건의 세부적인 진상이 아마도 막부에는 알려

지지 않았다고 추정되지만 막부와는 달리 조선의 사정을 비교적 소상하게 파악하고 있었던 대마번은 진상을 어느 정도 감지하고 있었을 가능성을 배제할 수 없을 것이다.

결국 1660년대 일본의 밀무역 집단이 자행한 불법적인 조선도항(拔船)과 일본제 무기류의 대량밀매는 17세기 前半期 朝日 양국의 무기류 교역정책의 변화와 조선의 軍備政策을 배경으로 출현한 것이었다. 이러한 일련의 밀매가 1667년에 일본에서 拔船이라는 형태로 발각되어 외교문제로 비화되자 이 후 양국 간에 '공권력이 개입된 무기류의 대량 밀매'는 자연스럽게 종식되었다. 1660년대 후반 무렵이 되면 조선에 유황광산이 개발되어 무기원료의 자체조달이 가능해졌다.

제4부

외교, 전쟁, 정보의 관계사

Ⅰ. 應永 外寇를 둘러싼 怪異現像

이토 코지(伊藤 幸司)*

1. 머리말

오에이(應永) 26년(세종 원년, 1419) 6월, 왜구의 피해에 고심하는 조선국 군사가 왜구의 소굴로 간주하고 있던 쓰시마(對馬島)를 공격하는 사건이 일어났다. 일본에서는 오에이(應永)의 外寇, 조선국에서는 己亥東征이라고 하는 초기 조일관계 상의 중대사건이다. 오에이 외구의 전체상은 나카무라 에이코(中村榮孝)에 의한 상세한 연구로 대략 밝혀져 있다(中村榮孝,「朝鮮世宗己亥の對馬征伐」『日鮮關係史の硏究』上, 吉川弘文館, 1965). 그런데 오에이 외구 자체는 불과 10일간 정도로 종결된 매우 짧은 사건이었는데, 쓰시마가 조선의 공격을 받았다는 사실은 멀리 쿄토(京都)에서 황당무계한 정보를 발호하게 만들었다. 그것들은 이국 군세의 위협과 공포를 과대하게 퍼뜨리는 流言蜚語와 각지의 사찰·신사로부터 보고되는 怪異現像들이었다. 지금까지 이렇게 퍼져간 정보에 대해서는 蒙古來襲의 기억이 되살아났다거나, 神國意識이 고양되었다는 관점으로 설명되는 데에 머물러,[1] 그 실태에 대해서까지 언급한 연구는 없

---

* 山口縣立大學

다. 본고는 오에이 외구를 둘러싼 유언비어와 괴이현상의 실태에 대해 자그마한 고찰을 시도한 것이다.

2. 古記錄에 보이는 유언비어와 괴이현상

우선 오에이 외구를 둘러싼 유언비어와 괴이현상의 상황을 고기록에서 확인하고자 한다. 그 전모를 정리한 것이 다음의 <오에이 외구를 둘러싼 유언비어와 괴이현상> 일람표이다. 본고에서는 이 일람표를 기본 자료로 하면서 고찰하기로 한다.

그런데, 선학들은 이 유언비어와 괴이현상을 일괄적으로 생각해 왔지만, 그 내용을 음미해 보면 ① 異國來襲, ② 寺社의 괴이현상이라는 두 가지 요소로 크게 구분할 수 있다. 본고에서는 이하 오에이 외구를 둘러싼 유언비어와 괴이현상을 ①과 ②로 나누어 그 실태를 고찰한다.

3. 異國來襲이라는 유언비어와 동아시아

오에이 외구에 비롯되는 유언비어이므로, 이국내습을 고하는 내용의 풍설은 당연히 나올 것이다. 그러나 유언 중에서는 습격일인 6월 20일 이전에 나온 것도 확인할 수 있고, 더구나 실제로 쓰시마를 습격한 조선

---

1) 宋希璟 지음, 村井章介 교주,『老松堂日本行錄』제3판, 岩波文庫, 2002 해설. 村井章介,『アジアのなかの中世日本』, 校倉書房, 1988) 제Ⅰ·Ⅲ·Ⅺ장. 櫻井英治,『室町人の精神』, 講談社, 2001, 108～110쪽 ; 佐伯弘次,『モンゴル襲來の衝擊』, 中央公論新社, 2003, 243～246쪽 ; 淸水克行,『大飢饉、室町社會を襲う!』, 吉川弘文館, 2008.

국을 나타내는 "고려" 이외에도 여러 나라가 내습했다고 하는 풍설도 훤
전(喧傳: 와자지껄하게 떠들어 소문을 퍼뜨림)되었다. 본고에서는 이 배
경에 대해서 살펴보고자 한다.

쿄토에서 "大唐" "蒙古" "南蠻" 등의 나라들이 내습했다는 풍설이 퍼
진 배경에는 이 시기의 일본을 둘러싼 동아시아의 동향이 관련하고 있다
는 사에키 코지(佐伯弘次)씨의 지적이 있다(佐伯弘次, 「応永の外寇と東
アジア」<1999년도 九州史學會 대회 공개강연 자료 및 대회 요지집>
이하 이 장의 기술은 사에키씨의 보고에 의거하는 바가 크다). 오에이외
구의 전년, 日明關係를 단절한 아시카가 요시모찌(足利義持)에게 명나라
사신 呂淵이 와서 「너의 아비(아시카가 요시미츠, 足利義滿) 및 조선왕
李芳遠은 모두 나(永樂帝)를 모셨다. 너(요시모찌) 하나만 모시지 않는다.
나는 장수를 보내어 조선과 같이 行兵하겠다. 너는 즉 성을 높게 쌓고
연못을 깊게 파서 기다려라」라는 영락제의 도발적인 말을 전달한 바가
있었다(宋希璟 지음, 村井章介 교주, 『老松堂日本行錄』, 309쪽). 이 시기
일명관계는 극히 긴장된 상태였음을 알 수 있다. 한편 오에이 26년에는
하카타(博多)를 향해 항해했던 남만선이 사쓰마국(薩摩國) 카와나베군(川
邊郡) 토마리쓰(泊津)에 착안하였다. 이 사실은 8월 5일 이전에는 쿄토에
보고가 전해져, 막부는 큐슈 탄다이(九州探題) 시부카와 도친(澁川道鎭,
미쓰요리<滿賴>)을 통하여 마치다 히다노카미 이에히사(町田飛驒守家
久)에게 남만선의 효고(兵庫) 회송을 명령하였다(高柳光壽, 「応永年間に
於ける南蛮船來航の文書について」『史學雜誌』 제43편 제8호, 1932.
伊川健二, 『大航海時代の東アジア』, 吉川弘文館, 2007, 85~86쪽). 조
선의 쓰시마 정벌은 이와 같은 국제상황 속에서 실시된 것이다. 5월 14
일, 세종에게 양위한 후에도 군사권을 장악했던 태종이 결정한 쓰시마정
벌은 출병을 앞서 조선국내에 거류하는 많은 왜인들을 구류함과 동시에
큐슈 탄다이에게는 정토의 진의를 전달하고 있었다. 쓰시마 정벌 한 달

전부터, 쿄토에서도 "大唐國·南蠻·高麗 등이 일본에 쳐들어 온다"는 풍문이 돈 것은 긴박한 일명관계 라는 분위기 속에서, 사쓰마에 남만선이 표착했다는 새 정보와 조선국이 쓰시마를 공격할 것 같다는 큐슈 탄다이 경유의 보고가 착종한 결과가 나타난 것이었다.

그리고 6월 20일에 쓰시마도가 공격당했을 때, 마침 그 날에 조공 재개를 요구하는 명의 사신 여연이 다시 하카타에 도착하였다(小葉田淳,『中世日支通交貿易史の硏究』, 刀江書院, 1941, 34쪽). 같은 달 25일과 29일에 "大唐蜂起" "唐人襲來"이라는 풍설이 돈 것은, 바로 오에이 외구를 영락제가 일본을 공격한 것으로 착각했기 때문이었을 것이다. 그 후, 여연은 7월 하순에 효고에 도착하여 아시카가 요시모찌에게 영락제의 칙서를 전했다. 요시모찌는 조공하지 않을 경우에는 일본을 공격하겠다는 영락제의 국서에 대해 화를 내, 신의 가호로 두 번의 몽고내습도 물리친 일본의 故事를 꺼내어 재차 단교할 뜻을 명사에게 주장했다(田中健夫 편,『譯註善隣國宝記·新訂續善隣國宝記』, 集英社, 1995, 140~143쪽). 요시모찌의 언동에서 확실히 당시의 사람들 사이에서 이국의 위협에 대해 신국의식이 고양됨과 동시에, 약 150년 전의 몽고내습이라는 공포의 기억이 생생하게 되살아난 것을 알 수 있다. 그 후 오에이 외구의 정보는 몽고내습의 기억도 가미되면서 증폭된다. 8월에 등장하는「탄다이 모찌노리(持範) 注進狀」은 바로 그 소문의 완성판이라고 할 수 있다.

4. 怪異現像과 지진

오에이 외구를 둘러싼 풍설에서는 社寺의 괴이현상도 중요한 요소를 차지하고 있다. 종래 이러한 괴이현상에 대해서는 신국의식과의 관련 속에서 설명되는 것 외에는 황당무계한 정보로서만 생각되어 왔다. 그러나 이국내습에 관한 유언비어의 경우에도, 오에이 외구와는 원래 무관한 요소가 시대 분위기 때문에 연결되어 있었다. 社寺의 괴이현상에 대해서도 같은 양상이었을 것으로 상정할 수 있다.

반복되지만, 이 시기의 괴이현상은 오에이 외구와의 관계성만이 주장되어 왔다. 물론 신국의식이 고양된 시대의 분위기에서 모든 괴이현상의 기원을 찾을 수 있을지도 모른다. 그러나 괴이현상의 보고는 쓰시마 습격 이전부터 시작되고 있어서, 반드시 오에이 외구만이 계기가 되었다고는 생각할 수 없다. 그리고 일련의 괴이현상의 내용을 확인해 보면, 이즈모 타이샤(出雲大社, 6월 25일 이전)·니시노미야 아라에비스구(西宮荒戎宮, 같음)·낭구샤(南宮社, 6월 15일)가 진농하였음을 알 수 있다. 이러한 사사의 진동=鳴動을 무로마치 사람들은 신들의 메시지라고 인식하여, 신들이 신국 일본을 지키기 위해 싸우고 있는 증거로 삼았다(笹本正治,『鳴動する中世－怪音と地鳴りの日本史－』, 吉川弘文館, 2000, 124～125쪽. 櫻井英治,『室町人の精神』, 42～44쪽). 그런데 이와 같은 명동은 자연현상으로서의 지진에 유래한 사건이기도 했다(黑田智,「鳴動論ノート」『日本歷史』648, 2002, 76쪽). 실은 쿄토지역에서는 5월 9일의 밤 丑剋(역자주; 오전 0시 반부터 2시 전)에 지진이 발생하고 있었다(『康富記』應永 26년 5월 9일). 지진의 범위는 알 수 없지만, 14일에는 9일의 지진에 대한 기도가 행해졌고(『滿濟准后日記』應永 26년 5월 14일), 지진의 규모는 작지 않았던 모양이다. 그 후, 이즈모나 미노(美濃)에서도 지진이 확인된 것은, 이 시기에 지진이나 여진이 넓은 범위에 걸쳐 발생하고 있었음을 상기시켜 준다. 또한, 적어도 이 시기의 쿄토에서는 매년 지진이 발생하고 있어,[2] 일본열도가 지진의 활동기에 조우하고 있었음을 알 수 있

---

2)『新收日本地震史料』, 東京大學地震研究所, 1981 :『新收日本地震史料補遺』, 東京大學地震研究所, 1989 :『新收日本地震史料續補遺』, 東京大學地震研究所, 1993 ; 宇佐美龍夫 편,『日本の歷史地震史料拾遺』, 日本電氣協會, 1998.

다. 이와 같이 신사들의 명동의 원인을 지진에서 찾을 경우에는 괴이현상의 많은 부분이 납득이 간다. 이하, 차례로 괴이현상의 내실을 추측해보자.

이즈모 타이샤에서는 6월 초의 무렵부터 "대궐에서 유혈한다"는 이상한 일이 발생하였다고 하는데, 이 역시 지난 달 이후의 지진에 인하여 발생한 지각변동의 영향에 연결시키면 납득이 간다. 지진으로 물 등이 갑자기 솟아 나오거나 하는 일은 드물지만 확인할 수 있고, 지진의 징조로서 연못 등의 물이 탁해지는 일은 자주 있다(笹本正治,『中世災害の予兆－あの世からのメッセージ』, 吉川弘文館, 1996, 90~91쪽. 笹本,『鳴動する中世』, 145쪽). 예를 들어, 프로이스의『日本史』에는「…이들 상기한 여러 나라(오우미＜近江＞·쿄토·와카사＜若狹＞·미노·이세＜伊勢＞ 등)에서는 거대한 입을 연 것 같이 땅에 갈라져 萬人들에게 공포를 주었다. 그 균열에서는 흑색을 띤 진흙투성이 같은 것이 분출하여, 몹시 싫은 악취가 나서 그곳을 통행하는 사람에게는 참기 어려울 정도였다…」라는 기록이 있어서, 지진으로 인해 생긴 땅의 균열에서 이상한 액체가 솟아나왔음을 전하고 있다(松田毅一·川崎桃太譯,『フロイス日本史5 五畿內篇Ⅲ』, 中央公論社, 1978, 제60장＜제2부 77장＞, 197쪽). 특히 고대부터 砂鐵의 산지로 저명한 이즈모지역의 지질은 철분이 많이 포함되어 있어, 그 철분이 물을 붉게 물들이게 할 때가 있다. "대궐의 유혈"의 실태란, 지진 때문에 철분을 포함한 지하수가 솟아나온 일을 가리키는 것이 아닐·까. 이즈모 타이샤 근처는 상인(山陰)지역에서도 지진이 적은 곳이었다는 (『大社町史－上卷』, 大社町, 1991, 25쪽) 점을 고려하면, 돌연한 지진으로 발생한 낯선 자연현상에 사람들이 놀랐을 가능성은 높다.

가모샤(賀茂社)에서는 미아래산(御生所山, 가모야마＜賀茂山＞)의 나무들이 넘어지거나 시들어 있었다고 한다. 문제의 산은 카미가모 진쟈(上賀茂神社)의 북쪽 약 2km, 표고 301.5m인 고야마(神山)라는 산을 가

리킨다. 소문난 倒木·枯木의 수는 일치하지 않기는 하지만, 적어도 눈에
띌 정도의 양의 나무들이 피해를 입었다는 것은 틀림없다. 나무들이 말
라버린 원인으로서는 병충해의 가능성도 있지만(瀬田勝哉,『木の語る中
世』朝日選書, 朝日新聞社, 2000, 71쪽), 미아래산의 경우는 古木도 대상
이었으므로 병충해에는 해당되지 않을 것이다. 오히려 고목이 쓰러진 것
은 지진(및 여진)의 영향이 아닌가 싶다. 그리고 나무들이 시든 것도 지
진으로 인한 지각변동 때문에 지하수맥에 변화가 생겼기 때문일지도 모
르다. 지각변동 때문에 우물 등이 말라버린 일은 드물지 않다. 중세사람
들은 나무가 시든 것을 신의 의사표현으로 인식하였다(瀬田, 앞의 책,『木
の語る中世』, 112～113쪽). 예를 들면, 코후쿠지(興福寺, 카수가샤＜春
日社＞)는 자신들의 주장을 강조하는 목적으로 카스가산(春日山)의 나무
들이 마른 것(그것이 사실이든 풍설로서의 허구든)을 정치적으로 이용하
고 있었다(瀬田, 앞의 책,『木の語る中世』제2장). 가모샤가 같은 목적으
로 나무들의 시들고 마름을 보고했는지 아닌지는 알 수 없지만, 이러한
괴이현상 때문에 社務職을 교체하였다.

　이와시미즈 하치만구(石淸水八幡宮)에서는 동쪽 토리이(鳥居)가 넘어
졌고, "속삭임의 다리"가 부서졌다. 바람조차 불지 않은 상황에서의 현상
이므로, 이것도 지진이 遠因이라고 보아도 틀림없을 것이다. 또, 키부네
샤(貴布祢社)의 산이 무너진 것은 어떨까. 지진이 있던 날 이후부터 6월
25일까지의 쿄토의 날씨에 주목하고 싶다.

〈고기록에 보이는 쿄토의 雨天日〉

일 시	날 씨	출 전
五月　九日	降雨, 巳未刻晴	『滿濟准后日記』
五月 一三日	雨時々下	『康富記』
一七日	雨下	『康富記』
一八日	雨下(降雨)	『康富記』(『滿濟准后日記』)
二五日	小雨時々降	『看聞日記』
六月　二日	終日雨降(降雨)	『看聞日記』(『滿濟准后日記』)

五日	天晴, 晚陰降雨	『滿濟准后日記』
六日	雨下(雨降)(降雨)	『康富記』(『看聞日記』)(『滿濟准后日記』)
七日	雨下, 日中已後止(降雨)	『康富記』(『滿濟准后日記』)
一〇日	降雨, 晚晴	『滿濟准后日記』
一一日	雨下(降雨)	『看聞日記』(『滿濟准后日記』)
一三日	晴, 入夜雨下	『康富記』
一四日	雨下	『康富記』
一五日	晴, 晚夕立降	『看聞日記』
一七日	雨下(雨降)	『康富記』(『看聞日記』)
二〇日	晴, 夜雨降	『看聞日記』
二一日	降雨, 巳刻晴	『滿濟准后日記』
二四日	雨降	『看聞日記』

　　일람표를 보면 알 수 있듯이, 장마의 후반기이기도 해서 쿄토에서는 비가 내리는 날이 계속 되었다. 즉 지진으로 지반이 느슨해진데다가 장맛비가 계속 내렸기 때문에 사태를 일으켰다는 것이 키부네샤의 산사태의 실태였을 것이다. 역시 이것도 지진이 원인이었음은 틀림없다.

　　이상과 같이 이즈모 타이샤·카모샤·이와시미즈 하치만구·키부네샤의 괴이 현상은 모두 지진에서 원인을 찾을 수 있다. 따라서 이러한 괴이현상은 당초 오에이 외구와는 전혀 관계없이 발생하였다는 것을 알 수 있다. 그런데, 이즈모 타이샤에서의 보고를 신의 뜻이 나타난 것으로 인식한 아시카가 요시모찌는 6월 11일부터 교체로 京都門蹟에 (여러 사찰에도) 변이기도를 시켰고, 18일에는 그것이 일단 結願했지만, 다시 같은 날부터 기도 재개를 명하고 있다(『滿濟准后日記』 應永26년 6월 11일·18일). 그 동안 가모샤나, 스스로가 參籠했던 이와시미즈에서도 괴이현상이 일어났기 때문에 요시모찌는 25일에 여러 문적·사찰들에게 기도를 명했다(『看聞日記』 應永26년 6월 25일). 그러나 이 25일에는 쿄토에 오에이 외구, 즉 이국내습의 풍문이 닿았다. 히로타샤(廣田社)가 신국의식을 부추겨 自社의 祭神을 횐전하려고 했던 것도 이 시기이다(후술). 그리고 지진이 원인으로 보이는 괴이현상의 소문도 과대화하였다. 특히 26일, 니시나 뉴도(仁科入道)라고 하는 인물이 이즈모 타이샤의 괴이에 대해서,

1~2만명의 사람들이 밧줄을 당기자 밧줄이 끊어져 건물 안으로 흔들어 던져져, 새벽녘에 대궐을 보니 피가 충만하여 있었다고 말하고, 가모산 의 수백 그루의 나무들이 일순간에 시들었다고 말하는 것은 너무 과장된 것이며, 상당히 변용시킨 정보가 쿄토에 유포되어 있었음을 알 수 있다. 즉, 당초에는 단순한 괴이현상이었는데, 오에이 외구에 기인하는 이국내 습의 풍문과 이에 연동하면서 고양되는 신국의식이라는 시대의 분위기 속에서 社寺들의 괴이현상은 이국으로부터 일본을 수호하는 신들이 전 투하는 증거로서 인식하게 된 것이다.

5. 신국의식의 고양과 사찰들의 喧傳活動

한편 지진에 유래하는 괴이현상에 이어, 오에이 외구의 발발과 그 유 언비어와 함께 등장하는 것이 고양되는 神國意識을 배경으로 한 괴이현 상이다. 고양되는 신국의식의 중핵을 차지하고 있던 것은, 사람들이 지 상에서 전투를 펼치고 있을 때, 天上에서도 신들이 똑같이 피를 흘리고 있었다고 하는 神軍·神戰 사상이다. 이와 같은 사상은 몽고내습 때에 가 장 명료한 형태로 나타나고 있었다(櫻井, 앞의 책,『室町人の精神』, 44 쪽). 그리고 여기에서는 히로타샤(6월 25일)·키타노샤(北野社, 6월 29 일)·니시노미야샤(同)·아쯔타샤(熱田社, 7월 19일)·이세진구(伊勢神宮, 同)·다자이후 안라꾸지(大宰府 安樂寺, 8월 7일)에서의 보고가 이에 해 당한다. 특히 히로타샤는 三韓征伐에 유래하는 自社의 祭神(신구<神 功>皇后)을 방불케 하는 女騎大將의 奇瑞를 다른 신사들보다 앞서 재빨 리 훤전했다. 히로타샤는 후에「쇼니씨(少貳氏) 注進狀」(8월 7일)을 참고 하여, 自社와 무관한 안라꾸사 부분의 기서를 삭제하고, 그 대신에 여인 대장이 활약하는「탄다이 모찌노리(持範) 注進狀」을 위조했다고 생각되

고 있다(瀨田勝哉, 「伊勢の神をめぐる病と信仰」『洛中洛外の群像』, 平凡社, 1994, 202쪽. 西山克,「応永の外寇異聞」『關西學院史學』31호, 2004, 30~31쪽). 바로 神功皇后 전설을 이용한 히로타샤의 효과적인 神威 어필이라고 할 수 있다.[3] 이에 대해, 키타노샤나 안라꾸지는 御靈信仰(역자주; 天災나 역병발생은 怨靈의 소행이라고 간주하여 이를 두려워해, 또한 진좌시켜서 "御靈"으로 모시는 것으로 재앙을 피하고 평온과 번영을 실현시키려고 하는 신앙)에 근거한 훤전을 하고 있다. 그리고 아쯔타샤의 경우, 이세진구와 협동하여 무사(막부)를 추앙하는 하치만신(八幡神)도 끌어들여 自社의 어필을 하고 있다. 아쯔타샤에서는 길거리의 가옥이 무너졌다는 보고가 있으므로, 어쩌면 지진으로 인한 영향도 있었을지도 모른다. 그러나 신들의 予兆로서 몽고내습 때에도 괴이현상을 보고한(笹本, 앞의 책,『中世災害の予兆』, 100~101쪽) 이 신사에서는 이를 좋은 기회로 삼아, 일본국을 수호하여 異人과 싸우는 祭神들의 모습을 쿄토에 보고했던 것이다. 그리고 다이라노 마사카도(平將門) 亂의 선례를 꺼내어, 칙사 파견요청까지도 주장했다. 덧붙여 이세진구에 모신 아마테라스 오오미카미(天照大神)도, 이 시기 騎乘女神으로서 표상되는 일이 있어(西山克,「騎乘する女神」『三重縣史だより』14, 1999), 히로타샤가 훤전하는 女騎大將과 공통된 요소를 보이고 있다.

　이상의 사례는 모두 오에이 외구라는 이국내습의 사실에 발단한 신국의식이 고양되는 시대의 분위기 속에서, 신사들이 자신의 祭神의 神威를 적극적으로 훤전하는 호기로 인식한 결과 만들어진 언설이었다. 다만, 언설을 注進한 寺社는 삼한정벌과 관련된 히로타샤, 祭神이 바다에서 출현했다고 하는 니시노미야샤, 바다에 접해 진좌하고 武神으로서 해외로부터의 침략이 있을 때에 반응한다고 하는 아쯔타샤이며(笹本, 앞의 책,

---

3) 니시노미야샤의 劍珠도 히로타샤의 女騎와 같이 동쪽으로 향하였다고 하므로, 니시노미야샤는 히로타샤의 훤전활동에 수종한 것으로 생각된다.

『鳴動する中世』, 124~125쪽), 예를 들면 고대 이후 빈번하게 명동을 반복하고 있는 토노미네(多武峯)가 무반응였던 것은 신사들이 自社의 제 신을 훤전할 방법을 고르고 있었기 때문이라고도 말할 수 있다. 또한, 이 사실은 서쪽 경계에서 발발한 사건의 정보가 한 달을 넘기 전에 東國인 오와리국(尾張國)에까지 이르고 있던 것을 나타내고 있다. 정보전달의 속도에도 놀라지만, 동시에 이 유언이 몽고내습의 기억과 더불어 무로마 치인들의 관심을 끄는 내용이었음을 증명하고 있다.

여러 신사에서 괴이현상이 잇따른 것을 받아 아시카가 요시모찌는 7 월 1일에 異國調服 기도 실시를 진행시켜, 쇼렌인(靑蓮院) 등이 이에 따 랐다(『滿濟准后日記』 應永 26년 7월 2일·16일). 8월 7일에는 이와시미 즈 하치만구의 타나카 유세이(田中融淸) 法印이 몽고내습의 고사를 종이 에 써서 이국기도를 이와시미즈에 맡기도록 제안하고 있다. 유세이는 6 월에 이와시미즈 와카미야(若宮) 앞의 동쪽 토리이가 무너진 것을 알린 인물이며, 신국의식의 고양과 이국기도의 실시라는 정황을 보고 요시모 찌에게 이와시미즈 하치만구를 어필한 것으로 생각된다. 그 결과, 이와 시미즈는 요시모찌에게서 호조에(放生會, 역자주; 포획된 동물을 풀어주 고 살생을 훈계하는 불교·신도 의식) 전에 7일간 이국기도를 하도록 요 청을 받았다(『滿濟准后日記』 應永 26년 8월 7일). 또한 이와시미즈 하치 만구 사무직에도 유세이가 재임했고(『滿濟准后日記』 應永 26년 8월 18 일·19일, 11월 4일), 11월에는 도괴한 동쪽 토리이도 요시모찌의 기부로 다시 세워졌다(『滿濟准后日記』 應永 26년 11월 25일). 유세이의 계획은 성공했다고 말할 수 있다. 또한 이와 같은 기도는 적어도 10월 무렵까지 社寺에서 확인할 수 있다(『滿濟准后日記』 應永 26년 9월 29일, 10월 4 일·26일).

그리고 8월 17일에는 간노(觀應) 원년(1350) 이래 두절되었던 22社에 대한 祈年穀奉幣(역자주; 2월과 7월에 京畿 22社에 진물을 바치고 풍년

을 기원한 의식) 행사가 부활되었다. 22사 중에는 괴이현상을 보고한 이세진구·이와시미즈 하치만구·가모샤·키타노샤·히로타샤도 들어가 있어(『兼宣公記』 應永 26년 7월 5일), 이것이 神戰思想에 근거하는 신들의 활약을 권력 측에서 재인식한 결과 거행된 행사였음을 알 수 있다(瀨田, 앞의 논문, 「伊勢の神をめぐる病と信仰」『洛中洛外の群像』, 203쪽). 2년 후인 오에이 28년, 쿄토에서 역병이 만연했을 때, 이세진구의 관계자(御師인가. 역자주; 御師란 승려인 기도자나 신관 중에서 기도를 전문으로 하는 사람임)는 그 원인을 오에이 외구 때에 이세의 신위로 멸망한 이국인들의 원령의 저주라고 하는 託宣神歌를 공표했다. 그것은 이국으로부터 나라를 지키는 國主神이라는 성격과 역병을 물리치고 진정시키는 治病神이라는 성격을 이세의 신이 가지고 있음을 선전하는 것이며, 오에이외구를 이용해서 재차 이세진구의 신위를 휜전하고자 한 것이었다(瀨田, 앞의 논문, 「伊勢の神をめぐる病と信仰」『洛中洛外の群像』, 203~206쪽. 西山, 앞의 논문, 「応永の外寇異聞」, 33~34쪽). 그 성과인지, 이 시기부터 유력자들이 이세로 참궁하거나, 광범위한 계층의 사람들이 참궁을 목적으로 契를 만드는 일이 늘어, 이세신앙이 비약적으로 활발해졌다고 한다.

6. 마지막으로

오에이 외구를 둘러싼 유언비어나 괴이현상은 이 시기의 일본을 둘러싼 동아시아 정세(일명관계 단절·남만선박 표착)와 지진으로 인한 자연재앙이, 몽고내습의 기억을 되살아나게 하는 조선군의 쓰시마 습격으로 고양된 신국의식에 의해 과대화된 결과였다.[4] 종래, 황당무계하고 부정확한 정보로 간주되는 경향이 있는 유언비어와 괴이현상도 그것이 이야

기되는 배경을 고려하면 반드시 단순하게 황당무계하다고 잘라버릴 수
는 없다. 여러 정황들이 착종하는 시대의 분위기와 寺社들의 의도가 그
러한 유언비어와 괴이현상을 발생시켰던 것이다. 이상 약간 추측에 치우
친 면도 적지 않지만, 종래 간과되어 왔던 지진이라는 존재를 괴이현상
과 관련지을 수 있었던 점이 근소한 성과라고 생각한다. 주어진 지면도
다했으므로, 여기서 각필한다.

---

4) 또한 무로마치 사람들에게 이렇게 인식된 오에이 외구는 예능작품에까지 영향을
　미쳤음이 지적된 바가 있다(山中玲子, 「「唐船」の背景－応永の外寇など－」 『銕
　仙』 第321호, 1984 ; 天野文雄, 「≪白樂天≫と応永の外寇－久米邦武と高野
　辰之の所說を檢証する－」 『世阿弥がいた場所－能大成期の能と能役者をめ
　ぐる環境－』, ぺりかん社, 2007.

〈應永의 外寇를 둘러싼 流言蜚語와 怪異現像〉

일 시	내 용			전 거
	異國 來襲에 관한 일	怪異現像에 관한 일		
		地震에 遠因이 있는 것	神戰思想에 유래하는 것	
5월14일	朝鮮國(太宗)이 對馬島 征伐을 결정.			
5월23일	抑只今聞, 大唐國·南蠻·高麗等, 日本ニ可責来云々. 自高麗告申云々. 室町殿御仰天. 但神國有何事乎.			『看聞日記』
6월11일	※ⅰ此間世上沙汰, 自異國可責上本朝之由風聞, 既築[紫]探題注進申公方云々. 彼宿意ハ去應永十五年, 同廿四年両度, 自唐朝進物, 日本不被請取, 唐人ヲ不被入於都之間, 其怒也云々.	※ⅱ依是京都怪異等有之. 不注.		『康富記』
6월12일		或人語云, 今月初比ヨリ出雲國御殿中ヨリ血如水流出云々. 希代之事也.		『康富記』
6월18일		変異御祈愛染供, 今日結願. … 自今日又就出雲大社怪異事, 御祈如先度, 於京門跡以手替可令勤仕由, 奉行以広橋大納言被仰出. 仍又如先度申付之. 不動護摩·尊勝供. 両壇相並勤仕之.		『滿濟准后日記』
6월19일		賀茂御アレ所生山古木共顚倒云々. 松三本枯云々.		『康富記』
6월20일	조선군, 쓰시마도 아사카만(淺茅灣) 尾崎를 습격.			
6월24일		今夕戌剋, 八幡東鳥居転		『滿濟准后日記』

		倒云々. 田中融清法印注進在之. 御参籠中旁驚存者也. 但関東怪異歟由, 令愚案. 然者珍々々.		
6월25일	※ⅰ抑大唐蜂起事有沙汰云々.	※ⅱ出雲大社震動流血云々. 又西宮荒夷宮震動. ※ⅳ又廿四日夜, 八幡鳥居風不吹ニ転倒了. 若宮御前鳥居也. ささやきの橋打砕云々. 室町殿御参籠時分也. 殊有御驚云々. 諸門跡・諸寺御祈祷事被仰云ゝ々々.	※ⅲ又軍兵数十騎, 広田社ヨリ出テ東方ヘ行. 其中ニ女騎之武者一人如大将云々. 神人奉見之. 其後為狂気云々. 自社家令注進. 伯二位馳下尋実否云々. 異国襲来瑞想勿論歟.	『看聞日記』
6월26일	조선군, 쓰시마 糠岳의 전투에서 伏兵에게 패퇴.	仁科入道今日参詣云々. 仍来申. 今度, 出雲大社怪異事驚耳由語申云, タトヘハ一二万人…(欠)…ツナキレテ奥中ヘユリ出サ□夜明テ宮人等…(欠)…自御殿血流…(欠)…開御殿処開御剣ヌケテ血ツキ, 御殿内ニモ血充□由注進云々. 同彼仁科入道語云, 賀茂山数百本一時枯稿. 又以外怪異. 仍社務改替, 松下季久被補任云々. 出雲大社怪異事, 今月十四日事歟云々. 御祈自十八日始行. 方々同前云々.		『満済准后日記』
6월29일	※ⅱ唐人襲来, 先陣舟一両艘已有合戦云々. 大内若党両人, 為大将海上ニ行向退治. 其以前, 神軍有奇瑞之由注進云々. 「唐人合戦事, 実説不審云々. 近日巷説誤多」		※ⅰ聞, 北野御霊西方ヲ指テ飛云々. 御殿御戸開云々. 諸社怪異驚入者也.	『看聞日記』
		今月十五日, 美濃南宮社壇振動由注進云々. 貴布祢山崩云々. 日時事未分明注進云々. 西宮剣珠向東云々. 日時同前.		『満済准后日記』

7월 2일		聞, 賀茂山森数十本枯云々.		『看聞日記』
7월 3일	조선군, 거제도에 귀착.			
7월 19일			今月十六日熱田社怪異希代事云云. 先風雨以外, 其後海面二十町計光, 大ナル光物飛入社頭. 其御通之路民屋悉転倒. 其後, 於社頭託少女. 種々御神託在之. 今夜光物伊勢御影向云々. 山田不浄間, 於此社頭今度異国責来重事御評定□八幡モ御影向云々. 自余事繁多間, 不能注置. 定方々可記置歟. 此注進到来十八日云々. 以承平将門時之儀□立勅使由, 為社家申請云々.	『満済准后日記』
7월 20일	抑聞, 唐人襲来既付薩摩之地, 国人合戦唐人若干被討, 国人も被伐云々. 唐人中ニ有如鬼形者以人力難責云々. 浮海上異賊八万余艘之由, 大内方へ先注進到来. 自探題注進者未到云々. 又兵庫ニ唐船一艘着岸. 是ハ為使節非軍船云々.			『看聞日記』
7월 23일	唐船一艘着兵庫浦. 送進書案文流布. 今月十九日, 於兵庫福厳寺唐使官人以書参向. 自鹿苑院僧一人被下. 披書一見, 案文等校合. 後, 官人如元持書帰乗船. 鹿苑院僧持案文備上覧云々. 文言凡存外也. 所詮, 如文永時, 不及是非, 可被追帰分御治定云々. 蒙古已発向対馬, 両方死人数輩在之云々. 注進在之由風聞, 折節籠居			『満済准后日記』

	寺住間. 不及委尋聞. 就風聞注之了.			
7월24일	聞, 兵庫ニ来唐人, 不可被入帝都云々. 牒状之外, 四字札献之. 其文字云, 梵沐桐重, 此字無読人云々. 僧俗才人不読解. 難心得云々. 薩摩ニ付異賊蒙古云々.			『看聞日記』
8월7일	※ⅰ異国御祈於八幡宮可有御沙汰. 文永・弘安之例, 融清法印, 一紙昨日進之…(略)…暫御雑談之最中, 自九州少弐方飛脚注進在之. 伊勢因幡入道, 於御前読之. 其状云, 蒙古舟先陣五百余艘, 押寄対馬津, 少弐代宗右衛門以下七百余騎馳向. 度々合戦六月廿六日終日相戦. 異国者共悉打負. 於当座大略打死, 或召取云々. 異国大将両人生取, 種々白状在之云々. 此五百余艘ハ悉高麗国者也云々. 唐船二万余艘, 六月六日, 可令着日本地処, 件日大風起, 唐船悉□帰, 過半ハ没海由, 注進在之旨, 彼生取大将高[高麗人]白状由, 同注進之.		※ⅱ凡此合戦之間, 種々奇瑞在之云々. 安楽寺御霊御出…(欠)…間…(欠)…事云々. 則安楽寺御神馬前足被…(欠)…々々. 雖末世…(欠)…最可仰之. 今度所々諸社怪異, 親聞之. 殊勝只感涙難押者哉	『満済准后日記』
8월11일	抑唐人襲来, 去六月廿六日於対馬少弐・大友・菊地以下合戦. 異賊打負若干被討. 大将軍二人生捕云々. 大風吹唐船数多破損入海了. 凡唐船二万五千艘云々. 生取大将兵庫ニ来 去六日注進到来云々. 天下大慶, 室町殿御悦喜, 公武人々参賀跋扈. 仙洞へも同賀申云々. 昨日門跡・執柄・大臣以下大略参賀云々. 雖末代神虜之至不			『看聞日記』

	思儀也.			
8월13일	抑異国襲来事, 去六日探題注進状不慮披見記之. 畏言上. 抑六月廿日, 蒙古・高麗一同ニ引合て軍勢五百余艘対馬島に押寄. 彼島を打取之間, 我等大宰少弐か勢許ニて, 時日をうつさす浦々泊々の舟着ニて日夜之間合戦を致之間, 敵御方死する物其数をしらす. 既難儀之間, 九ケ国の軍勢を相催, 同廿六日各手をくたき安否の合戦を致之間, 異国の軍兵三千七百余人打取斬棄, その外ハ数をしらす. 惣して敵の舟, 海上ニ浮物一千三百余艘也. 海賊ニ仰付て夜昼を限らす, 所々の合戦, 或ハ舟ニ乗損して海上ニ沉物甚多し. さる間合戦最中奇特神変, 不思議の事一廉ならす. 敵の舟ニおいて雨風震動す. 雷とゝろき, 霜降, 大寒手こゝへて打物の束もにきられす. 水死する物, 其限を不知. 就中ニ奇瑞ニハ, 合戦難儀の時節, いつくよりとハしらす. 大船四艘錦の旗三流差たるか. 大将とおほしきハ女人也. 其力量へからす. 蒙古の舟ニ乗移て軍兵三百余人手取にして海中ニ投入了. 大将, 蒙古か弟其外以下咎の物廿八人, 少々ハ即時ニ斬棄, 相残七人ハ上意ニよてのほすへし. 廿七日, 半夜過程ニ異国の残の兵とも皆々引退, 蒙古打死と風聞す. 其			『看聞日記』

説未定也. その外敵の舟と も七月二日悉退散仕ぬ. 如 此急速ニ落居, 併神明の威 力ニ仍也. 上様の御運も殊 目出畏入候. 委細猶略して 注進状如件. 七月十五日 探題持範 判			

* 동일 사료에서 복수의 요소가 나와 있는 경우에는 사료를 분할하여 표시하였다.
  일람표에서 ※표가 부여된 부분이 그 사료이다. 사료 원문은 ※ⅰ→※ⅱ의 순서
  로 이어지고 있음을 나타낸다.

Ⅱ. 일본통교자에 대한 조선왕조 主宰의 儀式과 樂

구니하라 미사코(國原美佐子)*

1. 들어가며

조선조 전기의 對室町幕府 외교에 대해 고찰하는 시점 중의 하나가 '禮'
이다. 실제로 상대국을 어떻게 자리매김 하는가라는 문제와는 별도로, 중국
왕조(이 경우에는 明)를 중심으로 동아시아세계를 생각할 때에는 대등한 관
계라고 하는 '敵禮'의 시점[1]에서, 또한 근년에는 조선의 宮中儀禮에 참가하
는 일본 통교자에 대한 대응이라는 시점에서 연구가 진행되고 있다.[2]

『朝鮮王朝實錄』(이하 『실록』), 申叔舟의 『海東諸國紀』(이하 『해동』)
(成宗 2년(1471) 성립), 『國朝五禮儀』(성종 5년(1474) 성립, 『經國大典』

* 東京女子大學
1) 高橋公明, 「外交儀禮よりみた室町時代の日朝關係」 『史學雜誌』 91편 8호,
   1982 ; 閔德基, 「朝鮮朝前期の'日本國王'觀」 『朝鮮學報』 132집, 1989. 나중
   에 『前近代 東アジアのなかの韓日關係』, 早稻田大學出版部, 1994에 수록.
2) 桑野榮治, 「朝鮮世祖代の儀禮と王權」 『久留米大學文學部紀要 國際文化學
   科編』 19호, 2002 : 「朝鮮成宗代の儀禮と外交」 『久留米大學文學部紀要國際
   文化學科編』 20호, 2003 : 「朝鮮中宗代における對明遙拜儀禮」 『久留米大
   學文學部紀要 國際文化學科編』 24호, 2007) 등.

(성종 16년(1485) 성립) 등의 사료에는 조선왕조의 궁중의례 및 그에 수반된 연회에 참가한 일본인 통교자에 대한 규정이 있다.

일본인 사절일행이 참가한 궁중의례로는 望闕禮(對明遙拜儀式)와 朝賀禮, 그리고 그 연회인 會禮宴을 들 수 있다. 망궐례는 조선왕조의 사대정책의 상징으로 평가되며, 조하례는 소중화사상의 구현이라고 평가되는 의례이다. 일본인 사절의 대부분은 '日本國王使'나 그 외의 호칭을 자칭한 僞使였지만 조선국왕은 그들에 대해서도 예를 主宰하였다.

조선궁중에서 거행된 의식에 제삼국을 참가시킨 것은, 그 의식이 주재자의 권위를 강조하고, 더 나아가서는 해외의 나라들에 대해 예를 의식시키는데 적합한 공간으로 평가되었기 때문이다. 본고에서는 작은 테마이지만, 그 의식이나 연회, 또는 일본국왕사의 來朝에 따라 행해진 각종 연회에 등장하는 '男樂'과 '女樂'의 존재에 주목하여 일본에서 온 통교자가 조선왕국에서 어떻게 자리매김 되었는가를 재확인하고 싶다.

2. 연회의 종류

1) 望闕禮와 외국인사절

조선왕조의 궁중의례에 일본국왕사·류큐국왕사·對馬島人·野人(여진족) 등의 비조선인이 참가하고 있었던 것은 당시 조선의 국제관계의 실태를 보여주는 것이다. 또한 의식에 참가하는 것은, 자리배치 등의 규제를 받았기 때문에, 통교자가 조선 국내에서 자신의 위치를 시각적으로 체감할 수 있는 것이기도 하였다.

조선에서는 世宗 5년(1423) 이후, 正朝(정월 초하루)·冬至·聖節(중국황제의 탄생일)을 총칭한 호칭이 되었던 망궐례 중에서, 정월 초하루와 동지

에는 조하례와 회례연이 개최되었다. 특히 정월 초하루의 경우에는 일본국
왕사·류큐국왕사·왜인·야인도 참석하였다. 명에서 본다면 조선은 番夷의
나라 중의 하나였으며, 동아시아세계를 규정한 국왕간 외교의 관점에서 본
다면 조선과 일본은 적례(대등)의 관계에 있었다. 그러나 조선왕조가 주재
한 이러한 일련의 흐름을 가진 의식과 연회에 외국사절이나 통교자를 客子
로서 참가시킨 것은, 조선이 그들을 '조선의 朝貢分子'로서 간주한 표현이
라고 구와노(桑野)는 결론짓고 있다(桑野榮治, 「朝鮮世祖代の儀禮と王權」).
조선이란 작은 세계 안에서 일본은 더욱더 야만국이 되어 의례 중의 외교
의전에서 야인으로 불린 여진족과 다름없는 대우를 받았던 것이다.

성종 5년(1474)과 동 21년(1490)에 대규모의 인원이 班列에 따라 의
식에 참가한 것이 조정에서 화제에 오른 것처럼, 동아시아에는 이중의
세계가 구축되어 있었다. 즉 조선에서는 對明遙拜 행사가 명에 대한 경
의가 아니라 조선 주변의 나라들과 지역들에 대해 소중화사상을 구현하
는 공간으로서 이용되었던 것이다.[3]

원래 조선왕조 내부의 대명요배 의례였던 망궐례는 世祖대에 일단 중단
되었다.[4] 그러나 본디 망궐례를 마친 후에 실시되어야할 조선국왕에 대한
조하례와 회례연은 계속해서 성대하게 거행되었고, 거기에 일본·여진·류
큐 때로는 '回回'의 통교자도 참석한 것은 『조선왕조실록』에 기록된 대로
이다. 그리고 이미 구와노가 지적한 것처럼 그 의의는 조선국왕의 왕권과
조선의 화이관을 群臣들 뿐만이 아니라 異域에 대해서도 과시하는 것에 있
었다. 요컨대, 일련의 예는 의식인 동시에 외교의 공간이기도 하였다.

---

3) 삼포의 난 이후 얼마 동안은 일본에서 온 통교자를 반열에 따라 의식에 참가시키는
것을 중지하였으나, 1516년(中宗 11)에 領事인 左議政 金應箕가 명의 朔望의 조회에
四夷가 반열에 따라 참가한 것을 예로 들어 조선에서도 참가시킬 것을 제의하였다.
4) 태종대에는 天變(일식 등)을 이유로 일시적으로 망궐례를 중지한 것을 확인할 수 있지만,
세조처럼 의례를 중단하지는 않았다. 세조가 의례를 중단한 것은 그가 왕권을 찬탈해서
왕위에 오른 것과 관계가 있다(桑野榮治, 「朝鮮世祖代の儀禮と王權」, 96~103쪽).

2) 朝聘應接으로서의 연회

신숙주가 성종 2년(1471)에 편찬한 『해동제국기』에는 <朝聘應接
紀>가 수록되어 있다. 조빙이란 제후가 朝見하여 공물을 헌상하여 경의
를 표하는 행위이다.

성종기는 이른바 '大藏經 청구 붐'의 시대로, 수많은 일본의 통교자가
조선으로 도항하였다(橋本雄, 『中世日本の國際關係 - 東アジア通交圈
と偽使問題 -』, 吉川弘文館, 2005, 제1장). 『해동』에 의하면, 조선에서
는 그들을 '國王使', '諸巨酋使', '九州節度使·對馬島主特送', '諸酋使·
對馬島受職人'의 네 가지 예로 분류하고 통교자의 입장에 따라 차등을
두어 접대하였다. 조선왕조는 특히 '국왕사'와 '거추사'를 중시하여 '오
면 즉시 접대한다'고 기록해 둘 정도였다. 그러나 통행자는 그 이전부터
이미 증가하기 시작하였다. 세조대에는 즉위를 경하한다는 이유로 항상
수백 명이 넘는 일본인과 여진인이 통교하였다고 『실록』에 기록되어 있
다(『세조실록』 2년 3월 정유조). 이들 통교자에게 베푼 연회에 대해 세부
규정을 정해간 것이 선대인 세조기이다. 특히 舞樂을 통해 통교자를 이
른바 소중화주의에 편입해가는 모습이 『실록』에 기록되어 있다.

3. 樂과 일본

1) 조선왕조 이전의 藝能

어느 나라든지 현대까지 전승된 독자적인 음악은 토속과 외래의 두
측면으로 양분할 수 있다. 조선의 仙風(國風)이라고 불리는 무악은, 이
두 측면 중 외래의 요소를 받아들인 것으로, 고대의 삼국 이래 특히 중국

의 樂舞와 假面劇을 받아들여 정리한 것이다. 다음으로는 李杜鉉의 『朝鮮藝能史』(東京大學出版會, 1990)를 참고해가면서 고려와 조선시대의 음악에 대해서 소개하고자 한다.

불교왕조였던 고려시대에는 여러 부처님과 토속신에게 봉사할 것을 목적으로 개최된 八關會(음력 11월 15일)나 燃燈會(음력 정월 15일)를 비롯한 국가적인 경축행사에서, 처용면이라 불리는 가면을 착용하는 민속적인 處容歌舞나 百戲를 수반한 연회가 열리게 되었다.[5] 송이나 명으로부터 새로운 음악양식과 악기가 전래되어 樂章의 중국양식화를 초래하였고, 궁중무악의 정리도 진전되었다. 또한 공연자도 귀족의 자제에서 직업배우인 伎工·妓工으로 변화되었다.

2) 蕃部樂의 제정

조선시대는 고려와는 달리 유교국가였지만, 변함없이 대궐의 뜰에서 백희라고 불린 歌舞戲가 山臺라고 불린 무대에서 공연되었다. 『실록』을 읽어나가면, 조선왕조가 성립된 이후 조정이 의례에 필수적인 무악의 정리를 추진했음을 알 수 있다. 제5대 국왕인 文宗이 즉위한 해(1450)에는 '規式之戲'가 정해졌다(『문종실록』 즉위년 6월 임오조). 그리고 成俔이 세조대까지의 禮樂의 수정을 바탕으로 『樂學軌範』을 편찬하였다.

또한 전왕조까지의 한반도는 중국에서 도입된 무악을 일본에 전래하는 역할을 담당하였으나, 이 시대에는 일본의 무악도 대궐의 뜰에서 공연하게 되었다.

---

5) 처용이란 『삼국유사』 권2 「처용랑」에 나온 동해의 용왕의 아들이다. 그의 설화를 근거로 그의 가면을 문에 걸어두면 잡귀의 침범을 막고, 경사를 맞이한다고 일컬어지게 되었다(李杜鉉, 35~37쪽).

【사료 1】『실록』 세조 2년(1456) 3월 정유(28일)조

集賢殿 直提學 梁誠之가 상소하여 아뢰기를, "신이 삼가 살펴보건대, 주상전하께서는 上聖의 자질로서 大位에 영광스럽게 오르시어 古今 治亂의 자취와 백성들의 어려움을 통찰하지 않음이 없으시고 부지런히 정사를 돌보셔서 우리 조선의 억만 년 태평성세의 기틀을 닦으시니, 진실로 삼한이 크게 번성할 때입니다. (중략) 하나, 蕃部樂을 정하는 것입니다. 대개 중국의 樂에는 雅樂·俗樂·女樂 등이 있습니다. 夷部 등의 악은 우리나라가 사용하는 것으로 軒架, 鼓吹·童男·妓女, 假面雜戲 등의 제도가 있습니다. 대저 악이란 功을 본떠 만드는 것입니다. 태조께서 천운을 타고 흥기하신 이후, 태종과 세종께서 서로 이어받아 (국가의 기틀을) 만드셔서 동쪽의 이웃(일본)은 보배를 바치고 북쪽의 나라(여진)는 스스로 복종해왔으니, 예를 정하고 악을 만들어 아악과 속악이 모두 바로잡혔으나 유독 蕃樂만은 아직 정하지 못했습니다. 바야흐로 지금 성상께서 즉위하시어 대위에 새로 오르시니 일본과 여진의 사자가 와서 즉위를 경하하는 것이 항상 수백 인으로, 대궐의 뜰에서 공손히 절을 하니 해동의 문물이 지금보다 번성한 적이 아직 없었습니다. 바라건대 일본의 歌舞를 東部樂으로 하시고 여진의 가무를 北部樂으로 하소서. 日本樂은 三浦의 왜인에게 익히게 하고 女眞樂은 五鎭의 야인에게 익히게 하소서. 그 衣冠制度가 괴이하다고 책망치 마소서. 일본의 사신에게 잔치를 베풀 때에는 아울러 北樂을 쓰되 東樂은 쓰지 마시고, 여진의 사신에게 잔치를 베풀 때에는 아울러 동악을 쓰되 북악은 쓰지 마소서. 중국의 사신에게 잔치를 베풀 때에는 동악과 북악을 같이 쓰며, 나아가 조정에서도 이를 써서 宗廟에서 연주하게 하여 태평한 다스림을 꾸미며 우리 선왕들의 공적을 빛내면 행복하기 그지 없겠습니다.(후략)"

【사료 2】『실록』 세조 10년(1464) 정월 갑인(1일)조

勤政殿에 나아가 朝賀를 받고 회례연을 베풀었다. 왕세자가 술을 올리고 孝寧大君 李補, 臨瀛大君 李璆, 永膺大君 李琰, 永順君 李溥, 龜城君 李浚, 銀山副正 李徹, 河城尉 鄭顯祖, 領議政 申叔舟, 右議政 具致寬, 河東府院君 鄭麟趾 등 문무백관들과 왜인·야인들이 모두 반열에 나아갔다.

이보·신숙주 등이 차례로 술을 올려 술이 일곱 순배 돌자 侍衛軍士에게 술을 하사하였고, 妓工人에게 명하여 殿에 올라와서 음악을 연주하게 하고 또 왜인과 야인으로 하여금 모두 전에 올라와서 가무를 하게 하였다.

제7대 국왕 세조는 首陽大君이었던 端宗 원년(1453) 10월에 癸酉靖難이라고 불리는 쿠데타로 정권을 장악한 뒤, 1455년 윤6월에 즉위하였다. 그래서 이 해부터 이듬해에 걸쳐 대명요배행사와 종묘에 대한 親祭를 병행해 실시하여 자신의 즉위의 정당성을 국내외에 어필하는 방법을 취하였다.

사료 1은 즉위 후 처음으로 대명요배행사(성절·동지·정월 초하루)를 마친 후, 즉위를 경하하기 위해 일본인과 여진족이 왔을 때의 기사이다. 조선의 '五禮'는 조선에 전해 내려온 典禮와 故事를 바탕으로, 중국대륙 漢族의 왕조시대의 '오례'를 참고하여 성립되었다고 한다. 藩部樂을 정함에 있어서 일본과 여진의 가무를 각각 동부악과 북부악으로서 사용하기로 하였는데, '번부악'의 蕃이란 글자는 조선에서 보는 동부의 일본과 북부의 여진에 대한 인식을 드러낸 것이다.

이 기사 이외에 번부악은 물론 동부악과 북부악에 대한 기록을『실록』에서 찾아볼 수 없기 때문에 무악의 구체적인 내용을 알 수 있는 방법은 없다. 그러나 조선에서는 통교자가 조선으로 들어오는 바로 나라의 입구에서 이러한 가무를 관인들에게 익히게 하였던 것만은 아니었다. 사료 2에는 조하례 후의 회례연에서, 기공인 등의 연주 이외에, 실제로 통교자들이 이러한 춤들을 국왕 앞에서 보여주는 모습이 기록되어 있다. 지위나 신분의 고하를 가리지 않고 마음놓고 즐기는 분위기였다고 생각되지만, 이처럼 춤을 보여주는 것 역시 통교자가 국왕에 대해 경의를 표하는 행위로 간주되었던 것이리라.

3) 男樂·女樂과 연회

대명요배의식 이외에 일본인 통교자들에게 베풀어진 연회로는,『해동』에 의하면, 일본인이 조선에 입항할 때 이용한 삼포(釜山·薺浦·鹽浦)에서의 '三浦宴', 서울까지의 여로에서 행해진 '路宴', 조정에서 행해진

'宮中迎餞宴'·'闕內宴'·'禮曹宴'·'名日宴'이 있었다. 그리고 통교자의
신분에 따라 접대에 차등을 두었다. 요컨대 입·퇴장의 방법, 자리배치,
연회에 제공되는 식사의 내용 등에 대해 상세한 규정을 두었던 것이다.
『실록』에서도 외국인 통교자가 반열에 따라 의식에 참가했을 때의 연회
에 대해, 가무의 내용이나 연주자·공연자들에 관한 여러 사안들을 그때
그때의 사정을 고려하여 가장 좋은 방법을 검토하고 있다.

　　그중에 예악에서의 남악과 여악의 구별을 어떻게 할 것인가에 대해서
는, 왕조 내에서 몇 번씩이나 화제가 되었으나, 고사에 따라 아악에서 여
악은 사용하지 않는 것으로 하였다.

　　예를 들면『실록』세종 12년(1430) 7월 병인조에서는, 공자를 인용하여
조정의 예악에서 여악을 사용할 경우의 폐해(아악과 여악의 음률 상의 부
조화, 풍기문란) 등을 이유로 남악을 사용하였다. 그러나 君臣의 연회에서
는 여악(官妓)을 사용할 가능성도 검토하였고, 여악을 개혁하여 사용하라는
논의도 확인된다. 어찌되었든 간에 여악개혁보다도, '우리나라는 동남으로
는 바다에 연해있고 북쪽으로는 야인들과 연접하고 있어 방어할 일이 없는
해가 없다'(尹粹의 발언에서)고 한 것처럼, 국방 등 내정과 외정의 과제를
우선하지 않을 수 없는 상황이었기에 여악에 대한 개혁은 늦춰졌다.

【사료 3】『실록』문종 즉위년(1450) 10월 병신(26일)조
　　知經筵事 金宗瑞가 아뢰기를, "지금은 국상을 당하여 예악을 논할 만한
때가 아니지만, 사신을 접대할 때에는 여악을 쓰지 말고 아악을 쓰는 것이
좋겠습니다. 술잔을 올릴 때에는 아악을 쓰고 음식을 올릴 때에는 속악을
쓰는 것이 편할 것입니다"라고 하였다. 임금이 말하기를, "여악을 없애고 오
로지 남악을 쓰는 것이 정론이다. 그러나 나라에 변고가 많아 아직 도리를
바로잡을 수가 없는데, 먼저 이를 고치는 것은 옳지 않다. 세종께서 일찍이
말씀하시기를, '여악은 스스로 의복을 준비하나, 만약 남악이라면 官에서 모
두 마련해야 한다. 또한 남악은 반드시 용모가 단정한 자를 쓰는데 장성하
면 쓸 수가 없으니, 이것이 계속하기 가장 어려운 점이다'라고 하셨다. 혹자
는 말하기를, '가면을 사용하여 남악을 쓰소서'라고 한다. 그러나 가면을 만

드는 것 또한 쉬운 일이 아니다. 정치를 행함에 있어서 마땅히 급한 일을
먼저 해야 하는데 이것은 현재의 급선무가 아니다"고 하였다.

【사료 4】『실록』 문종 즉위년(1450) 11월 임술(22일)조
좌찬성 김종서가 논하기를, '여악은 예의 正道가 아니기 때문에 예로
부터 지금에 이르기까지 모두 公宴에서 사용하지 않았습니다. 우리나라
가 조정과 사신의 연회에서 舊習에 따라 그대로 행하여 오늘날까지 이른
것은, 달리 쓸 만한 악이 없었기 때문에 감히 가벼이 고치지 못하였을 뿐
입니다. 지금부터 모든 공연에서 여악을 쓰지 않으면 거의 禮俗에 맞을
것입니다. 다만 갑자기 폐지하기 어려우니, 禮官으로 하여금 보고 듣기에
좋으며 오랫동안 전해오면서 폐해가 없는 악에 대해 충분히 논의시켜 상
세하게 결정하게 한 후에 여악을 쓰지 않는 것이 편할 것입니다. 顔淵이
나라를 다스리는 법에 대해 물으니, 공자께서 말씀하시기를, '鄭나라의
음악을 추방하는 것이다'라고 하셨습니다. 그리고 齊나라 사람들이 여악
을 (魯나라에) 선사하니 공자께서 마침내 떠나셨습니다. 대개 여악이 인
심을 방탕하게 함은 정나라 음악보다 심하였으므로 역대 이래로 모두 會
禮에 사용하지 않았습니다. 또 지금 중국 조정에서도 역시 공연에서 사용
하지 않으므로, 우리 태종께서 이에 사신의 연회에서 여악을 사용하지 말
라는 敎旨를 내리셨습니다. 세종께서도 또한 회례연·養老宴과 이웃 나라
의 客人을 접대하는 자리에서 모두 남악을 쓰셨으니, 조정과 사신의 연회
에서 아악을 쓰려는 조짐이 나타났습니다. 다만 우리나라의 옛 풍속을 감
히 가벼이 고칠 수가 없어서 그대로 따라서 지금에 이른 것뿐으로, 이것
이 아름다워서 없애지 않은 것이 아닙니다. 바라건대 주상전하의 말씀에
따라 시행하여 구습을 바꾸되, 다만 방 안에서 여악을 사용하는 것은 괜
찮습니다'고 하였습니다. 제4조에서 아악의 악보를 간행하자는 것은 이미
일찍이 주상전하의 재가를 받아 鑄字所에 하명하였습니다. 주상전하의
말씀에 따라 간행하는 것이 어떻겠습니까?"라고 하니 모두 따랐다. 다만
여악을 사용하는 것은 잠시 동안 구습에 따르게 하였다.

사료 3과 사료 4는 문종이 즉위한 이후에 여악의 사용여부를 선례를
근거로 검토한 기사이다. 세종대의 양로연과 이웃 나라의 객인에 대한
접대에서는 남악을 사용하고 있었던 것이다.

【사료 5】『실록』세조 7년(1461) 7월 정사(19일)조
　禮曹에서 아뢰기를, "왜인과 야인을 본조에서 접대할 때에는 남악을 씁니다. 그러나 歌童과 舞童의 수가 적어서 맡은 바를 두루 다하지 못합니다. 왜인과 야인이 상경하는 도중에 기녀가 있는 고을들에서는 연회를 베풀 때에 모두 여악을 쓰니, 청컨대 본조에서 접대할 때에도 이 예에 따라 여악을 쓰게 하소서"라고 하니 그대로 따랐다.

이 사료는 객인을 접대하는 예조연에서는 선례에 따라 남악을 사용해야 하는데 가동과 무동의 숫자가 적어 준비할 수 없었던 때의 조치에 관한 기사이다. 왜인이나 야인이 상경할 때 거쳐 온 마을에서는 연회를 베풀 때에 여악을 사용하고 있으므로 예조연에서도 여악을 쓰고 싶다고 요청하였기 때문에 세조가 윤허하였다.

【사료 6】『실록』세조 8년(1462) 3월 갑진(9일)조
　예조에 傳旨하여 이르기를, "객인을 접대할 때에는 여악을 쓰지 말라"고 하였다.

그런데 사료 6에 보이는 것처럼, 결과적으로 여악의 이용은 금지된다. 사료 5에서 사료 6으로 이어지는 기간 중에 적절한 기사를 찾을 수 없기 때문에 이 한 줄의 사료는 다소 느닷없다는 느낌이 든다. 어찌되었든 간에 일본인과 여진인 통교자에 한정하여 말하자면, 이 명령에 따라 예조연이 행해졌음을 다음의 사료에서 명확히 알 수 있다.

【사료 7】『실록』세조 11년(1465) 11월 기미(15일)조
　하나, 一代가 흥성함에는 반드시 일대의 제도가 있습니다. 예악은 때에 따라서 손해와 이익을 낳으니 하나를 고집하여 쓸 수만은 없습니다. 신이 보건대, 예조가 왜인과 야인에게 연회를 베풀 때에는 남악을 쓰는데 그 가무와 의관은 차마 볼 수 없을 정도입니다. 이것을 이웃 나라에 알리게 할 수는 없습니다. 지금 중국이 蕃國의 사신에게 연회를 베풀 때에는 雜伎를 쓰고, 우리나라가 명나라 사신에게 연회를 베풀 때에는 또한 여악

을 씁니다. 바라건대 지금부터 일본과 여진의 사신에게 연회를 베풀 때에
는 무동을 제외하고 여악을 고쳐서 쓰며, 명나라 사신에게 연회를 베풀
때에는 또한 우리나라의 잡기 중에서 볼만한 것을 골라서 (여악과) 아울
러 쓰소서.

사료 7은 대사헌이었던 양성지가 올린 제언 중의 하나이다. 그는 예
악에 대한 집착이 때로는 (외교관계에 있어서) 손해와 이익을 낳을 수 있
다는 현실적인 판단을 내렸다. 남악은 여악에 비하면 차마 눈 뜨고 볼
수 없는 상태이며, 이러한 상황이 이웃 나라인 일본이나 여진에 전해지
는 것을 피하는 것도 대외관계상 필요하다고 제언한 것이다. 요컨대 조
선왕조가 연회의 주최자로서 오락면의 평가도 의식하고 있었던 것으로
생각된다. 그 배경으로는 급증하는 일본인·여진인 통교자의 존재를 지적
할 수 있을 것이다.

4. 마치며

세조기까지 조선왕조에서 개최된 연회의 자리에서의 남악과 여악의
사용을 일본인 통교자의 경우에 한정하여 소개하였다. 풍기의 면을 중
시하여, 일본인 통교자에게 베푼 연회에서는 관에서 모든 것을 준비할
수 있는 남악을 사용하였다. 이것은 유교국가로서 '예'라는 측면을 중시
한 國是에 부합되는 것이었다. 또한 그 한편으로 조선이 중국에서 전래
된 예악을 고집한 것은, 번국의 사신인 일본이나 여진의 통교자에 대해
소중화주의에 입각해 국위를 보여줄 기회로 인식하였기 때문이라고 생
각할 수도 있다. 그렇지만, 현실적으로 생각해 보면, 일본에서 온 통교자
의 대부분은 (실제로는) 위계 등과 전혀 인연이 없는 처지의 사람들이었
다. 요컨대 예를 지키면서도 '연회의 화려함'을 그들에게 보여주는 것이

야말로 통교자회유책으로서 효과적이라고 판단하는데에 이른 것이 세조기라고 생각된다. 그 점을 느껴서인지 일본인 통교자는 때로는 만취한 채 말을 모는 등, 흥에 취해 법석을 떨며 會宴禮를 즐길 수 있었던 것이다.

Ⅲ. 표류민 송환과 정보전달을 통해 본 16세기 朝日 관계*

요네타니 히도시(米谷 均)**

1. 머리말

현해탄 해상에 고독한 배처럼 떠 있는 섬 쓰시마에게는 두 가지 <대외교섭>의 상대가 존재했다. 하나는 물론 조선이었으며, 다른 하나는 일본국내의 제 세력이었다. 16세기 이후 쓰시마가 조선통교의 권익을 수집·독점하고, 후자의 통교명의를 사칭한 僞使를 일상적으로 파견했다는 점은 널리 알려진 사실이다. 필자도 앞서 이 문제에 대해 대략적으로 고찰한 바 있는데,[1] 쓰시마-조선 간의 <대외교섭>에 시선이 쏠렸던 탓에 쓰시마-일본본토 제 세력의 관계의 실태에 대해서는 충분히 해명하지 못했다.[2] 한편 佐伯弘次는 쓰시마에 의한 왜구정보의

---

* 본 고는『역사평론』572호(1997)에 게재된 同名의 拙稿를 가필·수정한 것이다.
** 共立女子大學

1) 米谷均, 「16세기 日朝 관계에 있어서의 僞使 파견의 구조와 실태」『역사학 연구』 697호, 1997. 한편 이 방면의 연구로는 長節子,『중세 국경 해역의 왜와 조선』, 吉川弘文館, 2002 :「임신·정미약조 接待停止深處倭에 관한 고찰」『연보 조선학』10집, 2007 :「16세기 후반에 있어서의 深處倭 武田敎實 등의 부활 교섭」 『연보 조선학』11집, 2008이 상세하다.

수집과 조선으로의 정보제공을 소재로 하여 본토 제 세력과 쓰시마와의 관계와 실태를 밝혔으며(佐伯弘次, 「16세기에 있어서의 후기왜구의 활동과 쓰시마 宗氏」, 中村質 편, 『쇄국과 국제관계』, 吉川弘文館, 1997), 關周一은 15세기부터 16세기에 있어서의 조선통교 시스템의 변용을 세 시기로 나누어 검토하여 동아시아 해역에 있어서의 쓰시마 - 博多 라인의 위상 변화를 해명했다(關周一, 『중세 日朝 해역사의 연구』, 吉川弘文館, 2002, 제6장).

조선통교를 생업으로 하는 쓰시마는 16세기의 환 중국해역에 있어서의 새로운 해상세력의 신장에 의해 점차 수세에 몰려, 이전보다 더욱 통교권익을 독점화함으로써 활로를 개척할 수밖에 없었다(高橋公明, 「16세기의 조선·쓰시마·동아시아 해역」, 加藤榮一·北島万次·深谷克己 편, 『幕藩制 국가와 異域·異國』, 校倉書房, 1989). 그러한 쓰시마 -조선 라인의 폐쇄성 강화는 일본본토 세력과 조선 조정에 대한 정보의 과점화가 사전에 이루어지지 않는 한 성립할 수 없다고 필자는 생각한다. 본 논문은 16세기 朝日 통교를 둘러싼 쓰시마와 본토 諸氏의 관계를 해명하기 위해, 우선 조선인 표류민의 송환활동에 주목하고, 이어서 쓰시마에 의한 조선·일본 정보의 조작 실태에 대해 검토해 보고자 한다.

---

2) 근년 이 방면의 연구는 伊藤幸司, 『중세 일본의 외교와 禪宗』, 吉川弘文館, 2002 ; 橋本雄, 『중세 일본의 국제관계-동아시아 통교권과 僞使 문제-』, 吉川弘文館, 2005 ; 荒木和憲, 『중세 쓰시마 宗氏 領國과 조선』, 山川出版社, 2007 등에 의해 비약적인 해명이 이루어지고 있다.

2. 조선인 표류민의 송환을 통해 본
쓰시마―일본본토 제 세력의 관계

삼포의 난(1510년) 이후, 쓰시마의 주도로 朝日 통교의 권리를 회복하기 위한 교섭이 활발해지는데, 그 과정에서 쓰시마 이외의 제 세력은 조선통교에서 점차 배제되어 갔다. 그러나 모든 제 세력이 이후 조선통교에 대해 무관심했던 것은 아니며, 다양한 수단을 통해 조선통교에 관여하고자 했다. 조선인 표류민의 송환활동은 그러한 수단의 하나였다. 15세기 중엽 이후 서일본 각지의 제 세력은 조선과의 통교권익을 획득하기 위한 수단의 하나로 표류민의 송환 사절을 활발하게 파견했는데, 쓰시마는 이들 사절에게 도항 査證(文引)을 발급하고 수수료를 징수했다(전게 關, 『중세 日朝 해역사의 연구』제2장). 16세기에 들어서면, 쓰시마는 본토 제 세력으로부터 표류민의 신병을 넘겨받아 적당한 명의를 도용한 偽使를 통해 본국에 송환하고, 잃어버린 제 권익의 회복을 요청할 때 비장의 카드로 이용했다. 그러나 표류민을 수중에 두고 있던 제 세력 가운데에는 쓰시마를 통하지 않고 독자적으로 조선인 표류민을 송환하고자 하는 세력도 있었으며, 통교권익의 독점을 도모하는 쓰시마의 입장에서 표류민의 대리 송환은 양날의 칼과 같은 존재가 되어가고 있었다.

【사료 1】 大窪 日向守 수신의 宗國親(쓰시마 守護代) 書狀案
　　당신의 우호적인 대우에 대해 매우 기쁘게 생각하고 있습니다. 당신의 호의로 그 쪽 관할의 津에 표류민이 흘러 들어갔다는 소식을 전해 들었습니다. 원칙대로 하자면 사자를 보내어 표류민 송환문제의 周旋을 신청해야 하겠지만, 표류민이 당신 측 배로 壹岐에 회송되었다는 소식이 들렸던 바, 잠자코 사자를 보내는 일을 그만 두었습니다. 그런데 당신 측에서

'회송도 별 탈 없이 이루어졌으니, 표류민을 우리가 직접 조선 측에 넘겨
줘도 문제될 것 없다'라고 논의되고 있다는 소식을 전해 들었습니다. 이
는 전혀 예상치 못한 일입니다. 이미 예전부터 말씀드리고 있는 바와 같
이, 표류민 송환문제가 관례에서 벗어나 처리되는 일은 없어야 할 것입니
다. 생각건대, 표류민은 앞으로도 계속해서 발생할 것이며, 저는 그때마다
표류민 송환문제의 주선을 신청할 것입니다. 당신의 조력을 부탁합니다.
그에 따른 사례는 섭섭지 않게 준비하도록 하겠습니다. 표류민 표착의 풍
문이 들리면 송환문제의 주선을 신청할 것이니 잘 중개해 주시기 바랍니
다. 제가 멀리 떨어져 있는 탓에, 혹은 표착 사실을 전해 듣지 못하는 경
우도 있을 텐데, 그런 경우에는 어디까지나 당신의 호의를 믿을 뿐입니
다. 표착 사실을 접하는 즉시 연락을 주신다면, 더할 나위 없는 기쁨이겠
습니다. 앞으로도 이런저런 말씀을 올리게 되리라 생각합니다만, 무엇보
다 의지하고 있는 것은 당신의 호의입니다. (중략)

자세한 내용은 使僧이 말씀 올릴 것입니다. 삼가 아룁니다.

大永八 六月十五日 國親

大窪 日向守께 올리는 답장

(『跡付』 42호)[3]

위 사료는 大永 8년(1528)의 것으로, 수신인인 大窪氏는 五島 宇久
氏의 가신이다. 그 내용은 다음과 같다. 즉 大窪氏가 五島에 표착한 표
류민을 직접 조선에 송환해도 문제될 것이 없다는 의향을 품고 있다는
것을 宗氏가 알아차리고, 종래처럼 쓰시마의 중개를 거칠 것을 간원한
것이다. 그리고 향후 표류민 표착의 풍문을 얻는 즉시 사자를 보내어
표류민 송환문제의 주선을 신청하고자 하는 데, 그에 대해 협력해 주었
으면 한다는 취지를 담고 있다. 大窪氏는 자신의 배로 표류민을 壹岐까
지 회송하는 한편, 使僧을 쓰시마에 보내어 표류민 표착의 사실을 미리
통지했지만, 쓰시마로서는 표착민 회송에 대한 정보를 사전에 전달 받

---

3) 『大永享祿之比御狀幷書狀之跡付』(田中健夫, 『대외관계와 문화교류』, 思文閣
出版, 1982). 이하 동 사료의 문서번호는 위 책에 따른다. 단, 대한민국 사료편찬
회 소장의 원본 마이크로 사진과 조합하여 字句나 句讀点을 일부 개정했다.

아 이를 자신의 주도 하에 시행하고 싶었던 것으로 여겨진다. 宗氏는 본토의 제 세력이 표류민 회송을 구실로 조선통교의 권리에 관여하는 사태의 발생을 가급적 회피하고자 했던 것이다. 이러한 의향은 이윽고 표류민 송환의 중개에 난색을 표명하는 것에 의해 분명하게 드러나게 된다. 1529년 조선인 표류민이 博多에 체류하고 있다는 통지를 陶興房으로부터 전달 받은 宗盛廉은 '고려국의 사정에 정통한 자'의 '표착민들의 환국을 허용하시지 말아야 한다'는 진언에 따라, 표류민의 본국 송환을 大內氏 측이 허가하지 않도록 요청했다(『跡付』 23호). 그 이유는 다음 해인 享祿 3년(1530)으로 비정되는 다음 書狀案에 상세히 밝혀져 있다.

【사료 2】陶興房 수신의 宗盛廉(쓰시마 守護代) 書狀案
　작년에 표착한 표류민의 송환문제에 대해 말씀드린 바, 一以齋(쓰시마 使僧)에게 분부를 내리셨습니다. 일전에 말씀드린 바와 같이, 고려국의 사정에 정통한 자가 표류민을 송환해서는 안된다고 이야기하고 있습니다. 표류민들은 수년간 이곳에 체재하여 일본의 사정을 속속들이 알고 있으니, (宗氏와 大內氏의) 친밀한 관계를 고려하신다면 그들의 송환은 허가하지 마셔야 한다고 말씀 드렸던 것입니다. 그렇다고는 하지만, 최근 수년간 표류민이 빈번하게 발생하고 있기도 하고, 이번에는 분부대로 송환하도록 하겠습니다. 자세한 내용에 대해서는 得釣齋(大內 使僧)가 말씀 올릴 것입니다. 삼가 아룁니다.

(享祿 三年) 五月卄日 盛廉
보시도록 삼가 올립니다.
(『跡付』 55호)

【사료 3】得釣齋 수신의 宗盛廉 書狀案
　이 곳에 장기간 머무르셨는데, 지금까지 본의 아니게 이렇다 할 답변을 드리지 못했습니다. 작년에 표착한 표류민의 송환을 허용하지 마시라고, 저는 몇 번이고 尾州樣(陶興房)께 말씀드린 바 있습니다. 그러나 尾州樣께서는 제 진언을 받아들이지 않으시고, 一以齋을 통해 거듭 표류민을 송환하라는 분부를 내리셨습니다. 이에 대하여 저는, 표류민들은 수년

간 이 곳에 체재하여 일본의 사정을 속속들이 알고 있으며, 그들을 송환
한다면 그들은 필시 온당한 이야기를 진술하지 않을 것이라는 점에 대해
얼마 전 거듭 상세한 내용을 말씀 드렸습니다. 그러나 尾州樣의 분부는
'이번 일은 나의 뜻에 따르라'는 것이었습니다. 이에 따라 다음의 사항을
요청하는 바입니다. 즉 표류민 송환의 사자로는 博多 사람을 임명해 주셨
으면 합니다. 만약 博多 이외 지역의 사람으로 조선에 가 본 경험이 없는
자를 임명하신다면 계속해서 송환을 거부하겠습니다. 그리고 당신께 비
공식적으로 말씀드린 것처럼, 저에게는 현재 불가피한 사정이 있으니 사
절의 파견을 잠시 연기해 주시면 감사하겠습니다. 다행히도 지금껏 당신
께 이런저런 사정을 말씀 드려왔기에, 우선 결정 내용의 요점을 간추려
말씀드린 것입니다. 추후 당신과의 면담을 기약합니다. 삼가 아룁니다.

(享祿 三年) 五月廿一日 盛廉

得釣齋님께

아울러 말씀드립니다. 현재 博多의 관할 津에 있는 자들은 저희를 소
홀히 대하고 있습니다. 그들이 사자로 임명된다면 저희는 송환에 필요한
배편을 준비하지 않을 것입니다. 이러한 저희 입장에도 불구하고 만약 그
들이 바다를 건너려 한다면, 저희 쪽에서 그들을 구류할 것입니다. 이 점
도 인지하시길 바랍니다.

(『跡付』 64호)

사료 2에 보이듯이, 쓰시마는 조선인 표류민의 송환에 난색을 표하는
이유에 대해, 조선인 표류민들이 博多에 장기 체재하여 일본의 사정을
상세히 알아 버렸기 때문이라 설명하고, '(宗氏와 大內氏의) 친밀한 관계
를 고려하신다면 송환은 허가하지 마셔야 한다'라는 취지를 진술하고 있
다. 그러나 大內 측의 강력한 요망에 의해 쓰시마는 결국 마지못해 송환
에 응하게 되는데, '표류민 송환의 사자로는 博多 사람을 임명해 주셨으
면 합니다. 만약 博多 이외 지역의 사람으로 조선에 가 본 경험이 없는
자를 임명하신다면 계속해서 송환을 거부하겠습니다'라고 못을 박고 있
다(사료 3). 일본의 국내정세를 간파한 표류민이 본국에 송환된다는 것은
쓰시마로서는 자신에게 불리한 정보가 조선에 흘러 들어가는 것을 의미

했다. 사자의 선정에 집착한 이유도 정보누설에 의해 예기치 못한 사태가 발생할 경우, 조선통교의 경험이 풍부한 博多 사람이라면 적절하게 대응할 수 있을 것이라고 기대했기 때문으로 여겨진다. 또한 '현재 불가피한 사정이 있으니 사절의 파견을 잠시 연기해 주시면 감사하겠습니다'라고 보이듯이 상기의 조선인 송환은 곧바로 실현되지 않고, 2년 후인 享祿 5년(1532)에 이르러 사절의 파견이 이루어졌다(『跡付』 110∼113호). 당시 쓰시마와 大內氏 사이에는 博多津入船公事를 둘러싸고 마찰이 있었기 때문에(佐伯弘次, 「중세 후기의 博多와 大內氏」 『史淵』 121, 1984년 3월), 파견 연기의 배경에는 이러한 사정이 밀접하게 관련되어 있었던 것으로 여겨진다.

博多를 지배하고 있던 大內氏와 大友氏에 대해 쓰시마는 그들의 사절파견을 끝까지 저지할 수는 없는 입장에 있었다. 博多는 쓰시마가 僞使를 파견할 때 資材의 조달원이었으며, 사자의 인적 공급원이었기 때문이다.[4] 그러나 상기의 兩氏 이외의 국내 제 세력에 대해서는 독자의 사절파견은 커녕 조선통교에 관여할 만한 가능성을 가급적 봉쇄하고자 했다. 그리고 그들이 표류민의 쓰시마 회송을 시도할 경우에는 항상 아래와 같이 비관적 전망을 진술했다.

【사료 4】波多盛 수신의 宗將盛(쓰시마도주) 書狀案

말씀드립니다. 관할 영지에 고려인이 표착했다는 말씀을 전해 들었습니다. 이 사안에 관련하여 그들의 회송에 협력을 바란다는 말씀도 전해 들었습니다. 예전에 종종 大內家가 (표류민을) 송환하시려 했지만, (조선 측에서) 제대로 받아들이지 않았습니다. 특히 '이런 무리들은 천 명, 만 명이 사라져도 상관없다'라는 답장(을 조선으로부터 받아), 사자를 (조선에) 파견하는 것은 소용없는 짓이라고 (大內家는) 말씀하셨습니다. 지난

---

4) 博多를 둘러싼 宗氏와 大內·大友氏의 관계에 대해서는 佐伯弘次, 「중세도시 博多의 발전과 息濱」(川添昭二 선생 還曆 기념회 편, 『일본 중세사 논고』, 문헌 출판, 1987) 등을 참조.

겨울 五島에 고려인이 표착했을 때에도 저희에게 표류민의 신병을 인도
하겠다는 이야기가 있었지만, 앞서 말씀드린 大內家의 사례를 참작하여
재고해 줄 것을 말씀드린 바 있습니다. 당신과는 친밀한 관계에 있으므
로, 답장 보내는 일을 겸하여 말씀드리는 것입니다. 삼가 아룁니다.

(天文 五年) 三月十五日 將盛

波多壹岐守殿 宿所에 올림

(『跡付』 186호)

이 사료는 天文 5년(1536)으로 비정되는 쓰시마도주 書狀案으로, 波
多氏의 領內(壹岐?)에 조선인이 표착한 사실을 통지 받은 宗氏가 두 가
지 선례를 들어 표류민의 쓰시마 회송을 넌지시 거절한 내용을 담고 있
다. 하나는 앞서 든 享祿 5년(1532)의 大內氏 사자에 의한 표류민 송환사
례로 '예전에 종종 大內家가 (표류민을) 송환하시려 했지만, (조선 측에
서) 제대로 받아들이지 않았습니다. 특히 '이런 무리들은 천 명, 만 명이
사라져도 상관없다'라는 답장(을 조선으로부터 받아), 사자를 (조선에) 파
견하는 것은 소용없는 짓이라고 (大內家는) 말씀하셨습니다'고 진술하고
있다. 또 하나는 天文 4년(1535) 겨울 五島에 표착한 조선인의 사례로,
五島(宇久氏?)로부터 쓰시마 회송의 의향을 전달 받았지만, 상기의 사례
를 고려하여 넌지시 거절했다고 하고 있다. 그러나 五島 표착민의 회송
謝絶의 사실은 둘째 치고, 大內氏 사자에 대한 조선의 대우가 실제로 이
와 같았는지는 의문으로, 요컨대 波多氏가 표류민 회송을 단념하도록 궤
변을 늘어놓았을 가능성이 높다.

【사료 5】 山鹿 治部丞 수신의 宗盛廉 書狀案
　　이번에 표류민 11명을 회송해 주신 것은 실로 생각지도 않았던 일입
니다. 호의에 감사드립니다. 그런데 '이러한 표류민의 본국 송환은 허용
하지 않는다'라고 조선 측에서 수차례 통고하고 있습니다. 이러한 실정
을 감안하여 표류민의 송환은 보류하도록 하겠습니다. 그렇다 하더라도
호의를 보여주신 점은 감사합니다. 상세한 내용에 대해서는 使僧이 말씀

올릴 것입니다. 향후로도 저희가 이런저런 말씀을 드리게 되리라 생각합니다만, 그에 대해서는 후일 다시 연락드릴 것을 기약합니다. 삼가 아룁니다.

(天文 五年) 九月廿七日 盛廉
山鹿治部丞殿께 답장을 올립니다.
(『跡付』199호)

이 쓰시마 守護代 書狀案도 마찬가지로 天文 5년(1536)의 것으로 추정된다. 수신인인 山鹿氏는 대대로 博多下代官을 담당한 가문이므로, 표류민 11명이 표착한 곳은 大內氏의 領國內일 것이다. 그리고 쓰시마는 표류민을 회송한 山鹿氏에 대해 사의를 표하면서도 조선 측이 '표류민의 본국 송환은 허용하지 않는다'라고 수차례 통고하고 있다며 송환을 거절하고 있다. 波多氏에 대한 대응과 동일한 대응이 이루어지고 있다는 점을 여기서 확인할 수 있다.

그런데 조선 측의 기록에 의하면, ① 壹岐에 표착한 제주도의 어민 金公 등 14명이 중종 31년(1536) 10월 壹岐에서 탈출하여 전라도로 도망쳐 왔다는 기사(『조선왕조 중종실록』[이하 『중종실록』으로 약칭함] 31년 10월 계사)가 있으며, 또한 ② 같은 해 12월(일본력으로 11월)에는 '日本國 古東島太守 親忠'의 사자 邊沙也文이 제주도의 표류민 11명을 송환한 사실을 기록하고 있다(『중종실록』 31년 12월 을사). 연대나 표착지점으로 보아 ①의 壹岐 표착민 14명이란 사료 4의 波多氏 領內의 표착민이고, ②의 '親忠' 송환의 표류민 11명은 사료 5의 표류민 11명에 해당한다고 여겨진다.[5] 한편 조선 정부는 같은 해 윤12월(일본력으로 12월) '親忠' 圖書를 작성·발급하여 통교권의 개설을 새로이 인정했는데, '親忠'이라는 인물은 쓰시마가 고안한 가공의 명의로, 그 사절은 僞使였다(田代和生·米谷均, 「宗家舊藏 <圖書>와 木印」『조선학보』 156집,

---

5) 이 추론은 1996년, 關周一·米谷均·橋本雄의 스터디에서 얻은 성과이다.

1995). 이상의 사항들을 감안하면, 아마도 쓰시마는 ①의 표류민의 증언에 의해 송환의 중개거부 사실이 폭로됨으로써 조선 측으로부터 추궁을 받는 것을 두려워하여, ②의 표류민에 대해서는 '親忠'이라는 인물이 송환한 것처럼 연출한 것이 아닐까? 이 표류민을 쓰시마에 회송한 山鹿氏에 대해서는 조선으로의 송환 달성은 절망적이라고 답변하는 한편, 쓰시마는 가공의 명의에 의한 송환을 실시하여 '親忠' 명의의 조선 통교권을 새로이 획득한 셈이다. '親忠' 圖書가 山鹿氏에게 전달되는 일 없이 쓰시마에 의해 착복되었다는 점은 두말할 나위 없다.

쓰시마가 여타 지역에 표착한 조선인 표류민의 송환에 소극적이었던 이유로는 다음과 같은 것을 생각할 수 있다. 첫째, 사료 1에 보이듯이 본토의 제 세력이 쓰시마를 거치지 않은 채 직접 표류민의 송환을 시도하여, 조선과 통교를 맺을 가능성이 있었기 때문이다. 1540년 五島의 宇久純定은 독자적으로 사절을 내세우고 쓰시마를 경유하지 않은 채 표류민을 조선에 송환하여 쓰시마의 격렬한 항의를 받았다(전게 高橋, 「16세기의 조선·쓰시마·동아시아 해역」, 關周一, 「壹岐·五島의 교류와 조선 -중세 영주의 조선통교-」 『연보 중세사연구』 16호, 1991). 둘째, 쓰시마가 조선인 표류민을 본토 제 영주로부터 넘겨받을 때에는 모종의 금전을 지불할 필요가 있었던 것으로 여겨진다. 宇久純定에 의한 표류민 송환 사절의 파견에 대해 항의한 쓰시마는 조선에 보낸 외교문서 속에서, 표류민을 넘겨받기 위해 五島에 使船을 수차례 보냈으며 황금 10鎰로 그들 19명을 사려 했으나 純定이 이를 거부했다고 진술하고 있다(『중종실록』 35년 10월 신사). 물론 이 증언은 크게 과장되었을 가능성이 높지만, 쓰시마의 입장에서 볼 때 표류민의 신병 확보가 적지 않은 부담을 동반하는 것이었다는 점은 사실일 것이다. 셋째, 본국에 송환된 표류민이 조선 측의 취조에 의해 일본의 국내정세를 밝힘으로써 쓰시마에게 불리한 정보가 흘러 들어갈 가능성이 있었기 때문이다. 1525년 五島에서

大內氏의 領地를 거쳐 조선으로 송환된 표류민 金必 등은 '과거, 현재 할 것 없이 日本國王使와 大內殿使의 사신이라고 칭하는 자는 모두 일본 본토의 사람이 아닙니다. 모두 쓰시마 등지의 사람을 사칭하여 조선에 오고 있는 것입니다'라고 증언하고, '삼포의 난의 주모자인 왜인 守丁(守貞이라고도 함)이 이번 사절단의 한 사람으로 조선에 건너 와 浦所에 체재하고 있다'는 사실을 폭로했다(『중종실록』 20년 7월 경신). 송환에 이르기까지 장기간 일본에 체재할 수밖에 없었던 표류민들은, 실로 사료 2와 사료 3에서 진술되고 있는 바와 같이 '일본의 사정을 속속들이 알고 있는' 자들이었다. 특히 후자와 같은 정보가 조선 측에 누설되는 일은 浦所에 대한 조선 측 관헌의 단속 강화를 불러일으킬 위험성이 있어서, 쓰시마로서는 실로 곤혹스러운 일이었다. '고려국 사정에 정통한 자'가 표류민 송환에 반대한 이유도 이와 같은 사정이 배경에 있었기 때문이 아닐까?

3. 정보 전달을 통해 본 16세기 朝日 관계

16세기 이후 쓰시마의 입장에서 조선인 표류민의 본국 송환은 이익보다 손실이 커져 갔다. 그것은 이 시기에 진행된 쓰시마에 의한 일본 본토와 조선에 대한 정보의 독점·조작과 밀접한 관련이 있다. 본 장에서는 이러한 정보 전달의 성격에 대해 논해 보고자 한다.

1) 對 일본국내

쓰시마는 1478년 주군인 少貳氏와 관계를 단절하고 大內氏와 화친(佐伯弘次, 「大內氏의 筑前國 지배－義弘期에서 政弘期까지－」, 川添昭

二 편,『九州 중세사 연구』1집, 문헌출판, 1978, 320쪽)한 이래, 일본 본토의 제 세력과 항상 <균등외교>의 입장에서 접촉했다. 특히 博多를 지배하고 있던 大內氏·大友氏와 긴밀한 관계를 유지하고, 兩氏의 宿老, 諸氏를 비롯한 北九州의 중소 제 세력과 중립적인 우호관계를 유지하는 것은 九州 본토에 영지가 없는 등 경제적 자립이 곤란했던 쓰시마로서는 필수 불가결한 것이었다(田中健夫,『대외관계와 문화교류』, 思文閣 출판, 1982, 412·435~436쪽). 이러한 쓰시마의 <균등외교> 전술은 大內·大友 兩氏의 대립이 발생했을 때야말로 그 진가가 발휘되었다. 1528년 大友氏는 義鑑 명의의 圖書 발급을 요청하기 위해 僞日本國王使(正使 一鶚)를 조선에 파견했다(『중종실록』23년 8월 기미·윤10월 계유). 이에 대해 大內氏 측은 위 사절이 가져오는 '御印疏'의 반입을 쓰시마에서 막도록 宗將盛에게 요청했다.[6] '御印疏'란 아마도 일본국왕 수신의 조선국왕의 답장을 가리키는 것으로 보이며, 조선 조정으로부터의 회사품과 무역이윤 등이 大友氏의 수중에 들어가지 않도록 大內氏가 방해공작을 펼친 것으로 추정된다. 그러나 宗氏 측은 이 요청에 대해 겉으로는 승낙하면서도 실행한 것 같지는 않고, 다음 해인 享祿 2년(1529) 7월 3일에는 '高麗御渡船'이 무사히 귀국한 데 대한 축하 편지를 大友氏 측의 가신 臼杵長景에게 보냈다(『跡付』26호. 관련문서로 24·25·27호). '친밀한' 大內의 요청이라 하더라도 大友氏와의 관계를 결정적으로 악화시키는 행동은 쓰시마로서는 회피할 필요가 있었기 때문이다. 1532년 北九州의 지배를 둘러싸고 大內·大友 兩氏가 단교하고 군사적 충돌을 일으켰을 때, 宗氏는 양 측에 사자를 보내어 정세를 살피는 한편 양 측 모두에게 '승리'를 기원하는 편지를 보내기도 했다(『跡付』160·161호).

宗氏는 자신의 家督 상속에 대해서는 본토의 제 세력에게 널리 통지

---

6) 이 요청에 대한 답장이『跡付』31호 문서이며, '豊州江被進御印疏候事, 於此方可相留之由承候'라고 보인다.

했다. 특히 조카인 宗將盛을 쫓아내고 家督을 상속한 宗晴康은 大內·大友 측의 諸氏를 비롯하여 龍造寺氏의 비호 하에 있던 옛 주군 少貳氏에 이르기까지 매우 광범위하게 그 사실을 인지시키려 노력했다.[7] 또한 宗盛治의 난 등이 발생하여 그 잔당이 섬 밖으로 도망한 경우에는, 반란의 사실을 알리고 그들의 포박을 요청하는 편지를 보냈다(『跡付』 29·46호. 이외 관련문서로 155·158·159·164호 등). 한편 조선통교에 관련된 정보에 대해 쓰시마는 본토의 諸氏에게 정확한 정보를 제시하지 않았으며, 앞 장에서 살펴 본 조선인 표류민을 송환할 때처럼 오히려 왜곡된 정보를 흘려 그들이 조선통교에 관여하지 않도록 진력한 경향이 있다. 1562년 毛利氏는 正壽院이라는 使僧을 파견하여 '조선으로의 渡航 周旋'을 쓰시마에 요청했다. 宗氏 측은 이 요청에 대해 '분부 받들겠습니다'라고 약속하는 한편, 正壽院의 조선 도항을 정지하고 쓰시마에 교섭을 일임해 줄 것을 요구했다.[8] 毛利氏는 자신이 멸망시킨 大內氏의 조선통교 수익권을 계승할 요량으로 이와 같은 요청을 쓰시마에 한 것으로 추정되는데, 宗氏가 상기의 답변을 제출한 1563년 당시는 본토 諸氏의 명의를 빌린 圖書의 대량 발급 요청을 조선 조정에 공작하던 시기로,[9] 한층 더 통교권익의 독점을 도모하던 쓰시마로서는 그다지 적극적으로 주선하고 싶지 않은 요청이었다. 다음 해인 1564년 宗氏는 毛利 측에 대해, 조선 측에 요청은 했지만 '외국에 대한 사안이라 잘 알지 못합니다. 재차 알아보겠습니다'라고 답변하며 '앞으로도 노력은 하겠습니다'라고 공수표를 제시하는 데 그쳤다(『諸家引着』 104호. 이외 관련문서로 102·103·105·

---

7) 『跡付』 272·274~277·279~283·293·296~298·302호. 이외에 語句의 면에서 다소 의문이 남지만, 289~291·306·307호.
8) 『諸家引着』 64호. 이외에 65·66호 등. 이후, 동 사료의 문서번호는 西村圭子, 「쓰시마 宗氏의 『諸家引着』 覺書」 『일본여자대학 문학부 기요』 34호, 1984에 따른다.
9) 이 해 쓰시마는 僞日本國王使를 조선에 파견하여, 본토 諸氏 명의의 圖書 10개를 획득했다. 전게 주(1) 米谷 논문, 3·6쪽.

108호 등). 자신에게 이로운 정보는 본토 諸氏에게 적극적으로 흘리지만, 조선통교에 관한 정보는 독점하여 제공하지 않는다는 것이 본토 諸氏에 대한 쓰시마의 정보 전술이었던 것이다.

2) 對 조선조정

쓰시마는 조선 측에 대해서도 많은 정보를 조작했다. 이미 15세기 단계에서부터 정확한 일본의 국내정보는 전달되지 않았으며, 쓰시마 측에 유리하게 왜곡된 應仁의 난 정보 등이 僞使에 의해 통지되었다(전게 주 2), 橋本,『중세 일본의 국제관계』제1장). 16세기 이후로는 쓰시마 도내의 정보조차 제대로 된 정보는 전달되지 않았으며, 도주의 교체나 사망 정보가 일시적으로 완전히 은폐되는 사태가 발생했다. 참고로 16세기 전반의 도주 권력은 매우 불안정하여, 宗義盛이 1520년에 후계자 없이 죽은 후 조카인 盛長이 가독을 계승했지만 가문 내의 분쟁에 휩쓸려 1526년 횡사하고, 방류인 豊岐郡主家 출신의 將盛이 본가를 계승했다. 그러나 將盛 역시 1528년에 발생한 宗盛治의 난을 거치며 많은 가신을 잃었으며, 1539년에는 결국 일족 가신에 의해 쫓겨나 그의 숙부인 晴康이 도주로 추대되는 등 혼란이 거듭되었다. 그러나 이러한 도주 교체극은 조선에 전혀 전달되지 않아, 도주의 사절은 변함없이 쭉 '盛長' 명의로 조선에 파견되었던 것이다.[10] 晴康의 통치기에 이르러 도주권력은 안정되어, 晴康은 1552년 적자 義調에게 가독을 양도한 이후로도 배후에서 계속 영향력을 행사했으며, 1563년 은거하고 있던 豊岐 西泊村에서 숨을 거두었다. 다음 해인 1564년 봄에 '舊島主'의 사망이 조선에 통고되고 '新島主' 명의의 圖書가 재차 발급되었다(『명종실록』 19년 8월 갑오). 이

---

10) 盛長 死後에도 同人의 명의를 쓰시마가 유용한 점은, 본문 전게 佐伯,「16세기에 있어서의 후기 왜구의 활동과 쓰시마 宗氏」에서 처음으로 지적되었다.

때에 이르러 비로소 '盛長' 명의로부터 '義調' 명의로 圖書가 교체된 것이다. 盛長은 1526년 사망한 이후 무려 38년간이나 살아남아, 將盛·晴康·義調의 삼대에 걸쳐 그 명의가 유용된 셈이다.

왜 쓰시마는 도주의 교체나 사망을 조선에 통고하지 않았던 것일까? 이것은 宗盛長의 가독 상속 통지에 대한 조선 측의 대응과 관련이 있는 듯하다. 1522년 盛長은 도주의 지위를 계승한 사실을 조선 측에 알리고, 전 도주인 義盛을 일본국왕과 협력하여 토벌했다고 전달했다. 義盛은 삼포의 난(1510년)이 발생했을 당시의 도주인데, 이 같은 사실은 쓰시마 측의 사료나 전승에서 확인되지 않는다. 이 무렵 쓰시마는 삼포의 난 이후에 성립한 임신약조(1512년)에 의해 삭감된 조선통교 권익의 복구를 왕성하게 도모하고 있었기 때문에, 굳이 이런 이야기를 만들어 내어 조선 측의 환심을 사려했던 것으로 여겨진다. 그러나 이 통고를 받은 조선 측은 쓰시마의 예상에서 다소 빗나간 반응을 보였다.

　　예조가 啓하여 다음과 같이 말하였다. '쓰시마 도주의 特送人(盛重)이 致慰使를 데리고 귀국할 것을 청하고 있습니다. 만약 부자가 (도주의 지위를) 상속한 것이라면, 致慰使를 파견해야 하지만, 이번에 (盛長은) 숙부(義盛)를 죽이고 스스로 도주가 된 것이므로 파견해서는 안 됩니다. 전례에는 만약 이러한 일이 있을 경우 垂問使를 파견했습니다. 이번에도 垂問使를 파견하는 게 좋을 듯 합니다.' 국왕(중종)이 傳하여 다음과 같이 말하였다. '잘 도모하라'(『중종실록』 17년 5월 신유).

이처럼 盛長은 숙부를 죽인 패륜아로 치부되어 도주 사망 시에 항례화 되어 있던 慰問使節의 쓰시마 파견이 거절당했음을 알 수 있다. 그 대신 예조는 垂問使라고 하는 사절을 파견할 것을 제안하여 국왕의 재가를 받았는데, 실제로 파견된 흔적은 없고 결국 사절파견은 중단된 듯하다. 이와 같은 <선례>가 있었기 때문에 실제로 전 도주의 횡사나 추방에 의해 가독을 계승한 將盛과 晴康은 통보에 의한 문제발생을 기피하여

군이 도주교체를 알리려 하지 않았던 것은 아닐까?

　일본 본토와 쓰시마 도내의 정확한 정보가 전달되지 않게 된 원인은 조선 측의 일본파견사절의 중단에서도 찾을 수 있다. 조선은 1443년의 통신사 파견을 마지막으로, 일본 본토에 발을 내딛어 국내 상황을 실제로 확인할 수 있는 기회를 잃어버렸다. 또한 敬差官이나 致慰使 등의 조선 사절이 쓰시마에 다다른 것은 1496년이 마지막이었다.[11] 이후 몇 번인가 위와 같은 사절의 일본파견이 계획되었지만, 쓰시마 측의 공작도 있어서 결국 실행에 옮겨지지는 못했다. 16세기에 있어서의 쓰시마와 일본 본토의 정보는 조선으로 도항하는 왜인으로부터 얻은 것에 많은 부분을 의존하게 되었던 것이다. 쓰시마의 입장에서 보면, 정보의 일방통행 상태는 僞使 파견을 항상화 하는 데 있어서 안성맞춤인 환경이었다.

　그러나 쓰시마의 일본정보 독점을 깨부수는 듯한 집단이 16세기 이후에도 존재했다. 그것이 일본 본토에 표착한 조선인 표류민이었다. 그들은 본국으로의 송환 이후 조선 측 관헌에 의해 면밀한 취조를 받았는데, 1525년에 송환된 金必과 같이 쓰시마의 僞使 파견 등을 폭로하는 자도 있었다. 1529년 이후 쓰시마가 본토에 표착한 조선인의 송환 중개에 소극적인 태도를 보이기 시작한 것은, 한편으로는 정확한 일본정보의 <누설>을 방지하기 위한 조치였다고 이해할 수 있는 것이다. 이 시기 이후 조선에 송환된 표류민은 기록상으로 쓰시마에 표착한 자들로 거의 한정된다(關周一,『중세 日朝 해역사의 연구』제2장). 그들의 경우, 쓰시마도주와 대면시키지 않는 한 도주의 교체가 알려질 일도 없고, 또 본토에 비해 정보를 관리하기도 수월했을 것이기 때문에, 안심하고 송환하여 조선 측에 <성의>를 보일 수 있었을 것이다.

---

11) 宗貞國의 죽음을 위문하기 위해 1496년 쓰시마를 방문한 致奠官 金硉·致慰官 張珽의 사례가 마지막이다. 한편 쓰시마에 파견된 조선사절 가운데 敬差官에 관한 연구로는 한문종, 「조선 전기의 對馬島 敬差官」『전북사학』15집, 1992이 있다.

4. 맺음말에 대신하여

쓰시마가 조선 측의 환심을 사기 위해 취한 <성의>는 조선인 표류민의 송환에 국한되지 않는다. 왜구정보의 제공도 또한 그 하나였다. 16세기 후반에 들어서면, 중국인 海商과 九州의 제 세력으로 구성된 후기 왜구가 현해탄 해역을 휘젓고 다녀, 조선은 물론 쓰시마도 그 공격에 노출되었다. 宗氏는 島內의 방어대책을 강구함과 동시에 壹岐·博多·赤間關의 상선과 상인으로부터 해적정보를 적극적으로 수집하고, 그 일부를 조선 측에 통고했다(전게 佐伯, 「16세기에 있어서의 후기 왜구의 활동과 쓰시마 宗氏」). 조선 측은 처음에는 쓰시마가 제공하는 왜구정보를 신용하지 않았으나, 이윽고 정보의 정확함을 인식하게 된다. 특히 1555년에 발생한 達梁 왜변에 관한 정보제공은 조선 측의 높은 평가를 받아, 2년 후에 성립한 정사약조에서는 쓰시마의 조선권익이 이전에 비해 약간 회복되기에 이르렀다. 그 후에도 쓰시마는 후기 왜구의 창궐이라는 상황변화를 역으로 이용하여 통교권익의 확대를 위한 교섭의 자리에서 이를 크게 활용한 흔적이 보인다(전게 주 1) 米谷 논문).

쓰시마에 의한 조선통교의 독점체제는 1587년 宗氏가 豊臣秀吉에게 歸服한 후 붕괴의 길로 접어들었다. 秀吉은 宗氏에 대해 조선국왕의 來朝 교섭에 임하도록 엄명했는데, 쓰시마는 이를 '新國王' 즉위를 경하하는 통신사 파견요청으로 날조하여 무리하게 조선 측과 교섭한 결과 필요없는 불신을 사게 되었다. 1589년 宗義智는 스스로 僞日本國王使의 副使로서 조선에 도항하는데, 그 거만한 태도가 화를 초래한 것인지 '義智는 馬島의 자식이 아니라 실은 국왕(秀吉)의 아들이다'(『선조실록』22년 8월 병자)라는 의혹을 불러일으켜 여러 가지 억측이 조선국내에서 난무했다.

> … 또한 말하기를, '쓰시마도주 宗義調가 병을 칭하여 정무를 보지 않
> 고 있는데, 재차 알아보니 平義智가 宗義調에 대신하여 쓰시마도주가 된
> 것이라고 합니다'라고 했습니다. 이를 듣고 의아하게 생각하던 차에 義智
> 라는 자가 도주 義調의 친자식이라 칭하며 來朝했습니다. 宗과 平은 본
> 디 다른 성인데, 도리어 부자간으로 인정받으려 했던 것입니다. 생각건대
> 義智는 秀吉과 同姓으로, 秀吉이 일본과 쓰시마를 약취했을 때 일족인
> 까닭에 이를 도와 반역을 행했을 것입니다. 義智는 義調가 자신을 보내
> 어 경보를 알리려 한다고 했지만, 실제로는 우리 측을 공갈하여 동요 시
> 키려는 모략을 획책했던 것입니다 … (밑줄은 인용자에 의한 첨부).
> (동경대학 사료편찬소 소장, 『일본관계 조선자료』 5, 『簡易集』 1,
> <신묘(1591) 奏>)

이르기를, 쓰시마도주 宗義調는 병을 칭하여 정무를 보지 않고, 平義
智가 대신 이를 행했다고 한다. 이르기를, 平義智는 宗義調의 아들이라
고 칭하여 우리나라에 왔지만, 宗과 平은 본디 다른 성이다. 생각건대 平
義智는 平秀吉과 同姓이며, 秀吉이 일본과 쓰시마를 약취했을 때 일족인
까닭에 義智는 조력하고 義調의 사자라 칭하여 도항해 온 것이리라 …
등등이다. 참고로 宗義調는 天正 16년(1588) 12월에 이미 사망했으나,
1591년에 이르러서도 '일본국 쓰시마주 태수 宗義調' 명의의 사자가 파
견되었으며, 포로 金大璣를 송환했다(동경대학 사료편찬소 소장, 『일본
관계 조선자료』 5, 『簡易集』 1, <신묘(1591) 奏>). 義調와 義智는 일족
이 아니라는 혼란의 원인에 대해, 松浦霞沼는 義調의 통치기까지는 '對
馬州 太守 宗謀'라는 형식으로 書契에 쓰고, 義智의 통치기에는 '對馬州
太守 平謀'를 자칭한 탓에 이 같은 오해를 불러 일으켰으리라 추측했는
데,[12] 아마 이 지적은 옳은 것 같다. 그러나 그보다 더 커다란 맥락이
존재하는 듯하다. 즉, <표류민이나 포로를 송환하는 조선에 충실한 쓰시

---

12) 『朝鮮通交大紀』(田中健夫·田代和生 교정, 名著出版, 1978), 131쪽. 한편 『선
   조실록』에 게재된 1550년대의 쓰시마도주 書契의 명의는 '對馬州 太守 平朝臣
   宗盛長'으로 되어 있어서 平姓 宗氏라는 점을 밝히고 있다. 아마도 宗義智의 통
   치기 이후 '宗'자를 생략하고 자칭하게 되어 이 같은 오해를 불러일으킨 것 같다.

마도주>의 이미지와 <平秀吉이라는 찬탈자의 대변자가 된 쓰시마도
주>라는 현실상이 조선 측에서 정합적으로 이해되지 못한 결과 이 같은
오해가 발생했던 것은 아닐까? 참고로 조선에서는 '宗氏의 遺臣에게 고
하는 글'이라는 문장조차 작성되었다고 한다(『朝鮮通交大紀』, 131쪽).

쓰시마에 의한 일본정보의 독점은 1590년에 실현된 조선통신사의 來
日에 의해 완전히 와해되었다. 조선 측 관인은 대략 150년 만에 자신의
눈으로 일본의 국내 상황을 확인할 기회를 얻었기 때문이다(전게 田代·
米谷, 「宗家 舊藏 <圖書>와 木印」). 통일정권에 의한 불합리한 요구를
호도하기 위해서 라고는 하지만, 여태껏 저지해 왔던 조선사절의 일본내
방을 어쩔 수 없이 주선한 쓰시마는 한 세기에 걸친 정보조작 끝에 만들
어 낸 일본의 <허상>을 허망하게도 자신의 손으로 허물어뜨려 버린 것
이다. 宗氏에게 있어서 豊臣 정권은 예전에 본토 諸氏에게 행했던 <대
외외교>의 수준에서 조종할 만한 상대가 아니었다.

Ⅳ. 16세기 후반 對馬宗氏領國의 정치구조와 日朝外交*

아라키 가즈노리(荒木和憲)**

1. 머리말

최근 중세 일조교류사 연구에서는 「僞使」에 대한 연구가 활발히 이루어지고 있다. 「위사」란 일본에서 조선으로 파견된 위장 통교사절로, 15세기 중엽부터 쓰시마 소씨(宗氏)에 의해 항시 조직적으로 파견되었다(長節子,『中世國境海域の倭と朝鮮』, 吉川弘文館, 2002. 동「朝鮮前期朝日關係の虛像と實像」『年報朝鮮學』8호, 2002 등). 따라서 필자는 왜 소씨가 위사를 파견하였는가 하는 문제에 대해서, 소씨 領国의 정치·경제상황에서 설명해 왔다(荒木和憲,『中世對馬宗氏領國と朝鮮』, 山川出版社, 2007). 그 성과의 하나로서, 15세기부터 16세기 전반에 걸쳐 소씨령국의 정치와 대조선외교가 一體的인 것이었음을 밝혔는데, 16세기 후반의 소씨령국의 정치

* 본고에서 사용한 사료에 대해서는 필요 최소한의 정보만을 표시하였다. 상세한 내용은 졸저『中世對馬宗氏領國と朝鮮』 뒷부분의 「使用史料一覽」을 참조할 것. 본고는 平成 19년도 日本學術振興會科學硏究費(特別硏究員獎勵費) 및 平成 20년도 日本學術振興會科學硏究費(若手スタートアップ)에 의한 연구성과의 일부이다.
** 文化廳 文化財部

와 외교의 관련에 대해서는 아직 검토하지 못하였다.

그런데, 이 과제에 대면하는데 있어서 장해가 되는 일이 있다. 하나는 「삼포왜란」(1510)을 경계로 소씨령국과 조선왕조의 외교관계가 정체된 일이다. 또 하나는 『조선왕조실록』의 대일통교 기사가 16세기에 들어가면 극단적으로 감소하는 것이다. 이와 같은 제약 때문에 16세기 후반의 소씨령국의 정치·외교를 고찰하는 것은 어려운 일이다. 그러나 「분로꾸 (文祿)·케이쵸(慶長)의 役」(壬辰·丁酉倭亂) 직전의 외교교섭에 대해서는 비교적으로 많은 조선사료가 있고, 소씨령국의 정치상황이 대조선외교에 강하게 반영되고 있다고 생각할 수 있다.

따라서 본고에서는, 1587년의 僞日本國王使 분석을 문제해결의 단서로, 16세기 후반의 소씨령국의 정치와 외교의 관련을 고찰해 보고자 한다.

2. 1587년의 僞日本國王使

1587년의 僞日本國王使의 파견목적과 그 경위에 대해 확인해 둔다. 1587년 6월, 토요토미(豊臣) 정권은 소씨에게 명해 조선국왕의 일본 방문을 요구하려고 하였다. 이는 도저히 실현될 수 없는 요구이었기 때문에, 곤경에 빠진 소씨는 동년 9월에 히데요시(秀吉)의 천하통일을 축하하기 위한 통신사(「賀使」)를 초빙하려고 획책했다. 따라서 「타치바나 야스쯔라(橘康連)」(타치바나 야스토시<橘康年>)를 조선에 파견하여, 「新王」 히데요시의 사자가 이미 쓰시마에 도착하고 있다는 허위보고를 시킨 후에 위국왕사 「타치바나 야스히로(橘康廣)」(타치바나 야스미쯔<橘康光>)를 조선에 파견한 것이다(中村榮孝, 『日鮮關係史の硏究』 中, 吉川弘文館, 1969, 제2장).

여기서 「타치바나 야스히로(橘康廣)」와 「타치바나 야스쯔라(橘康連)」

가 어떠한 인물인지 문제가 된다. 우선 「姓」에 주목해 보면, 일본인 통교자 및 통교사절은 조선에 대해서는 「姓」(성씨)이 아니라 「本姓」을 칭하는 경우가 많고, 「타치바나(橘)」는 미나모토(源)·타이라(平)·후지와라(藤原)와 함께 대표적인 본성이므로 야스히로·야스쯔라가 칭하는 「타치바나」도 본성으로 볼 수 있다. 그러면 야스히로·야스쯔라의 「성」은 무엇인가 하는 문제가 생기지만, 일찌기 이케우치 히로시(池內宏)씨·나카무라 에이코(中村榮孝)씨는 타치바나 야스히로를 유타니 야스히로(柚谷康廣), 타치바나 야스쯔라를 유타니 야스쯔라(柚谷康連)로 추정하였다(池內宏, 『文祿慶長の役』正編一, 南滿州鐵道株式會社, 1914. 中村榮孝, 『日鮮關係史の硏究』中, 93쪽). 이 설은 전혀 의문시되는 일이 없이 현재도 통용되고 있다.

그러면 타치바나 야스히로를 유타니 야스히로로 추정하는 근거에 대해 생각해 보자. 이케우치씨·나카무라씨는 다음의 세 사료를 근거로 삼고 있다.

【史料 1】「康廣肖像贊」寫[1](中山玄中 지음, 1712년)
　　九條系胤、一世豪英、盛廣次息、康年爲兄、兄弟相繼、益振家
　　聲、外逞威氣、內貫忠誠、天正丙戌、太閤命 卿(康廣)、請和箕域、恭奉
　　專伻、當任不讓、持節西征、槍卒夾道、突衝赴衆、眼空驍敵、胸藏
　　甲兵、機鋒凜若、誰敢得嬰、雖彼嫌拒、未肯交盟、歸來賞勳、特蒙
　　恩榮、武功焜燿、應配長庚、百戴之下、無愧史評、

---

1) 「後系圖外聞書記」(東京大學 史料編纂所 소장, 「宗家文書」<柚谷家旧藏文書>). 「正德三祀歲舍癸巳夷, 則下浣 前天龍中山叟志之」라는 문언은 「後系圖外聞書記」에는 없고, 釜山甲寅會 편, 『日鮮通交史』『明治後期産業發達史資料』536, 龍溪書舍, 2001(원판은 1916) 수록의 肖像贊으로 보충하였다. 또한 「後系圖外聞書記」는 메이지(明治)期에 소 伯爵家가 유타니家에서 차용한 사료군 중의 하나이며, 유타니가에 반환되지 않고, 소家로부터 유출된 것이다. 자세한 내용은 長正統·長節子, 「柚谷家記錄類內容目錄」(中村質代表科學硏究費硏究成果報告書, 『中近世における環シナ海域交流史の硏究』, 1986)을 참조할 것.

(康廣)

古人云、「先祖有美而不知不明也。知而不傳不仁也」。爰公之遠孫
柚谷淸寬翁、能思此語、新描康廣肖像、要使後昆知有若斯美勳也。
_(玄中)
仍請余讚詞。余感其誠、略記所傳、以應厥需云。正德三祀歲舍癸巳
夷、則下浣　前天龍中山叟志之。

【史料 2】『朝鮮通交大紀』(藩儒 松浦允任 편, 1725년 성립)
　第卄一代　長壽院公再ひ州務に任せられし御時、後陽成院御宇、
關白秀吉、天正十六年戊子、明の万曆十六年、朝鮮卄一年、豊臣、
朝鮮を伐むとす。公、よつて柚谷康廣をして彼國に諭し、關白に通
信せしむ。彼國、これを許さす。

【史料 3】『寬政重修諸家譜』 卷501·平氏淸盛流·宗·義調條(幕儒
林述齋 편, 1812년 성립)
　(전략) 六月、義調、家臣柚谷康廣をして朝鮮に遣はし、太閤の
意をのべ、日本と好みを通じ和を請ふことを告しむるといへど
も、これにしたがはず。(후략)

　이러한 「유타니 야스히로」설의 근거는, 유타니家의 전승과 18세기 초
기 이후의 쓰시마번의 공식적인 견해임을 알 수 있다. 어디까지나 근세
편찬물에 의거한 설에 지나지 않는 것이다. 따라서 근세 편찬물의 편찬과
정에서 「유타니 야스히로」설이 어떻게 성립했는지를 검토해야 한다.
　따라서, 쓰시마번의 藩撰史書인 『宗氏家譜』의 기술을 검토하기로 한다.

【史料 4】『宗氏家譜』舊本(藩儒 陶山存 편, 1686년 성립·鈴木棠
三 편, 『十九公實錄·宗氏家譜』 影印本, 村田書店, 1977)
_{(義智)　　　(宣祖)}
　天正十六年戊子六月、秀吉公、命義調·昭景曰、「朝鮮王、來朝我
國、則兩國事須一如舊。若不來朝、則可速發兵征伐之」。義調、遣家
_(宣祖)
臣康廣於朝鮮、告秀吉公之命、且諭以請和通好。朝鮮王、不信從。
【史料 5】『宗氏家譜』定本(陶山存·松浦允任 편, 1717년 성립·九
州國立博物館 소장, 「宗家文書」)。

戊子天正十六年六月、遣柚谷康廣、告豊臣君所諭於朝鮮。
(秀吉)

是年、豊臣君諭曰、「以我一統域內、至今朝鮮國王未朝。此辱我
也。吾有移兵伐之耳」。公　遣康廣告之、使其通好請和。不從。

사료 4(舊本)에서는「家臣康廣」이라고만 기재되어 있지만, 사료 5(定本)에서는「柚谷康廣」이라고 나와 있다.[2] 즉,『宗氏家譜』개정작업 때, 「유타니 야스히로」설이 쓰시마번의 공식견해로 채용되었다는 것이다. 편찬물의 성립연대를 보면,『宗氏家譜』定本(사료 5)과 유타니家 소장의 「康廣肖像贊」(사료 1)은 관련성이 있는 듯하다.

『宗氏家譜』정본의 부속책인『宗氏家譜凡例』(1717년, 九州國立博物館 소장,「宗家文書」)에는「宗氏家譜引用証據」로서「柚谷私記」가 게재되어 있어서, 개정작업 때「柚谷私記」가 참조된 것을 알 수 있다.「柚谷私記」란 유타니가의 家傳書(聞書) 등을 총칭한 것으로 생각되며, 그 대부분이 유타니 세이칸(柚谷淸寬, 1645〜1723년 이후)에 의해 저작되었다 (주 1) 長正統·長節子, 앞의 논문,「柚谷家記錄類內容目錄」).『宗氏家譜』正本이 어느 저작을 참조했는지는 불명하지만,「康廣肖像贊」를 수록한「後系圖外聞書記」, 혹은「柚谷宗勳畫像記」(宗勳<소쿤>은 야스히로의 법명)를 수록한「對州之古物語集」등이 참조되었을 가능성이 있다.[3]

여기서「柚谷私記」의 신빙성이 문제가 되지만, 현존하는 家傳書類를 보면 황당무계한 내용이 많은 것을 알 수 있다. 또한「康廣肖像贊」(사료 1)에 의하면 유타니 세이칸은 야스히로를「선조」로 간주하고 있지만, 정

---

2) 『寬政重修諸家譜』에 선행하는『寬永諸家系圖傳』(林羅山 편, 1643년 성립)에 관련 기사는 보이지 않는다.『寬政重修諸家譜』의 기술은『宗氏家譜』定本의 기술을 초록한 것으로 보인다.

3) 모두 東京大學 史料編纂所 소장,「宗家文書」(柚谷家旧藏文書). 또한,「對州之古物語集」과 합철된「宗家御家譜卷對秘錄傳集」은 1715년(쇼토꾸<正德>5)에 유타니 세이칸이 저술한 것이며, 거의 같은 시기에「對州之古物語集」이 저술되었을 가능성이 있다.

말로 세이칸이 야스히로의 혈통을 이어받은 인물이라고 해도, 야스히로의 성 역시 「유타니」라고는 할 수 없다. 따라서 「유타니 야스히로」설은 후세의 견강부회 내지 오해일 가능성이 있는 것이며, 동시대의 사료(중세사료)를 기초로 재검토되어야 한다.

3. 타치바나 야스히로(康廣)·야스쯔라(康連)의 再比定

「유타니 야스히로」설을 재검토하는데 있어서, 우선 중세 유타니라는 인물이 어떤 존재였는지를 밝혀두어야 한다. 「宗左衛門大夫覺書」(1514년)에는 「관아에서의 副使 유타니 토효에노죠(柚谷藤兵衛尉) 殿」이라고 나와 있어, 유타니 토효에노죠가 「관아」(슈고다이<守護代>) 소 쿠니찌카(宗國親)의 被官임을 알 수 있다. 또한, 「長岡家文書」 덴쇼(天正) 10년(1582) 8월 27일자 妙智院原岳等連署坪付寫(역자주; 「坪付(쯔보즈케)」란 논밭의 소재지·면적·상황 등을 기록한 것임)에는 「御役所之使柚谷因幡助廉繼」라고 나와 있어, 유타니 카도쯔구(柚谷廉繼)도 「御役所」(슈고다이) 사스 카게미쯔(佐須景滿)의 피관이었음을 알 수 있다. 그리고 덴쇼 13년의 豆酘行宮權現寶殿造營奉加帳寫(역자주; 「奉加帳」이란 기부장임) 사본에는 유타니 키요쯔구 이외에 유타니 구니히데(柚谷國秀)·유타니 미쯔히데(柚谷滿秀)라는 이름이 보이는데, 「廉」「國」「滿」이라는 글자는 모두 슈고다이 사스씨(사스 모리카도<佐須盛廉>·사스 카게미쯔<佐須景滿, 信國>)에게서 수령한 것이다. 이와 같이 유타니씨는 슈고다이 사스씨의 피관이며, 1590년의 사스씨 배척사건 후에 소씨 가신단에 편입된 것으로 생각된다.[4] 또한 유타니 카도쯔구는 「타이라노 카도쯔구(平廉繼)」

---

4) 사스씨 배척사건에 대해서는 아라키, 「一六世紀末期對馬宗氏領國における柳川氏の台頭」(九州史學研究會 편, 『境界からみた內と外』 하, 岩田書院, 2008) 참조. 또한, 은거한 소 요시시게의 측근으로 「유타니 소쿤(柚谷宗勳)」이 있는데,

라고 칭하여 조선과 통교하고 있어(「朝鮮送使國次之書契覺」『宣祖實錄』 21년 윤6월 기유), 유타니씨의 본성이 平이었을 가능성이 높다.

이러한 검토 결과와 「유타니 야스히로」설을 대조하면, ① 왜 소씨의 陪臣인 유타니씨가 僞國王使 上官人으로 기용되었는지, ② 왜 유타니씨가 타이라(平) 성이 아니라 타치바나(橘) 성을 칭하였는가 하는 의문이 생긴다. ①에 대해 부언하면, 特送使의 사례에서 보여지듯이 영국의 利害를 대변하는 통교사절의 상관인에는 소씨의 중신·吏僚가 기용되고 있었고(아라키, 앞의 책, 『中世對馬宗氏領國과 朝鮮』제1부 제3장), 중대한 임무를 지닌 위일본국왕사 상관인에 배신이 기용되었다고는 생각하기 어려운 것이다. 따라서 타치바나 야스히로는 소씨의 중신·이료 중에서도 특히 신임이 두텁고, 동시에 「타치바나」를 본성으로 하는 인물이라고 보는 것이 자연스럽다.

그러면 타치바나 야스히로를 누구로 추정하면 되는가. 우선 조선 사료를 단서로 하면, 『宣祖實錄』 6년(1573) 4월 계축조 및 『眉巖日記草』계유(1573) 4월 3일조에 거짓의 하타케야마 요시카타(畠山義賢) 사절의 副官으로서 「타치바나 야스히로」를 찾을 수 있다. 또한, 이 거짓의 하타케야마 요시카타 사절의 도항 전의 기사를 수록한 「朝鮮送使國次之書契覺」 겐키(元龜) 3년(1572) 9월 10일조에 따르면 「畠山殿御送使」의 「御使」는 「타테이시 시로자에몬(立石四郎左衛門) 殿」이다. 거짓의 하타케야마 요시카타 사절의 상관인은 쇼코 세이도(昌興西堂)이므로, 「御使」란 副官人이다. 따라서 타치바나 야스히로는 타테이시 시로자에몬으로 추정되는 것이다. 또한 「橫岳家文書」(天正 13년, 1585) 7월 9일자 타테이시 시게히로(立石調廣) 서장에 「타테이시 시로자에몬노조 시게히로(立石四郎左

소쿤의 俗名이 불명하기 때문에(「柚谷宗動畵像記」에서는 소쿤을 야스히로의 법명으로 하지만, 결론부터 말하면 소쿤과 야스히로는 다른 인물이다), 원래 소씨의 가신이었는지, 혹은 사스씨 被官으로부터 요시시게 측근에 발탁되었는지는 불명하다.

衛門尉調廣)」라고 쓰여 있으므로, 타치바나 야스히로는 타테이시 시게히로임을 알 수 있다. 타테이시씨의 본성이 「橘」인 것은 여러 사료에서도 확인할 수 있다. 또한, 쓰시마에서는 實名(諱)과 조선통교용 이름이 다를 경우가 있으므로(주 4) 아라키, 앞의 논문, 「一六世紀末期對馬宗氏領國における柳川氏の台頭」(九州史學研究會編, 『境界から見た內と外』下, 岩田書院, 2008), 타테이시 시게히로가 조선통교 때에 「야스히로」라고 칭하였다고 해도 어색하지는 않다. 굳이 추측한다면, 타테이시 시로자에몬노조는 소 하루야스(宗晴康, 재위 1539∼53)의 偏諱를 받아 「야스히로(康廣)」라고 자칭해, 후에 소 요시시게(宗義調, 재위 1553∼68)의 편휘를 받아 「시게히로(調廣)」라고 개명하고, 조선통교 시에는 初名인 「야스히로」를 계속 사용하였다고 생각할 수 있다.

한편, 타치바나 야스쯔라는 누구로 추정하면 되는가. 「朝鮮送使國次之書契覺」 겐키 4년(텐쇼 원·1573) 2월 6일조에 따르면, 「타테이시 헤이자에몬노조(立石平左衛門尉)」가 「타치바나 야스쯔라」라고 칭해 조선으로 통교하였으므로, 타치바나 야스쯔라는 타테이시 헤이자에몬노조로 추정된다. 또한, 天正 13년의 豆酘行宮權現寶殿造營奉加帳寫에는 「타테이시 헤이자에몬 시게미쯔(立石平左衛門調光)」라고 쓰여 있으므로, 타치바나 야스쯔라는 타테이시 시게미쯔임을 알 수 있다. 타테이시 시게히로가 「타치바나 야스히로」라고 칭한 것처럼 타테이시 시게미쯔도 「타치바나 야스쯔라」라고 칭하고 있었던 것이다.

이와 같이 동시대 사료의 분석을 하는 것으로 타치바나 야스히로·타치바나 야스쯔라는 타테이시 시게히로·타테이시 시게미쯔로 다시 추정되었는데, 그들이 宗氏의 중신·吏僚 중에서 어떠한 지위를 차지하고 있었는지를 다음 절에서 검토하기로 한다.

4. 타테이시(立石)씨의 정치적 지위

타테이시씨는 카마쿠라(鎌倉)·南北朝期부터 소씨에게 종속한 根本被官으로 보인다. 15세기 후반, 타테이시 구니쯔구(立石國次)·구니유키(國幸) 형제가 三浦(한반도 남부의 일본인 거류지)의 통치를 맡는 동시에 자신도 조선통교권을 가지고 있었던 것은 잘 알려져 있다. 16세기에 들어가면 타테이시씨는 소씨와의 친밀한 緣戚關係를 바탕으로 정치적으로 세력을 확대시켜, 가신단 중에서 슈고다이 사스씨와 비견하는 최유력 일족으로 올라갔지만, 16세기 말기에 야나가와 시게노부(柳川調信)가 급속히 대두했기 때문에 타테이시씨의 정치적 지위는 저하했다. 후에 타테이시씨 일족은 타테이시라는 성을 버리고 요시무라씨(吉村氏)·요시카와씨(吉川氏)·요시다씨(吉田氏) 등으로 分枝하는데, 모두 馬廻格(우마마와리격, 上級 城下士)이라는 높은 家格을 가지면서 근세 쓰시마번의 藩政에 참가했다(아라키, 앞의 책, 『中世對馬宗氏領國と朝鮮』 제2부 제3장). 이와 같이, 타테이시씨(및 타테이시씨 일족에서 분파한 諸氏)는 역대 소씨 당주에게 중신·이료로서 봉사하는 가문인 것이다.

그러면 타테이시 시게히로(타치바나 야스히로)란 어떤 인물이었는가. 16세기 후반, 영국 내에서 「오쯔카이(御使, 역자주; 主君의 사자)」나 「모우시쯔기(申次, 역자주; 주군과 가신을 중개하는 역직)」로서 소씨 당주와 가신을 매개하는 역할을 하는 동시에 히젠(肥前) 마쯔우라씨(松浦氏)와의 정치교섭도 담당하고 있었다. 그리고 임진왜란 때에는 고향의 「오꾸라 부교(御藏奉行, 역자주; 물자를 관리하는 역직)」를 맡고 있었다(아라키, 앞의 책, 『中世對馬宗氏領國と朝鮮』, 195쪽). 여기서 주목되는 것은 소씨 당주와 영국 내외의 諸氏를 매개하는 창구로서의 역할을 맡고 있었던 점이다. 이와 같은 涉外活動의 일환으로서 대조선 외교도 담당하고 있었던 것이다.

이어서 타테이시 시게미쯔에 대해서는 임진왜란에서의 역할이 주목된다. 「시타이쇼(士大將, 역자주; 군사 통솔자)」「오토기슈(御伽衆, 역자주; 主君에게 近侍하여 잡담의 상대를 하는 가신)」로서 소씨 부대의 군사행동의 중핵을 맡으면서 「타테이시당(立石黨)」(야나가와당<柳川黨> 다음으로 큰 제2 규모 군단)을 실질적으로 통솔하고 있다(아라키, 앞의 책, 『中世對馬宗氏領國と朝鮮』, 209쪽). 따라서 소씨 가신단 중의 최유력자인 동시에 타테이시씨 일족의 우두머리로 생각된다.

조선사료에 따르면 야스쯔라(시게미쯔)는 형이며, 야스히로(시게히로)는 동생이다.[5] 시게히로는 同族他家의 양자가 되었으므로(그림 1), 시게미쯔를 형, 시게히로를 동생으로 보면 될 것이다. 이 타테이시 형제는 역대 소씨와 친밀한 緣戚關係를 가지고 있어서, 소 마사모리(宗將盛)는 백모 혹은 숙모의 남편이고, 소 요시시게(宗義調)는 여자형제의 남편, 소 시게히사(宗茂尙)·소 요시즈미(宗義純)·소 요시토시(宗義智)는 사촌형제에 해당한다. 따라서 동족인 타테이시 쇼린(立石紹隣)과 함께 소씨 가신단 중의 중요 인물로 볼 수 있다.

---

5) 『再造藩邦志』권1·무자조. 또한, 「康廣肖像贊」에도 「康年爲兄」(康年<야스토시>이란 康連<야스쯔라>임)이라고 나와 있는데, 이 기술은 한 번 더 고찰할 필요가 있다. 쓰시마 사료인 「朝鮮送使國次之書契覺」에 「橘康連<타치바나 야스쯔라>」이라고 나와 있는데, 조선사료에서는 「橘康連<타치바나 야스쯔라>」이라고도 「橘康年<타치바나 야스토시>」이라고도 표기되고 있다. 이는 「康連」(강련→강년)과 「康年」(강년)이 조선음으로 音通하기 때문이다. 타테이시 시게미쯔가 「야스쯔라」(康連)라고 자칭한 것을 조선 측에서 「강년」이라고 발음해 「康連」 또는 「康年」이라고 표기한 것이며, 시게미쯔 스스로가 「야스토시」(康年)라고 자칭하는 것은 있을 수 없는 일이다. 따라서 「康廣肖像贊」은 조선사료에 의거하는 기술이라고 생각할 수 있는 것이다(『宗氏家譜』定本의 참고문헌인 『懲毖錄』에도 「康年」이라고 나와 있다). 이는 유타니家 家傳書의 신빙성과 관계되는 일이며, 유타니씨가 조선사료에 보이는 「橘康廣」「橘康連」을 자신의 조상이라고 억지로 해석한 가능성을 시사하고 있다.

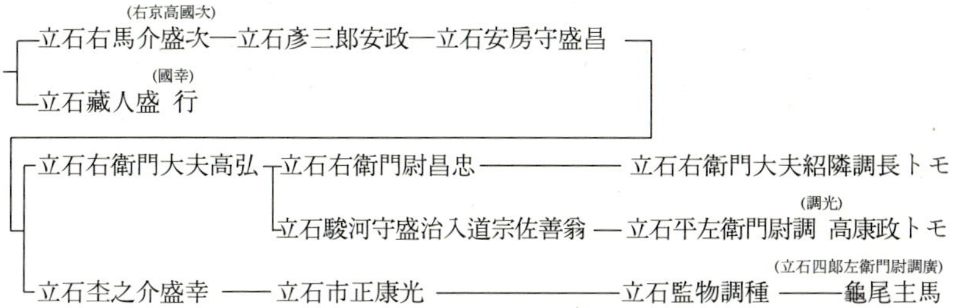

立石右馬介盛次—立石彦三郎安政—立石安房守盛昌 ┐
（右京高國大）
立石藏人盛 行
（國幸）

立石右衛門大夫高弘 ┬ 立石右衛門尉昌忠 ───── 立石右衛門大夫紹隣調長トモ
│
└ 立石駿河守盛治入道宗佐善翁 ─ 立石平左衛門尉調 高康政トモ
（調光）

立石杢之介盛幸 ── 立石市正康光 ───── 立石監物調種 ───── 龜尾主馬
（立石四郎左衛門尉調廣）

<그림 1> 「吉賀政之介 家系圖」

* 『橘姓中士之部』(한국 국사편찬위원회 「宗家文書」)에서 抄出한 것임.
루비는 필자에 의함.

이와 같이 타테이시 형제가 소씨 가신단 중에서 중요한 인물인 것을 알 수 있는데, 타테이시 시게히로가 위국왕사로 기용된 이유를 소씨 영국의 정치과정 속에서 고찰해 보자. 1587년 단계에서 소씨의 가독은 요시토시(義智)인데, 은거한 요시시게(義調)가 정치 실권을 장악하고 있었다(아라키, 앞의 책,『中世對馬宗氏領國と朝鮮』제2부 제3장). 요시시게의 후견 정치체제는, 슈고다이 사스씨의 발언력을 억제해 정치적 의사결정의 주도권을 장악하는데 유효한 수단이었다고 보여진다. 하지만 이러한 변칙적인 형태로 의사결정을 하려면 조정 역할을 하는 존재가 필요했을 것이다. 미야다니야카타(宮谷館, 요시시게)와 카네이시야카타(金石館, 요시토시·사스 카게미쯔<佐須景滿>)의 조정자로서 요시시게 측근인 타테이시 쇼린과 요시토시 측근인 시게미쯔·시게히로 형제가 중요한 역할을 맡고 있었다고 추측된다. 특히 1587년의 위국왕사는 소씨 영국의 운명을 건 중대한 안건을 다루는 것이기 때문에, 타테이시씨의 발언력이 증대하고 있었다고 보여진다. 따라서 소씨 영국의 의사결정에 많은 영향력을 가지는 타테이시씨의 일족인 동시에 섭외 담당자로서의 경험이 풍부한 타테이시 시게히로는 위국왕사의 상관인으로서 적임자였다고 볼 수 있다.

5. 소씨 영국의 대조선 외교와 타테이시씨

1587년의 위국왕사 상관인이 타테이시 시게히로이었다고 밝혀졌는데, 원래 타테이시씨는 소씨 영국의 대조선 외교에 어떻게 관여하고 있었는가. 이 문제와 관련하여, 16세기 후반의 소씨 영국의 정치·외교 방식을 밝히고자 한다.

우선 소씨 영국이 어떻게 대조선 외교를 하고 있었는지를 확인해 보기로 한다. 15세기 중엽부터 16세기 초기에 걸쳐 소씨 영국의 대조선 외교는 特送使(特送船) 파견이라는 형태로 이루어지고 있었다. 특송사는 1년에 몇 차례라는 빈도로 파견되고 있었기 때문에 많은 중신·이료가 특송사로서 기용되고 있었다. 그런데, 1510년에 「三浦倭亂」이 일어나, 1512년의 「壬申約條」(강화조약)로 특송선 제도는 폐지되었다. 그 이후에는 위일본국왕사에 동행하는 형태로 특송사가 강행파견되었고 특송사가 단독으로 파견되는 일은 없어졌다. 이에 따라 소씨 영국의 외교는 특송사(1년에 몇 차례)로부터 위국왕사(수년에 1회)로 변화한 것이다. 또한 국왕사는 상관인·부관인 모두 禪僧을 기용하는 것이 통례이며, 만약에 소씨 가신을 기용하면 위국왕사임이 드러날 가능성이 있었다. 이러한 외교 기회의 감소와 외교 형태의 변화는 외교 담당자의 감소와 그 고정화를 초래했다고 생각할 수 있다.

이와 같은 상황 속에서 타테이시씨는 어떻게 위국왕사에 관여하였는가. 위국왕사 파견에 관련된 쓰시마 측의 사료를 검토해 보자.

【史料6】「杉村家文書」五月一六日付宗義調書狀(東京大學史料編纂所寫眞帳)
_(丐着)
追而申候、安心·立石、此衆ハ皆々こうしゃの儀候間、是にて

も其儀を申候、万御談合肝要たるへく候、別々のやうに御存知候
てハ曲有間敷候、

幸便候條、啓一通候、先日も申入候へ共、其よりハ此方へ被渡船
なく候間、無音信候、此方何事無御座候、留守取分皆々堅固候、仍
此方にてハ、さやうにも候へ、高麗之儀ハ諸篇被任自分之儀候て
ハ、曲有間敷候、殊國王殿罷渡候間、定而先例あるへく候、存知候
する人の指南を御用あるへく候、此儀母(株慶)も申候へと被申候間、爲御
心得候、恐々謹言、

五月十六日　　　義調(宗) (花押)

佐須彦十郎殿(盛円)

　이 서장은 코지(弘治) 2년(1556)의 것으로 추정되고, 슈고다이로서 補
任된 지 얼마되지 않은 사스 모리노부(佐須盛圓)에게 내려진 訓示로 생
각된다.[6] 요시시게는 사스 모리노부에게 ① 「高麗之儀」(조선통교 전반)
에 관해서 獨斷專行하지 말 것, ② 「國王殿」(위국왕사) 파견에 관해서는
「先例」를 「存知候する 人(잘 아는 사람)」에게서 「指南(지도)」 받을 것,
③ 어떤 일이든지 「こうしゃ(巧者)(숙련한 사람)」인 「안신(安心)」(안신토도
<安心東堂>)·「타테이시(立石)」와 「御談合」해야 할 것을 설명하고 있
다. 이와 같이 안신토도와 「타테이시」가 위국왕사에 관해서 숙지하고 있
었음을 알 수 있다.
　여기서 삼포왜란 후의 위국왕사 구성을 개관해 보면(표 1), 1542년부

---

6) 이 서장의 발급 연대에 대해 고증해 둔다. 소 요시시게는 1553년 2월 이전에 가
　독을 계승해 1577년 7월〜윤7월에 출가하였으므로, 발급연대의 기간은 1553〜
　77년이다. 또한, 사스 모리노부의 슈고다이 재직 기간이 1555년 8월 이전〜1577
　년 8월 이후이며, 1560년 7월에는 「사스 효부노쇼 모리노부(佐須兵部少輔盛圓)」
　이라고 칭하고 있으므로, 발급연대의 기간은 1555〜60년으로 한정된다. 그 동안
　의 위국왕사 도항은 1번 뿐이었고(체류기간은 1556년 10월〜1567년 2월), 이 위
　국왕사의 도항 직전의 상황을 나타내는 것으로 보면 발급연대는 코지(弘治) 2년
　(1556)으로 추정된다.

터 1552년에 걸쳐 상관인으로서 안신토도, 都船主로서 「타치바나 모리히로(橘盛廣)」가 자주 기용되어 위국왕사의 전문요원이 되어 있었음을 알 수 있다. 사료 6과 대조해 보면 「타치바나 모리히로」는 타테이시씨로 추정되고, 타테이시 시게히로(立石調廣)의 부친인 모리하루(盛治)로 추정된다. 타테이시 모리하루의 여형제는 소 마사모리(宗將盛, 재위 1526~39)에게 시집갔고, 이를 계기로 타테이시씨와 소씨의 인척관계가 강화되었으며, 모리하루는 타테이시씨의 정치적 지위 향상에 중요한 역할을 한 인물이라고 할 수 있다. 따라서 타테이시 모리하루는 정치적 지위를 향상시킴으로 대조선 외교에 보다 영향력을 가지게 되었고, 위국왕사의 도선주로서 기용되는 것이 당연했다고 생각할 수 있는 것이다.

아시카가(足利) 遺蹟圖書館 소장 『續資治通鑑』 紙背文書(張東翼, 「一五七五年(宣祖八)日本使臣団に關する古文書資料檢討」 『歷史教育論集』 35집, 2005)에는 1575년의 위국왕사로서 「都船主 타치바나 야스히로」가 적혀있다. 또한 『宣祖實錄』 21년(1588) 정월 정해조에는 「來使 一庸庸武夫. 前日以都船主頻來我國者也」라고 쓰여 있어서, 타테이시 시게히로(타치바나 야스히로)는 1587년 이전에도 여러 번 「도선주」로서 도항하고 있던 모양이다. 따라서 타테이시 시게히로(타치바나 야스히로)는 타테이시 모리하루(타치바나 모리히로)의 후계자로서 위국왕사의 도선주를 담당하고 있었음을 알 수 있다. 위국왕사 도선주의 직무(권익)는 타테이시씨의 家職(家産)이 되어 있었던 것이다.

그런데 위국왕사의 상관인·부관인으로서 선승, 도선주로서 타테이시씨가 기용되는 것이 관례임에도 불구하고, 1587년의 상관인에는 타테이시 시게히로가 기용된 것은 주목할 만하다. 그 때의 위국왕사는 소씨 영국의 운명을 건 중대한 안건을 교섭해야 했기 때문에 소씨는 선승에게 위탁하지 않고 신임이 두터운 타테이시 시게히로를 기용한 것으로 생각된다. 이것이 이례적인 기용이었음은 조선 측에서도 민감하게 반응하고

있고, 黃暹이 「來使一庸庸武夫. 前日以都船主頻來我國者也」라고 진언
하자, 선조는 「『渠國(日本), 不無解文字僧, 遣僧求好. 如何而必送武夫. 或者請
使不許, 執此爲作賊計』. 此言如何」라고 회답하고 있다(『宣祖實錄』21년
정월 정해조). 즉, 조선 측에서는 상관인이 선승이 아니라 「武夫」(무사)
인 데에 의문을 갖고 있던 것이다.

  그런데, 1588년에도 위국왕사가 조선으로 도항하였을 때의 구성을 보
면, 상관인은 케이테츠 겐소(景轍玄蘇), 부관인은 소 요시토시(宗義智),
도선주는 야나가와 시게노부(柳川調信)였다. 소 요시토시 스스로가 부관
인이 된 것은 극히 이례적인 일인데, 여기서 주목할 점은 상관인에 선승
이 임용되는 형태로 다시 돌아가고 있고, 도선주로서 타테이시 시게히로
(타치바나 야스히로)가 아니라 야나가와 시게노부가 기용되고 있는 점이
다. 상관인으로서 선승이 기용된 것은 「武夫」를 상관인으로서 기용한 것
이 외교상의 문제가 된 전번의 반성을 근거로 했기 때문일 것이다. 그리
고 조선 측에 의문을 갖게 한 데다가 외교교섭에도 실패한 타테이시 시
게히로는 외교현장에서 배제되지 않을 수 밖에 없었던 것으로 생각된다.
그 때문에 타테이시 시게히로가 생존하고 있음에도 불구하고, 위국왕사
는 「秀吉, 旣殺橘康廣, 令義智來求信使通好」(『宣祖修正實錄』21년 12
월)이라는 궤변을 쓴 것이다.

  여기서 1587년과 1588년의 위국왕사의 구성을 비교해 보면, 대조선 외
교의 실무 담당자가 타테이시 시게히로로부터 야나가와 시게노부로 변화
한 것을 알 수 있다. 시게노부는 1580년에 위국왕사의 도선주로 기용되었
고(표 1), 서서히 타테이시씨의 권한을 침범하기 시작했다. 1587년에는 토
요토미 정권과의 교섭에 발탁되어 성과를 올렸고(주 4) 아라키, 앞의 논문,
「一六世紀末期對馬宗氏領國における柳川氏の台頭」), 섭외 담당자로서
의 재치를 발휘하고 있다. 그리고 1588년에 타테이시 시게히로가 외교 현
장에서 배제되고, 토요토미 정권의 동향에 밝고 섭외 담당능력이 뛰어난

시게노부가 위국왕사의 도선주로 기용된 것이다. 이렇게 해서 시게노부는 토요토미 정권·조선왕조와의 섭외 담당자로서 두각을 나타내, 쌍방으로부터의 신임을 배경으로 영국내부에서 세력을 뻗어 1590년까지 슈고다이 사스씨·타테이시씨와의 정치적 지위를 완전하게 역전시킨 것이다(아라키, 앞의 논문, 「一六世紀末期對馬宗氏領國における柳川氏の台頭」).

6. 마지막으로

1510년대 이후, 소씨 영국의 대조선 외교의 형태가 특송사(1년에 몇 차례)로부터 위일본국왕사(수년에 1회)로 변화함으로써, 외교 담당자의 감소와 고정화가 진행되고, 소씨 가신단 중의 특정한 유력자가 대조선 외교에 많은 영향력을 미치게 된다는 새로운 틀이 생겼다. 그리고 타테이시씨는 1530년대에 소씨와의 緣戚關係를 바탕으로 정치적으로 세력을 뻗어, 이를 배경으로서 대조선 외교에 깊이 관여하게 되면서 위국왕사 도선주라는 직무(권익)를 자신의 家職(家産)으로 만들기에 이르렀다. 1587년의 소씨 영국의 운명을 건 위국왕사의 도선주를 맡은 인물도 타테이시 시게히로(타치바나 야스히로)였다.

그러나 1588년부터 1590년까지의 단기간에 타테이시씨는 정치·외교상의 지위를 야나가와씨에게 빼앗겨 버렸다. 이에 따라, 대조선 외교는 소 요시토시 – 야나가와 시게노부·토시나가(智永) 父子 라인으로 이루어지게 되고, 「임진·정유왜란」의 전전·전중·전후의 대조선·명교섭 중에서 일본·조선 국서의 위조·개찬이 반복되어, 나아가서는 소 요시나리(宗義成)와 야나가와 시게오키(柳川調興)와의 권력투쟁(「柳川一件」)으로 발전해, 쓰시마번의 수많은 위장공작이 폭로된 것이다.

이와 같이 소씨 영국(쓰시마번)의 정치·외교의 추이를 장기적으로 부

감해 보면 1580년대 후반은 그 정치·외교의 중대한 전환기였음을 알 수 있다.

<표 1> 僞日本國王使 일람(삼포왜란~임진왜란)

使行年	上官人	副官人	都船主	使行年	上官人	副官人	都船主
1514	南湖	景雪	宗茂信	1548			
1517	太蔭			1552	安心□楞	天友□数	橘盛広
1521	易宗			1556	天富	景轍□車匊	
1522	太原	台叔		1562	景轍□車匊		
1523	一顗	堯甫		1565	景轍□車匊		
1525	景林宗鑛			1567			
1528	一顗			1571			
1536	東陽			1575※1	景轍玄蘇　※1	守閑　※1	橘康広　※1
1542	安心□楞	方室宗諸	橘盛廣	1580	景轍玄蘇	逸叟雅蔵　※2	柳川調信　※3
1543	心月受竺	稽圃		1587	橘康廣(立石調廣)　※4		
1545	安心□楞			1589	景轍玄蘇	宗義智	柳川調信　※4
1546	安心□楞	菊心妙金		1591	景轍玄蘇	柳川調信	

* 橋本雄,『中世日本の國際關係』, 吉川弘文館, 2005, 198~201쪽의 付表를 바탕으로 작성한 표이며, 「※」는 필자에 의한 補訂임을 나타내고 있다. ※1은 足利遺蹟圖書館 소장,『續資治通鑑』, 紙背文書, ※2는『仙巢稿』, ※3는「朝鮮送使國次之書契覺」, ※4는『四留齋集』 등에 의함.

V. 秀吉의 病死風聞과 조일강화교섭

金 文 子*

1. 머리말

豊臣秀吉이 일으킨 임진왜란은 7년에 걸쳐 진행되었으나 1592년과 1596년 초기에 있었던 몇 개월간의 커다란 전투를 제외하면 사실상 소강상태에 빠져 있었다. 따라서 전쟁기간 동안 조선과 일본, 명과 일본 사이에 대부분 講和交涉이 戰勢·戰況 그리고 상대국의 사정에 의해서 오랫동안 지속되어 왔다. 그래서 이 기간 동안 화의교섭을 자기편에 유리하게 작용하기 위해 상대국의 사정을 알아보려는 움직임이 끊이지 않았으며, 그 과정에서 각종 유언비어·풍문·정보 등이 난무하게 퍼져 있었다. 당시 풍문은 상황에 따라 일급정보로, 아니면 단순한 소문에 지나지 않는 것이었다. 秀吉의 조선침략기 중에는 초반부터 소강상태로 인해 교섭을 하려는 움직임이 강했기 때문에 당시의 정보전달을 통해서 상대방의 약점을 알아내서 교섭에 응하려 했던 전략은 一戰을 겨루어서 승리하는 것 이상으로 중요한 역할을 했다고 볼 수 있다.

한편 이러한 상황에서 1598년(宣祖 31, 慶長 3) 8월 18일에 일어난

* 祥明大學校

'秀吉의 病死'는 전쟁 중 획기적인 전환점이 되었다. 秀吉은 62세에 죽었으나, 그의 病死風聞은 죽기 6개월 전부터 조선 측에 끊임없이 유포되어 왔다. 특히 이러한 풍문은 피로인과 降倭 등에 의해서 전달되었다. 게다가 秀吉의 死去 전후인 8월부터 9월에 걸쳐 조선측 뿐 만아니라 명군 사이에서도 전해졌다. 더구나 일본 국내에 있어서도 秀吉死去 풍문이 침투하게 되었다. 그리고 동년 10월에는 德川家康이 파견한 德永壽昌·宮木豊盛에 의해 조선에 주둔하고 있는 일본군에 정식으로 전달되었던 것이다.

본고에서는 秀吉의 병사풍문이 조선과 일본의 국내외 정세와 어떤 연관성을 갖고 조선 측에 전달되었으며, 이러한 풍문에 대해서 조선 측은 어떻게 대응하였는지를 살펴보고자 한다. 그럼으로써 秀吉의 병사풍문을 통해 임진왜란기에 있었던 정보전달의 한 측면에서 고찰하고자 한다.

2. 秀吉 생전의 死去說
―1598년 2월 당시, 조선에서의 풍문

조선에서 秀吉이 병사했다는 풍문은 1598년 2월 24일 경부터 흘러나왔다. 즉 당시 경상도 梁山郡守는 "平秀吉이 이미 죽었으므로 각 倭酋들이 일시에 싸움(征役)을 정지하고 일본으로부터 정병들이 나오기를 기다려 바다를 건너가려한다"는 급보를 明의 經略 楊鎬에게 보고하였다(『宣祖實錄』 31년 2월 기묘).

실제 이 시기 秀吉은 病中이지는 않았으며, 동년 3월 13일 조선에 주둔하고 있던 日本諸將들이 울산·양산·순천 등 3지역에서 철퇴하여 戰線을 축소할 것을 요구한 것에 대해 秀吉은 허가하지 않고 오히려 내년에는 秀吉 자신이 직접 병사를 인솔해서 조선의 수도까지 진격할 것이라고

호언하였다(慶長 3년 3월 13일 島津義弘·宛久宛豊臣秀吉朱印狀, 『大日本古文書島津家文書之一』, 434号). 또한 같은 달 15일에는 유명한 醍醐의 꽃구경을 즐기고 있었다(太田牛一 著, 『大かうさまくんのうち』). 秀吉 자신이 2개월 전부터 이 원유회의 준비와 지휘를 맡았고 그만큼 건강상 異常은 없었던 것이다. 그렇다면 왜 이 시기에 '平秀吉已故'說과 일본군의 철병 소식이 전해졌던 것일까.

먼저 첫 번째로 病死 소문이 나돌기 1년 전인 1597년에 일시적이지만 秀吉이 갑자기 병을 앓은 사실을 들 수 있다. 구체적으로 그 내용을 보면 10월 27일 秀吉의 브레인 西笑承兌는 그의 일기에 "太閤(수길)이 大津宰相殿의 華第에 왔었는데 차를 조금 마시던 중 筋瘻에 의한 통증으로 歸家했다"라고 기록하고 있다(『鹿苑日錄』 慶長 2년 10월 27일). 秀吉의 병은 수일 간 지속되었으나 28일에 조금씩 효험이 있었고, 29일 『慶長實錄』에는 「太閤의 갑작스러운 변고」라는 제목이 있어, 秀吉의 발병은 갑작스럽게 일어난 것으로 생각된다. 따라서 조선 진영에서 이듬해 2월에 秀吉이 죽었다고 하는 정보는 秀吉의 有病說이 病死說로 오보되어 흘러나왔을 것이라고 짐작된다.

또한 梁山郡守의 보고 가운데 <秀吉이 이미 죽었기 때문에 일본군이 바다를 건너려 한다>고 한 것은 그 당시 부산에 있던 毛利輝元의 부하 宍戸元次(시시토 모토즈키)가 1598년 정월 29일에 일부 군사들을 인솔하여 귀국하였던 사실과 무관하지 않다. 즉 이때의 군사이동을 보고 부산과 인접해 있었던 양산군수가 秀吉이 죽었기 때문에 일본군이 철수하고 있다고 보고한 것으로 생각된다.

秀吉의 병사풍문이 나온 두 번째 배경으로서 1597년 12월부터 1598년 정월에 걸친 울산성 전투를 들 수 있다. 즉 이 전투에서 고전을 면치 못했던 일본 측은 이를 계기로 2월 11일과 13일에 본격적으로 조선과 명에 접근해서 화의교섭을 재개하려 하였다. 즉 이들은 秀吉이 병사했다는 유언비어와 일본군이 철수한다는 정보를 누설함으로써 조선과 명의 장수들에게 교섭재개를 유발시키고, 또 울산성 전투 이후 명 군사들의 움직임을 지연시키기 위한 목적으로 이 풍문을 흘려보냈을 가능성이 높다.

한편 秀吉이 병사했다는 유언비어는 대부분 降倭나 被虜人을 통해서 조선 측에 전달되었는데, 이에 대해 조선조정은 처음부터 부정적이면서도 신중한 자세를 취했다. 예를 들어 선조는 "설사 平秀吉이 죽었다고 하더라도 또 다른 秀吉이 한없이 많으니 秀吉이 죽었다고 죽은 것으로 보아서는 안 된다. … 만일 秀吉이 정말 죽었다면 저들은 반드시 굳게 숨길 것이다. 적국으로 하여금 그 사실을 들을 수 있게 하겠는가, 지금 고의로 그런 말을 퍼뜨리는 것은 바로 明兵士로 하여금 해이하게 하여 대비하지 않게 한 다음 그 틈을 타서 그들의 계책을 부리려는 것이다"고 하였다(『宣祖實錄』 31년 3월 기묘). 또한 선조는 1598년 2월에 들어서 빈번하게 明將과 강화교섭을 요청하기 위해 방문해 오는 일본군의 행동을 마땅히 경계해야 한다고 주장하면서 일본과의 강화교섭 따위는 염두에 두지 않았다.

이상 1598년 2월에 있었던 秀吉의 病死풍문에 대하여 살펴보았다. 그런데 이후 이러한 유언비어는 한동안 전혀 유포되지 않다가 8월 이후 재차 조선 측에 전달되기 시작한다. 이 점을 통해서도 2월에 나돌았던 秀吉의 병사설은 加藤清正과 小西行長이 울산전투 후 피폐해진 군사력으로 더 이상 전투에 임하기 힘든 상황을 감안하여 일본군의 전선을 정비하고, 명군의 공격도 사전에 막기 위한 강화교섭의 일환으로서 인위적으로 조작되었을 가능성이 높다.

3. 秀吉의 위독시의 死去說
-1598년 8~9월 당시, 피로인·항왜 등의 전문

우선 1598년(慶長 3) 8월 5일, 전라병사 李光岳은 의병장 林懽로부터 입수한 정보를 근거로 조정에 다음과 같이 보고한다.

曳橋에서 포로가 된 鄭成斤이 처자를 거느리고 와서 말하기를 "포로가 된 사람들이 요즈음 모두 나오려고 한다. 그 이유는 대체로 전하는 소문이 '일본에 싸움이 일어나 심지어는 秀吉가 이미 죽었고, 行長은 일이 있어 사천에 건너갔는데 예교의 진영을 行長이 전영에 돌아온 뒤 철수할 것이다'라고 하기 때문이다. …"

(『宣祖實錄』 31년 8월 무오)

위의 보고는 行長의 진영에 있었던 피로인이 전달한 것으로 일본국내에 戰亂 때문에 秀吉이 죽었으며, 行長의 진영도 곧 철수할 것이라는 것이 주된 내용이다. 이어서 같은 달 20일에도 경상좌병사 成允文이 비밀리에 치계를 올렸는데 그 내용은 다음과 같다.

포로가 되었던 사람들이 돌아와서 말하기를 "관백의 병이 위중하므로 흉적들이 철수하여 돌아갈 계획을 세우고 있다"고 하였습니다. 현재 서생포의 적들은 소굴을 모두 불사르고 철수해 돌아가려 하고 있으며 부산과 동래의 적들도 소굴을 불사르고 서생포로 향하고 있는데 흉모를 헤아릴 수 없기 때문에 군대를 정비하여 전란에 대비하고 있습니다.

(『宣祖實錄』 31년 8월 계유)

여기서 보이는 것처럼 秀吉이 중병을 앓고 있기 때문에 일본 제장들이 철수할 계획을 세우고 있고, 서생포의 清正軍도 진영을 소각하고 철퇴하려 하고 있다는 것이다.

또한 같은 날 전라수사 李舜臣도 "일본에서 도망 나온 사람들이 와서 말하기를 秀吉이 7월 초에 병사했으므로 일본군들이 撤歸해 돌아가려 하고 있다"고 보고하고 있다(『宣祖實錄』31년 8월 계유). 여기에 경상관찰사 鄭經世는 8월 23일 날짜로 조정에 "관백의 병이 중태라느니 이미 죽었다느니 하는 말이 너무 허탄하기에 보고를 안했다"고 하면서 "일본군에 변화가 있는 것은 확실하다"고 보고하고 있다(『宣祖實錄』31년 8월 병자).

그러면 이처럼 8월에 들어와서 조선에 빈번하게 보고 된 秀吉의 병사 풍문은 어떤 근거에서 비롯된 것인가. 이것을 당시 일본국내의 정세와 관련시켜서 생각해 보자.

먼저 秀吉은 1598년 봄, 醍醐의 꽃구경이 끝난 직후 6월에는 병이 악화되어 같은 달 하순부터 秀吉의 쾌유를 비는 기도가 일본 각지에서 빈번하게 행해졌다.[1] 그 때문에 7월에 들어서면서부터 秀吉이 병을 앓고 있다는 풍문이 국내에 퍼져 있었던 것이다.

『朝鮮物語』에 의하면 "7월 상순 이때부터 大相國公 (秀吉)이 어째서인지 병(御違例)을 앓고 있다는 풍문이 있다. … 병중(御違例)이라 듣고서 천하가 웃음을 멈추고 상하 모두 슬퍼하지 않은 자가 없었다"고 기록되어 있었다.

이처럼 7월경 일본국내에 秀吉의 쾌유를 비는 기도가 행해졌고, 병상풍문이 널리 퍼져 있었기 때문에 일본에서 도망쳐 온 피로인이 이 소식을 조선 측에 전달하였을 것으로 생각된다.

한편 조선에서는 일본군이 철수하려는 움직임에 대해서 "日本有戰伐之変"이라든가 "南蠻來戰 故撤軍入歸"라는 보고를 통해서(『宣祖實錄』

---

1) 예를 들면 6월 27일, 7월 1·7·8·11·15일에는 大神宮 및 畿內의 神社·佛寺를 중심으로 기도가 행해졌다. 秀吉이 死期를 맞이하면서 大名들에게는 자식 秀賴에 대한 충성을 맹세하는 것을 의뢰한 후에도 기도를 멈추지 않았다(『義演准后日記』慶長 2년 6월 27일, 7월 1·7·8·11·15일).

31년 8월 경진) 秀吉의 죽음으로 인해 일본국내에 내전이 일어났거나 남쪽 오랑캐가 와서 싸우기 때문에 철수해서 돌아간다고 파악했던 점을 주목하고 싶다. 그런데 여기서 말하는 '戰伐之變'이라는 것은 바로 伏見에서 일어났던 국내 소요와 관련지어 생각해 볼 수 있다. 즉 醍醐寺三宝阮의 門跡義演이 남긴 『義演准后日記』에 의하면, "7월 17일 어제 伏見에 소요가 있었다고 하는데 諸人이 여기저기 모여들었다"고 하면서 秀吉의 신변에 변화가 생기자 불순한 무리들의 소란이 있었다고 적고 있다(『義演准后日記』 慶長 3년 7월 16일).

한편 9월이 되면 항왜나 일본진영에서 도망 나온 조선인들로부터 秀吉이 병사했다는 구체적인 날짜와 秀吉의 사후에 있었던 일본 국내의 정세변화까지도 전해졌다. 예를 들어 9월 6일 경상관찰사 정경세는 다음과 같이 보고하고 있다.

> 항복한 왜적의 말에 의하면 "관백이 7월 7일 병으로 죽은 것이 분명하며 왜장들이 한창 철수하여 돌아가려는 즈음에 일본으로부터 기별이 왔다. 관백이 죽었으나 그 아들이 벌써 즉위하였고 좌·우·중 三納言이 국사를 섭정하여 조금도 의의가 없이 諸將에게 명령하여 撤還하지 말라고 하였다"
>
> (『宣祖實錄』 31년 9월 무자)

실제로 秀吉은 8월 18일에 죽었으므로 항왜의 전언은 사실과 다르며 일본군의 철수를 금지하는 명령을 내렸다는 사실도 오보이다. 그러나 秀吉의 사후 그 아들이 뒤를 이어받아 국사를 三納言이 專管하고 있다는 정보는 비교적 설득력이 있는 것으로 秀吉의 病死輿否를 뒷받침해 줄 수 있는 증거로 조선 측에 받아들여졌다고 생각된다.[2]

---

2) 鄭經世는 다음 8월에도 "도망쳐 온 사람들의 말에 關白이 7월 초에 사냥하러 나와 더위를 탄 것인데, 그 측근에 '小子를 세우고 또 조선 및 天朝와 강화를 서둘러, 곧 철수하도록 하라.'고 말했다"고 보고하고 있어, 秀吉의 死因에 대해 정확하지 않은 부분도 있지만, 秀吉의 뒤를 그 아들 秀賴가 잇는다는 점에는 共

또한 9월 15일 경상우병사 鄭起龍은 "… 요사이 적에게 붙었다가 나온 자가 전후 2,000여 명인데 모두들 '관백은 이미 죽었고 또 남방에 변고가 있어서 秀吉의 어린 자식이 즉위하였으나 모두 그 자리를 빼앗을 계획을 하여 현재 철수하여 돌아가려고 한다' … 아마 적의 철수는 헛소문이 아닌 듯 합니다"라고 치계하였다(『宣祖實錄』 31년 9월 정유).

여기서 주목하고 싶은 것은 적 진영에 있던 사람 2,000여 명 모두가 秀吉이 이미 죽었다고 전한 점이다. 즉 秀吉의 병사설은 9월 중순에 들어와 틀림없는 기정사실로 알려졌고 일본군의 철수도 풍문이 아니라고 받아들여지기 시작한 것이다. 8월 시점과는 달리 9월경에 이르러서 ① 秀吉의 병사 사실이 기정화되어 조선에 전달되었고 ② 秀吉의 병사 시기가 7월 초라는 소문이 끊이지 않았다는 것과 ③ 일본국내에 정치적 변화가 있었다는 점이 전달된 것이다.

①에 대한 정보는 秀吉이 죽고 한 달 정도 지난 시기에 일본국내에서는 秀吉의 죽음을 숨기지 못할 정도로 풍문이 떠돌았던 사실과 관련이 있다. 이는 秀吉이 병사한 후 한 달도 안 된 상태에서 그 사실이 일본내에 널리 퍼져 있었기 때문에 조선 측에 秀吉의 死去일까지도 포함해서 秀吉의 병사설이 나돌았던 것이다.

또한 秀吉이 병사한 날짜가 조선 측에 7월 모일이라고 나돈 것은 조선에 머물고 있는 장수들 앞으로 보낸 秀吉의 병사에 관한 書狀이 거의 7월에 보내진 것과 관련이 있다고 본다.

예를 들어 前田玄以 등이 7월 8일과 15일에 島津義弘에게 "大閤이 霍亂(여름철에 급격한 토사를 일으키는 위장병)에 걸려서 먹지도 못할 정도이다. … 국내에서는 (秀吉의 병상과 관련해서) 여러 가지 풍문이 나돌고 있지만 조선에 있는 諸將들은 여기에 동요하지 말고 마음의 준비를

通되고 있다. 또 7월초에 병을 얻었다고 하는 점도 서술한 내용과 일치한다(『宣祖實錄』 31년 9월 경인).

하고 있으라. 또 조선에서의 강화교섭(無事)은 加藤淸正에게 전부 위임
하므로 淸正과 잘 논의해서 결정할 것이며 추후에 사람을 파견할 것이므
로 그 뜻에 따라서 결정하라"는 서장을 보냈다(慶長 3년 7월 8일 島津義
弘宛, 增田長盛·淺野長政·前田玄以連署狀, 『鹿兒島縣史料旧記雜錄後
篇三』). 이를 통해서 7월 말 이미 조선에 있는 일본 諸將들에게 秀吉의
病狀이 알려졌으며, 秀吉의 죽음에 대비해서 강화교섭에 대한 대책을 淸
正에게 위임했다는 점을 알 수 있다.

그런데 15일 날짜로 前田玄以 등이 義弘에게 보낸 서장에는 "秀吉의
병은 全快하였으므로 걱정할 필요가 없다"라며 8일자 서장과는 상반된
내용을 적어 보낸다(慶長 3년 7월 15일 島津義弘宛, 增田長盛·淺野長政·
前田玄以連署狀, 『鹿兒島縣史料旧記雜錄後篇三』). 8일 사이에 秀吉의 병
이 다 나았다고 알린 이 서장은 오히려 朝鮮在陣 日本諸將들에게 秀吉의
병이 중병인 것은 아닌가 하는 억측을 낳는 결과를 주었으리라 본다.

이 두 서장을 통해서 알 수 있는 것은 7월 초부터 중순에 걸쳐서 秀吉
의 병상 소식이 조선에 주둔하고 있는 일본 장수들에게 알려지자, 降倭
나 피로인을 통해서 조선에 전달되어 秀吉의 병사 시기가 7월이라는 설
이 나돌았던 것으로 생각된다.

4. 秀吉死去說의 파문
-朝鮮在陣 倭軍·朝鮮軍·明軍의 대응

그러면 조선에 주둔하고 있던 일본 장수들이 정확한 秀吉의 병사소식
을 전해들은 시기는 언제쯤일까.

먼저 1598년 8월 18일 秀吉이 죽자 德川家康은 이 사실을 조선에 있
는 諸將에게 알리기 위해 德永壽昌과 宮木豊盛을 조선에 파견한다(慶長

3년 8월 25일 豊臣氏朱印狀案, 『大日本古文書島津宛文書之二』, 983).
德永과 宮木은 10월 1일 부산포에 도착하였고(『鍋島直茂譜考補』九, 內
閣文庫所藏) 8일에는 島津義弘의 숙소인 泗川城에 도착하여 조선과의
和議條件과 貢物 문제 등을 전달하였다(「征韓論」 五, 『全國史料業書6
島津家史料集』). 이로써 조선에 주둔하고 있던 일본 제장은 10월 8일 이
후부터 秀吉이 죽었다는 소식을 본국의 사신으로부터 보고받았다고 보
여진다.

그런데 秀吉이 죽고 50일이라는 상당한 시일이 지나서야 朝鮮在陣
일본장수들이 秀吉의 병사소식을 접했다는 사실에는 의문이 간다. 다시
말해서 秀吉은 죽기 6개월 전부터 병상에 있었고 이런 소식은 조선주둔
일본장수에게는 중대한 관심사였으므로 家康이 보낸 사신들을 통하지
않았더라도 그들은 本國의 家臣들을 통해서 국내사정을 충분히 전해 듣
고 있었으리라고 추측된다. 예를 들어 「淸正高麗陣覺書」에 의하면 "大
閣이 죽은 사실을 (御遠行) 비밀리 감추려 해도 (조선에 있었던) 모든 諸
大名이 이 사실을 알게 되었기 때문에 異國에서 오랫동안 머물면서 合戰
을 해도 적을 쳐부수지 못하므로 각각 歸朝하려고 하였다. 이때 秀吉가
이번 달 8월 18일에 죽었다고 하므로 고려를 버리고 각각 歸朝하라는
명령과 일제히 부산까지 되돌아서 일본으로 돌아가라"고 적혀있다(「淸
正高麗陳覺書」, 『統續群書類從 四』). 즉 秀吉의 죽음을 비밀로 했음에도
불구하고 "當 8월 18일"이라고 적힌 것을 통해 8월 말에는 조선에 머물
고 있던 일본 諸將에게까지도 이 소식이 공공연한 비밀로서 전부 알려져
있음을 알 수 있다.

한편 1598년 2월부터 8월에 걸쳐서 秀吉의 병사풍문이 널리 퍼져 있
었지만, 이와는 정반대로 정보, 즉 6월에 秀吉이 명나라(中原)를 공격한
다는 것과 8월에는 秀吉 자신이 조선에 직접 온다는 풍문도 끊이지 않았
다는 점에 주목하고 싶다. 구체적으로 살펴보면 같은 해 6월 29일 국왕

은 정원에 전교하는 내용 중에 "지난번 平秀吉이 '바다를 건너가 조선을 격파하고 곧바로 中原을 침범할 것이다'라고 하였다 하니 이 내용을 軍門(邢玠)에 보고하였는가? 이 말은 고하지 않을 수 없다"고 하였다(『宣祖實錄』 31년 6월 임오).

또한 7월 1일경, 이 시기 일본군의 정세를 明에 전하는 奏本에 "경상도 남쪽 변방에서 馳報한 내용과 포로가 되었다가 도망쳐 온 사람들이 보고한 바에 의거하여 말씀드리겠습니다. 그들에 의하면 왜적은 앞으로 7월 이후에 새로이 군사를 증강하여 바다를 건너와 중국 군사들과 결전을 벌일 것이고 명년에는 秀吉이 대군을 이끌고 와서 遼左地方으로 진격할 것이라고 하니, 지금이야 말로 먼저 공세를 취하여 기선을 잡아야 할 시기입니다."라고 하고 있다(『宣祖實錄』 31년 7월 갑신).

오히려 선조는 "흉적이 7년 동안 하늘의 뜻을 거역하고, 흉악한 짓을 하여 우리나라를 짓밟게 된 것은 羈縻한다는 설이 저들의 계략에 적중하여 여러 번 사기를 그르친 탓입니다. 이제 와서 정형은 더욱 드러나 신의 허약함은 어느 때보다 심한데 天朝(明)에서 다시 그들과 강화하려 한다면 이는 목전의 일을 그르칠 뿐 아니라 온 천하가 저들의 화를 입게 될 것입니다"라 하며 명이 일본과 강화하려는 움직임에 제동을 걸고 지금까지 행하여 왔던 강화교섭에 대해서도 비판하고 있다(『宣祖實錄』 31년 7월 갑신). 즉 선조는 일본군이 철수하고 있고 분명히 변화의 조짐이 있다는 정보를 듣고 있으면서도 한판으로는 일본군을 소탕하기 위해 朝日交涉에는 응하려 하지도 않았으며, 강화하려 하는 明의 태도를 비판하고 있다.

그런데 여기서 선조가 秀吉의 병사설에 부정적인 태도를 취하면서 강화교섭의 움직임을 사전에 막으려 한 이유는 무엇이었을까. 그 점은 당시 6월 14일 조정에서 일어난 '丁応泰의 誣吉事件'이 관련되었기 때문이다. 이것은 朝明간의 강화교섭에 대한 서로의 입장차이, 明조정 내부에 있어서 主戰·講和派 등이 서로 얽힌 중요한 외교문제였다. 다시 말해서 정응태의 上奏를 받은 명조정은 주전파인 양호를 경질시키고 명 병사의 징발과 군량의 조달을 삭감하려 했다. 이러한 예기치 못한 명의 움직임에 대하여 조선 측은 당황하지 않을 수 없었으며 이를 저지하기 위하여 조선국왕은 明 朝廷과 조선에 있는 명 장수들을 상대로 하여 秀吉이 명나라까지 공격하려 한다는 정보를 강조했던 것이다.

국왕의 이러한 전략이 적중했던지 명장 劉綎은 "秀吉이 淸正와 行長에게 명하여 8월중에는 경기도 지방을 침략한다는 流言을 들었다. 그 허실은 잘 모르겠으나 일본군의 재침에 대세를 갖추어야 한다"고 강화교섭 보다는 일시적이기는 하나 일본군과 전투할 의지가 있음을 보였다. 결국 이러한 배경 하에 10월 11일에 바로 泗川·順天의 전투가 벌어졌던 것이다.

한편, 조선 측에 秀吉의 사망소식이 풍문이 아니고 정확하게 전달된 것은 언제인가. 그것은 11월 28일 날짜로 淸正이 울산에서 철회할 때 明 將에게 보낸 檄文이라 생각된다. 즉 淸正이 明將에게 보낸 이 격문 내용을 경상도관찰사 정경세가 인용하면서 조선조정에 보고했다. 이 격문 내용에서 주목할 만한 것은 조선 측이 淸正에게서 직접 秀吉이 8월에 병사했다는 소식을 전해들은 점이다. 이제까지 秀吉의 병사풍문은 주로 항왜나 피로인들에 의해서 전달되었는데 이번에는 상대국의 적장인 淸正에게 바로 秀吉의 병사소식을 전해 들었던 것이다.

11월이면 秀吉이 죽은 지 석 달이 지난 뒤였고 전쟁의 종반기에 들어서서 일본군이 거의 철수한 시기였으나 조선 측에서는 淸正의 격문에 의해서 일본군이 철회하는 이유를 불투명하나마 알고서 앞으로의 일본대책에 부심하였던 것이다. 결국 淸正의 격문은 조선 측에게 재침공할지도 모른다고 위협을 가하면서도 철수하기에 유리한 조건을 만들기 위해 조선과 화친하려 했음을 보여준 것이라고 할 수 있다. 또한 淸正이 아직까지 豊臣家의 세력이 약화되어 있지 않고 세키가하라 전투(1600)를 몇 년 앞선 상태에서

家康의 역할을 비교적 호의적으로 선전하고 있는 점은 주목할 만하다.

당시 조정에서는 11월 23일 "行長의 진영에 들어가 보니 조선인 3명과 牛馬 4필 정도가 남아 있었다"는 李德馨의 보고(『宣祖實錄』 31년 11월 갑신)와, 25일에는 明將 麻貴의 接伴使 이광정을 통해서 "18일에 淸正軍의 진영에 들어와 보니 이미 전부 철수하고 없다"는 사실을 보고 받는다(『宣祖實錄』 31년 11월 병오). 이로써 조선조정은 11월 말부터 일본군이 조선내부에서 전부 철수했다는 인식을 갖기 시작했다. 그러나 한편으로는 일본군이 남해·거제·부산 근변에 다시 들어오면 전부 토벌하기 힘들기 때문에 명·조선수군이 협공해서 일본군을 섬멸하여 일본잔병들을 제거하고자 했다(『宣祖實錄』 31년 11월 병오).

이와 동시에 국왕은 11월 26일 부산의 일본 진영을 軍門邢玠가 전부 불태웠다는 소식(『宣祖實錄』 31년 11월 정미)과 28일에는 경상좌도병사 成允文이 정탐인을 시켜서 살펴본즉 부산에 있는 선발대가 이미 일본으로 건너갔고 일본인은 50~60인 정도밖에 남아 있지 않다는 보고를 받는다(『宣祖實錄』 31년 11월 기유).

이때 조선국왕은 위에서 서술한 내용의 상황을 전해 들으면서 29일에는 전교를 내린다.

> … 왜적이 명국과의 전투에서 승리한 뒤 까닭없이 일시에 물러나고 있으니 시세로 헤아려 보건대 그럴 리가 없다. 실제로 명군이 두려워서 그런 것이 아니라 반드시 天將이 감언이설로 화친하고자 꾀어 물러가게 한 것인데 우리나라가 그간 사정을 모두 알 수 없지만 반드시 꾀가 드러날 것이다. … 하루아침에 견고한 성과 험한 소굴을 모두 버리고 스스로 물러가면서 성채도 그대로 놓아두고 식량도 남겨두고 갔으니 그들이 깔보는 정상을 쉽게 알 수 있다.
>
> (『宣祖實錄』 31년 11월 경술)

다시 말해서 국왕은 "전투에 승리한 뒤 까닭없이 일시에 물러나고 있으니 …"라고 말한 것처럼 秀吉의 죽음으로 인해 일본군이 철수하고 있는 사실을 정확하게 파악하지 못하고 의구심을 갖고 있었던 것이다. 더불어 국왕은 일본국이 명장수와의 화친(교섭)에 의해 철수하고 있다고 보고 있다.

결국 조선과 명이 일본군이 철퇴한 정확한 이유를 알게 된 것은 1599년(慶長 4, 선조 32) 정월 9일에 이르러서다. 즉 明 提督 麻貴는 부산과 울산을 관찰하고 돌아와 한성에서 국왕을 만났는데, 그 때 그는 "이번에 왜적이 물러간 것은 관백의 죽음으로 말미암은 듯 합니다."라고 전한다(『宣祖實錄』 32년 1월 경인). 이로써 조선은 일본군의 철수가 秀吉의 죽음에 의한 것임을 파악하게 된다.

5. 맺음말

본고에서는 豊臣秀吉에 의해서 일어난 7년간의 전쟁 기간 중에서, 1598년 조선에 유포된 秀吉의 병사풍문을 일본의 국내사정과 연관시켜서 보고 조선 측이 이 풍문에 어떻게 반응하고 대응해 나갔는지를 살펴보았다. 그럼으로써 秀吉의 병사풍문을 통해 임진왜란기에 있었던 정보전달의 한 측면에서 고찰하였다.

그 결과 1598년 2월에 나돌았던 秀吉의 병사설은 有病說이 오보된 것이기는 하나, 울산성전투 후 피폐해진 일본군사력으로 전쟁을 수행하기 힘들었던 小西行長와 加藤清正이 고의로 퍼뜨린 것으로 파악된다. 이에 대해 조선은 行長와 清正가 明과의 강화교섭을 염두에 두고 의도적으로 누설한 것으로 판단하고 강화교섭에 응하지 않는다는 태세를 취하고 변방방비에 주력하였다.

한편 秀吉이 병사한 후에는 家康가 조선에 주둔하고 있는 일본군사들

을 무사하게 철수시키기 위해 秀吉의 사망 사실을 비밀로 하고 명목상
'조선왕자의 일본 파견'을 내세워 朝日交涉에 나선다. 반면 조선 측에서
는 일본군의 철수를 처음에는 秀吉의 죽음과 직접 연관시키지 않고 일본
국내의 내전 혹은 남만인과의 싸움에 동원하기 위함이라고 인식하였다.

조선 측에 秀吉의 사망소식이 풍문이 아니고 적장인 淸正을 통해서
전달된 것은 1598년 11월 28일 경상도관찰사 정경세의 보고였고, 1599
년이 되어서야 조선은 명제독을 통해서 秀吉의 사망으로 일본군이 철수
했다는 소식을 전해 듣는다.

본고에서는 秀吉의 병사풍문에 대해 조선이 어떻게 이러한 정보를 입
수하고 대응하였는지를 살펴봄으로써 임진왜란중의 정보·전달의 일면을
고찰해 보았다.

Ⅵ. 壬辰倭亂에서의 두 개의 和議條件과 그 風聞

기타지마 만지(北島万次)*

1. 머리말

　壬辰倭亂期인 1593년(선조 26)의 정월에서 2월에 걸쳐, 平壤·碧蹄館 그리고 幸州山城에서 전투가 벌어졌다. 이를 계기로 日本과 明 사이에는 和議折衝이 진행되었다. 국토가 황폐화되고 先王의 분묘가 파헤쳐진 수모를 겪은 朝鮮은, 일본을 불구대천의 적으로 간주하고 있었기에 이 화의에 강하게 반발하였다. 이로 인하여 조선은 고립된 처지에 놓이게 되었다. 이 때문에 조선에는 화의절충에 관한 정확한 정보가 들어오지 않았던 것이다.

　日本과 明 사이에 이루어진 화의절충에는 두 종류의 화의조건이 있었다. 즉 秀吉의 和議條件七個條와, 그리고 이에 대해 明遊擊 沈惟敬과 小西行長이 假作한 「封貢要求」가 그것이다.

　사건의 발단은, 조선 구원군의 지휘자인 明經略 宋應昌이 휘하의 첩보기관 소속인 謝用梓과 徐一貫을 「明使節」이라 사칭하여, 일본의 동태를 탐지하기 위해 名護屋에 있던 秀吉에게 파견한 것에서 시작되었다.

---

* 前 共立女子大學

秀吉이 그들에게 화의조건을 제시하기는 하였지만, 그들이 거짓 사절인 이상, 이 화의조건이 明皇帝에게 닿는 일은 없었다. 그리고 이 화의조건7개조는 조선 측은 물론, 황제를 비롯한 명 수뇌부에게도 극비시되었다.

이와는 별개로, 화의절충을 추진하였던 明遊擊 沈惟敬이 小西行長과 상의하여 假作한 秀吉의 「封貢要求」가 있었다. 名護屋에서 「明使節」과 秀吉 측이 화의절충을 거듭하고 있을 무렵, 조선에서는 惟敬과 行長이 秀吉의 日本國王册封을 요구하는 「納款表」를 작성하여, 行長의 家臣인 內藤如安 등을 明 황제에게 파견한다는 계획을 진행시키고 있었다. 行長은 이 「봉공요구」를 가지고 明과 절충을 벌였는데, 이 역시 조선 측은 물론, 일본 측에서도 行長 주변의 특정인물 이외에는 극비시되었다.

本稿에서는 이상의 사건들에 입각하여, 화의조건에 관한 정보가 일본·조선·明 사이에서 어떻게 유포되어 갔는가를 고찰하기로 하겠다.

2. 두 개의 和議條件과 그 성립

익히 알려진 바와 같이 1593년(文祿 2) 6월 28일, 秀吉은 石田三成·增田長盛·大谷吉繼·小西行長 등 4인 앞으로 서간을 보내어, 和議條件 七個條를 「明使節」에게 제시하도록 지시하였다. 이 화의조건7개조란, ① 明皇帝의 公主(姬)를 日本天皇의 妃로 삼을 것, ② 勘合에 의한 명 - 일본 사이의 通交의 부활, ③ 명, 일본 양국의 大官이 서로 誓書를 교환할 것, ④ 朝鮮八道 중에서 四道를 조선국왕에게 돌려줄 것(朝鮮四道割讓), ⑤ 이를 위하여, 조선의 王子를 새로이 인질로 일본에 보낼 것, ⑥ 前年, 淸正이 포로로 잡은 조선의 두 왕자는 돌려보낼 것, ⑦ 조선의 大臣은 앞으로 일본의 의향에 거역하지 않는다는 내용의 誓書를 제출할 것의 7개 조항이었다(『南禪舊記』, 『兩國和平條件』). 이 화의조건은 같은 해 5월 1일, 秀吉이 그 腹案을 淺野長政·黑田孝高·增田長盛·石田三成·大谷吉繼에게 제시한 것에서 비롯되었다(『黑田家譜-朝鮮陣記』).

같은 달 15일, 石田三成 등의 三奉行과 小西行長은 謝用梓·徐一貫 등 「明使節」과 함께 名護屋에 도착하였다. 이때 石田三成·大谷吉繼·小西行長 등 3인은 당시 진행중이던 晋州城 공략 때문에 조선으로 되돌아가게 되었고, 三奉行 중 하나인 增田長盛만이 「明使節」의 응접을 위해 名護屋에 머물게 되었다(文祿 2년 5월 19일 小早川隆景 앞으로 보내진 長束正家書狀, 『小早川家文書』 416).

그 이후, 相國寺의 西笑承兌가 화의의 절충을 매듭짓기 위해 名護屋으로 下向하였고, 南禪寺의 玄圃靈三과 博多 聖福寺의 景轍玄蘇가 「明使節」인 謝用梓·徐一貫과 구체적인 절충작업에 들어갔다. 즉, 靈三은 일본천황에의 公主降嫁와 朝鮮八道의 절반을 요구하였고, 玄蘇는 秀吉이 조선에 출병하게 된 동기와 일본군이 全羅·慶尙兩道 南岸의 倭城에 주둔하는 이유에 관해 설명하였다. 이러한 경위를 거쳐 和議條件七個條에 접한 「明使節」은, 29일 名護屋을 떠났다(『時慶卿記』, 『南禪舊記』, 『中外經緯傳』, 『大和田重淸日記』). 그런데 이 화의조건7개조는, 여러 大名 및 그 配下의 家臣들 뿐 아니라, 明 측과의 절충에 참여한 玄圃靈三·景轍玄蘇, 그리고 西笑承兌을 비롯하여 일본내에서는 널리 알려져 있었다.

이에 반해 明 측에서 이 화의조건7개조를 알았던 이들은, 화의조건을 직접 접한 「明使節」인 謝用梓·徐一貫의 2인, 이들을 파견한 明經略 宋應昌, 그리고 화의절충을 추진했던 沈惟敬 뿐이었다.

다음으로 「封貢要求」의 성립에 관해서 알아보기로 하겠다. 앞서 名護屋에서 조선으로 돌아온 行長은 沈惟敬과 모의하여, 行長의 가신인 內藤如安 및 宗義智의 가신 早田尙久 등을 秀吉의 항복사절로 꾸미며서, 秀吉의 「納款表」를 지참하게 하여 明皇帝에게 파견하기로 하였다. 그리하여 6월 20일, 沈惟敬은 內藤如安·早田尙久과 그 수행원들을 이끌고 釜

山浦를 출발하였다(『明神宗實錄』萬曆 21년 9월 임술. 『朝鮮陣記』). 일
행은 같은 해 9월 遼東에 도착했는데, 이곳에서 經略 宋應昌은 秀吉의
降表가 필요하다며 幕將인 都指揮使 譚宗仁을 慶尙道 熊川의 行長營으
로 파견했다(『宣祖修正實錄』26년 8월, 『宣祖實錄』26년 윤11월 갑신).
이 降表를 작성하기 위해서 沈惟敬도 內藤如安 등을 요동에 남겨두고는
웅천으로 되돌아왔다.

작성된 秀吉의 降表의 요점은 이하와 같다.

  - 일본은 모두 明朝의 赤子이고자 한다. 이 점을 조선을 통하여 明에
    전달하고자 했으나, 조선이 이를 묵살해 버렸다. 이에 원한을 품은
    秀吉이 兵을 일으켰다.
  - 平壤에서 沈惟敬과 停戰協定을 체결하였다. 小西行長은 이를 준
    수하였으나, 조선이 싸움을 걸어왔다.
  - 沈惟敬과의 약속에 따라서 倭軍은 성곽·兵糧·토지를 조선에 반환
    하였다.
  - 여기 內藤如安을 보낸다. 그는 일본 측의 의사를 있는 그대로 전달
    할 것이다. 秀吉은 明皇帝로부터 册封藩王이라는 名號를 받기를
    원한다. 그렇게 된다면, 앞으로 「藩籬의 臣」으로서 明에게 貢을 올
    릴 것이다(『宣祖實錄』27년 5월 신축).

이 중에서 1항부터 3항까지는 당시까지의 경위이며, 마지막 4항이 「봉
공요구」에 해당한다. 內藤如安 일행은 이 「關白降表」를 지니고 北京으
로 향했던 것이다. 이 책략에 관해서는 沈惟敬·小西行長 등 당사자만이
알고 있었다.

3. 朝鮮에 침투한 和議條件의 風聞

1) 都元帥 權慄의 보고

內藤如安 일행이 조선을 북상하여 北京으로 향함에 따라, 당연히 조선 내부에서는 반발이 일어났다. 1593년(선조 26) 8월 29일, 如安 일행은 漢城을 출발하여 다음 달 6일에 平壤에 도착하였다. 이에 대해서 京畿巡察使 李廷馨은, 가는 곳곳마다 如安 일행에게 향응을 베풀자니 마음이 쓰리며, 이를 소홀히 하자니 明將에게서 책망을 듣는다고 기록하고 있다. 또한 平安道觀察使 李元翼도, 불구대천의 원수인 倭奴에게 米饌薪水를 제공하자니 痛悶하다고 서술하고 있다(『宣祖實錄』 26년 9월 갑인·계해).

이러한 憤懣을 맘속에 품으면서도, 조선 측은 和議의 내용을 살피고자 했다. 같은 해 11월 都元帥 權慄은 국왕 앞으로, 秀吉가 제시한 조건이란 和親·割地·求婚·封王·準貢·蟒龍衣·印信의 7개조라고 전언하였다. 국왕은 이를 明廷에 奏聞할 것인지 아닌지를 領議政 柳成龍 등과 검토하였다. 그러나 이 7개조는 어디까지나 풍문이며, 조선의 邊報에 관해 明이 의심을 품고 있다는 사정도 있어, 倭書 그 자체를 가지고 奏聞해야 한다는 쪽으로 의견이 모아짐에 따라서 奏聞은 취소되었다(『宣祖實錄』 26년 11월 신미, 『亂中雜錄』 계사 9월).

權慄이 전언한 7개조 가운데, 和親은 秀吉의 화의조건 제1조와 제3조에 상당하는 것이다. 割地는 화의조건 제4조에 있는 조선 남쪽의 四道에 대한 할양요구이다. 求婚은 화의조건 제1조에 보이는 明公主의 일본천황에의 降嫁 요구이다. 封王은 行長·惟敬 등이 假作한 秀吉의 日本國王 册封 요구이다. 準貢은 倭亂이 발발하기 일년 전의 閏3월, 景轍玄蘇가 日本通信副使였던 金誠一에게 「假途入明」 요구를 알리면서, 조선에게

明으로의 조공 알선을 의뢰한 것에서 시작된 일이며(『宣祖修正實錄』 24
년 윤3월), 惟敬과 行長이 다시금 「봉공요구」의 하나로 삼은 것이었다.
蟒龍衣는 龍이 그려진 옷을 말하는데, 이는 명 황제가 虜酋 또는 閣臣에
게 하사하는 것으로 황제로의 臣從관계를 의미하므로, 이 또한 「봉공요
구」의 하나였다. 그리고 印信이란 명 황제가 하사하는 日本國王印으로,
이것도 「봉공요구」 속에 포함된다.

따라서 權慄이 국왕에게 알린 秀吉의 화의조건이란 것은, 7개조임은 알
아차렸으나 秀吉의 본래의 화의조건과 惟敬·行長이 假作한 「봉공요구」가
뒤섞인 7개조가 되어 있었다.

2) 朝鮮國王의 沈惟敬 詰問

앞에서도 서술한 바와 같이, 內藤如安 일행이 遼東에 이르렀을 때 明
經略 宋應昌이 명 황제에게 보낼 「關白降表」의 필요성을 설명하였기에,
惟敬은 熊川으로 되돌아가 行長과 「관백항표」를 작성하기로 하였다. 이
렇게 南下중이던 같은해 11월 10일, 惟敬은 漢城에 도착하였다. 이때 국
왕은 惟敬을 접견하며, 明 조정이 秀吉에게 貢을 許하고 王에 封할 것이
란 풍문에 대하여 추궁하였다. 이에 대해 惟敬은, 황제는 貢을 許하겠지
만 封王은 인정하지 않을 것이며, 이는 羈縻策이라고 대답하였다. 또한
이는 기밀에 관련된 일이므로 상세히는 말할 수 없다며 답변을 회피했다
(『宣祖修正實錄』 26년 윤11월 경인).

3) 明側으로부터 누설된 和議內容

1594년(선조 27) 1월, 明軍의 지휘관 譚宗仁의 家丁인 賈儒가 慶
尙道 웅천으로부터 한성에 도착했다. 이때 兵曹判書 李德馨은 賈儒를

불러 웅천에 있는 왜군의 상황을 물었다. 賈儒는 다음과 같이 말하였다. 譚宗仁이 秀吉의 降表를 요구하기 위해 웅천에 도착하자 왜군이 말하기를, '일전에 평양에서 和를 講하였을 때, 沈惟敬이 조선 남쪽의 四道의 할양을 許하였으되 여지껏 割地가 이루어지지 않고 있으므로, 퇴거할 수 없다고 하였다. 惟敬이 웅천에 도착하자 宗仁은 惟敬을 힐책하였다. 이처럼 奸賊 沈惟敬은 일을 허사로 만들었다. 어느 날, 惟敬은 降表를 지참하고 왜군의 下級將官을 대동하여 八莒로 향했다.'고 하였다.

또한 같은 해 2월 明總兵 劉綎은 接伴使 金瓚에게, 秀吉이 바라는 화의조건은 通婚·割地의 두 가지이며, 遼東指揮使 譚宗仁은 倭營에 머물고 있고 沈惟敬이 지참한 「關白降表」는 秀吉의 書가 아니라 惟敬과 行長의 假作임을 알려주었다. 金瓚은 이를 국왕에게 보고하였다(『宣祖實錄』 27년 2월 을묘).

이상의 경위를 통하여, 秀吉의 화의조건의 핵심은 封貢이 아니라 조선영토의 할양과 明公主의 降嫁가 아닐까 하는 소문이 퍼지게 되었으며, 나아가 「關白降表」라는 것의 존재가 부상하게 되었다.

4) 降倭가 供述한 和議條件

秀吉의 화의조건이 封貢인가 아니면 통혼·할지인가를 놓고 풍문은 흔들리고 있었다. 사정이 이러한 상황에서, 全羅道防禦使 李時言이 사로잡은 倭卒을 취조한 결과로 얻은 공술을 통해 화의조건의 핵심은 통혼·할지임이 명백해졌다. 李時言은 이는 분명히 虛言이 아니라고 보고하였고, 동시에 沈惟敬은 나라를 팔아넘긴 奸物이라 말하였다(『宣祖實錄』 27년 2월 병인).

더욱이 같은 해 8월, 明總兵 劉綎이 황제에게 奏文을 전달할 奏請使

尹根壽와 만났을 때, 모든 降倭가 秀吉의 진의는 封貢이 아니라 求親·割地에 있다는 동일한 공술을 하였음을 알려주었다(『宣祖實錄』27년 8월 경신).

이처럼 화의조건에 관한 풍문이 교차하는 가운데, 西生浦에서 淸正과 松雲大師 惟政과의 회담이 열렸고, 여기에서 화의조건의 내용이 분명해지게 되었다.

4. 淸正·惟政會談과 和議條件

1) 회담에 이르게 된 경위

1594년(宣祖 27) 2월, 西生浦의 倭城에 웅거하던 淸正은 그 被擄人이던 鄭連福 등에게 의탁하여, 慶尙左兵使 高彦伯의 營中에 書狀을 보내 화의에 관해 절충을 원한다는 뜻을 전하였다. 이에 대해서 彦伯은 都元帥 權慄과 상담하였고, 權慄은 또한 明總兵의 接伴使 金瓚과 함께 淸正의 서장을 明總兵 劉綎에게 보이고, 返書의 文言을 검토하였다(『宣祖實錄』27년 2월 경오).

이 무렵, 劉綎 또한 淸正과 서로의 의향을 통하고자 하고 있었다. 그 의도는 淸正과 行長의 반목을 이용하여 양자의 내부분열을 한층 심화시키려는 것에 있었으며, 나아가 秀吉의 화의조건이 和親·割地·求婚에 있는가, 혹은 封貢에 있는가를 명확히 하려 함에 있었다. 이에 劉綎은 西生浦에 있는 淸正에게 파견하기에 적합한 인물을 추천해 줄 것을 權慄에게 요청하였다. 이에 대해 權慄은 義僧兵將이기도 한 惟政을 추천했던 것이다(『宣祖實錄』27년 3월 임오, 5월 계미. 『懲毖錄』).

2) 惟政이 알게 된 和議條件의 핵심―제1회 회담

清正·惟政 사이의 제1회 회담은 1594년(文祿 3·宣祖 27) 4월에 이루어졌다. 이 회담이 시작되자, 清正의 副將인 美濃部金大夫喜八郎이 行長과 惟敬 등이 말하는 화의조건을 알고 있는지를 惟政에게 물었다. 惟政은 모른다고 대답하였다. 그러자 喜八郎은 그 조건이란 할지와 구혼이라고 알려주었다. 惟政은 이에 대해 行長과 惟敬이 말하는 화의조건은 절대로 성립되지 않을 것이라 단언하였다.

그 이후 清政 측은 다시금 다음과 같은 조건을 제시하였다. 그 조건이란, ① 天子와의 결혼 ② 朝鮮四道의 일본할양 ③ 지금까지 해왔던 대로 交隣할 것 ④ 朝鮮王子 하나를 일본에 보내 永住시킬 것 ⑤ 조선의 大臣과 大官을 일본에 인질로 보낼 것의 5건이었다. 여기에는 秀吉의 화의조건 7개조 중에서, 제3조(명, 일본 양국의 大官은 서로 誓書를 교환할 것)와 제6조(清正이 포로로 잡은 조선의 두 왕자는 돌려보낼 것)가 빠져 있다. 이때 조선왕자는 이미 돌아간 상태였다. 그러나 秀吉의 화의조건의 핵심은 그대로 유지되고 있었다.

이 회담에서 중요한 것은, 먼저 惟政이 清正 측 즉 일본 측으로부터 직접 화의조건을 들었다는 것이며, 둘째로는 清正은 行長이 추진중이던 화의절충이 秀吉의 화의조건에 입각한 것이라 믿고 있었고, 「봉공요구」에 관해서는 알지 못했다는 것이다(『宣祖實錄』 27년 5월 계미, 『宣祖修正實錄』 27년 4월, 『亂中雜錄』 갑오 4월, 『奮忠紓難錄』 갑오 4월 入清正營中探情記).

3) 惟政의 劉綎에의 復命―두 개의 화의조건의 존재

西生浦에서 清正과 회담한 惟正은, 같은 달 말엽 慶尙南道 宜寧에 주둔중인 都元帥 權慄에게 회담의 개략을 보고하였다. 이어서 5월초 全羅

北道 南原에 鎭營하던 劉綎에게도 淸正과 회담한 내용을 복명하였다. 이 복명 중에서, 惟政은 沈惟敬이란 어떠한 인물인가를 물으며, 明公主의 降嫁·조선영토의 할양은 학식없는 미천한 자라 할지라도 차마 입에 담지 못할 말이라고 진술하였다. 이에 대해 劉綎은, 惟敬이 封貢만을 요구하여 明 朝廷과 절충하고 있는 것에 불과하며, 구혼·할지 등에 관해서는 조정에서 일체 발언하지 않을 것이라 말하였다. 이로써 화의조건에는, 秀吉이 제시하는 7개조와 行長·惟敬 등이 추진하는 「封貢要求」의 두 종류가 있음이 명백해졌다(『奮忠紓難錄』 갑오 5월 往謁劉督府言事記).

4) 淸正이 알게 된 「封貢要求」−제2회 회담

같은 해 7월, 惟政은 다시금 西生浦로 淸正을 방문하였다. 이때 惟政에게 맡겨진 중요한 역할은 秀吉과 淸正을 이간시키는 것이었다. 惟政은 ① 秀吉은 군주의 지위를 簒奪한 자이며, 大兵을 움직여 적대하는 자들을 남김없이 살해하였다. 그 害는 隣國인 朝鮮에까지 미치고 있다. 여기에 秀吉이 주장하는 和議를 믿을 수 없는 이유가 있다 ② 반면 淸正은 인민을 慈愛하며 王者의 기상이 있다. 秀吉의 밑에서 만족하기에는 아까운 인물이다. 劉綎은 淸正을 日本國王에 封하기 위해 조력할 것이라고 말하였다.

이후 회담이 시작되었다. 회담에서는 다음과 같은 절충이 이루어졌다. 淸正 측은 割地·求婚은 秀吉의 명령이며 그 이외의 조건으로는 화의가 이루어질 수 없다고 주장하였다. 이에 대해서 惟政은, 아무리 秀吉의 명령이라 해도 그것은 明의 의향이나 도리상에도 부합되지 않는다며 반발하였다. 그리고 惟政은 秀吉이 제시한 조건 중에서 交隣만은 검토의 여지가 있는데, 이는 교역을 목적으로 한 朝鮮−日本간의 왕래라고 말하였다. 이에 대해 淸正 측은, 교역의 실현만으로는 3년에 걸쳐 出兵한 의미가 없다며 반발하였다. 회담은 결렬되었으나, 마지막에 惟政은 淸正에게, 惟敬과 行長 등이 추진하고 있는 화의조건이란 「封貢要求」임을 알려주었다. 이를 통해 淸正은 비로소 「봉공요구」가 존재함을 알게 되었던 것이다(『宣祖實錄』 27년 9월 경인, 『奮忠紓難錄』 갑오 7월 再入淸正營中探情記).

5) 朝鮮에 封倭奏請을 요구한 行長

淸正과 惟政 사이의 회담이 열리기 이전, 行長은 淸正과 劉綎 사이에 화의절충이 있을 것임을 알아차리고 있었다. 같은 해 3월 行長은 劉綎 앞으로 서간을 보냈다. 그 내용은, 화의절충의 시기이므로 朝鮮水軍의 출격금지를 요청하며, 아울러 淸正이 조선 측과 접촉했음이 사실이라면, 淸正의 서간을 입수하여 이를 증거로 삼아 秀吉에게 보내 淸正을 탄핵하자는 것이었다(『宣祖實錄』 27년 4월 경술).

그리고 淸正과 惟政의 제2회 회담 이후인 같은 해 11월, 行長은 慶尙右兵使 金應瑞와 慶尙南道 咸安에서 회담을 가졌다(咸安會談). 회담의 요점은 다음의 3건이다.

첫째로, 「封貢要求」를 둘러싼 대화이다. 行長은 조선이 명에게 奏請하여 秀吉로의 封貢을 실현시켜 주도록 요구했다. 이에 대해 金應瑞는, 조선에 있어 일본은 더불어 같은 하늘 밑에 있을 수 없는 讐敵이며, 따라서 일본으로의 봉공을 명에게 주청할 수는 없다고 거절하였다.

둘째로는, 和議成立을 둘러싼 대화이다. 일본은 애당초 조선을 공격할 의도가 없었다. 封貢을 요구한다는 뜻을 明에 전달해 주도록 조선에게 의뢰했으나, 조선은 干戈로써 이에 응답하였기 때문에 어쩔 수 없이 싸움에 이르게 되었다며, 行長은 지금까지의 경위를 변명하였다. 이에 대해 應瑞는 왜군이 화의를 추진하는 한편으로 晉州를 함락시킨 사례를 들어, 行長·義智 등의 和議說은 믿을 수 없으며 왜군이 조선에서 완전히 철퇴함 없이 화의는 성립될 수 없다고 단언하였다.

셋째로, 淸正의 언동을 둘러싼 대화이다. 應瑞는 淸正의 말이라면서, 行長은 秀吉을 속이고 沈惟敬은 明皇帝를 속였다며 行長을 압박하였다. 이에 대해 行長은, ① 화의조건으로서의 割地·求婚은 秀吉의 생각이 아니며, 淸正 혼자만의 의견이라는 것 ② 淸正의 문서가 있다면, 이를 秀吉에게 보내 淸正의 처벌을 청하자는 것 ③ 淸正은 본인이 사로잡은 조선의 왕자를 죽이고자 했으나, 行長이 이를 살렸다고 주장하였다.

이 회담에서 주목되는 점은, 行長이 할지·구혼은 淸正 혼자만의 의견이라 말하였을 뿐 아니라, 조선 측에 秀吉로의 封貢을 明에게 주청해 줄 것을 말하고 있는 점이다. 이 건을 조선에 주청시킨다는 문제는 行長 혼자만의 생각은 아니었다. 같은 해 5월, 明經略 顧養謙[1]은 參將 胡澤을 조선국왕에게 파견하여, 조선 측이 秀吉로의 封貢을 주청하도록 강요하였다. 胡澤은 조선 측에게, 이에 따르지 않는다면 川兵을 조선에서 철퇴시켜 鴨綠江 以北만을 지키게 할 것이며, 조선의 일은 염두에 두지 않겠다고 말하였다. 이에 대해서 국왕은 封貢은 明이 행해야 할 일이며, 조선은 그에 대해 말할 수 있는 입장이 아니라며 거절하였다.[2]

이상을 통해서, 明의 朝鮮救援軍 수뇌와 沈惟敬, 나아가 行長 등이 조선으로 하여금 秀吉로의 封貢을 주청시키고자 했음을 볼 수 있다.

---

1) 1593년(萬曆 21) 12월, 朝鮮軍務經略은 宋應昌에서 顧養謙으로 교체되었다. 『明史』 本紀 20, 萬曆 21년 12월 병진.

2) 『宣祖實錄』 27년 5월 무자. 그렇기는 해도, 顧養謙·胡澤 등에 의한 조선국왕에의 封倭奏請 강요에 관해서는, 같은 해 9월에 조선 측이 국가를 보전하기 위함이라 칭하여 明皇帝에 주청하게 되었다. 황제는 조선 측이 이제껏 封倭를 저지하는 태도를 취했던 것에 격노하였으나 결국 이를 받아들이게 되었다(『明神宗實錄』 萬曆 22년 9월 기축).

5. 明册封使의 日本渡海와 그 파문

1) 册封決定의 經緯

1594년(萬曆 22) 12월, 內藤如安 일행은 北京에 도착하여 明皇帝를 拜謁하고 「關白降表」를 올렸다. 그 이후 明兵部尙書 石星은 如安에게 ① 釜山浦 주변에 주둔중인 왜군은 對馬에 停留함 없이 귀국할 것, ② 秀吉은 책봉 이외에 貢市를 요구하지 않을 것, ③ 일본은 조선과 修好하고, 더불어 明의 속국이 되어 타국을 침범하지 않을 것이라는 和議三條件을 제시했다. 如安은 이를 받아들였다. 그 결과, 明朝廷은 秀吉에게 성의가 있다고 판단하여, 秀吉을 日本國王에 책봉하도록 奏上하였다. 이에 따라서 황제는 秀吉을 일본국왕에 封한다는 勅諭를 내리고, 李宗城을 册封日本正使에, 楊方亨을 副使에 임명하였다. 1595년(萬曆 23) 1월 30일, 이 册封使 일행은 북경을 출발하게 된다(『明神宗實錄』萬曆 22년 12월 갑인, 萬曆 23년 1월 을유·계유.『兩朝平攘錄』.『宣祖修正實錄』27년 9월.『亂中雜錄』을미 3월).

2) 明의 倭軍撤退要求와 和議條件을 고집하는 秀吉

책봉사 일행의 북경출발에 앞서 沈惟敬은 釜山浦로 향하였다. 그리고 行長에게, 책봉사의 일본도항에 필요한 선박을 준비할 것, 부산포 주변으로부터 왜군을 전면 철퇴시킬 것, 內藤如安이 북경에서 서약한 3조건을 준수할 것을 주지시켰다. 또한 4월말에 漢城에 도착하여 조선국왕의 영접을 받은 李宗城·楊方亨 등은, 秀吉의 책봉을 위해서는 왜군이 조선에서 완전히 철퇴하는 것이 전제조건이라고 말했다(『明神宗實錄』萬曆

23년 2월 병오. 『宣祖實錄』 28년 4월 경오).

그렇다면, 이러한 明 측의 움직임에 대해 秀吉은 어떻게 대처하였을까? 1595년(文祿 4) 5월 22일자로 秀吉이 行長과 寺澤正成에게 보낸 3개조의 지시(文祿 4년 5월 22일 小西行長·寺澤正成 앞 豊臣秀吉朱印狀 『江雲隨筆』)에 따르면, 그 제2조에, 倭城 15개소 중 10개소의 파괴를 명하고 있다. 이것은 明 측의 요구에 일정 정도 양보한 것이다. 그러나 제1조와 제3조에는 양보의 흔적은 보이지 않는다. 제1조에는 다음과 같이 기록되어 있다.

> 「沈遊擊은 朝鮮 熊川에 이르러, 大明으로부터의 條目을 演說하였다 한다. 大明의 釣命에 의하여 朝鮮國을 恕宥함에 있어서는, 조선의 왕자 한 사람이 일본에 와서 太閤의 幕下에서 시중을 들어야 할 것이다. 그리고 조선의 八道 중에 四道는 일본에 속해야 할 것이다. 前年, 命意를 말했다고는 해도, 왕자가 本朝에 도착하여 近侍한다면, 이를 付與하도록 한다. 조선의 大臣 두 명을 輪番으로 왕자를 따르게 한다」.

이를 일찍이 秀吉이 제시했던 화의조건과 대조해 보면, 그 제4조 「조선의 逆意를 염두에 두지 않으며, 大明에 대해서는, 八道를 割分하여 四道 및 國城(漢城)을 조선국왕에게 돌려주도록 한다」는 문구, 그리고 제5조 「四道는 이미 返投했다. 그러한즉 조선의 왕자 그리고 大臣 한 두명을 인질로 삼아 渡海하게 한다」와 의미가 동일함을 알 수 있다.

또한 行長·正成에게 내린 지시 제3조에는, 「大明皇帝의 懇求에 따라서 朝鮮國이 화평하도록 허락한다. 그러한즉 禮儀로서 詔書를 지닌 大明 勅使가 일본에 건너와야 할 것이다. 지금 이후로 大明과 日本의 官船·商舶의 왕래에 있어서는, 서로 金印의 勘合으로써 照驗해야 할 것이다」라고 기록되어 있다. 여기에서 「지금 이후로 大明과 日本의 官船·商舶의 왕래에 있어서는, 서로 金印의 勘合으로써 照驗해야 할 것이다」라는 문구는, 화의조건 제2조의 「兩國 사이의 年來의 間隙에 의해 勘合이 近年

단절되었다. 이제 이러한 상황을 고쳐서 官船·商舶을 왕래하게 해야 할 것」과 같은 내용이다.

따라서, 이 行長·正成에게 내린 지시에는 秀吉의 화의조건 제1조인 明皇帝의 公主降嫁가 없어졌고, 제6조인 淸正이 사로잡은 조선왕자의 반환 또한, 이미 왕자를 돌려보냈으므로 의미가 없어졌다. 그렇지만, 秀吉은 화의조건의 핵심이라 할 제2조·제4조·제5조, 특히 조선왕자의 인질과 조선영토의 할양을 고집하고 있었던 것이다. 이와 같이 생각할 때, 行長·正成에게 내린 지시 제3조의 「大明皇帝의 懇求에 따라서 朝鮮國이 화평하도록 허락한다. 그러한즉 禮儀로서 詔書를 지닌 大明勅使가 일본에 건너와야 할 것이다」라는 문구는 무엇을 의미하는가? 여기에서 「大明皇帝의 懇求에 따라서 朝鮮國이 화평하도록 허락한다」라는 문구는, 內藤如安이 「關白降表」로써 封貢을 요구한 경위로부터도 명백하듯 사실과 다르다. 따라서 「詔書」의 실체는 秀吉을 일본국왕에 封한다는 誥勅이며, 「大明勅使」는 册封使이다. 이것이 秀吉에게는 이상과 같이 전해졌던 것이다.

3) 册封正使 李宗城의 도망과 册封使의 교체

1596년(宣祖 29) 1월 초순, 宗義智의 老臣 柳川調信은 화의절충의 상황을 보고하기 위해, 秀吉이 있는 곳으로 향하고 있었다. 釜山에 돌아온 調信은 行長에게 明使節의 早期渡海 등을 요구하는 秀吉의 의향을 전하였다. 이로 인하여 行長과 沈惟敬은 明의 책봉사를 맞이할 절차를 협의하기 위해, 부산포를 떠나 일본으로 향하였다. 이 때, 惟敬은 배 위에 「調戢兩國」이라 크게 쓴 깃발을 세우고, 秀吉에게 바칠 蟒龍玉帶·翼善冠 및 大明地圖, 武經七書 및 壯馬 삼백필 등을 준비하였다(『宣祖實錄』 29년 1월 기축, 『再造藩邦志』 병신 1월).

　册封正使 李宗城이 부산의 倭營에서 도망친 것은 이 이후의 일이었
다. 李宗城은 전년 11월에 부산 왜영에 도착했는데, 行長 등이 名護屋에
가 있었을 무렵 秀吉에게 책봉을 받을 의사가 없다는 소문이 무성해지기
시작했다. 福建省 출신인 蕭鶴鳴과 王三畏는 「秀吉에게는 明의 책봉을
받을 의사가 없으며, 책봉사가 일본에 도착하면 拘囚하여 困辱을 加하
고, 明에게는 歲賄를 요구하며, 재차 兵을 조선에 파견한다고 한다. 和議
는 이루어지지 않는다. 책봉사가 秀吉이 있는 곳에 도착하면, 君命을 욕
되게 할 뿐이다」(『再造藩邦志』 병신 4월)라고 李宗城에게 말하였다.

　4월 3일, 行長의 釜山回還이 지연되고 있는 점도 있어, 불안을 느낀
李宗城은 宗義智 등에게 秀吉이 다른 화의조건을 가지고 있는가를 詰問
하였다. 이에 義智는 ① 조선의 왕자와 大臣의 인질 ② 明－日 勘合의
부활 ③ 朝鮮南道四道의 할양 ④ 明公主의 日本天皇에의 降嫁라는 네
가지 조건이라고 대답하였다. 宗城은 이를 듣고서는, 이 내용으로는 明
의 황제가 허가하지 않을 것이며, 자신은 일본행을 포기하고 明으로 돌
아갈 것이라 말하였다. 그리고 그 날 밤 宗城은 도망하였다. 이 사건 이
후인 5월 3일, 明은 副使 楊方亨을 册封正使에 累進시키고 沈惟敬을 부
사에 임명하여 秀吉의 책봉을 진행시켰다(『宣祖實錄』 29년 4월 병오, 『明
神宗實錄』 萬曆 24년 5월 기사).

6. 秀吉의 격노와 明皇帝의 진노－맺음말을 대신하며

1) 和議破綻

　책봉사의 日本渡海에 즈음하여, 明은 朝鮮通信使의 동행을 강요하였
다. 조선 측은 黃愼을 通信正使, 朴弘長을 副使로 삼아 통신사를 파견하

였다. 秀吉은 당초 조선통신사가 동행하게 된 것을 기뻐하여, 9월 2일에 통신사와 회견하겠다고 전해왔다. 그러나 그 이후 秀吉은 조선의 왕자를 데리고 오지 않았다는 사실을 알아차리고, 자신을 가벼이 보았다 하여 통신사와의 회견을 불허하였다(朴弘長, 『東槎錄』 선조 29년 윤8월 23일, 黃愼, 『日本往還日記』 萬曆丙申 윤8월 29일, 『兩朝平攘錄』).

1596년(文禄 5) 9월 1일, 秀吉은 大坂城에서 明册封正使 楊方亨·副使 沈惟敬으로부터 明皇帝의 誥勅·金印·冠服을 받았다. 그리고 다음날인 2일, 秀吉은 大坂城에서 책봉사 일행에게 향연을 베풀었다. 이 자리에서 沈惟敬이 조선에서 왜군이 완전히 철퇴해 줄 것을 요구했다. 이를 들은 秀吉은 격노하였고, 이로써 화의는 파탄에 이르게 되었다(『兩朝平攘錄』).

2) 册封使의 거짓 復命

화의는 파탄으로 끝났지만, 같은 해 11월에 秀吉이 책봉을 받을 것이라는 楊方亨으로부터의 第一報가 明皇帝에게 도착했다. 그리고 이듬해인 97년(萬曆 25) 1월, 秀吉이 책봉을 받았다는 楊方亨·沈惟敬의 보고서와 秀吉의 謝恩表가 北京에 도착했다(『明神宗實錄』 萬曆 24년 11월 갑진, 12월 신묘, 萬曆 25년 1월 병신).

그러나 조선 측이 위와 동일한 시기에 화의의 파탄과 明軍의 再度救援을 의뢰하는 사절을 北京에 보냈기에(『宣祖實錄』 29년 11월 무술, 『明神宗實錄』 萬曆 25년 1월 병진, 2월 병인), 明朝廷은 화의의 파탄을 알게 되었다.

楊方亨이 북경에 돌아온 것은 같은 해 3월의 일이었다. 方亨이 화의가 파탄에 이르게 된 전말을 고백하자, 황제는 비로소 秀吉의 和議條件 七個條를 알게 되어 격노하였다(『明神宗實錄』 萬曆 25년 3월 기유, 『再造藩邦志』 정유 3월).

Ⅶ. 조선통신사 延聘 교섭과 梅莊顯常

이케우치 사토시(池內 敏)*

天明 6년(1786) 9월, 10대 장군 家治가 죽어, 다음해 4월에는 家齊가 11대 장군이 되었다. 신장군 축하의 조선통신사가 준비되는 것은 통례이다. 그러나 이번의 통신사는 우여곡절을 거쳐 文化 8년(1811)에 대마부중에 파견되도록 제도가 변경되었다. 말하자면 「文化易地聘禮」이다.[1] 이 제도의 변경은 먼저 來聘延期(延聘)교섭으로 시작되어 교섭의 타결에 잇따라 행빙지 변경(議聘)교섭으로 전개되었다. 이러한 경위에 대해서는 해당정책을 추진했던 老中−松平定信 자신이 『宇下人言』 중에 언급하고 있음은 지금까지 널리 알려진 사실이다.

예를 들면 '원래 聘使가 이 나라에 오는 것은 예전부터 美觀이 아니다. 혹, 일본의 腐儒들이 모두 나와 鷄林人이라 창화하여 本意의 일이라 생각하고, 또는 가는 도중에 盛衰를 보이는 것도 이익이 되지는 않는다' 라든지 '그러므로 이 聘使라는 것은 美觀이 아니다. 더군다나 巡視淸道의 깃발을 세우고 상상관이라고 하는 자는 通辭의 수상한 자이며, 三使라고 하는 자는 신분이 높은 자들이 아닌 것을 御三家님들이 동반하는

---

* 名古屋大學
1) 「文化易地聘礼」에 관해서는 戰前, 田保橋潔에 의해 상당히 상세한 연구가 이루어져 있으며, 전후의 연구로 이것을 넘는 성과는 발견되지 않는다.

것은 禮를 갖춘 것이라 말할 수 없다.'라고 하는 부분은 특히 주목을 받
아왔다. 定信의 조선통신사에 대한 부정적인 견해에서 조선 멸시관을 읽
어왔다.

그런데『宇下人言』중에 延聘·議聘의 핵심부분에 관한 이하의 서술
에 대해서는 그다지 관심을 받지 못하였고, 특히 밑줄 부분은 지금까지
간과되어 왔다.

[史料一]
さればいまその禮を制せられんには、させる事にあらずして力
をも勞し、又々正德御新禮の如くにか成なん。しかればこの聘使は
對州にて迎接してすむべけれ。この迎接の事、議せんにも同列には
いまだその人あらず。ことに朝鮮より聘使の義伺はんも程ちかけ
れば、まづ延聘之義をなしてこそと一決し、その旨言上し、五山相
國寺之僧侶など呼びてみづから談じ、延聘之義とり行ひしが、こと
によくとゝのひて彼方にも尤に聞うけり。その延聘のことばとせ
しは、ちか比饑饉つゞき侍れば、その大費に給する事なし。只今は
その下を救ふの故のみ也といひやりたりけり。それすらも對州の
家老いなみてうけがはざりしを、いろいろへ申さとし、古川図書
といふ家老よく任として對州へ行しが、半年ほどにしてその儀とゝ
のひし也。(以下略)

위의 밑줄부분에 의하면, 定信은「易地聘禮」의 실현을 위해 먼저 延
聘교섭부터 착수하기로 하고, 그 방책에 관하여는 '五山相國寺의 승려
등을 불러 친히 의논하여'라고 한다. 여기서 말하는 '五山相國寺의 승려'
란 梅莊顯常이다.[2] 梅莊顯常는 天明원년(1781) 4월~3년 7월의 약 2년
간 以酊庵 윤번승으로 대마도에 건너간 경험이 있고, 定信의 자문을 할

---

2) 梅莊顯常의 관여를 지적한 것은, 소견에 의하면 李元植뿐이다. 李元植은 (大典
   禪師＝梅莊顯常는) 信書案의 기초를 필요로 하여, 閣老 松平定信의 초청으로
   에도에 參上하여 (중략) 禪師는, 그 후에도 조선신사 易地聘礼에 관하여, 막부의
   초청으로 4회에 걸쳐 에도로 향하였다고 한다(李元植, 389~390쪽).

때에는 상국사에 있었다. 小稿에서는 조선통신사 延聘교섭의 과정을 구체적으로 재검토하여, 그 과정에 梅莊顯常가 어떻게 관여하였는가를 명확히 하고자 한다. 그리하여 근세 일조 외교 교섭에 있어 以酊庵 윤번제의 역사적 위치에 관하여 언급할 수 있었으면 한다.

1. 에도聘禮延期論(延聘論)

田保橋潔는 松平定信에 의한 易地聘禮가 '天明 6년 장군 家齊 습직 후 곧 입안되었다'(田保橋潔, 641쪽)라고 서술하고 있으나 그 근거는 명확하지 않다. 또한 定信는 延聘에 소극적이며 田沼意次와 유착했던 대마번에도 家老 杉村直記를 배제하고, 대마번 영지 家老 古川図書를 에도에 불러들여 延聘를 실현하려 하였다고 한다(田保橋潔, 648~662쪽). 이러한 선행연구의 이해를 염두에 두면서 延聘교섭의 개요를 다시 조망해 보고자 한다.

장군 家齊의 습직을 축하하는 조선통신사는 먼저 종래의 방침대로 에도 聘礼를 위한 준비가 진행되었다. 대마번은 장군의 교대를 조선 측에 통고하기 위하여, 天明 7년 3월에 告訃大差使를, 동 7월에는 告慶大差使를 조선에 파견했다. 이에 대하여 조선 측은 大吊譯官使를 파견하여 일행 66명은 동년 12월 25일 대마부중에 도착했다. 譯官使는 예정된 조선통신사 파견의 대략을 의논하는 것도 임무였으므로, 天明 8년 정월 22일 대마번과 譯官使의 사이에 覺書가 교환되었다. 이것은 에도에서의 국서교환 儀式을 비롯하여 조선통신사 파견에 관한 상세는 다시 막부의 지시에 따라 협의하지만, 우선은 前回＝宝曆 14년도와 같은 방식으로 준비해 둔다는 것이었다.[3]

이 일보다 조금 앞서 天明 7년 11월 21일, 대마번 에도 家老 杉村直

記는 松平定信로부터 '信使時節之義戊年と被仰出候義、公義と此方樣
之御內存と符合之由'라는 명령을 받았다.[4] 여기에서 말하는 戊年은 天
明10년이다. 告慶大差使 파견의 3, 4년 후에는 조선통신사의 파견이 이
루어지는 것이 선례이므로 天明 7년 11월 단계의 定信는 아직 공식 견해
로서는 선례의 답습을 표명하지 않을 수 없었던 것이 분명하다. 여기서
(史料一)의 이텔릭체 부분을 함께 고려하면, 이 무렵까지는 선례대로 에
도 聘禮 거행이 幕閣에 있어 주류를 점하고 있었다고 볼 수 있다.

그런데 杉村直記에게 명령을 내린 전날(天明 7년 11월 20일) 저녁,
定信는 寺社奉行 松平乘完을 통하여 '御用有之候'로써 相國寺 梅莊顯常
의 에도 출부를 명하고 있다.[5] 梅莊顯常가 교토를 출발하는 것이 12월
5일, 에도 도착은 동 19일이다. 동 22일 松平乘完의 후임 松平輝和를 통
해 '御用'의 내용이 전달되었다. 그 구체적인 지시까지는 명확하지 않으
나, 延聘교섭과 밀접한 관계가 있었음은 틀림없을 것이다.[6]

---

3) 對馬藩政史料,「天明六丙午年九月より 御代替ニ付、大訃使·大慶使被差渡
[大ⁿ弔]譯官渡海信使講定之次第等集書」, 長崎縣立對馬歷史民俗資料館, 記
錄類, 表書札方/N①2

4) 對馬藩政史料,「天明六丙午年九月より 御代替ニ付、大訃使·大慶使被差渡
[大ⁿ弔]譯官渡海信使講定之次第等集書」, 長崎縣立對馬歷史民俗資料館, 記
錄類, 表書札方/N①2

5) 相國寺史料編纂委員會編, 藤岡大拙·秋宗康子校訂,『相國寺史料』第六卷, 思
文閣出版, 1990, 393~395쪽. 또한 그 명령이 京都에 도착한 것은 12월 초하루
이다.

6) 12月 24日付 梅莊顯常로부터 相國寺에 부친 서간(前揭,『相國寺史料』第六卷,
397쪽)에 따르면, 22일의 회담내용은「御內密之譯ニ而、一向沙汰仕間敷旨ニ
而候間、筆頭ニ不能著候、乍然曾而心遣之筋ニ而者無御座候間、其段御安
慮可被下候」라고 한다. 여기서「曾而心遣之筋」는 아마도 막부에 대한 五山側
으로 부터의 以酊庵 輪番僧 대우 개선 요구를 가리키는 것일 것이다. 天明 6년
경부터 以酊庵 재건, 설비 확충, 輪番僧의 대우 개선 등등 막부에 대한 청원 사
항을 五山에서 합의하고 있으며, 天明 8년 3월에도 이 문제가 막부에 제기되고
있기 때문이다. 이러한「曾而心遣之筋」는 이번의 御用과는 다르다는 것이므로,

그런데, 天明 8년 정월 5일, 松平定信는 대마번 영지 家老 古川図書의 출부를 요청했다.[7] 동 6일, 7일에 杉村直記가 定信를 방문하여 요청 이유를 묻지만, 아무 것도 밝혀지지 않은 채, 에도 藩邸에서는 통신사 관계로 상상했지만 不明이었다. 古川는 3월 그믐날 에도에 도착하여 定信의 지시에 따라 4월 9일에는 若年寄 本多彈正少弼忠籌를 방문했다. 이날 本多는 '当時彼國之様子共得と御聞可被成ため出府被仰付候'라고 古川를 불러온 이유를 진술하고, 지금 조선에는 무예를 장려하고 있는가, 군현의 수는 어느 정도인가, 당에도 사자를 파견하고 있는가, 조선 조정의 인품은 어떠한가, 그 사람의 선악은 서한으로서 판단할 수 있는가 등등 조선의 실정에 관계되는 세세한 질문이 古川에게 반복되었다.

4월 16일 本多忠籌로부터 古川에 대하여 조선통신사의 來聘시기를 연기하도록 지시가 내려졌다. 天明기근으로 국력이 피폐하는 가운데(近年打續諸國凶作、民百姓困窮難儀) 굳이 전례대로 조선통신사의 來聘를 강행하면 민심을 잃어버린다는 것이 큰 이유였다. 아무리 御誠信의 사이라고 하더라도 자국 백성의 고생을 마다 않고 이국인을 초빙하는 것은 있어서는 안 되는 도리라고 했다. 그러므로 '日本凶年ニ而百姓之難儀御憐之次第、京都之大変、禁裏炎上等'에 관하여 상세하게 설명하고, 來聘 시기의 연기를 요청해 달라고 한다.

이에 대하여 古川図書는 2백년에 걸친 日朝通交는 일본도 조선도 선례를 지킴으로 지금까지 유지되어 왔음을 진술하고 延聘가 어려운 일이

「御內密」의 용건에 대해서 구체적인 지시가 행해졌음이 틀림없다. 그리고, 天明 8년 봄에 梅莊顯常가 에도에서 수행한 일과 대조하면, 지시 내용이 延聘 교섭과 밀접하게 관계되어 있었던 것 또한 명확하다.

7) 對馬藩政史料,「從天明八戊申年至寬政元己酉年 古川図書江戸表被召信使來 聘御差延之儀被仰付候始終之御用錄」, 東京國立博物館所藏,「信使記錄」(田代 和生監修,『對馬宗家文書 第Ⅰ期朝鮮通信使記錄·文化信使記錄6』, ゆまに書 房[マイクロフィルム]). 이하 특별히 注記하지 않는 한, 天明 8년부터 寬政 원 년에 이르는 延聘교섭에 대해서는 이 사료에 따른 것이다.

라 주장하였다. 그리고 가령 '흉년에 백성을 긍휼히 여기는 것'이 延聘 이유로서 인정된다면, 그 후 막부 측이 통례에 따른 거행을 바라면서 조선 측이 동일한 이유를 구실로 하여 연기 요청을 해왔을 경우에는 대마번으로서는 입장이 곤란하다고 설명했다. 더욱이 이국에 대하여 '일본의 부강'을 나타내는 것은 그렇다 하더라고 '흉년의 상황'을 드러내는 것은 문제라고 하였다.

本多는 來聘하면 일본국내를 통행하기 때문에 '흉년으로 민과 백성이 쇠한 모습은 숨겨도' 알게 된다. 그러므로 '흉년의 상황'은 숨길 필요가 없다고 한다. 또한 '흉년 백성을 불쌍히 여겨'를 이유로 조선 측이 연기를 요청해 왔을 경우, 사리에 맞는 요청이라면 받아들여도 좋다고도 진술하였다. 그리고 조선 통신사의 중지 요청이라면 조선 측도 납득하지 않겠지만, 이번의 제안은 연기 요청이기 때문에 문제가 되지 않는다고 했다. 이에 대하여 古川는 자신의 생각만으로는 결정하기 어려우므로, 후일 다시 대마번으로서의 견해를 전하기로 하였다.

4월 18일 杉村直記·古川図書의 연명으로 '存寄之書'를 松平定信와 本多忠籌에게 제출하였다. '存寄之書'의 내용은 本多忠籌의 요청에는 전혀 대응하지 않고 오히려 대마번 측의 사정을 배려하면서 일본이 기근인 것을 숨기고 延聘교섭에 임하려고 했다. 그러므로 동 21일에 '存寄之書'는 각하되고, 서면으로 延聘교섭에 임하도록 명해졌다.

2. 延聘을 요구하는 서간

4월 28일 古川図書는 조선 측에 보내는 延聘 요청 서간의 和文 초안을 작성하여, 若年寄 本多忠籌에게 제출하였다. 그리고 5월 2일 古川는 出府후 처음으로 松平定信와 면회하고, 막부 측에서 준비한 眞文(漢文)

서간 초고를 건네받았다. 眞文 초안은 대개의 경우 제시된 和文 초안으로 以酊庵승이 작성했다. 그러나 이번에는 '和文ニ而者、却而行違可申候ニ付、案文取調被遣候間、以酊庵江遣し候而、取調候様可被申談候'[8]를 이유로 眞文 초안이 제시되었다. 5월 7일, 古川는 전술한 眞文 초안을 휴대하고 에도를 출발하여 7월 13일에 대마부중에 이르렀다. 古川図書가 직접 正使로서 延聘 교섭에 임한 것은 동년 10월부터이다.

그런데 이일에 앞서 4월 초하루, 松平定信에게 호출된 相國寺 惠林院 古道西庵은 梅莊顯常가 작성한 眞文 초안에 대하여 柴野栗山가 다듬은 수정안을 건네받았다. 조선 측에 보내는 延聘 요청 서간의 眞文안이다. 눈에 띄는 곳은 지적하도록 하였다.[9] 그리고 동 4일 가까운 시일안에 古川図書를 부를 것이므로 眞文 초안을 준비하도록 지시하였다. 또 眞文 초안에 대하여는 本多忠籌에게 맡기니, 本多와 상담하도록 하라고도 지시하였다. 동 26일 古道西庵는 다시 定信를 방문하여, 柴野栗山의 첨삭안에 대한 梅莊顯常의 재검토안을 재출하였다. 定信는 재검토안이 적당하다('何分長老文之通、隨分宜ク候')고 말하며, 이 眞文안을 奉書로서 지참하도록 명하였다. 5월 2일 古川図書에게 넘겨진 것은 梅莊顯常의 재검토안이었으며, 4월 24일에 古川図書가 작성, 제안한 和文 초안을 가지고 작성된 것은 아니었다.

그런데 梅莊顯常가 작성한 최초의 眞文 초안은 4월 초하루에는 柴野

---

8) 『通航一覽』 卷三三, 朝鮮國部九. 原典은 「淨元院實錄」 卷上(田保橋潔, 653쪽).
9) 이하, 4월 26일까지의 기술은 (小島文鼎, 94~95쪽) 수록 사료에 따른다. 小島文鼎의 기재 순서에 따르면, 사료의 典據는 相國寺史料, 「延聘公用記」라고 생각된다. 「延聘公用記」는 前揭, 『相國寺史料』 第六卷에서도 자주 발췌·인용되지만, 해당 부분에 관해서는 전혀 게재되어 있지 않다. 또한, 古道西庵는 天明 7년 말부터 梅莊顯常를 수행하고 있으나(前揭, 『相國寺史料』 第六卷, 395쪽), 天明 8년 정월 그믐날의 京都 大火의 보고를 받은 顯常는 2월 19일에 에도를 출발하여 相國寺로 되돌아갔다(小島文鼎, 95쪽). 에도에 머물렀던 古道西庵는 京都의 梅莊顯常와 연락을 취하면서 對幕府 절충에 임했다.

栗山의 첨삭수정안이 나와 있는 상황이었으므로 古川図書의 에도 도착
(3월 그믐날) 이전, 梅莊顯常의 歸京(2월 19일)전에는 완성되어 있었다고
보는 것이 당연하다.10) 天明 4년 4월에는 9월 이후 약 1개월에 걸쳐 막
부와 대마번(杉村直記, 古川図書) 사이에 延聘교섭을 둘러싼 논의가 계
속되었다. 그러나 그것보다 앞서 延聘교섭을 요청하는 문서는 대략 작성
이 끝난 상태였다. 문서는 논의를 거쳐 작성된 것이 아니라 막부로부터
일방적으로 제시된 것이었다. 古川 초안(史料二)과 막부 작성안(史料三)
과의 相違를 간단하게 비교해두자.11)

　　　　［史料二］
　　　一筆令啓上候、貴國弥可爲御平安珍重存候、然者御代替信使を以
　　御祝詞被申上候付聘使渡海時節之儀致差図候樣被仰聞候付、其段東
　　武江申上候處、來聘之儀ハ先例ニ可被任、就夫近年日本國凶作打續
　　庶民致難儀、專仁憐之道被取行、其功半ニ而民を憐候ハ政道之第一

---

10) 「京都御所向幷二條御城御本丸其外炎上ニ付、明六日惣出仕」(東京大學史料編
　　纂所, 『江戶藩邸每日記』天明八年二月五日條(田代和生監修, 『對馬宗家文書 第
　　Ⅱ期江戶藩邸每日記63』, ゆまに書房[マイクロフィルム])라고 하니, 에도에
　　京都 大火의 보도가 전해진 것은 2월 5일을 그다지 거슬러 올라가는 시기는 아니
　　다. 초안에서는 京都 大火에 관해서 언급하지 않기 때문에, 그 성립시기는 2월초
　　이전까지 거슬러 올라갈 가능성도 전무하지 않다.
11) 古川図書는 초안을 두 가지 준비하고 있다. 어느 것도 내용에서는 큰 차이가 없으므
　　로 조금 더 長文인 쪽을 [史料二]로서 본문에 싣는다. 또 하나의 案은 다음과 같다.
　　一筆令啓上候、貴國弥可爲御平安珍重存候、然者御代替ニ付信使可被差渡候
　　間、時節之儀致差図候樣被仰聞候通東武江申上相伺候處、來聘之儀ハ可被任
　　先例候、就夫日本之諸州頃年凶作打續庶民致難儀候付、專御憐之御仁政被執
　　行候故、來聘之儀暫御差延可被遊との御事被仰出候間、左樣御心得可被成
　　候、尤追而時節之儀被仰出候ハ、、其節可及御告知候條、不違先例聘使被差
　　渡度存候、此段御使者何某を以及爲御知候、隨而別錄土宜令進覽候、肅此不備
　　또, 막부 작성의 和文 초안 그 자체는 명확하지 않다. 그러므로 여기서는 내용을
　　비교하기 위하여, 松平定信가 제시한 眞文 草案을 대마번 江戶藩邸의 阿比留
　　惣四郎가 和譯한 것을 편의적으로 대조한다.

二候ヘ者、誠信之間二をゐて可申通儀二付、**來聘之時節暫御差延可**
被遊との御事被仰出候間、左様御心得可被成候、尤追而時節之儀被
仰出候ハヽ、其節可及御告知候條、不違先例聘使被差渡度存候、此
段使者何某を以及爲御知候、隨而別錄土宜令進覧候、肅此不備

　　［史料三］
　　茲二我大君被爲受御位候初、信使之來聘可爲近例儀二候、然處本
邦引續凶年二而穀物不熟、下民致難儀氣毒成儀二候、大君新二御政
務被爲取行候事故、御仁慮專要之場二而、役々奉得其意、撫恤を先
務とし、歳月を経候二隨御恩澤行渡候樣有之候得かしと奉冀儀二
候、斯而御時体二信使及渡海候ハヽ、在々所々之雜費下民被召仕方
等、其勞苦之成行草木之萌立を中ロ二折候如くニ可有之候、大君被
轂御深慮、役々江衆議被仰付、菟角來聘暫ク被差延度被思召上候、
因而拙者より委細事情申伸、万般御諒察之上被仰上、御允諾被仰取
可被下候、態々正官某·都船主某差渡候、掛御目申談二而可有之候、

　위 사료에서 보듯이, 일본 국내의 기근으로 민중에 대한 배려가 필요
(밑줄선)하므로 잠시 동안 통신사 來聘을 연기하고 싶다(볼딕체)라고 하
는 요점에 있어 양자는 다를 바가 없다. 단지, 古川안이 통신사 來聘에
관해 선례를 따라 행하는 것이 원칙이며, 때가 되면 선례를 따라 행해진
다고 진술(이탤릭체 2곳)한 것에 대하여, 막부안에서는 이러한 점에 대하
여 일절 언급하지 않고 있다. 松平定信의 意向은 장기적으로는 來聘형식
의 변경을 고려한 가운데 먼저 延聘을 행하는 것에 있었기 때문이다.

3. 延聘교섭과 以酊庵

　5월 2일, 에도를 나서기 전에 古川図書에 대하여 定信는 다음과 같이
전했다. 조선 측과의 延聘교섭에 임하여 '譯官通弁之儀二付、万一少々

語談之違等有之候而者不容易事'이므로, 이번에는 특히 '不殘筆談を以
互に掛合、一々以酊庵等江も申遣候樣可被致'라고 한다.

대마번이 즉시 답할 수 없는 사안에 대하여 막부의 판단을 받들도록
하였다. 눈앞의 판단만으로 교섭을 진행하지 않도록 本多忠籌도 古川図
書에게 반복하여 말하고 있으나, 세세한 교섭마다 일일이 以酊庵에 확인
을 구하는 것은 너무나 비현실적이었다. 다음날 다시 古川이 확인한 바
에 의하면 지시의 취지는 교섭 과정을 문서로서 남겨두는 것에 있으며,
以酊庵에는 事後의 제출이라도 관계없다고 하였다.

7월 13일에 대마부중에 귀착한 古川図書는 동 18일에 以酊庵승 建仁
寺 環中玄諦에게 막부로부터 제시된 眞文초안을 제출했다. '起居時令等
者仕來之通以酊庵申談取計候樣'라고 하는 막부의 지시를 전하고 최종안
의 작성을 의뢰하였던 것이다.[12] 그리고 古川図書가 9월 20일에 대마부
중을 출선하기 전에 以酊庵승과의 사이에 논의된 것은 이하의 두 가지
문제였다.

첫 번째는 막부에 의한 眞文 초안은 하나뿐 이지만 예조참판 앞과 예
조참의 앞의 서간이 동일한 文面인 것은 그다지 예가 없다고 하는 以酊
庵승의 지적에 관해서이다. 以酊庵승은 한편으로는 '公義より御渡被成
候御草稿致轉換候儀者憚ニ存候'라고도 하였다. 古川는 대마번 眞文役
에게 검토하게 하여 2번의 전례가 있다고 하며, 同文으로 문제되지 않는
다고 회답하고 있다. 以酊庵은 그 검토결과에 따랐다.

또 한가지는 延聘교섭에 파견하는 사자의 명목에 관해서이다. 古川가
'延聘使'를 案으로 한 것에 대하여 以酊庵승은 그러한 직접적인 명목보
다는 '告事使'라고 하는 것이 좋지 않을까라고 하였다. 이 사항도 眞文役

---

12) 對馬藩政史料, 「天明八戊申年 延聘使御書翰之儀ニ付、以酊庵輪番諦西堂江
古川図書掛合之次第集書」, 東京國立博物館所藏, 「信使記錄」(田代和生監修『對
馬宗家文書 第Ⅰ期朝鮮通信使記錄·文化信使記錄6』, ゆまに書房[マイクロ
フィルム]). 이하 古川図書와 以酊庵僧과의 의논은 전부 이 사료에 따른다.

의 검토에 위임되어, 몇 개의 안이 검토되었으나, 결국은 以酊庵승이 양보하는 형태로 '延聘使'로 해결을 보았다.

　　한편 以酊庵승이 최종안을 작성하여 조선 측에 제시된 문서는 다음과 같다.

　　　[史料四]
　　　　日本國對馬州太守平義功奉書
　　　　朝鮮國礼曹參判大人閣下
　　　　　維時金運正殷伏惟
　　　　貴國恊寧虔祝無已兹者我
　　　大君受
　　　　位之初乃
　　　　貴國通聘之際例当在近但以
　　　　本邦比年凶儉穀物不稔億兆離凋弊之患
　　　大君新政要在仁惠庶官承行一以撫恤爲務庶
　　　　幾歲月弥久而膏澤之洽無遺也乃於是時
　　　　貴國大使儼然來臻則所在調發民徭奔命其
　　　　勞苦之狀猶卉木將萌而中折也
　　　大君深軫斯慮命庶官胥議尚欲
　　　　通聘之事徐徐延期因使不佞委實申款萬
　　　　望
　　　丙諒以
　　　聞就承
　　　允諾特差正官平暢往[某]都船主平暢亨[某]容口[面]
　　　陳致左錄輶儀聊旌馳悃幸賜
　　　迴納更祈對時
　　　休嗇式副遐禱肅此不備
　　　天明八年戊申八月　日

　　위 사료의 밑줄 부분은 막부 제시의 眞文 초안에는 없으나, 以酊庵승이 추가한 부분이고, 이텔릭체 부분은 막부 제시의 眞文 초안이 변경된 부분이며, [　]안이 原草案에 있었던 자구이다. 田保橋潔는 조선 측에 제출된 서간은 막부로부터 주어진 眞文 초안에 '다소 수정을 가한 것'이라고 하는 '田保橋潔, 654쪽'이 막부의 지시대로 창두, 말미를 새로 추가한 것이다.

그런데 10월 27일에 古川図書는 왜관에 도착하여, 다음 해(寬政 원년) 5월 6일에 조선정부 중앙으로부터 延聘를 받아들인다는 정식의 회답이 도착하기까지 조목조목의 동향은 松平定信에게 전달되었다.[13] 그러나 교섭 당초에는 동래부사가 임시의 사자는 응접하지 않는다는 원칙을 구실로 문서의 수취를 계속하여 거절하였던 것이나, 일본 국내에 있어 흉작이나 교토 대화재를 이유로 한 延期 설명이 구두로 행해진 것에 대해 조선 측이 대화재에 대한 언급이 文中에 없는 것을 질책한 것 등, 교섭의 細部[14]에 대해서는 보고된 흔적이 없다. '對馬藩政史料, 『館守日記』 天明 8년 10월~寬政 원년 5월(국립국회도서관)'에도 상세한 교섭과정을 찾을 수는 없으며, 해당 시기의 외교문서를 정리한 '對馬藩政史料, 『兩國往復書贐』119, 120(국립국회도서관)'에도 관련 사료는 수록되어 있지 않다. 그렇다면 아마 以酊庵에도 교섭의 세부 내용이 알려졌을 리가 없다.

그런데 寬政 원년 윤6월 26일, 古川図書의 대리로서 에도로 향하여 復命했던 大浦左衛門은 復命할 때 7통의 서간사본을 첨부했다. 天明 8년 戊申 8월付 조선국 예조 참판 앞 平義功서간, 同 예조참의 앞, 同 동

---

13) 天明 8년 11월 6일에 古川図書가 東萊府訓導·別差와 첫 대면을 하고, 使者 도래를 곧 중앙정부에 전달한다는 회답이 있었던 일(寬政 원년 2월 12일에 보고), 寬政 원년 2월 하순에 중앙정부로부터 延聘使를 응접한다는 회답이 도착하였던 일(동년 4월 3일에 보고), 接慰官이 4월 4일에 도래하여 동 9일, 제의 문서를 중앙정부에 전달한다는 취지의 회답이 있었던 일(5월 28일 보고) 등을 각기 사실로서 보고하고 있다.

14) 이러한 교섭의 자세한 내용은 (田保橋潔, 655~665쪽)에 상세하지만, 田保橋潔은 주로 조선 측에 남겨진 기록에 따라 서술했다. 또한, 田保橋潔가 사용한 「通信使草贐錄」은 규장각자료총서 금호시리즈 대외관계 편, 『通信使贐錄』五, 서울대학교도서관, 1991, 626~651쪽에서도 볼 수 있다.

래부사·부산첨사앞, 己酉년 3월付 대마주 태수 平公 앞, 예조참판 金魯
淳서간, 同 예조참의 金履正 서간, 同 己酉년 5월付 동래부사 金履禧서
간 同 부산첨사 趙宅鎭서간이다.

　7통은 모두『兩國往復書謄』에 기록되어 있다. 復命書에 첨부된 7통
과『兩國往復書謄』의 수록문서는 文面에 차이는 없으나, 날짜에는 약간
의 차이가 보인다. 조선 측에서 송부된 서간은『兩國往復書謄』에는 4통
전부 己酉년 4월付이지만, 復命書에는 예조참판과 예조참의의 것은 3월
付, 동래부사와 부산첨사의 것은 5월付로 되어 있다. 서간의 文面을 손
질한 것은 아니므로 본질적으로 큰 차이는 없으나, 대마번이 어느 단계
에서 同月付의 4통을 3월부 2통과 5월부 2통으로 나눈 것이다. 復命은
막부에 의해 승낙을 받았음으로 이러한 대마번의 행위가 체크를 받는 일
은 없었다.

4. 결론

　延聘을 주제로 하는 일조 교섭에 있어는 막부 측이 주도적으로 일을
진행하고 거기에 梅莊顯常가 관여했다.[15] 조선통신사 來聘에 있어서 松
平定信가 幕閣 방침을 바꾸는 가운데 梅莊顯常가 어떤 일을 하였는지

---

15) 松平定信가 古川図書를 지명하여 에도에 초청한 배경에는 梅莊顯常에 의한 추
천을 상정하는 것도 전혀 불가능한 것은 아니다. 古川図書에게 出府 명령이 내
려진 것은 梅莊顯常 出府의 후이며, 또 梅莊顯常가 以酊庵僧으로 對馬府中에
재임하고 있던 기간 중, 줄곧 古川図書는 영지 家老였기 때문이다. 또한, 田保橋
潔는 '당시 松平越中守는 杉村(直記 - 인용자 주)가 藩政의 실권을 장악하는 동
안은, 통신사 제도에 변혁을 가하는 것이 곤란하다고 인식하여, 同 家老를 멀리
하고 杉村에 대항할 수 있는 대마번 家老를 초청'하려 하여, '在國の上席家老
古川図書'에 出府를 명했다고 서술했다(田保橋潔, 651쪽).

명확하지 않지만, 定信의 의향에 따라 자문에 응한 것은 틀림없다.

이것에 대하여 酊庵輪番僧은 어디까지나 조연의 역할에 지나지 않았다. 동시에 以酊庵輪番僧이 막부에 의한 대마번의 일조 외교 체크 機構라고 하는 종래의 이해는 再考가 필요하다. 小稿에서는 以酊庵輪番僧이 기록한 『本邦朝鮮往復書』 그 자체는 참조할 수 없었으나, 왜관 東向寺僧에 의해 기록된 『兩國往復書謄』을 간접적으로 참조하여 다음과 같은 점을 지적할 수 있다. 『本邦朝鮮往復書』가 기록된 것 그 자체는 대마번에 대한 견제이다. 以酊庵僧의 책임으로 기록된 문서와 대마번으로부터 제출된 문서와의 대조가 이루어질 수 있는 제도가 정비되어있지 않는 한 대마번에 의한 작위는 발각되지 않는다는 것이다.

그런데 延聘교섭은 예측한 결과대로 끝나고, 寬政 3년부터는 단순한 연기가 아니라 제도의 틀 자체를 변경하려고 하는 議聘교섭이 시작된다. 이 議聘교섭에 있어서도 梅莊顯常는 다시 定信의 자문을 받았다. 이 점에 대해서는 다음기회에 언급하기로 한다.

〔인용·참고문헌〕

小島文鼎, 『大典禪師』(同朋舍, 1927年).

田保橋潔, 『近代日朝關係の硏究』(朝鮮總督府中樞院, 1940年).

三宅英利, 『近世日朝關係史の硏究』(文獻出版, 1986年).

李元植, 『朝鮮通信使 硏究』(思文閣出版, 1997年).

VIII. 明治初期의 조선통신사 인식

스즈키 아야(鈴木 文)[*]

1. 明治의 「朝鮮行列」

1876년(明治 9) 5월 29일자 『東京繪入新聞』의 한가운데에는 朝鮮使節의 行列圖가 크게 실려 있다(그림 1). 얼핏보면 通信使의 행렬처럼 보이지만 실은 그렇지 않다. 이는 1876년에 조선으로부터 일본에 온「朝鮮修信使」라는 사절이며, 이 기사는 그들의 東京 도착을 보도한 것이었다. 사절단이 東京에 도착한 다음날인 5월 30일자 『東京日日新聞』의 기사에는, 이 행렬도를 게재한 『東京繪入新聞』이 新橋에서 구경꾼들에게 판매되어 단시간내에 매진되었다고 쓰여 있어, 당시 일본인들의 높은 관심을 알 수 있다.

전근대에 조선으로부터 통신사(江戶時代 초기에는 「回答兼刷還使」라 불림)가 일본에 건너 왔음은, 오늘날에는 보통 일본인들에게도 잘 알려져 있는 사실이다. 그러나 1876년에 통신사와 아주 유사한 조선의 사절단 행렬이 明治期의 東京 중심부를 거닐었다는 사실은 그다지 알려져 있지 않다.

통신사가 「易地聘禮」라는 형태로 對馬에서 이루어진 1811년(文化 8)으로부터 60년 이상이 흘러, 對馬의 사람들이나 표류민을 제외한 대부분

---

* 福岡市總合圖書館

의 일본인이 실제로 朝鮮人을 볼 수 없었던 시대를 거쳐, 오랜만에 일본
에 건너 온 조선인들의 모습을 보았을 때, 일본인은 그들에 대해서 어떠
한 시선을 보냈고, 두 나라 사이의 관계, 특히 그 역사를 어떻게 인식했
을까? 당시 다양하게 제작된 행렬도와 신문 등의 간행물을 통해 그 모습
을 슬쩍 엿보기로 하겠다.

2. 第一次修信使의 訪日과 行列의 樣相

우선 간단하게 朝鮮修信使의 개요에 관해 설명하기로 하겠다.[1] 조선
수신사는 明治期에 朝鮮-日本 관계가 새롭게 재편되는 최초의 단계에
위치하고 있으며, 明治政府가 성립한 이래로 일본을 정식 방문한 최초의
조선 사절이다. 1875년(明治 5) 9월 江華島事件이 발생한 이후에 일본으
로부터 사절단이 파견되었고, 76년 2월에는 朝日修好條規가 체결되었다.
이때의 교섭에 의하여 조선 측에서 일본에 사절단을 보내기로 결정되었
다. 그 이후 1880년부터 82년까지 도합 4회에 걸쳐 수신사가 일본을 방
문하였다.[2]

通信使와 修信使 사이에는 다양한 차이가 존재한다. 수신사의 경우,
일본을 방문한 일행의 총인원수는 76명으로, 400~500명의 인원을 필요

---

1) 修信使에 대해서는 한국 측의 연구가 다수 존재하는데, 상세한 사항은 拙稿,「第
   一次朝鮮修信使來日時にみる日本人の朝鮮認識と自己認識」『朝鮮史研究會
   論文集』第45集, 2007을 참조해 주길 바란다.
2) 어떤 사절을「修信使」로 볼 것인지에 관해서는 諸說이 있다. 이들 사절단은 시
   대가 내려감에 따라 特命全權大臣兼修信使, 그리고 欽差全權大臣으로 그 명칭
   을 바꾸어 가는데, 宋敏씨는 그 성격에 차이가 없다고 보아 이들을 일괄하여 편
   의상「修信使」로 부르겠다고 하였다(宋敏,『明治初期朝鮮における朝鮮修信
   使の日本見聞』, 國際日本文化センター, 2000). 그러나 통상적으로는 그 명칭
   이「修信使」가 된 4회째의 사절단을 지칭한다.

로 했던 통신사와는 그 규모가 다르다.3) 사절의 正使는 禮曹參議 金綺秀
였는데, 통신사와는 달리 副使나 從事官을 두지 않고 정사만이 파견되었
다. 일행은 일본의 蒸氣船(黃龍丸)을 이용하여 海路로 東京에 도착하였
다. 東京까지의 경로를 보면, 對馬를 경유함 없이 釜山, 赤間關, 神戶, 橫
濱, 東京의 순이었으며, 朝鮮으로 돌아오는 경로는, 궂은 날씨 탓에 對馬
를 경유하고 있다. 下關에서 大坂까지를 해로로, 大坂에서 江戶까지를
육로로 통행하였던 통신사와는 다르다. 다만 인원구성은 통신사에 비하
면 간소하였는데, 樂隊員이나 令旗手, 日傘係 등의「의례용 인원」이 존
재하였다. 사절의 일정을 간단히 설명하자면, 5월 19일에 부산을 출발한
수신사 일행은, 下關, 神戶를 경유하여 29일 오전 4시 橫濱에 입항하였
다. 그 후 기차편으로 新橋에 도착한 뒤 행렬을 이루어 행진하면서, 神田
錦町의 여관에 도착했다. 東京 체재중에는 外務省 방문과 天皇의 알현
이외에, 박물관, 紙幣寮, 日比谷練兵場, 兵學寮, 工學寮, 書籍館, 開成學
校, 東京女子師範學校, 元老院議事堂 등의 여러 시설을 巡見하였다. 또
한, 순견 이외에 일본인에 의한 향응도 여러 번 베풀어졌다. 이밖에 마술
등의 여흥, 그리고 사진사에 의한 사진촬영 등이 이루어졌다. 일행은 6월
18일에 東京을 출발하여, 28일에 부산으로 입항하였다.

　　이러한 사절의 동향은 일본에서 사람들의 관심을 끌었기에, 당시의
신문은 많은 화제를 기사화하였다. 그 중에서도 가장 사람들의 이목을
끈 것이 橫濱로부터 東京에 도착한 일행의 행렬 모습이었다. 그 때문에
수신사를 그린 그림에는 이 행렬 모습을 그린 것이 다수 남아 있다. 그것
들이 어떻게 그려졌는가를 보기 전에 橫濱에서 東京에 도착하기까지의
사절의 실제 모습을 순서에 따라 살펴보기로 하겠다.4)

───────────

3) 제1차 수신사 일행의 인원수에 관해서는 諸說이 있으나, 현재로는 韓哲昊씨가
　　상세한 분석을 통해 76명임을 명확히 했으므로 이에 따른다. 한철호,「第一次修
　　信使(1876) 金綺秀의 見聞活動과 그 意義」,『韓國思想史學』제27집, 2006.
4) 당일의 일정에 관해서는 일본 외무성의 기록인『航韓必携』에 자세히 기록되어

증기선에 탑승하여 바다를 건너 온 수신사 일행은, 明治 9년 5월 27일에 神戸를 출발하여 배편으로 橫濱으로 향하였다. 바람과 파도가 거셌기에 일행은 배멀미로 고생했다고 한다. 5월 29일 오전 1시 넘어 부터 계속된 천둥과 비도 동틀 무렵에는 잠잠해졌고, 증기선은 이른 아침에 橫濱에 입항하였다. 수신사 일행은 외무성에서 파견된 迎接掛의 안내를 받으며 상륙한 뒤, 인력거에 올라 탄 迎接掛의 先導를 받으면서, 波止場에서 町會所까지 행렬을 이루어 행진하였다. 연도에는 경비인력이 배치된 가운데, 正使가 가마, 上官 이상이 인력거, 中官 이하는 도보로 저마다 이동하였고, 악대가 음악을 연주하는 가운데 행진이 이루어졌다. 町會所에서는 정사만이 병풍으로 칸막이 된 공간에서 담배를 피우고, 그 이외의 사람들은 전부 같은 장소에서 휴식을 취하였다. 이는 上官 이상이라해도 정사 앞에서는 의자에 앉을 수 없다는 조선의 의례를 따랐기 때문이다. 또한, 전날 폭풍우 속의 항행에 의한 배멀미 탓인지, 일행 중에는 아침부터 몸상태가 좋지 않아 아침식사도 뜻대로 할 수 없었던 이가 있었기 때문에 식사를 준비했어도 출발시간이 되어버려서 그대로 출발할 수밖에 없었던 일화도 있었다. 일행은 휴게소에서 정거장까지의 구간도 행렬로 이동하였으며, 같은 날 오전 10시 45분발 특별열차에 타고, 新橋까지의 上京길에 올랐다. 낮에는 舊 新橋驛에 도착하여 일단 휴식을 취한 뒤, 神田 錦町의 숙소까지도 앞서와 마찬가지로 행렬을 이루어 음악을 연주하면서 행진하였다. 앞 열에는 경비를 맡은 騎兵이 선도하였고, 엄중한 경비하에서 많은 구경꾼들에 둘러싸인 가운데, 東京의 중심을 조선 사절이 행진하였던 것이다.

있다. 본고에서는 趙恒來, 『開港期 對日關係研究』, 韓國學術情報, 2004에 게 재되어 있는 影印版을 사용하였다. 해당부분은 資料編, 263~266쪽에 기재되어 있다. 또한, 사절 측의 사료로서는 韓國國史編纂委員會 편집 겸 발행, 『修信使 記錄 全』, 韓國史料叢書 第九, 1971에 수록된 『日東記游』를 사용하였다.

〈그림 1〉『東京繪入新聞』1876年(明治 9) 5月 29日付(國立國會圖書館 所藏)

〈그림 2〉『繪入ロンドンニュース』
1876年(明治 9) 8月 26日号(國立國會圖書館 所藏)

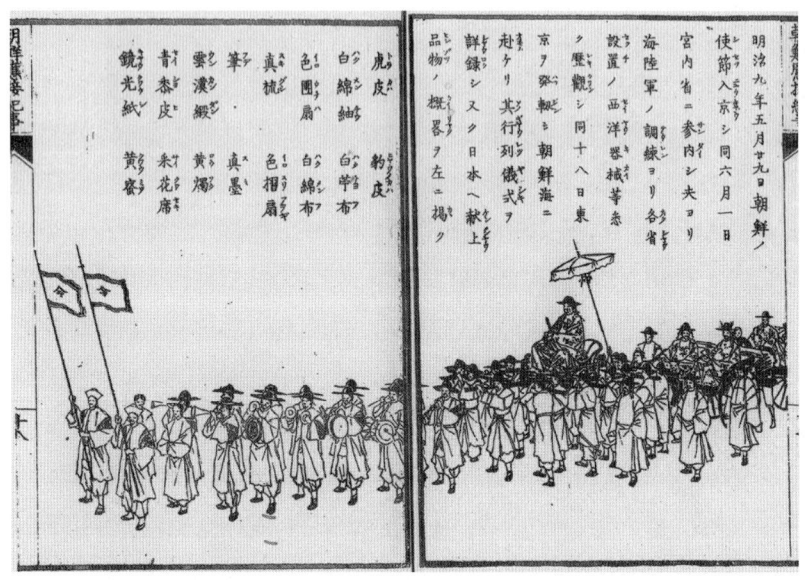

〈그림 3〉蘇我總八郞著 『朝鮮應接紀事』(明治 9年 6月刊, 國立國會圖書館 所藏)

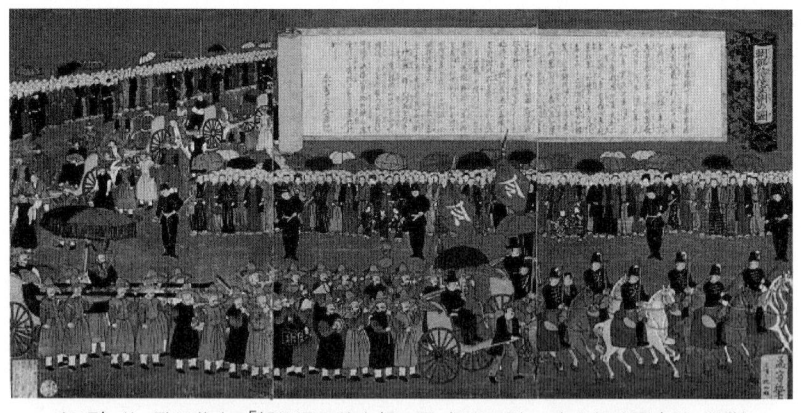

〈그림 4〉歌川芳虎 「朝鮮通信使來朝の圖」(明治 9年, 東京經濟圖書館 所藏)

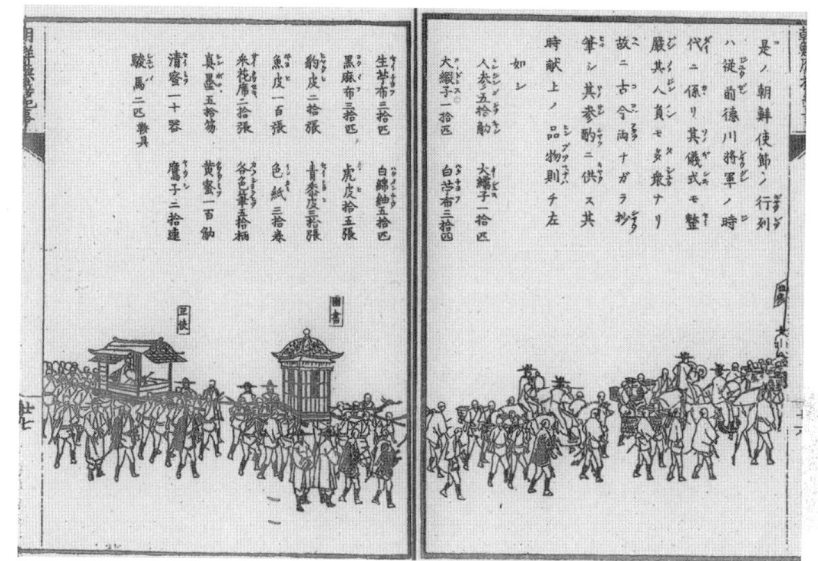

〈그림 5〉 蘇我總八郞著 『朝鮮應接紀事』(明治 9年 6月刊, 國立國會圖書館 所藏)

3. 묘사된 修信使와 通信使의 想起

1) 다양하게 묘사된 修信使

　　본 절에서는 第一次修信使의 訪日 모습을 그린 몇 점의 행렬도를 살펴보고자 한다. 앞서 언급한 『東京繪入新聞』은 지면의 중앙에 행렬도를 배치하고, 그 위아래로 관련기사를 게재하고 있다. 마차를 부리고 있는 일본인 이외의 등장인물은 모두 조선인이며, 배경도 일절 그려져 있지 않다. 행렬은 큰 굽이를 그리고 있는데, 맨 뒷부분은 보이지 않게끔 그려져 있기에 행렬이 한없이 계속되고 있는 것처럼 보인다. 행렬의 선두에는 깃발이 들려 있고, 피리와 큰 북을 연주하는 악대가 그 뒤를 따르며,

마차에 탄 正使가 등장한다.

그런데, 사실 이 그림은 수신사의 도착을 직접 보고 그린 것이 아니다. 앞서 서술한 대로, 수신사가 橫濱와 東京에 도착한 날은 明治 9년 5월 29일이다. 즉 이 신문은 수신사의 도착 당일에 이미 완성되어 있던 것이다. 그 증거로서 이 행렬도에서는 正使가 마차에 타고 있다. 여기서 『일러스트레이티드 런던뉴스』의 같은 해 8월 26일자(그림 2)('The corean embassy to Japan', *The Illustrated London News, Aug, 26, 1876*(日本國立國會圖書館 所藏의 復刻板))를 확인해 보면, 정사가 가마에 타고 행진하고 있다. 이는 일본 측의 사무기록에도 남아 있으므로, 실제로 정사는 가마에 타고 행진하였음을 알 수 있다(「朝鮮國修信使來聘書 金綺秀 明治九年 二」, 外交史料館 소장). 일본 측에서는 당초 정사를 마차에 태울 예정이었지만, 수신사 측이 정식 사절로서 반드시 가마에 타겠다고 要望했기 때문에 가마에 타기로 결정되었던 것이다. 수신사 일행이 증기선에 타고 釜山을 출발하여 橫濱에 이르기까지의 기간 동안 당시 신문들은 그 화제를 기사로 쓰고 있었으며, 수신사는 東京에 도착하기 이전부터 사람들의 관심을 끌고 있었다. 그 때문에 『東京繪入新聞』은 특별히 수신사가 도착하기 전에 확보한 정보에 기초하여 행렬도를 작성하였던 것이다.

『朝鮮應接紀事』5)에도 『東京繪入新聞』과 유사한 방법으로 그려진 행렬도가 게재되어 있다(그림 3). 다만 그림의 묘사는 『東京繪入新聞』보다도 간략한데, 선두에 깃발이 내걸리고 악대가 뒤를 따르며 正使가 그 뒤에 등장한다. 그 뒤를 인력거에 올라 탄 수행원들이 따르고 있다. 여기서도 인력거를 끄는 일본인 이외에 그려진 인물은 모두 조선인이라는 점, 배경 등이 일절 없는 점이 『東京繪入新聞』과 유사하다. 다만 이 그림의

---

5) 蘇我總八郞 著, 明治 9년 6월 발행. 일본 국립국회도서관 소장본을 사용. 蘇我總八郞에 관해서는 그 맨 마지막 페이지에 淺草에 거주하는 長崎縣 출신의 士族이라고 적혀 있을 뿐, 상세한 사항은 不明이다.

정사는 정확히 가마에 올라탄 모습으로 그려져 있다.『朝鮮應接紀事』는 조선수신사의 방일 직후에 해당하는 明治 9년 6월에 간행되었으므로, 이 행렬도는 수신사의 모습을 직접 보고 그린 것으로 생각된다. 그 밖의 수행원들이 인력거에 탄 것도 사실이며, 그렇게 그 모습이 그려져 있기 때문이다.

일본인이 그린 修信使 그림 중에는 錦繪도 포함되어 있다.「朝鮮信使來朝圖」(그림 4)(東京經濟大學圖書館 櫻井義之文庫 所藏)는 歌川芳虎에 의해 明治 9년에 그려졌다. 이제까지의 행렬도와 마찬가지로 행렬이 지나가는 모습을 그리고 있으나, 錦繪인 까닭에 선명한 색상으로 채색되어 있고, 앞서 언급한 두 점의 행렬도보다 훨씬 상세히 행진의 모습이 그려져 있다. 구도 자체는『東京繪入新聞』과 유사하여 큰 굽이를 그리며 행진하는 행렬의 맨 뒷부분이 보이지 않게끔 그려져 있다. 행렬을 자세히 살펴보면, 이제까지의 행렬도에는 묘사되지 않았던 호위 기병의 모습이 선두에 그려져 있고, 인력거에 탄 양복차림의 일본인 두 명이 그려져 있음을 알 수 있다. 전날 밤의 천둥과 비의 영향 탓인지, 수신사의 기록에 따르면 그 날은 아침부터 비가 내릴 듯한 날씨였다고 하는데, 그들은 우산을 받쳐 든 모습으로 그려져 있다. 그 뒤를 깃발과 악대가 따르고, 가마에 탄 正使가 등장하며, 인력거에 탄 조선인들과 이를 수행하는 조선인들의 모습이 그 뒤를 따르고 있다. 그 주변에는 경비를 맡은 일본인들이 간격을 두고 서 있으며, 그 주위에 빽빽하게 구경꾼들의 모습이 그려져 있다. 구경꾼의 대부분은 일본인으로, 전통적인 일본복장으로 그려져 있으며 군데군데 우산을 받쳐 든 모습도 보인다. 이와 같이 앞서 언급한 두 점의 행렬도에 비해, 당일의 모습을 보다 구체적으로 그리고 있는 점이 특징적이다.

한편으로, 앞서 언급한『일러스트레이티드 런던뉴스』는, 행렬의 길이를 묘사한 이제까지의 행렬도와는 달리, 가마에 탄 正使에게 초점을 맞추어 그 앞뒤를 잘라낸 구도를 취하고 있다. 행렬은 도중부터 그려져 있으며 행렬도의 가장 선두에 있는 것은 어린 아이다. 수행하여 걷는 조선인들의 뒤에는 가마에 탄 정사가 그려져 있고, 그 바로 옆에 경비를 맡은 일본인이 서 있다. 구경꾼들의 모습은 배경에 희미하게 보일 뿐이나, 많은 사람들이 구경을 위해 몰려들었음은 짐작할 수 있다. 그밖에 일본의 전통적인 가옥을 배경에 그리고 있는 점이 이제까지의 행렬도에는 없는 특징이라 하겠다.

2) 설명되는 朝鮮－日本의 來歷
－旗의 文言을 둘러싼 통신사의 想起

이러한 행렬도는 단지 그림만이 작성된 것이 아니며, 거기에는 얼마간의 설명문이 달려 있다. 가령 앞서 언급한 행렬도가 게재된 동일면의 『東京繪入新聞』의 기사를 보면, 수신사의 도착예정에서 시작하여, 조선으로부터의 사절단의 역사를 소개하기 위해 역대 통신사의 正使들의 이름이 열거되고, 이어서 당일의 警備와 사절의 체류기간중의 일정 등이 쓰여져 있다. 이 행렬도가 게재된 지면은 통신사를 상기시키는 많은 기사들을 싣고 있는 점이 특징적이다. 먼저 조선에서 사절이 방일한 것이 豊臣秀吉의 시대부터 세어서 이번이 20회째라고 밝히고는, 天正 18년부터의 사절의 正使·副使 등의 이름을 열거하고 있다. 그 밖에도 記者 자신이 예전에 통신사를 그린 옛 그림을 본 적이 있다고 말하고는, 그 무렵은 大名行列이 존재하던 시대이며 수신사보다도 대규모의 행렬이었다고 쓰고 있다. 또한 江戶時代에 통신사가 보여줌으로써 일본인의 이목을 끈 曲馬에 관해서도, 享保期 이전에 통신사의 수행원이 半藏門 안의 馬場에서 곡마를 했기 때문에 그 장소를 朝鮮馬場이라 한다는 어떤 노인의 말을 기록하고 있다. 이처럼 第一次修信使의 방일을 계기로 江戶時代의 통신사에 대한 기억도 환기되고 있음을 알 수 있다.

이와는 대조적으로, 『일러스트레이티드 런던뉴스』에 게재된 기사에는 옛날에 조선의 사절이 江戶에 왔다는 사실이 기록되어 있기는 있지만, 관심을 두고 있는 부분은 눈앞의 사절들의 모습과 구경꾼들의 태도이며, 이제까지의 朝日關係史, 특히 江戶時代의 통신사에는 그다지 흥미를 보이고 있지 않다.

한편으로, 『朝鮮應接紀事』는 보다 상세히 朝鮮 - 日本 사이의 來歷을 기록하고 있다. 우선, 明治期에 접어들면서부터 修信使가 訪日하기까지의 양국관계를 明治維新 이후부터 상당히 상세하게 설명하고 있다. 江華島事件에서 朝日修好條規 체결에 이르는 경위가 서술되어 있으며, 수신사가 어떠한 경위로 방일하게 되었는가도 설명하고 있다. 그리고 수신사에 관해서도 일정이나 수행원의 이름 등을 상세히 설명하고 그 구성이 통신사보다 간략하다고 서술하고 있다. 행렬에 관해서는 조선인들의 의복 색상까지 상세히 설명하고 있다. 구경꾼들의 모습에 관해서는 그 형식에 집착하는 듯한 모습을 서양인이 보고 비웃었다는 사례를 들고 있는 점이 특징적이다. 설명은 이로부터 과거로 거슬러 올라가 壬辰·丁酉倭亂(文祿·慶長の役)부터 德川政權 이후의 「善隣」外交로 나아간다. 다만, 그 후로는 역으로 古代의 양국관계로 거슬러가서 한반도로부터의 「朝貢」使節의 내력을 서술한 뒤, 天正期 이후의 通信使들을 열거·설명하고는 第一次修信使의 설명으로 끝맺고 있다. 여기에는 통신사의 行列圖도 그려져 있는데, 이제까지의 수신사 행렬도와는 달리 사카야키(月代, 역자 주; 江戶時代에, 남자가 이마에서 머리 한 가운데에 걸쳐 머리카락을 밀었던 일. 또는 그러한 머리 모양)式 머리모양을 한 일본인들을 많이 그리고 있는 점은, 수신사와 통신사와의 차이를 의식해서 그렇게 그린 것으로 생각된다(그림 5). 錦繪, 「朝鮮信使來朝圖」는 豊臣秀吉의 天正 18년부터 사절의 내력을 서술하고, 明治維新 이후의 강화도사건으로부터 수신사 방일까지의 경위를 간단히 설명하고 있다. 그리고 수신사의 東京 도착에 관해서는 警護가 선도하는 가운데 악기가 연주되며 행렬은 가마에 타서 행진하고 있었다고 서술한 뒤, 구경꾼들이 만원을 이루어 마치 祭禮와 같았다고 쓰고 있다.

여기서 주목되는 점은 「朝鮮信使來朝圖」의 설명문 중에서 통신사가 끊긴 이유를 기록한 부분이다. 그 구절에는 「我國을 輕蔑하는 詩가 적힌 깃발을 들고 왔기에 幕府가 江戸入京을 금하고 對馬에서 맞이하도록 결정하였는데, 幕府가 瓦解된 이후로 끊기어 音信하지 않았다」고 쓰여 있다. 조선통신사가 江戸가 아닌 對馬에서 易地聘禮를 행하게 된 이유는, 일본을 경멸하는 문구가 들어간 깃발을 들고 왔기 때문이라고 하고 있다. 이는 아마도 江戸時代부터 문제가 되었던 통신사 깃발의 문구를 지칭하는 것이라 생각된다. 江戸時代 후기의 저명한 儒學者였던 中井竹山은, 통신사가 들고 온 깃발에 적힌 「淸道」「巡視」「令」 등의 문구는 「지나가는 길을 깨끗이 할 것」, 「領內를 巡見한다」, 「日本에 號令한다」라는 의미라고 하면서 무례하다고 분개하였다(『草茅危言』 券四 「朝鮮の事」, 『日本經濟大典』 券二三, 啓明社, 1929, 421쪽). 第一次修信使가 訪日했을 때에도 수신사 측이 「淸道」「巡視」라는 깃발을 사용하는지 아닌지에 관해서 外務省 측이 상당히 신경을 곤두세우고 있었음을 알 수 있다. 수신사의 방일이 결정된 이후인 4월 27일에 작성된 「迎接官心得書」에는, 「그들이 淸道・巡視라 쓰여진 깃발을 들고 올 경우에는 이를 저지할 것」이라 쓰여있다(「朝鮮國修信使來聘書 金綺秀 明治九年 一」, 外務省 外交史料館 所藏). 또한 5월 14일에 이루어진 실무자간 대화에서도, 「淸道・巡視라 쓰여진 깃발을 들고 오는가」하고 별도로 물어, 수신사가 지참하고 오지 않음을 확인하고 있다(「朝鮮國修信使來聘書 金綺秀 明治九年 三」, 外務省 外交史料館 所藏). 더욱이 수신사가 橫濱 및 東京에 도착한 5월 29일에는 확실히 이들 깃발을 내걸지 않았다는 보고까지 이루어졌다(주4의 『航韓必携』, 263쪽).

　여기에서 이제껏 살펴 본 행렬도의 깃발을 확인해 보기로 하겠다. 『일러스트레이티드 런던뉴스』에는 깃발같은 것이 그려져 있기는 하지만, 그 속의 문구까지는 묘사되어 있지 않으며, 특별한 관심도 보이지 않는다. 그러나 그 외의 일본 측에서 그려진 행렬도에는 반드시 「令旗」가 내걸려 있다. 특히 『朝鮮應接紀事』에서는 통신사의 행렬도의 오른편 끝에 작게 「巡視」라고 쓰여진 깃발이 걸려 있음을 볼 때, 당시의 일본인들 중에는 통신사와 수신사의 차이로서 「淸道」나 「巡視」라는 문구가 적힌 깃발이 사용되지 않는다는 점을 의식하는 이들이 있었음을 알 수 있다.

　第一次修信使가 訪日하였을 때, 일본에서는 江戶時代의 조선사절인 通信使에 대한 기억이 되살아났다. 이때 사람들 사이에 남아 있던 기억 중에는, 통신사를 「善隣友好」의 사절로 보는 시각이나 「朝貢」사절로 보는 시각 외에도, 錦繪를 그린 歌川芳虎처럼 통신사로부터 「모욕을 받았다」고 생각하는 인식이 있었다. 이러한 인식은 이후에도 통신사를 언급할 때에 종종 드러난다. 이와 같은 조선에 대한 일종의 대항의식은 상대보다 조금이라도 우위에 서고자 하는 심성을 보여줌과 동시에, 자신과 상대와의 교류의 역사 속에서, 자신들이 항상 우위를 점했던 것은 아니라는 점, 즉 상대와의 관계는 가변적임을 자각하고 있었다는 점도 보여주고 있다. 통신사가 途絶된 지 채 100년도 지나지 않았던 시기에는 항상 아름답지만은 않은 외교의 기억이 남아 있었으며, 이것이 역으로 양자의 관계성을 객관적으로 파악하게 하는 작용을 하였다고 말할 수도 있을 것이다.

제5부

여러가지 문화전파

Ⅰ. 고려와 키카이지마(喜界島) 구스크(城久) 유적군

아카시 요시히꼬(赤司 善彦)*

1. 머리말

문헌사료에 따르면 전근대시대의 조선과 류큐의 교류는 1389년 추잔(中山)왕국이 고려로 사절을 보낸 것을 계기로 시작되었다. 그 이후 고려와 류큐 간 교역이 활발해졌다. 또한 류큐는 명나라와 조공무역을 개시하였고 그 후 일본을 포함한 동아시아 교역권을 형성하였다. 이를 계기로 동아시아 해역의 항구도시국가로 독자적인 발전을 이루었다.

1458년 슈리성(首里城)에 걸린 「万國津梁의 종」은 이와 같이 동아시아에서 무역입국으로 자리잡은 류큐왕국을 상징하고 있다. 종에 새겨진 명문은 류큐왕국이 조선, 중국, 일본을 선박으로 왕래해 세계의 가교가될 것을 선언하고 있다.

南島考古學에서는 류큐왕국이 해양국가로서 적극적인 해외교역을 전개하여 동아시아 세계로 도약하는 단계를 구스크시대라고 칭한다. 연구자들은 시대에 관한 개념에는 견해 차이가 약간 있으나 농업생산을 기반으로 군웅할거한 在地領主(안지, 按司)와 이들을 통솔하는 국왕이 통치

* 九州國立博物館

하는 사회구조가 성립되었으며 재지영주가 내외거점이 된 성곽(구스크)의 형성을 지표로 삼았다는 점에 대해서는 공통된 견해를 보이고 있다.

구스크시대의 성립을 고고학 유물로 살펴보면 구스크토기와 루이수에키(類須惠器)라 불리는 南島陶質土器(카뮈야끼)의 성립 및 중국제 도자기와 큐슈산의 滑石製 돌냄비의 유입이 특징적이다. 구스크토기는 냄비·항아리형(壺形)·대접형(鉢形)·사발형(碗形)·접시(皿形)·병형(瓶形)의 일곱 종류로 구성된 민무늬토기로 냄비형이 주된 기종이다(金城龜信, 「グスク土器の出現」 『考古學ジャーナル』 320호, 1990). 냄비는 세로형손잡이(縱耳型把手) 큐슈산활석제돌냄비를 중심으로 모방하였고 일부 本土의 瓦質土器나 하지키(土師器)가 원형이다. 또한 남도도질토기(카뮈야끼)의 생산지가 최근 토쿠노시마(德之島)에서 발견되었다. 이로서 외래기술 도입을 시도하면서 현지에서 생산된 사실이 판명되었다. 이러한 일련의 움직임이 일어난 시기와 지역은 큐슈에서의 백자완이나 세로형손잡이돌냄비의 유통상황으로 미루어 보아 11세기 후반~12세기의 아마미(奄美)·오키나와(沖繩) 지역으로 해석된다.

한편 류큐열도에서 농경사회가 성립하기 이전의 시대는 어로채집 경제에 의존한 패총시대라고 불린다. 이 패총시대의 종언은 구스크시대 전야에 발생한 외부요인이 크게 작용했던 것이 원인이라 판단된다(宮城弘樹, 「沖繩貝塚時代の終焉とグスク出現に關する研究」, 科學硏究費補助金硏究成果報告書, 2007). 본토의 야요이(彌生) 사회와 조개 교역을 통한 접촉이 있었음에도 불구하고 水稻耕作을 받아들이지 않았던 류큐열도가 11세기 경부터 농경사회로 극적으로 전환하여 구스크사회로 돌입한 것일까. 우리는 농경사회의 성립과 해외교역의 본격화, 이에 따른 것으로 보이는 중국 도자기와 본토산 돌냄비의 유입, 나아가 구스크토기·남도도질토기의 성립이 불가분의 관계에 있다는 점에 유의해야 한다(盛本勳, 「グスク時代の幕開け」, 谷川健一 편, 『日琉交易の黎明』, 森和社, 2008).

근년에 류큐열도와 외래문화와의 연관성을 고찰하는 분야에서 오키나와와 같은 류큐열도 중부권에 위치하는 아마미(奄美) 지역에서 얻은 고고학적 성과가 주목받고 있다. 아마미 오오시마(大島) 코미나토(小湊) 후와가네크(フワガネク) 유적과 마쓰노토(マツノト) 유적에서 야광조개유물, 조개껍질 대량 무덤과 동시에 외래계 유물이 출토되었다. 이로서 야마토(ヤマト) 조정이 고대·중세의 일본과 대외교역을 한 당시 남방교역에 아마미 제도가 거점 역할을 했다는 사실이 밝혀졌다(高梨修,『ヤコウガイの考古學』, 同成社, 2005).

또한 토쿠노시마 카뮈야끼 가마터를 통해 밝혀진 카뮈야끼는 남쪽으로는 사키시마(先島) 열도 하테루마토(波照間島)를 포함한 류큐열도 전역에 유통권을 확대했으며 일부 큐슈 남부에서도 출토된 사실이 판명되었다(池田榮史,「類須惠器と貝塚時代後期」『考古資料大觀』12권, 小學館, 2004). 구스크시대를 대표하는 카뮈야끼가 토쿠노시마의 아마미지역에서 성립한 이유에 대해서는 여러 설이 있지만 카뮈야키의 계보가 고려시대의 도질토기(고려도기)로 인정된다는 점에는 의견이 일치한다.

지금까지는 카뮈야끼가 어떠한 계기로 고려도기의 모방을 개시하였는지 불분명하였다. 이 점에서 근년의 키카이지마(喜界島) 구스크유적군에서 고려청자와 고려도기가 대량 출토된 사실은 카뮈야키와 고려도기의 직접적인 관계를 의미한다는 점에서 간과할 수 없는 중요성을 지닌다. 같은 아마미지역의 카뮈야끼 성립의 단서가 키카이지마에서 확인되었다고 판단하는 것은 속단일 수도 있으나 동시대의 고려~큐슈~아마미 교역 루트의 관계를 나타낸다는 점에서 명확히 주목된다.

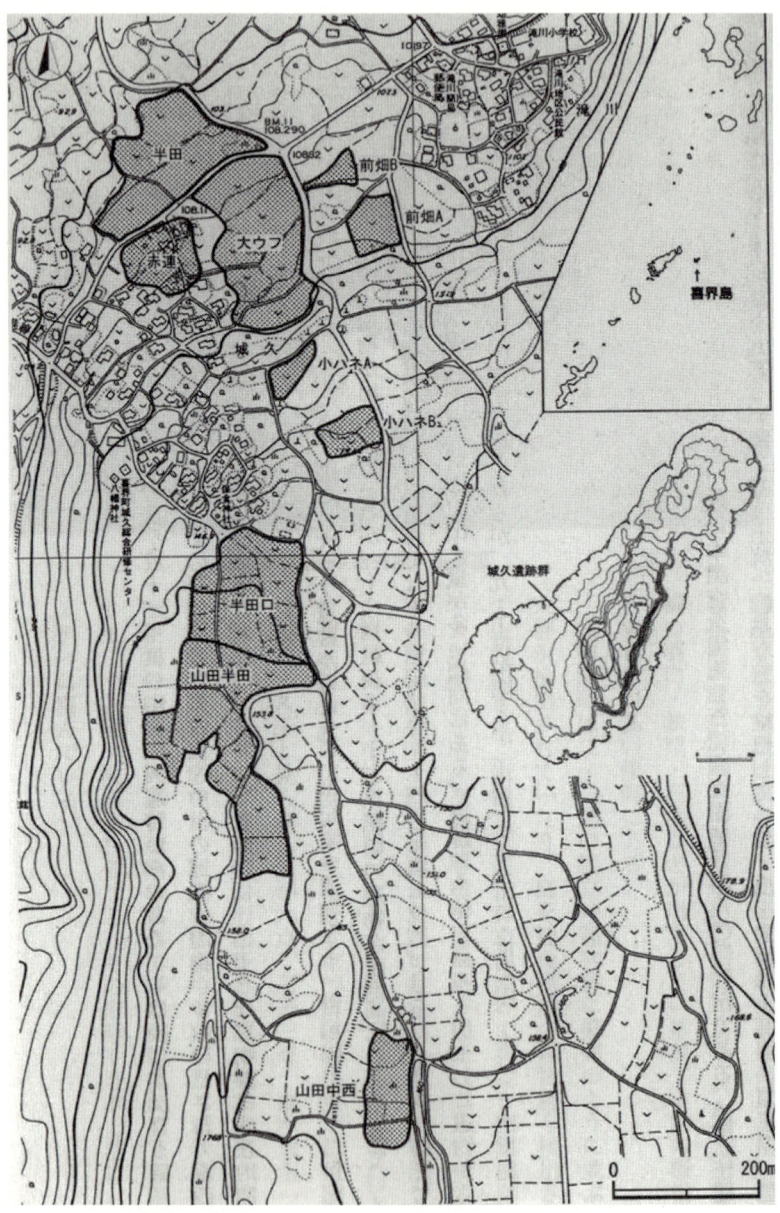

〈그림 1〉 키카이지마 구스크 유적군 위치도(池田榮史 편,
『古代中世の境界領域—キガイガシマの世界』, 高志書院, 2008, 155쪽에서 전재)

2. 키카이지마 구스크 유적에 관하여

이 구스크 유적군은 가고시마현(鹿兒島縣) 오오시마군(大島郡)의 키카이지마 중앙부에 위치하며 아마미 오오시마로부터 동쪽으로 20여km 떨어져 있고 해발 100m 이상의 해안단구(海岸段丘) 위에 있다. 가장 높은 곳에 위치하는 야마다나카니시(山田中西)유적, 그리고 현재의 구스크 취락을 둘러싼 야마다한타(山田半田)유적·코하네(小ハネ)유적·마에하타(前畑)유적 등 여덟 개의 유적의 총칭이 구스크유적군이다. 일대의 북쪽과 서쪽이 바다에 접하고 있어 날씨가 좋은 날에는 아마미 오오시마가 보인다. 또한 융기 산호초로 형성되어 있어 하천은 없지만 생활수로 샘물 등이 이용된 것으로 보인다. 헤이세이(平成) 15년(2003)에 시작된 발굴조사에 의해 지금까지 고대～중세에 걸쳐 광범위하게 형성된 복합유적임이 판명되었다. 출토유물에 따라 8세기 후반～10세기, 11세기 후반～12세기, 13·14세기로 나눌 수 있다(喜界島敎育委員會,『城久遺跡群－山田中西遺跡Ⅰ』, 2006·『城久遺跡群－山田中西遺跡Ⅱ』, 2008).

고대에는 본토산의 토사기(하지키)나 스에키, 구운소금 운반용도로 쓰이는 조제항아리(燒鹽壺), 중국의 월주가마의 청자·백자도 출토되었다. 주목할 점은 이러한 출토유물의 양상이 고대의 다자이후(大宰府)관청을 중심으로 한 관아유적과 비슷하다는 사실이다. 반대로 카네쿠(兼久)식 토기라고 불리는 아마미제도 고대 병행기의 재지토기는 거의 출토되지 않았다. 즉 일상적인 생활도구에 지역색이 희박하다. 집기의 대부분이 외부로부터 직접 유입된 점을 감안하면 출토토기를 보는 한 다자이후에서 유입되었을 가능성이 있다. 다자이후 관청의 강한 관여를 추측할 수 있으며 다자이후가 남도를 지배하는 거점을 설치했을 가능성이 크다고 생각된다(池田榮史 編,『古代中世の境界領域－キカイガシマの世

界』, 高志書院, 2008년에 고대사·고고학적 입장에서 논의되고 있다).

단 관아의 특징인 대규모로 정연하게 배치된 건물 유적은 발견되지 않았지만 규칙성을 갖춘 대형건물의 존재는 그 지방의 일반취락과는 상당히 다른 경관을 지녔을 것이라 볼 수 있다. 지금까지 관아유적 연구에서는 말단 관아일수록 실태파악이 어려워 유적의 형태가 다양하게 나타났다. 구스크유적군의 경우도 거주기능과 직무기능의 분리의 정도, 지역의 건축양식, 지형적인 제약, 자재조달 상황 등을 감안하여 유적군에 대한 평가를 하게 될 것이다.

한편 구스크유적군을 구성하는 각 유적의 주체는 중세시대이며 12세기 전후에 최고조에 달한 시대가 있었다. 그 시대에는 소규모 掘立柱 건물이 다수 검출되고 있다. 주거 혹은 창고로 구성되는 취락유적으로 마에하타유적·오오우후(大ウフ)유적·코하네유적 등에서 鍛冶유적이 나타난다. 그 중에서 오오우후유적은 20기의 화로흔적이 집중되어 있는 점에서 전업화된 단야공방이 운영되고 있었다고 생각된다.

또한 분묘유구도 각 유적에서 발견되어 뼈를 태워 재매장한 묘(燒骨再葬墓)임이 판명되었다. 장식·헌납용으로 보이는 유리구슬, 카뮈야끼 소항아리와 중국제 백자완도 출토되고 있다. 추측하자면 분명 시신을 화장한 후 소골을 藏骨器에 넣어 이차적으로 再葬했을 것이다. 이러한 장례는 일본에서도 매우 드문 장례이며 남서제도에서도 이 정도로 발달한 장례의 예가 없기 때문에 해당시기에 일시적으로 나타난 특수한 장례라고 여겨진다(狹川, 「城遺跡群の中世墓」). 그 지방에 없는 특이한 묘장이 어느 지역의 영향을 반영하고 있는지를 밝히는 것이 피장자의 출신을 알 수 있는 유력한 단서가 될 것이라 주목된다.

한편 출토유물에 관해 놀라운 점은 중국도자·고려청자·고려도기라는 대륙계 유물과 돌냄비를 포함한 활석제품 등 큐슈 본토의 유물, 그리고 토쿠노시마에서 생산된 남도도질토기인 카뮈야끼가 대량출토된 점이다.

〈그림 2〉 키카이지마 구스크 유적군 출토 카뮈야키(『城久遺跡群Ⅱ』
喜界町埋藏文化財發掘調査報告書9, 喜界町教育委員會, 2008, 표지에서 전재)

고대의 출토유물을 통해 다자이후와의 관련성을 엿볼 수 있었던 것처럼 중세의 토기·도자기류는 하카타(博多)를 비롯한 북부 큐슈의 중세유적과 공통된 질·구성을 갖춘다. 특히 초기 고려청자와 고려도기가 상당량 출토된 것의 의의는 크다. 여기서는 전근대 한반도의 중세 고려와 류큐열도와의 관계를 밝히는 단서로서 고려청자와 고려도기, 그리고 토쿠노시마에서 발생한 카뮈야끼의 관계를 생각해 보고자 한다.

3. 고려도자기의 류큐열도 유입

【고려청자】

일본에서는 헤이안(平安) 시대 후기부터 중국도자기가 상층계급의 기호품으로 해외수입품에 대한 욕구를 충족시키는 물건이 되어 수요가 확대되었다. 헤이안쿄(平安京)의 유력귀족 저택에서 출토량이 증가한 사실이 이를 증명하고 있다. 11세기 후반에는 동지나해역에서 민간교역이 확대되어 중국도자기가 전국 각지에서 발견되었다. 큐슈의 대표적인 항구도시로 번창한 하카타에는 상당량의 백자가 유입되었다. 특히 완·접시 등 일상용의 식기류가 많이 출토되었으며 아울러 부엌에서 사용되는 항아리나 독 등 저장구도 많은 것이 특징이다. 다른 지역에서는 이러한 저장구로 국산 도기를 이용하는 경우가 많으나 하카타나 다자이후에서는 수입도자가 높은 비율을 차지한다. 이것은 외국산 도자기의 수입과 유통이 안정적으로 확보되어 있었기 때문일 것이다. 이러한 경향은 중세 전 시기를 통해서 일관되게 나타났다.

또한 여기서 다루는 고려도자도 하카타나 다자이후 등 큐슈의 유력도시로 유입되었다. 그 양은 중국도자에 비하면 매우 적다. 고려청자는 중국도자를 모방해 성립한 것으로 보이며 한국의 도자기연구에서는 9세기부터 11세기 초 사이에 성립되었다는 다양한 설이 있다. 다만 국내 소비뿐 아니라 수출까지 하게 된 것은 일본내의 출토상황으로 미루어 보아 11세기 후반 이후로 보인다.

일본에서 출토된 고려청자의 양상을 보면 획기적인 변화를 알 수 있다. 고려청자를 대표하는 상감청자가 성행하는 시기와 그 이전의 시기이다. 현재 성행 이전의 청자를 초기 고려청자라고 부르고 있다(山本信夫, 「日本における初期高麗靑磁について－大宰府出土品を中心として－」

『貿易陶磁研究』5호, 1985). 이 초기 고려청자는 헤이안쿄에서도 출토되었으며 다량 출토된 지역은 쓰시마(對馬)나 하카타, 그리고 다자이후 칸제온지(觀世音寺) 주변으로 대략 한정할 수 있다.

주된 기종은 중국의 월주가마 청자를 모방한 소형의 완과 그릇 등으로 문양이 없는 해무리굽이나 와코다이(輪高台, 역자주; 동심원형의 굽)를 이루는 사발이나 외부면에 연꽃을 깎아 만든 완이다. 이들은 광택이 도는 청록색 유약을 바른 우량품과 칙칙한 유약에다 거듭 구운 흔적이 남아 엉성하고 조잡한 것이 있다. 이 조악한 품질의 완은 한반도에서 청자의 수요가 높아지는 가운데, 주로 지방 관청이나 사찰 그리고 호족 등에게 공급하기 위해 양산된 것으로 11세기 후반부터 그 일부가 북부 큐슈에도 유통되어 12세기 중엽의 출토사례가 가장 많다.

류큐제도에서 고려청자가 출토된 것은 14세기 이후이다. 그 대부분이 상감청자로 圈文에 連珠文을 판 사발류가 출토되고 있다. 유적은 류큐왕성인 슈리성 성지와 우라소에구스크(浦添城)터·나키진구스크(今歸仁城)터 등 오키나와 본토의 대형 구스크가 대부분을 차지하고 있다. 그 중에서 우라소에구스크 터에서 13세기의 초기 고려기와가 대량 출토되고 있어서 고려의 瓦工이 관련되었다고 생각할 수 있다. 이러한 고려도자는 안지라고 불리는 영주층이 고려와의 교역을 독자적으로 전개한 결과라고 생각할 수 있다. 예를 들어 『高麗史』를 보면 中元 6년(1392)에 츄잔(中山)왕 삿토(察度)가 아들인 오우지(玉之, 관직명일 가능성이 높다)를 고려로 파견한 기사가 있듯이 이 단계부터 고려와의 교섭이 개시되었다고 여겨진다(東恩納寬惇,『東恩納寬惇全集 第三卷 黎明期の海外交通史』, 第一書房, 1969). 이러한 사정으로 인해 지금까지는 14세기 이후에 고려도자가 류큐열도에 유입되었다고 생각되어 왔으며 초기 고려청자는 유입되지 않았다는 것이 지금까지의 견해였다.

그러나 이후 키카이지마의 구스크 유적군에서는 야마다나카니시 유적·야마다한타 유적·마에하타 유적의 각 지점에서 초기 고려청자가 출토되었다. 사발의 체부 파편 자료가 많으며 담청색으로 발색한 우수품과 유약이 엉성한 조악한 자료가 각각 출토되고 있다. 중국제의 백자옥연완이 함께 출토하고 있다는 점에서 11세기 후반~12세기의 초기 고려청자임이 분명하다.

이는 류큐열도에서 첫 출토를 의미한다. 중국도자와 소량의 초기 고려청자가 출토된 사실은 류큐열도가 하카타·다자이후와 공통된 소비경향을 가지고 있었다는 것을 의미하며 교역 루트를 찾는 단서가 되고 있다.

【無釉陶器(高麗陶器)】

무유도기는 한국에서는 질그릇이라고 불리는 전통적인 도기로 알려져 있다. 중국의 灰陶에서 영향을 받아 삼국시대에 성립된 도질토기가 그 후에도 소성기술을 계승해 통일신라시대·고려시대·조선시대 그리고 현대까지도 계승되고 있다. 구릉 경사면에 만들어진 가마에 의한 고온도 소성으로 경질 회흑~청색을 기조로 완성된다. 일본의 스에키와 마찬가지로 흡수성이 없기 때문에 주로 저장용 용기로 이용되어 왔다. 무유도기이므로 도질토기의 범주에 들어갈 것 같지만 도석을 원료로 하지 않고, 약간의 흡수성도 인정되므로 도기라는 명칭을 사용하고 있다. 고려시대에 생산된 무유도기는 고려청자에 대응시켜, 편의적으로 고려도기로 불릴 때가 많다.

그런데 지금까지 알려져 있는 고려도기는 소형의 접시·사발·병류에서부터 대형의 대접·항아리·독류까지 약 25종류로 분류되는(尹龍二, 『高麗時代の陶器』, 延世大學校博物館, 1991) 등 기종도 많아 음식용부터 저장용까지 폭넓게 실용적인 일상용품으로서 유통되고 있다. 가장 많은 기형은 항아리류와 병류로 바닥이 평평한 신라도기 이래의 전통적인 기형에 11세기 이후에 새로 등장한 고려청자의 영향을 받아 그 기형을 베낀 것도 생산하게 되었다. 초기에는 소형품은 고려청자로 제작하고 대형 저장용 항아리는 고려도기로 만드는 경향이 나타나나 그 후에는 청자나 백자 혹은 유약을 바른 도기가 형태상으로 구별되지 않는다. 이 점과 관련하여 「신분과 생활에 따라 구별한 사용」(尹龍二, 『高麗時代の陶器』)이 지적된다. 고려도기는 사람들의 수요와 용도에 따라 다양한 기종이 제작되어 고려도자기의 생산과도 밀접하게 관련되어 발전했다는 사실을 알 수 있다.

고려도기가 일본에서 출토된 사례는 존재가 인지된 이후 조금씩 확인 사례가 증가하고 있다. 큐슈에서는 하카타나 다자이후·쓰시마 등의 유적에서 고려도기를 많이 볼 수 있다. 특징적인 것은 항아리류 즉 저장용의 기종으로 한정되어 있다는 것이다. 이는 저장운반하는 역할이 가장 컸기 때문이라고 생각된다. 즉 교역의 대상이 된 특산품 등의 그릇으로 사용되어 향료·약 혹은 항해에서의 휴대식량 운반구로서 선창에 반입되었다고 생각된다. 어떤 경우에는 그대로 소비지까지 운반하는 역할을 마친 후에도 사용되었다고 생각할 수 있다.

이와 같이 고려도기는 물품 운반을 위한 용기로 유입되었다는 추측이 맞는 것 같다. 그렇게 보면 고려도기는 말하자면 동아시아의 물류 네트워크를 뒷받침한 배후의 공로자라고도 말할 수 있다. 향후 한국 내에서 연구가 진행되면 생산지 특정이 가능해지고 어느 지방의 특산물 용기였는지 추측할 수 있게 될 것이다.

오키나와를 포함한 남도 일대에서는 토쿠노시마 민뚸키타브크(ミンツィキタブク) 유적·키카이지마 무코다(向田) 유적·오키나와 본토 이토수(糸洲) 구스크에서 3점이 출토된 사례가 있다(新里亮人, 「琉球列島における窯業生産の成立と展開」 『考古學研究』 196호, 2003). 두들기기 기법이나 덧띠형상, 그리고 태토의 특징에 따라 뒤에서 다룰 현지산 카뮈야끼와 구별할 수 있다. 도기표면의 두들긴 흔적을 보면 고려 후기의 특징과 흡사하다.

그리고 구스크유적군에서는 야마다 나카니시유적에서 29점의 상당한 양의 고려도기가 출토되었다. 모두 항아리 등 저장구 종류의 체부 파편이다. 기벽이 얇고 기면에 정성을 들인 타림질이 있으며 단면이 팥색을 띤다. 입자가 거의 없는 뛰어난 소지가 이용되는 등 고려 전기의 특징을 찾아볼 수 있다. 이것은 새로운 발견이었다. 초기 고려청자나 옥연의 백자완이 함께 출토되는 것으로 보아 11세기 후반~12세기 전반 무렵에 전해진 것으로 생각된다.

4. 오키나와열도와 고려·큐슈(하카타)의 교역 루트

오키나와열도에서 초기 고려청자와 오래된 고려도기가 출토된 것은 이것이 최초였다. 오키나와열도에서 고려도자가 출토된 시기와 큰 간격이 있다는 점은 중요한 의미를 지닌다. 과연 고려청자와 고려도기는 어떠한 경위로 키카이지마에 반입된 것인가.

우선 초기 고려청자는 큐슈본토의 하카타나 다자이후에서도 상인이나 관리 등 한정된 유력자 층과 관련된 유구에서만 출토하고 있다. 즉 교역품으로 광범위하게 유통되는 정도는 아니었다. 출토량도 적은 것으로 보아 하카타나 다자이후에서의 반입 과정과 비슷한 맥락에서 생각할 수 있다. 또한 남도에 거주한 영주층이 직접 고려와 접촉해 입수했다고는 생각하기 어렵다. 함께 나오는 하지키나 활석제 돌냄비와 같이 큐슈(하카타)의 상인이 반입했다고 생각하는 것이 타당성이 있다.

문헌에 따르면 918년에 고려가 성립한 후에도 일본과의 정치적인 관계는 긴박했을 것이다. 일본도 공식적인 해외도항이 금지되고 있었는데 11세기 중엽부터 양국의 관계는 호전된 것으로 보인다(森克己, 『新訂

日宋貿易の研究』, 國書刊行會, 1975). 『高麗史』에 따르면 일본의 사절이나 상인들의 고려 도항은 1056년부터 1089년까지 18회에 달한다. 그 중에는 쓰시마국출신이 많지만 하카타·다자이후, 그리고 사쓰마국의 이름도 보인다. 그들이 사절을 자칭하고 있으므로 조공무역의 형식을 취하고 있었음을 알 수 있고 다자이후 관할에 있었다고도 볼 수 있다. 이에 대해 고려 상인들의 도항기사는 적다. 고려도자기는 이 일본상인(사절)들의 동아시아 교역권을 무대로 한 활발한 활동에 따라 반입되었다고 말할 수 있다.

한편 11세기의 일본상인들이 취급한 상품은 『新猿樂記』를 통해 잘 알려져 있는데 상인 하치로 마히토(八郎眞人)는 남도의 「키가노시마(貴賀之嶋)」까지 가서 교역했다고 기록되어 있다. 그 중에서 남도산의 「야쿠가이(夜久貝, 역자주; 야코가이<夜光貝>와 같음)가 취급되고 있었던 것으로 보아 일본상인들은 적극적으로 남도에도 발길을 뻗치고 있었다고 보여진다. 이러한 사정으로 『高麗史』에 나타나는 쓰시마·이키(壹岐)·하카타 그리고 사쓰마 상인들로 연결된 큐슈 연안의 장원과 항구를 잇는 항로가 발달해 아마미지역으로의 접근이 많아졌을 것으로 예상된다.

『海東諸國紀』는 조선통신사의 일원이기도 한 조선왕조의 영의정 申叔舟가 편찬한 해동제국에 대한 연구서로 외교에 관한 실무서이다. 본서에는 일본본국·큐슈본토 및 쓰시마·이키 두 섬, 그리고 류큐국을 대상으로 한 그림지도가 수록되어 있다. 15세기 중엽의 일본·류큐의 역사·지리·풍속, 통교관계를 알 수 있는 중요한 사료이다.

이 그림지도는 인쇄물 중에서 가장 오래된 것이며 한반도로부터 큐슈, 류큐까지를 왕래한 당시의 바닷길을 시각적으로 보여주는 것이기도 하다.

「日本國西海道九州之圖」에는 큐슈 섬의 주위를 에워싸는 형태로 해로가 백선으로 표시되었으며(『해동제국기』 범례에 따르면 이 백선은 다

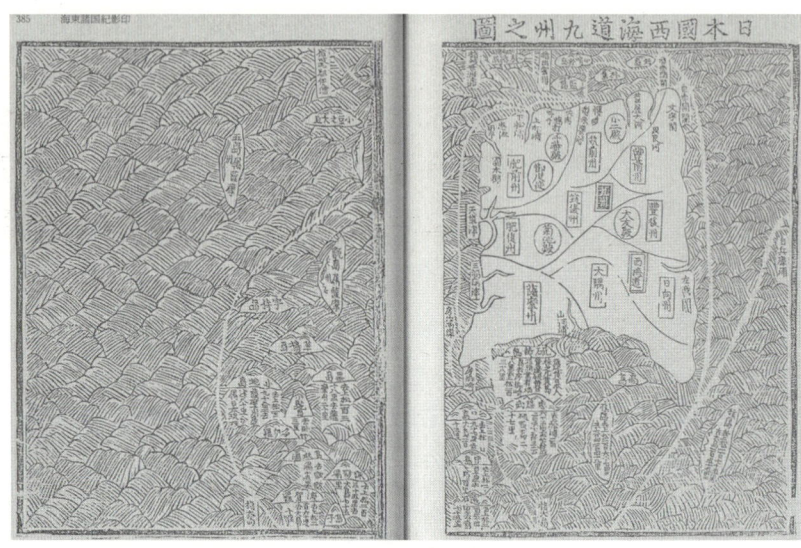

〈그림 3〉『海東諸國紀』「日本國西海道九州之圖」(岩波文庫판에서 전재)

시 그 위에 주홍색으로 색칠했다) 아울러 사쓰난(薩南)제도에 걸친 섬들이 그려져 있다. 해로는 한반도로부터 쓰시마·이키를 경유해 하카타와 히젠(肥前) 카미마쓰우라(上松浦)로 향하는 2개의 해로가 있다. 이러한 점으로 미루어 류큐국 해역으로 향하는 南島路는 히젠 카미마쓰우라를 기점으로 나타나지만 본래는 하카타를 기점으로 했다가 카미마쓰우라로 수정된 것으로 보인다(佐伯弘次,「『海東諸國記』の日本·琉球図と『琉球國図』」『九州史學』144호, 2005). 어쨌든 큐슈의 주요 항만을 잇는 항해 루트를 통해 한반도와 아마미(류큐)가 연결되고 있던 것은 분명하다.

한편 지도에 기록된 하천에 해당하는 가고시마현의 만노세가와(万之瀬川) 유역의 못타이마쓰(持體松)유적에서는 11세기 후반부터 13세기의 상당한 양의 중국도자나 국산도기·돌냄비 등이 출토되고 있다. 기종의 구성이 하카타 유적군과 매우 비슷한 것으로 살펴볼 때 해운거점이었을 것이라 보인다. 특히 카뮈야끼나 하류의 시라이토(白糸)유적에서는 야광

패 등의 류큐열도의 유적도 출토되는 등 오키나와 열도와의 교역을 나타
내는 유물도 출토되고 있다. 이러한 점들을 고려할 때 중세 큐슈～아마
미 간 해역에서 이루어진 교역의 모습과 매우 흡사하다는 점에서 『해동
제국기』에 기록된 항로는 참고가 된다.

5. 카뮈야끼와 고려도기

　근년의 이센쵸(伊仙町) 카뮈야끼 古窯跡群의 조사는 도질토기 연구에
있어서 획기적인 도움이 되었다. 남도도질토기의 생산유적이 파악되어
제작기술의 특징이나 기종구성이 제시되었다. 이러한 연구성과를 바탕으
로 카뮈야끼 요적군의 성립과 전개, 제품의 공급과 유통의 실태, 본토를
포함한 요업생산과의 관련성에 관해 전망할 수 있게 되었다.

　남도도질토기의 기종구성이나 편년, 기술적 계보나 연대에 관한 연구
가 크게 진전중이다. 카뮈야끼 고요적에서 출토한 도질토기는 사발, 대
접, 항아리·병, 독의 크게 4종류가 있으며 항아리류가 대다수를 차지하
고 있다. 항아리류는 경부가 좁고 체부가 부풀었으며 바닥은 평평한 것
으로 본토에서는 그다지 유례가 없는 강한 독자성이 특징이다. 본토에서
는 항아리옹기·절구가 주류인데 카뮈야끼 고요적에서 출토된 도질토기
중 절구는 지극히 적다. 또한 큰 독도 드물다. 이것은 본토의 중세 도기
에서는 찾아볼 수 없는 특징이다. 또한 경부에 파상문을 많이 사용하는
특징은 실로 한반도의 무유도기와 매우 흡사하다.

　지금까지 한반도산 무유도기에서 직접적인 계보를 찾는 방식(赤司善彦,
「德之島カムイヤキ古窯跡採集の南島陶質土器について」『九州歷史資料
館研究論集』241호, 1999)과 그 계보를 큐슈 히고(肥後)산 중세 스에키에서
찾는 방식(仙町敎育委員會,「カムイヤキ古窯跡群Ⅰ」『伊仙町埋藏文化財

發掘調查報告書』3집, 1985)이 있으며 최근에는 큐슈와 한반도 양쪽의 계
보까지 시야에 고려하는 방식도 있다(吉岡康暢,「南島の中世須惠器－中世
初期環東アジア海域の陶芸交流－」『國立歷史民俗博物館硏究報告』94집,
國立歷史民俗博物館, 2002).

그러면 여기서 고려도기와는 어떤 차이가 있는지에 대해 생각해 보고
자 한다.

우선 기종에 대해 생각해 보면 카뮈야끼에는 위에서 설명한 바와 같
이 사발, 대접, 항아리·독의 4기종이 있고 이를 기준으로 더 세분되고
있다. 고려도기의 경우는 이들 4기종에 접시, 시루 등을 추가하는데 무엇
보다 고려도자기나 금속기 등을 그대로 묘사한 풍부한 기형이 특징적이
다. 대표적인 것으로는 참외모양병을 포함한 매병이나 각병, 물주전자,
편병, 장군 그리고 독(장독) 등이 있다. 이들은 일상생활 속에서 술, 물,
백미, 과일 등의 저장용으로 사용된 것 이외에도 의식이나 납골용기로도
사용되고 있었다. 따라서 카뮈야끼의 용도는 사치품이라기보다 널리 일
상용기로 이용된 도기로 생각된다. 또한 카뮈야끼 사발은 옥연구연(玉緣
口緣)을 이루는 중국제 백자를 따라 만든 것이 분명하며 고려도기를 그
대로 표본으로 한 것은 아니다.

한편 신자토 아키토(新里亮人)씨에 따르면 기종의 생산은 수입도자기
와 보완관계에 있다. 13세기 이후에 중국 도자기를 대량으로 수입하게
되면서 카뮈야끼 사발이 유통되지 않았기 때문에 생산이 중지되었다고
본다. 또한 중국 남부의 갈유도기(褐釉陶器)가 13세기 전후에 유입되면
서 일시적으로 항아리 생산이 감소하고 대접이 증가하는 경향이 있었다
고 한다(新里,「琉球列島における窯業生產の成立と展開」『考古學硏究』
196호, 2003).

다음으로 제작기술면에서는 두드려서 단단해진 점토 원반의 하부에
점토끈을 쌓아올리고 두들겨 형태를 만든 후 꼼꼼한 타림질을 하는 일련

의 기술은 기본적으로 같다. 특히 두들긴 자국이나 물레로 조정한 자국을 시각적 효과로서 의식하는 점도 같다. 다만 일부 고려도기에 존재하는 외부의 주걱 연마자국과 내면의 튀어나온 찰과 흔적은 현단계에서는 카뮈야끼 요적 출토도기에는 나타나지 않은 듯 하다. 또한 도기의 겉장식에서는 주걱으로 그린 동일한 파상문은 존재하나 카뮈야끼 요적 출토도기에는 동부의 덧띠는 보이지 않는다.

소성기술을 살펴보면 카뮈야끼는 도기 두께가 얇고 단면이 팥색을 띤다. 이를 보면 소성방법이 산화염으로 시작해 마지막에 환원염소성으로 구웠다는 것을 알 수 있다. 이 점도 고려도기에 보이는 소성기법의 특징과 같다. 다만 고려도기가 두께가 균일하며 얇아 보다 꼼꼼하게 마무리를 한 인상을 받는다.

또한 카뮈야끼 태토에는 많은 경우 백색입자가 혼입되어 있다는 점도 구별 포인트가 된다. 태토분석에 따르면 칼슘과 스트론튬, 그리고 철분이 많이 포함된다고 한다(三辻利一, 「德之島カムイヤキ古窯跡群出土陶器の化學的特性」 「カムイヤキ古窯跡群Ⅲ」 『伊仙町埋藏文化財發掘調査報告書』, 伊仙町敎育委員會, 2005). 칼슘은 석회암지대에 유래하며 이것이 많이 포함되면 녹는 점이 내려가 양질의 도기가 완성되지 않는다고 한다.

가마의 형태에 관하여 살펴 보면 카뮈야끼 고요적의 가마는 지면을 둥글게 파내어 뚫은 3.6~8.4m 길이의 지하식 통굴가마이며 아궁이가 좁은 무화과 모양의 독특한 평면형을 이루고 있다.

고려도기 가마의 경우 발굴사례가 적지만 한국에는 서해안에 아궁이가 좁은 가마가 많이 분포하고 있는 듯 하다. 예를 들면 충남 서산시 무장리 가마에서는 아궁이가 좁고 윗부분이 타원형으로 퍼진 평면형태의 요적이 3기 조사되었다. 카뮈야끼 고요적의 가마는 연소부로부터 연도(煙道)까지 거의 같은 경사로 이어지고 있는데 무장리에서는 연소부와 연도부 경계에 층계가 설치되고 있다는 점에 차이가 있지만 평면형상은 아주 비슷하다.

카뮈야끼는 도자기 형태, 구연부 형태, 성형·조정기법, 장식문양, 소성방법을 살펴볼 때 고려의 무유도기 제작기술과 깊은 관계가 있는 것이 분명하며 카뮈야끼 가마가 만들어 질 때 고려도기의 제작기술이 직접 전해졌을 가능성이 높다고 생각된다.

6. 맺음말

당삼채를 모방해 나라삼채(奈良三彩)가 생산되고 월주가마 청자를 표본으로 녹유도기가 생산된 것과 같이 희소가치가 높은 해외의 도자기를 수입한 지역에서는 그 도자기를 모방하여 생산을 시작하는 경우가 많다. 류큐열도를 중심으로 유통된 카뮈야끼도 고려도기의 제작기술이 수용되어 만들어졌다. 다만 고려도기의 경우에는 본래가 일상생활과 밀접한 도기라는 점에서 성격이 중국 도자기와는 다르다. 고려도기는 도자기와 모방품간 사회적 입지를 보완하는 관계도 있으나 단순한 대체상품으로서 수용된 것은 아니었다는 점이 카뮈야끼의 특징이라 할 수 있다. 필연적으로 이 용기에 저장된 물건 혹은 이를 사용하는 여러 의식 및 생활양식, 교역수단 등도 수용되었다. 고려도기를 키카이지마 구스크유적군의 분묘유구에 공물로 바치는 용도로 쓰인 사실은 이러한 사실을 밝히는 실마리로 향후 더욱 중요해질 것으로 생각되며 류큐열도에 준 최초의 영향력이라 생각된다.

또한, 활석제 돌냄비를 모방해 제작된 구스크토기나 활석혼입토기도 같은 맥락에서 생각할 수 있다. 활석을 혼입하는 것에 어떠한 의미가 있는가. 류큐남만(琉球南蛮)을 추구하는 작가 마쓰시마 쵸기(松島朝義)씨는 오키나와의 도토는 칼슘분이 많아 내화성이 부족하고 불에 올리면 깨져 버린다고 했다. 이는 카뮈야끼 태토분석에서도 서술한 점으로 되도록 칼슘이 섞이지 않는 점토를 채집하는 것이 카뮈야끼 생산을 위해 중요했다. 불에 대한 이러한 약점은 내화성이 높은 활석을 혼입하여 해결할 수 있었다고 생각할 수 있다. 그리고 취사가능한 조리도구를 비교적 염가로 입수할 수 있게 되었다고도 추정할 수 있다.

고려도기와 돌냄비가 미친 영향은 생활 스타일을 바꾼 것이 아닐까. 수도(水稻) 수용과 아울러 역사적인 의미를 생각해 볼 필요가 있다. 예를 들어 자동차도 수입차를 소유하는 것이 부와 권력의 상징이었다. 자동차가 국산화된 오늘날에도 고급차가 사회적으로 높은 신분의 상징인 점을 부정하는 것은 아니나 서민에게도 자동차가 없는 생활은 생각할 수 없는 것과 마찬가지다. 구스크유적군에서의 대량의 고려도기와 대량의 돌냄비 파편의 발굴이 뜻하는 역사적 의의는 크다고 할 수 있다.

Ⅱ. 高麗寫經의 재료·제작기법에 관한 연구시론*

후지타 레이오(藤田勵夫) / 시가 사토시(志賀智史)**

1. 머리말

高麗寫經은 金字나 銀字로 書寫된 裝飾經이 대다수를 차지하고 있다. 일본에서도 많은 紺紙金字經이나 銀字經, 혹은 金銀字交書經이 서사되었는데, 고려사경은 일본의 장식경과는 차이가 있고 눈에 띄는 특징을 갖추어 있어 이러한 유품은 쉽게 구별할 수 있다. 그 특징은 표지나 세밀

* 본론의 집필은 2-⑥을 시가가, 그 외는 후지타가 담당했다.
본 연구는 2006년도에 실시한 재단법인 폴라(ポーラ) 미술재단 조성연구「고려경의 형태 및 재료·제작기법에 관한 연구(高麗経の形態および材料·製作技法に關する硏究)」의 성과의 일부이다. 조사에 협력해 주신 죠토꾸지(常德寺), 묘켄지(妙顯寺), 동국대학교 박물관, 曹溪寺, 廣德寺의 각 문화재 소유자, 및 鄭于澤 선생님, 朴智善 선생님, 타나카 준이치로(田中淳一郎)씨, 지누시 토모히꼬(地主智彦)씨에게 진심으로 감사의 말씀을 전하고 싶다. 또한, 이 연구는 연구 대표자로 후지타를, 공동 연구자로 집필자인 시가 이외에 스즈키 유타카(鈴木裕), 오가타 토모미(緒方知美), 하타 야스노리(畑靖紀), 요다 나오미(依田尙美)가 참가했다. 또한 조사결과 집계는 후쿠하라 나미카(福原凡香), 마츠오 카오루(松尾かをる)의 도움을 받았다.
** 九州國立博物館 / 九州國立博物館

한 속표지의 그림, 본문의 글자만뿐만이 아니라 裝訂과 料紙 등에도 찾아볼 수 있다.

본 연구는 재료나 제작기법을 조사하여, 역사적·미술사적 연구의 기초자료로 삼기 위해 고려경의 특징을 파악하고 이를 수치로 나타내는 것을 시도한 것이다. 다만, 조사방법 선택에 있어서는 아직 시행착오의 단계이며, 조사 건수도 부족하기 때문에 전체적인 특징을 망라한 것은 아니다. 그 때문에 이 보고는 1년간 실시할 수 있었던 조사의 소괄로 평가하고, 장래의 조사수법 등의 발전을 위해 이바지하려는 것이다.

2. 조사 대상으로 한 高麗寫經

조사를 실시한 고려사경은 다음의 9점이다. 이하 개요를 적는다.

(1) 죠토꾸지(常德寺, 京都市 北區) 소장 紺紙銀字妙法蓮華經 6帖

7卷本의 妙法蓮華經이며 권 제5가 빠져 있다. 折本裝(역자주; 두루마리를 일정한 폭으로 접고 앞표지와 뒤표지에 뚜꺼운 표지를 붙여 轉讀하기 쉽게 만든 것)으로, 모두 紺紙銀泥寶相華의 原表紙와 首尾題(역자주; 경전의 시작과 마지막 부분에 있는 경전의 제목)가 있다. 面紙에는 寶殿內釋迦說法의 變相圖가 그려져 있다. 권 제7 말미의 발문에 따르면, 天曆 2년(1329) 7월, 忠肅王과 조상 및 부부 일문 眷屬을 위해 鄭楫과 부인 羅氏가 발원 서사한 것이다.

(2) 죠토꾸지(常德寺, 京都市 北區) 소장 白紙金字妙法蓮華經 5帖

7권본의 묘법연화경으로, 권 제4와 6이 빠져 있다. 절본장으로, 紺紙金銀泥寶相華文의 원표지가 있다. 면지에는 金泥로 法華變相圖가 그려져 있다. 본문 料紙는 백지에 金界(역자주; 금색으로 그은 괘선)가 그어져 있다. 至正 9년(1369) 3월, 前千牛衛護軍 林祐 등이 발원하여 서사한 것이다(財団法人京都府 文化財保護基金, 『京都の美術工芸 京都市內編 上』).

(3) 묘켄지(妙顯寺, 京都市 上京區) 소장 紺紙金字妙法蓮華經 7帖

7권본의 묘법연화경. 절본장으로, 紺紙金銀泥寶相華唐草文의 원표지가 있다. 면지에는 願文이 있고, 이어서 금니로 법화변상도가 그려져 있다. 원문에 따르면, 至元 5년(1339)에 亞中大夫金王府達魯花赤郭木的立이 황제 일족의 장수를 기원하여 발원 서사한 것이다. 고려사경의 특징을 갖추고 있는데, 발문을 통해 元에서 書寫되었을 가능성도 있다. 京都府指定.

(4) 묘켄지(妙顯寺, 京都市 上京區) 소장 白紙金字妙法蓮華經 7帖

7권본의 묘법연화경. 절본장으로, 감지금은니보상화당초문의 원표지가 있다. 면지에는 금니로 법화변상도가 그려져 있다. 권 제1 발문에 따르면, 至正 25년(1365) 8월에 발원 서사된 것이다. 京都府指定.

(5) 동국대학교(서울) 소장 紺紙銀字菩薩善戒經卷第8 1卷

두루마리로, 표지와 면지는 거의 없어지고 있다. 축과 軸首(역자주; 축 양 끝을 장식하는 壯嚴具)도 없다. 발문에 따르면, 至元 17년(1351)에 고려국왕이 발원 서서 한 대장경의 하나이다. 第3紙 뒷면에 붉은 글씨로 「張莫石 陽城德山奉祥 李貴山 米三斗」라고 써 있다. 보물 740호.

(6) 동국대학교(서울) 소장 紺紙銀字大方廣佛華嚴經 卷第12·16·40·41 4帖

60권본의 大方廣佛華嚴經 중 4권, 절본장으로, 감지금은니보상화당초문의 원표지가 있는 권도 있다. 권 제41만 면지를 남기고 있고, 神將像

이 그려져 있다. 권16·40의 발문에 따르면 泰定 원년(1324) 8월부터 12월에 걸쳐 寓金生에 의해 발원 서사된 것이다.

(7) 동국대학교(서울) 소장 橡紙銀字妙法蓮華經卷5 1帖

7권본의 묘법연화경. 표지와 면지는 없다. 절본장으로 연한 갈색 요지에 銀界를 긋고 銀字로 본문을 서사하였다. 廣德寺(충청남도 천안) 소장(曹溪寺 보관)의 권 제4의 僚卷으로 추측된다. 보물 390호.

(8) 廣德寺(충청남도 천안) 소장 曹溪寺(서울) 보관 橡紙銀字妙法蓮華經卷第四 一帖

(7)의 요권으로 추정된다. 절본장으로, 감지금은니보상화당초문의 원표지가 있다. 면지에는 금니로 법화변상도가 그려져 있고, 요지에 은계를 그어 은자로 본문을 서사하고 있다. 보물 390호.

(9) 광덕사(충청남도 천안) 소장 조계사(서울) 보관 橡紙銀字妙法蓮華經卷第4 1帖

7권본의 묘법연화경. 절본장으로, 감지금은니보상화당초문의 원표지가 있다. 면지에는 금니로 법화변상도가 그려져 있고, 요지에 금계를 그어 은자로 본문을 서사하였다. 보물 390호.

3. 조사방법과 그 결과

조사에서는 우선 目視를 중시하여 형태, 종이 질감, 글자, 면지 그림 등을 관찰하였다. 요지에 대해서는 세로·가로·두께, 종이색, 透過光 관찰, 단면의 관찰, 현미경 관찰을 실시하였다. 그리고 조사결과를 기초로 한지를 손으로 떠서 복원제작을 시도했다. 형광 X선으로 요지·금은니· 채색의 조사를 실시하였다. 그리고 계량과 사진 촬영을 실시하였다.

① 요지의 크기와 두께 치수 재기

요지는 一紙마다 계측하였다. 고려경은 종이 이음매 부분의 폭이 넓기 때문에 이 이음매를 포함할지 안할지에 따라 차이가 크게 난다. 일람에 나타난 一紙長은 종이 이음매를 포함시킨 길이이다. 經典全長은 종이 이음매를 포함하지 않은 경전의 전체 길이. 全紙長 합계는 종이 이음매를 포함한 全料紙의 길이의 합계이다. 전지장 합계에 요지 세로의 길이를 곱하면 본지 요지의 면적을 낼 수 있다.

크기는 일반적으로 일본에서 헤이안(平安) 말기를 중심으로 다수 작성된 紺紙金·銀字經보다 크고, 세로 길이는 가장 작은 (1)죠토꾸지 소장 紺紙銀字妙法蓮華經(이하 앞에서 설명한 번호로 경전을 나타낸다)이라도 30cm 정도이며, 그 외는 모두 30cm를 넘는 크기이다. 그 중에서도 (4)는 36.7~8에도 달한다. 一紙 가로 길이도 60cm를 넘고 (4)와 (9)는 90cm를 넘는다.

두께는 권 하나에서 2紙 이상을 골라 종이의 주위 각 6개소를 계측하여 평균치를 냈다. 0.12mm로부터 0.27mm 사이에 들어가는 것이 많지만, 같은 경권 중에서도 종이에 따라 0.1mm 이상 수치에 차이가 나는 경우도 있다. 0.1mm 전후의 두께를 보이는 일본의 감지금·은자경과 비교해서 두껍다.

② 계량

계량은 복원요지 작성을 위해 종이 밀도를 내는 것을 목적으로 실시하였다. (4)에서는 각 권 모두 1kg을 넘었다. 다만, 각 권 모두 본문 요지

만이 아니라 표지의 무게를 포함하지 않을 수밖에 없었다. (6)의 권 제12
는 표지가 떨어져 있었으므로, 표지만의 무게를 계량할 수 있었다. 14g이
었다.

③ 透過光 관찰

요지의 섬유 상태를 관찰하기 위해 라이트 박스를 이용해 투과광으로
관찰하였다.

(1)은 거의 투과하지 않지만, 권 제7의 第10紙와 같이 잘 투과하는 요
지도 섞여 있다. (3)·(5)·(6)도 마찬가지로 거의 투과하지 않는 요지가 많
다. 이들은 모두 紺紙이며, 다른 색의 요지와 비교해서 특별히 두꺼운 것
은 아니기 때문에, 진한 색의 요지는 투과하기 어렵다고 할 수 있다.

(2)·(4)의 백지와 (7)~(9)의 橡色은 요지에 따라 차이는 있지만 빛을
잘 투과하였다. 섬유는 균일하고 짧게 절단되어 있는 것 같다(사진 1).

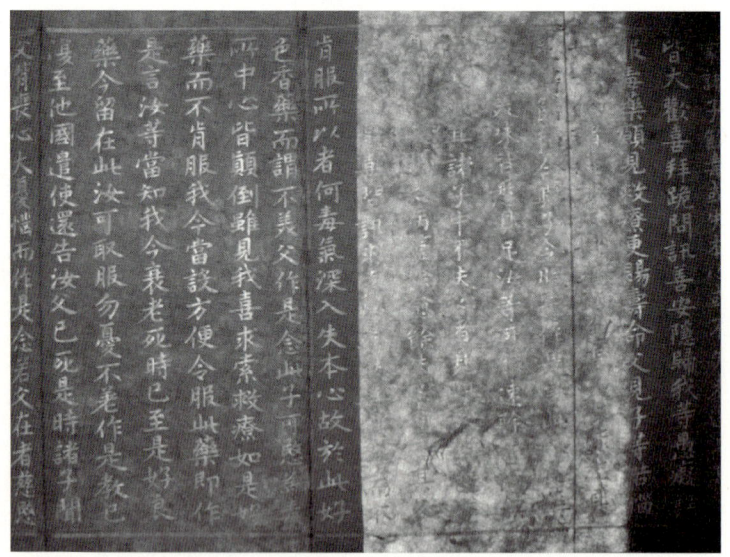

〈사진 1〉 (七)卷第五

④ 종이 색의 계측

종이색 계측은 칼라 차트와 측색계를 병용할 예정이었으나, 칼라 차트의 색표본은 광택이 있어 경전 요지와 비교하는데 적당하지 않아 비교 검토에 많은 시간을 필요로 하기 때문에 측색계에 의한 계측만으로 변경하였다. 눈으로도 같은 한 권에 붙여 이어진 요지에 색 차이를 확인할 수 있었다. 계측에서도 수치의 차이가 확인되었는데, 보기의 차이와 수치의 대응관계에 대해서는 현 단계에서는 보류하기로 한다.

橡紙라고 하는 요지 (7)～(9)의 염료에 대해서는 정설이 없다. 橡은 도토리 등 열매를 말하는데, 종이 색은 균일하지 않아, 같은 권 중에서도 갈색, 연한 분홍색, 보라색 등으로 달라 보인다. (8)에서는 종이 뒷면에 귀얄로 바른 자국이 보이므로, 귀얄로 염색한 가능성이 있다.

⑤ 현미경에 의한 관찰

요지 표면을 100배의 斜光線으로 관찰하였다(사진 2). 섬유가 잘 죄이고 있고, 종이 표면은 아주 평활하고, 금은니도 잘 먹어, 번지거나 비백이 지거나 하는 부분이 거의 보이지 않으므로 打紙加工 되어 있는 것으로 추정할 수 있다. 섬유가 긴 것으로 보아 아마 닥나무(楮)일 것이다. 먼지 등도 확인할 수 없으므로 잘 정제된 원료를 사용한 것 같다.

요지 단면을 200배로 관찰한 바, 적어도 4층 이상의 층으로 나누어져 있는 것을 알 수 있었다(사진 3). 손으로 뜬 한지는 세로가 긴 틀을 사용하기 때문에 종이 두께가 균일하게 되지 않으므로, 적어도 2장 이상의 종이를 紙床에서 겹쳐 합치고 있다. 경전 요지는 두껍기 때문에, 더 많은 종이를 겹쳐 합쳐서 한 장으로 만들었을 가능성이 있다.

〈사진 2〉 (六)卷第一二

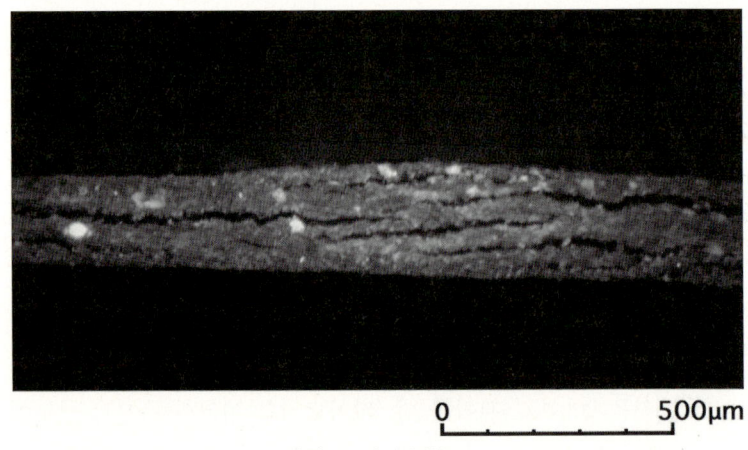

〈사진 3〉 (六)卷第四一

⑥ 형광 X선 분석

이번 측정에서 사용한 기기는 (株)日本電子의 α4200이다. 무게
1.6kg의 銃形으로, 전원은 배터리 구동이므로 운반하는데 간편하고 옥

외에서도 조사가 가능하다. 측정조건은 管球: 탄탈(Ta), 전류: 40KV, 전압: 15μA, 측정경: 직경 약 5mm, 자료와의 거리: 5mm 전후, 측정시간: 60초, 검출기: 전자냉각형 SiPiN 다이오드, 측정가능 원소: 마그네슘(Mg)~우라늄(U), 손으로 들고 측정하였다. 또한, 이 기기에서는 종이나 유기염료의 주성분인 탄소(C)나 질소(N), 산소(O) 등의 경원소는 측정할 수 없다. 여기서는 요지, 금은니, 채색의 3가지에 대해 측정결과를 보고한다.

【料紙】

감지 4개소, 백지 2개소의 합계 6개소를 측정했다.

모든 자료로부터 칼슘(Ca)이나 철(Fe)이 검출되었다. 특히 감지의 양 원소는 백지의 그것보다 높은 피크였다. 특징 있는 스펙트럼을 그림 1 a에 나타낸다. 백지에 포함되는 칼슘이 종이를 떴을 때에 혼합된 것이면, 감지에서 더 많이 검출된 칼슘은 종이를 뜬 후, 염색 시에 이용된 媒染劑의 성분일 가능성이 있다. 철도 일부는 매염제 성분일 가능성이 있다.

橡紙는 요지만으로는 측정하지 않았지만, 금은니를 측정한 경우에 요지도 동시에 측정하였다. 이에 따르면, 미량이지만 칼슘과 철이 검출되었다.

【金銀泥】

표지, 면지그림, 글자, 뒤표지의 52개소를 측정했다.

금색으로 보이는 부분에서는 금(Au)이, 은색에서는 은(Ag)이 검출되었다. 다만, 앞표지와 뒤표지에서는 금은니의 가는 선이 밀집하고 있기 때문에, 각 측정 개소에서 금은의 높은 피크가 확인되었다.

글자와 면지그림에서는, 금은니를 각각 單體로 측정할 수 있었다.

스펙트럼의 일부를 그림 1 c~g에 나타낸다. 금니는 미량의 금을 주성분으로 하고 미량의 은과 동(Cu)을 포함하고 있다. 그 외에 칼슘이나 철도 검출되었는데, 요지나 매염제 등에 포함되는 성분일 것이다. 금의 함유량을 조사하기 위해 비교자료로서 표준자료를 동일 기기, 동일 조건으로 측정했는데, 그림 1 h의 금 90.0wt%, 은 4.92wt%, 동 5.13wt%의 금합금에 비교적 가까운 스펙트럼이었다. 더 이상 동의 함유율이 낮은 표준자료는 측정하지 않았지만, 금니 중의 동의 피크는 더 낮기 때문에, 금의 함유율은 보다 높아질 것으로 생각된다.

은니에는 미량의 금과 동을 포함하고 있다. 은의 표준자료는 충분히 측정하지 않았지만, 피크의 높이로부터 생각해 볼 때 은의 함유율은 90% 이상일 것이다. 따라서 금은니는 모두 90% 이상의 고순도의 것이었다고 생각할 수 있다.

【彩色】

(三)卷第五의 묘켄지 소장 묘법연화경 권 제5의 면지그림 일부에는 파란색과 빨간색의 채색이 확인되었다. 전자에서는 동(Cu)이 검출되었으므로, 藍銅鑛 등 銅系 청색안료가 이용된 것으로 생각된다. 후자에 대해서는 미량이었기 때문인지 빨간색에 유래한다고 생각되는 원소가 검출되지 않았다.

그 밖에 각 측정개소에서 브롬(Br)이 검출된 것이 있었다. 이것은 燻蒸가스로서 이용되는 브롬화 메틸의 잔류가 아닐까 생각된다.

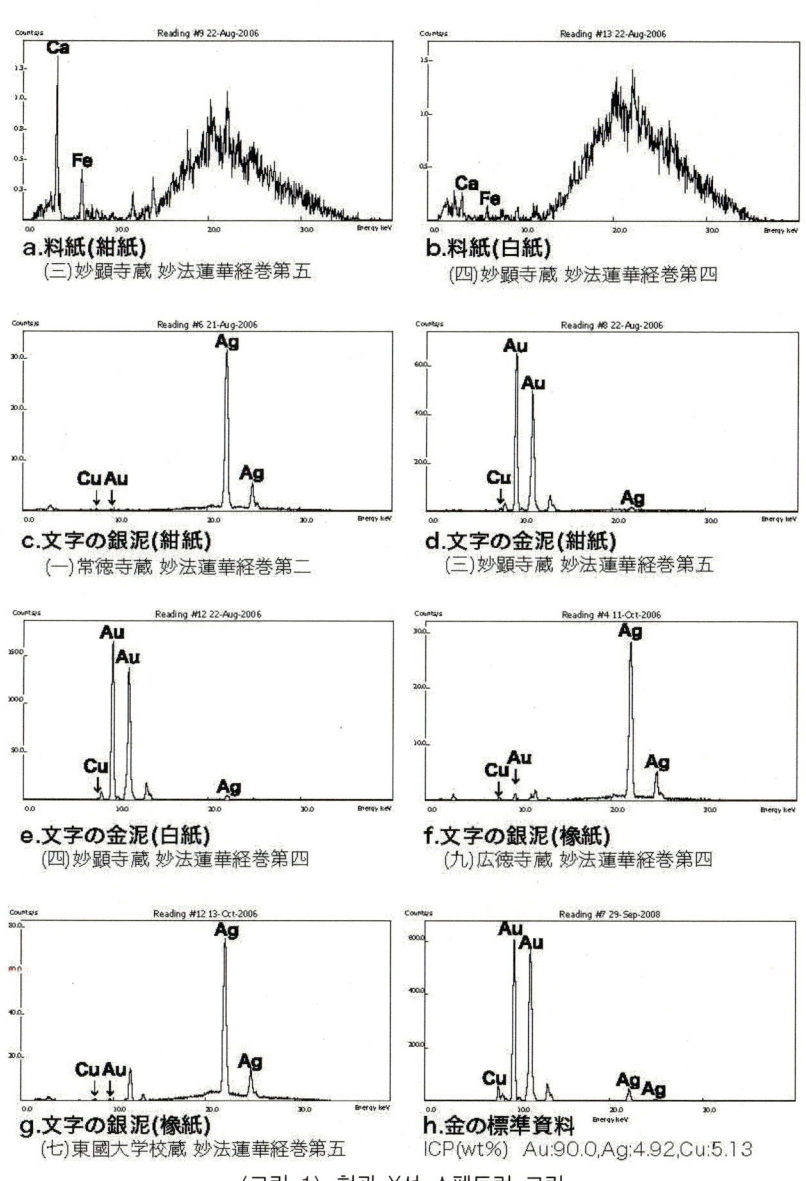

a.料紙(紺紙)
(三)妙顯寺蔵 妙法蓮華経巻第五

b.料紙(白紙)
(四)妙顯寺蔵 妙法蓮華経巻第四

c.文字の銀泥(紺紙)
(一)常德寺蔵 妙法蓮華経巻第二

d.文字の金泥(紺紙)
(三)妙顯寺蔵 妙法蓮華経巻第五

e.文字の金泥(白紙)
(四)妙顯寺蔵 妙法蓮華経巻第四

f.文字の銀泥(橡紙)
(九)広德寺蔵 妙法蓮華経巻第四

g.文字の銀泥(橡紙)
(七)東國大学校蔵 妙法蓮華経巻第五

h.金の標準資料
ICP(wt%) Au:90.0,Ag:4.92,Cu:5.13

〈그림 1〉 형광 X선 스펙트럼 그림

⑦ 요지 복원 제작

전통기술로 손으로 한지를 뜨고 계시는 申鉉世씨에게 요지 복원제작을 의뢰했다. (6)의 권 제12는 표지가 벗겨졌기 때문에 본문 요지만의 무게를 추정할 수 있으므로, 이를 참고로 제작했다. 본지의 면적은 26,886평방cm (세로 길이×全紙長 합계)로, 二三判(2尺×3尺. 역자주; 60.6cm×90.9cm)의 종이로 환산하면 4.88장 분이 된다. 본문 요지의 무게가 413g이므로, 二三判으로 한 장당 84.6g(22.5匁. 역자주; 1匁은 3.75g)의 종이와 같은 밀도가 된다.

이 종이를 뜨기 위한 공정은 다음과 같다. 참고에 기록해 둔다.

한 장의 요지 제작을 위해 8번 종이를 떠서 지상에서 합친다. → 대나무 2개로 끼워 매달아 말린다. → 30장 겹쳐서 기계로 打紙(역자주; 뜬 종이를 방망이 등으로 두드려 섬유 밀도를 높이는 공정)한다(3번 반복했다). → 물을 적신다. → 종이를 뜬 지 4일째에 5장씩 겹쳐 다시 타지한다.

⑧ 기타

금은니의 글자를 잘 관찰한 결과, 요지를 닦은 흔적을 확인할 수 있었다(사진 4). 일본의 寫經과 같이 글자를 쓰고 나서 가공했음을 알 수 있다.

4. 결론

조사 방법에 대해서는 시행착오의 단계이며, 조사 건수도 적기 때문에 결론을 내기가 주저되지만, 요지는 크고 두꺼우며, 재료는 잘 조정되고, 타지 등 꼼꼼한 가공도 가해진 것을 확인할 수 있었다.

향후 조사 건수를 늘려 보다 많은 데이터를 수집하고자 한다.

〈사진 4〉(六)卷第一二

高麗経調査データ一覧

1 常徳年(日本) 紺紙銀字妙法蓮華経 高麗時代・天暦7年(1329)

通番	年紀	界線 天地	界線 縦	見返絵	千字文 文字	表紙長(cm) 縦	表紙長(cm) 横	本紙縦長(cm) 経曲全長	第1紙/第11紙/第21紙	第2紙/第12紙/第22紙	第3紙/第13紙/第23紙	第4紙/第14紙/第24紙	第5紙/第15紙/第25紙	第6紙/第16紙/第26紙	第7紙/第17紙	第8紙/第18紙	第9紙/第19紙	第10紙/第20紙/全紙長合計	界高(cm) 10行幅	上欄長/下欄長(cm)	1紙折数/1行	1紙行数/1行字数	調定紙	平均厚(cm)	重量(g) 縦×全紙長合計/重量
1	一	金	金	金	無	29.3	10.4	29.3	41.2	64.4	64.4	64.3	64.3	64.5	64.2	64.3	53.6	64.5	18.6	5.8	3	36	第1紙	0.318	511
		金	金	無	無	10.4			64.5	64.5	63.6	64.0	64.1	63.7	63.6	44.0	63.9	1,101.7	17.2	5.8	12	17	第2紙	0.213	0.0158
2	二	金	金	金	無	29.4	10.3	29.4	41.2	64.2	63.9	63.6	64.1	63.6	63.7	64.0	63.9	53.8	18.7	5.9	3	36	第3紙	0.224	510
		金	金	無	無	10.3			63.7	63.8	63.6	63.7	64.1	63.8	64.1	52.3	22.4	1,127.2	17.1	4.7	12	17	第15紙	0.166	0.0154
3	三	金	金	金	無	29.4	10.3	29.4	41.2	63.8	63.4	63.4	63.8	63.2	63.8	63.3	63.5	53.3	18.8	5.9	3	36	第6紙	0.183	605
		金	金	無	無	10.3			63.6	63.4	62.8	63.8	63.9	63.4	64.4	54.7		1,102.7	16.9	4.7	12	17	第2紙	0.209	0.0187
4	四	金	金	金	無	29.3	10.3	29.3	41.2	63.1	63.5	63.6	63.7	63.7	63.8	63.9	63.6	63.4	18.7	6.0	3	36	第2紙	0.161	530
		金	無	無	無	10.3			53.1	64.1		63.6	63.7	63.2	63.7	63.9	63.6	63.6	16.9	4.8	12	17	不明	0.215	0.0137
									63.4	12.7								1,315.6							
5	六	金	金	金	有	29.3	10.2	29.3	41.1	64.3	64.0	63.9	64.0	64.2	64.3	64.1	63.9	63.9	18.1	6.0	3	36	第3紙	0.162	534
		金	金	無	無	10.2			63.6	63.7	63.3	63.7	63.6	64.1	64.0	63.6	12.9	53.2	17.0	4.7	12	17	第11紙	0.158	0.0161
																		1,129.5							
6	七	金	金	金	無	29.3	10.3	29.3	41.3	63.7	64.3	64.3	64.3	64.1	64.0	53.5	63.8	63.9	18.6	5.9	3	36	第3紙	0.202	467
		銀	無	無	無	10.3			63.8	64.0	63.7	63.9	64.5	63.8	53.8			1,044.7	20.6	4.7	12	17	第5紙	0.196	0.0153

2 常徳年(日本) 白紙銀字妙法蓮華経 高麗時代・至正29年(1369)

通番	年紀	界線 天地	界線 縦	見返絵	千字文 文字	表紙長(cm) 縦	表紙長(cm) 横	本紙縦長(cm) 経曲全長	第1紙/第11紙/第21紙	第2紙/第12紙/第22紙	第3紙/第13紙/第23紙	第4紙/第14紙/第24紙	第5紙/第15紙/第25紙	第6紙/第16紙/第26紙	第7紙/第17紙	第8紙/第18紙	第9紙/第19紙	第10紙/第20紙/全紙長合計	界高(cm) 10行幅	上欄長/下欄長(cm)	1紙折数/1行	1紙行数/1行字数	調定紙	平均厚(cm)	重量(g) 縦×全紙長合計/重量
7	一	金	金	金	無	32.7	11.7	32.8	46.5	62.0	61.7	62.0	62.7	62.5	63.0	62.3	62.5	62.7	20.5	6.9	3	30	第3紙	0.154	587
		金	金	無	無	11.7			62.3	63.2	63.3	63.0	61.8	62.7	62.2	62.5	62.3	62.5	19.0	5.4	12	17	第22紙	0.126	0.0130
									62.5	41.0	35.5							1,372.7							
8	二	金	金	金	無	32.7	11.8	32.7	47.0	62.6	62.5	62.5	62.1	62.0	62.3	62.6	62.3	62.4	23.0	6.8	3	30	第2紙	0.160	605
		金	無	無	無	11.8			62.3	62.6	15.8	61.2	25.8	25.8	62.0	62.7	61.8	62.0	19.4	5.5	12	17	第3紙	0.158	0.0136
									62.1	62.9	62.0	62.5						1,359.8							
9	三	金	金	金	無	32.6	11.8	32.7	46.8	62.0	62.0	62.8	62.8	62.3	62.0	62.3	61.9	61.9	20.3	6.9	3	30	第3紙	0.167	580
		金	無	無	無	11.8			62.8	62.3	62.5	62.8	63.0	62.9	63.2	62.2	62.3	62.3	19.3	5.5	12	17	第7紙	0.166	0.0138
									50.3									1,283.8							
10	五	金	金	金	無	32.7	11.8	32.7	46.9	62.0	62.6	62.2	61.9	62.8	62.7	62.2	62.7	62.2	20.4	6.8	3	30	第3紙	0.157	644
		金	無	無	無	11.8			62.4	62.5	62.5	61.3	62.0	62.3	62.5	61.7	62.5	62.8	19.4	5.5	12	17	第8紙	0.157	0.0134
									62.3	62.6	50.4							1,468.8							
11	七	金	金	金	無	32.6	11.7	32.8	47.0	62.3	62.3	62.7	62.3	62.8	62.0	63.5	63.0	62.0	20.5	6.7	3	30	第3紙	0.194	551
		金	金	無	無	11.7			63.5	62.6	62.5	62.7	62.4	62.6	62.7	62.7	62.4	12.4	19.0	5.5	12	17	第9紙	0.166	0.0141
																		1,187.3							

巻	紙	見返	本紙	縦	総長①	紙幅（各紙）										総長②	行幅	字高		行数	紙	比率	値
妙顕寺（日本）紺紙金字妙法蓮華経　高麗時代・至元5年(1339)																							
12		金	無	32.3	32.3	57.3	70.1	65.1	68.3	66.6	67.8	67.1	68.3	66.7	68.7		20.9	6.9	/	連続に異なる	第3紙	0.163	544
		無		11.4	1,246.4	68.6	66.7	66.4	68.8	66.7	68.4	66.7	65.1	64.6	14.3		22.7	4.5	12	17	第13紙	0.149	0.0131
13	一	金	無	32.4	32.4	56.9	70.6	66.5	68.5	65.0	66.8	68.2	64.6	66.7	63.0	1,282.3	20.9	7.0	/	35前後	第2紙	0.167	706
		無		11.4	1,245.6	64.2	60.5	68.0	64.8	67.0	68.7	64.9	66.9	51.2	49.1	1,282.1	22.5	4.4	12	17	第5紙	0.220	0.0170
14	二	金	無	32.4	32.4	57.4	65.5	64.7	70.3	65.0	65.0	59.2	64.8	59.0	68.9	1,235.5	20.9	6.7	/	33～36	第3紙	0.162	611
		無		11.4	1,192.5	67.6	66.8	69.0	66.8	64.6	59.9	63.0	66.9	59.3	58.7		22.5	4.3	12	17	第5紙	0.265	0.0153
15	三	金	無	32.2	32.4	57.3	70.0	63.2	63.1	61.1	61.0	64.9	63.6	61.1	58.7		20.9	6.7	32～	第3紙	0.158	625
		無		11.4	1,422.0	63.1	61.0	64.6	63.3	64.5	53.6	64.8	70.5	65.1			22.5	4.2	12	17	第11紙	0.145	0.0132
16	四	金	無	32.4	32.4	57.3	70.3	67.1	66.9	66.9	65.1	64.8	67.1	68.5	66.8	1,461.1	21.0	6.9	約536	第2紙	0.139	633
		無		11.5	1,356.6	68.8	67.0	64.9	65.1	65.0	67.3	63.0	63.0	66.7		1,397.7	22.7	4.5	12	17	第20紙	0.195	0.0140
17	五	金	無	32.3	32.3	57.1	65.7	64.5	66.9	62.8	65.0	64.6	66.9	62.5	66.8		20.9	6.9	/		第1紙	0.160	569
		無		11.4	1,314.7	66.9	66.4	64.9	64.8	66.7	68.6	64.7	64.8	64.7	65.1	1,353.8	22.7	4.6	12	17	第3紙	0.162	0.0130
18	六	金	無	32.3	32.3	57.3	70.5	67.8	68.0	68.5	66.6	66.9	62.1	69.5			20.8	6.9	/		第3紙	0.128	561
		無		11.5	1,129.8	66.8	68.8	66.9	64.7	66.8	65.7	59.0	48.0			1,168.5	22.5	4.6	12	17	第10紙	0.222	0.0149
妙顕寺（日本）白紙金字妙法蓮華経　高麗時代・至正25年(1365)																							
19	一	金	無	36.8	36.8	54.8	93.7	94.1	93.6	93.9	93.8	94.1	93.9	93.9	93.7	93.9	23.8	7.1	4	42	第1紙	0.192	1129
		無		13.0	1,437.9	93.9	93.9	94.4	93.6	94.2	93.9	15.9	94.1	15.9		1,479.3	21.9	5.5	12	17	第3紙	0.220	0.0208
20	二	金	無	36.8	36.7	65.3	93.9	94.2	94.2	94.0	94.1	94.0	93.9	94.2	94.0	94.2	23.9	7.2	4	42	第1紙	0.198	1147
		無		13.1	1,411.6	93.9	93.9	94.1	94.1	94.0	94.1	43.7	94.0	94.0		94.2	21.7	5.6	12	17	第3紙	0.200	0.0215
21	三	金	無	36.7	36.7	93.9	93.9	94.1	94.0	94.1	94.0	94.0	93.8	94.1	94.0	94.0	23.8	7.2	4	42	第1紙	0.200	1100
		無		13.1	1,359.5	94.0	94.1	93.8	93.9	94.1	29.1	94.0	93.8	56.0		1,401.1	21.8	5.5	12	17	第3紙	0.214	0.0214
22	四	金	無	36.8	36.8	55.5	94.3	94.2	94.4	94.0	94.3	94.6	94.4	94.4	94.3	94.4	24.3	7.1	4	42	第3紙	0.221	1236
		無		13.0	1,624.5	94.0	94.7	94.2	94.3	94.5	94.6	14.9	94.1	93.9		1,673.4	24.3	5.4	12	17	第18紙	0.211	0.0201
23	五	金	無	36.7	36.7	56.4	93.9	94.6	94.2	94.4	94.6	94.7	93.9	94.1	93.9	94.4	23.7	7.3	4	42	第1紙	0.181	1249
		無		13.0	1,521.1	94.2	94.2	94.4	94.4	94.0	93.8	93.0	94.5	94.2		1,563.3	21.6	5.7	12	17	第3紙	0.530	0.0218
24	六	金	無	36.7	36.7	55.7	94.2	94.1	94.4	94.0	94.2	93.9	94.3	94.3	94.5	94.3	23.8	7.4	4	42	第3紙	0.212	1150
		無		12.9	1,467.2	94.1	94.2	94.1	94.0	94.1	42.5	94.0	94.5	94.2		1,511.3	21.7	5.4	12	17	第10紙	0.205	0.0207
25	七	金	無	36.7	36.8	55.9	94.6	94.0	94.5	94.8	94.2	94.5	94.3	94.4	94.2	94.1	23.8	7.4	4	42	第2紙	0.224	1037
		無		13.1	1,261.8	94.5	94.7	94.3	94.3	16.0						1,299.0	21.8	5.5	12	17	第5紙	0.217	0.0217

行幅は12行で測定

5	東國大學校(韓國)	紺紙銀字華嚴經變成偈	高麗時代	高麗華成經																
26	八	銀・緯	30.9	30.9	61.1	63.0	63.1	63.4	63.0	63.0	63.5	63.5	63.4	18.8	7.3	31	第1紙	0.152	532
		金 銀	3.8	1,297.7	63.4	63.0	63.3	63.4	62.7	56.9	57.0	57.2	57.2	20.1	4.7	14	第2紙	0.181	0.0131
		銀 銀合	57.1	1,309.3						巻第十六全長および全紙長合計第12紙を除く						第3紙	0.187	
	東國大學校(韓國)	紺紙銀字大方廣佛華嚴經	高麗時代・泰定元年(1324)	表紙前大																
27	十二	銀・判	32.5	32.4	60.7	63.1	62.4	63.4	63.0	62.9	62.3	63.1	62.9	24.4	4.5	30	第4紙	0.164	441
		銀 銀	12.2	804.5	63.0	62.9	13.8						829.8	20.5	3.5	17	第7紙	0.179	0.0164
																	第11紙	0.221	
6	十六	銀・黄	32.4	32.4	60.8	63.3	63.3	63.6	65.0	63.7	63.9	63.7	63.6	24.6	4.6	30	第2紙	0.162	325
28		銀 銀	12.2	673.1~	63.8	63.6	計測不能						697.9	20.6	3.2	17	第9紙	0.162	0.0144
29	四十	銀・周	32.2	32.5	48.7	63.6	63.5	64.0	63.7	63.7	63.2	63.4	63.7	24.7	4.6	30	第2紙	0.168	330
		銀 有	12.1	720.5	63.5	63.6							747.9	20.7	3.2	17	第4紙	0.161	0.0136
30	四十一	銀・周	32.3	32.5	12.2	51.6	63.6	63.7	63.6	63.3	63.1	63.6	63.7	24.6	4.7	30	第5紙	0.166	314
		銀 銀	12.2	708.8	63.7	63.6	38.7						737.7	20.4	3.2	17	第8紙	0.133	0.0131
																	第12紙	0.165	
7	東國大學校(韓國)	橡紙銀字妙法蓮華經	高麗時代	表紙無																
31	五	銀・無	33.9	33.9	63.6	64.2	63.9	64.0	64.6	64.5	64.2	64.8	64.8	23.7	6.3	30	第2紙	0.194	708
		銀 無		1,298.2	65.0	64.4	64.0	65.0	64.4	64.1	64.6	63.9	64.5	21.1	3.9	17	第8紙	0.223	0.0155
		折幅 12.5			64.0								1,350.2				第15紙	0.132	
8	廣德寺(韓國)	橡紙銀字妙法蓮華經	高麗時代	無																
32	四	銀・金	33.9	34.0	48.9	63.4	64.2	64.3	64.4	64.4	63.4	64.3	64.5	23.3	6.4	30	第1紙	0.175	870
		銀 銀	12.4	1,514.2	64.0	64.4	63.6	64.1	51.9	51.5	63.6	63.8	63.8	20.6	4.2	17	第3紙	0.228	0.0164
					64.0	64.2	63.4						1,561.6						
9	廣德寺(韓國)	紙銀字妙法蓮華經	高麗時代	無																
33	四	金 無	33.1	33.1	55.7	93.0	93.1	92.5	93.4	93.0	93.4	81.2	92.7	21.0	7.3	42	第1紙	0.152	590
		金 無	11.2	1,385.3	93.2	93.0	93.4	92.9	82.2	45.9	92.5	73.7	1,454.8	18.4	4.8	17	第2紙	0.222	0.0123

Ⅲ. 15세기 조선의 일본통교에서의 大藏經 下賜와 그 의미
- 世祖代의 大藏經 印出사업의 재검토-

오시카와 노부히사(押川信久)*

1. 머리말

　불교 경전의 집대성인 대장경은 15세기의 일본과 조선의 교섭에 있어서 일본과 조선 쌍방을 묶는 유대의 역할을 하고 있었다. 일본의 제세력들은 국내에서의 대장경에 대한 수요 고조를 배경으로, 조선왕조로 사절을 파견해 대장경을 구청했고, 조선왕조도 또한 일본사절의 요구에 따라 몇 번이나 대장경을 회사하고 있었다.

　이상의 사항은 이 시기의 일조관계사를 연구하는데 있어서 중요한 주제로 자리잡았고, 이른 시기부터 연구자들의 주목을 끌어왔다. 특히 일본의 제세력들에 의한 대장경 구청에 대해서는 1910년대부터 많은 연구성과가 쌓여왔고,[1] 대장경 求請은 일본 내에서의 방대한 수요를 배경으

---

* 九州大學
1) 古谷淸, 「足利時代渡鮮日僧の目的に就て」『朝鮮』 36호, 경성, 1911은 15·16세기 조선에 건너 온 일본 승려의 대부분이 대장경 획득을 목적으로 한 것이었음을 처음으로 지적했다. 菅野銀八, 「高麗板大藏経に就いて」(朝鮮史學會 編,

로, 주로 사찰이 일본국왕이나 오오우치씨(大內氏) 등에 의뢰하는 형식
으로 실시된 것이 개별 사례의 분석을 통해 밝혀졌다.[2] 또한 대장경을
구청한 제세력 중에 "僞使"가 다수 포함되어 있었던 것이 지적되어, 이
후의 연구에 큰 영향을 주고 있다.[3]

『朝鮮史講座 特別講義』, 朝鮮史學會, 경성, 1924)는 대장경이 일본에 초래된
사례를 망라적으로 정리해, 조선왕조가 대장경을 사여하는 것으로 일본을 회유할
수 있었다고 설명했다. 今村鞆, 「足利氏と朝鮮の大藏経板」『朝鮮』186호, 경
성, 1930 ; 川口卯橘, 「大藏経板求請と日鮮の交涉」『靑丘學叢』3輯, 경성,
1931은 15세기 초의 일본과 조선왕조의 교섭에 있어서 일본사신이 조선왕조에
대장경판을 구청한 사건의 전말을 상세하게 추적해, 당시의 일본과 조선의 교섭
의 최전선을 재현했다. 竹内理三, 「中世寺院と外國貿易(下)」『歷史地理』72-2
호, 東京, 1938은 일본의 각 사원이 15·16세기에 명나라와 조선으로 사선을 파
견해 적극적으로 무역활동을 전개했다고 하며, 일본의 제세력에 의한 대장경 구
청도 이러한 무역활동의 일환이었다고 하였다.

2) 堀池春峰, 「中世·日鮮交涉と高麗版藏経-大和·円成寺榮弘と增上寺高麗版
-」(『南都仏敎史の硏究 下 諸寺篇』, 法藏館, 京都, 1982 수록, 1960 초출)는
1482년의 일본국왕사가 圓成寺를 위해 대장경을 구청한 일과, 이때 일본에 가져
간 대장경이 增上寺에 소장된 경위를 해설하였고, 동, 「室町時代における藥
師·長谷兩寺再興と高麗船」(『南都仏敎史の硏究 下 諸寺篇』 수록, 1960 초출)
은 1487년의 오오우치 마사히로(大內政弘)의 사자가 하세데라(長谷寺)를 위해
대장경을 구청한 것을 밝혔다. 丸龜金作, 「高麗の大藏経と越後安國寺とにつ
いて」『朝鮮學報』37·38집, 天理, 1966은 1487년의 일본국왕사가 에치고(越
後) 안코꾸지(安國寺)를 위해 대장경을 구청한 것을 소개했다. 關周一, 「室町幕
府の朝鮮外交-足利義持·義敎期の日本國王使を中心として-」(阿部猛 편,
『日本社會における王權と封建』東京堂出版, 東京, 1997)은 조선왕조에 파견
된 일본국왕사를 개별적으로 검증하는 것으로 아시카가 요시마사(足利義政)기에
는 특정한 "한 禪刹"을 위해 대장경을 요구하는 견사가 통례화되었던 것을 지적했
다. 伊藤幸司, 「室町幕府の外交と夢窓派華藏門派-「日本國王使」の外交僧を
めぐって-」『中世日本の外交と禪宗』吉川弘文館, 東京, 2002 수록, 1999
초출)은 1456년의 일본국왕사에 의한 미노(美濃) 소코꾸지(相國寺) 및 에치고 안
코꾸지를 위한 대장경 구청을 고찰의 대상으로 했다. 須田牧子, 「中世後期にお
ける大內氏の大藏経輸入」『年報中世史硏究』32호, 名古屋, 2007은 15세기
의 오오우치씨의 대장경 수입의 특성을 추구해, 오오우치씨가 영토 지배나 일본
의 제세력과의 외교를 원활히 진행하기 위해 대장경을 이용하고 있던 것을 밝혔다.

한편, 조선왕조에 의한 대장경 회사에 대해서는 조선왕조에 있어 대장경은 무용장물이며, 이를 일본에 회사하는 것은 내정적으로 아무 문제도 없었고, 오히려 불교세력 감퇴도 겸한 일거양득의 수단이었다고 하는 견해가 있다.[4] 그러나 이러한 종래의 견해는 조선왕조가 儒敎立國을 표방해 "斥佛政策" "抑佛政策"을 國是로 해왔던 것을 전제로 한 것이며, 개별적인 사례의 분석을 충분히 파악한 것은 아니다.

게다가 조선왕조 왕실에서는 왕비·대왕비가 중심이 되어 불교가 독실하게 신앙되고 있어 관료들에게서 반발이 있었음에도 불구하고 불교행사 設行이나 사찰에 대한 기부 등이 15세기 전반에 계속되고 있었다.[5] 그 중에서도 이러한 왕실에서의 불교 신앙의 일환으로서 15세기 말까지 태조 2년(1393)·정종 원년(1399)·태종 13년(1413)·태종 14년(1414)·세조 4년(1458)·연산군 6년(1500)의 합계 6회에 걸쳐 국왕이나 왕비의 발원으로 대장경 인출사업이 거행되고 있던 것은 주목할 만한 일이다.[6] 이로부터 왕실의 불교신앙과 대장경 사이에는 밀접한 관련이 있었던 것을 알 수 있으며, 대장경이 조선왕조에 무용장물이었다고는 말하기 어려울 것이다.

---

3) 위사연구의 동향의 상세한 것에 대하여는 田代和生·六反田豊·吉田光男·伊藤幸司·橋本雄·米谷均,「僞使」(第一期日韓歷史共同研究委員會 編,『日韓歷史共同硏究報告書(第二分科)』, 第一期日韓歷史共同研究委員會, 東京, 2005)을 참조할 것.

4) 예를 들면, 菅野, 앞의 논문,「高麗板大藏経に就いて」, 21쪽, 堀池, 앞의 책,『南都仏敎史の硏究 下 諸寺篇』, 342~347쪽, 楠井隆志,「高麗朝鮮仏敎美術伝來考」(山口縣立美術館 編,『高麗·朝鮮の仏敎美術展』, 山口縣立美術館, 山口, 1997), 98쪽을 참조할 것.

5) 예를 들면, 韓沽劢,『儒敎政治와 佛敎』, 一潮閣, 서울, 1993, 47~72·101~108·151~179·198~228·280~310쪽을 참조.

6) 藤田亮策,「海印寺雜板攷」,『朝鮮學報』138·139·140집, 天理, 1991은 1942·1943년의 해인사 소장 잡판조사(본문 제2절에서 기술)를 통해서, 태조 2년(1393)의 인출사업이 강화도에서 행해져 이후의 인출사업이 해인사에서 실시되었다고 한다(14~18쪽).

또한 일련의 대장경 인출사업 중에서도 세조 4년(1458)은 인출부수가 50부에 달아는 대규모한 사업이며, 종래의 연구에서도 세조의 佛書 간행 사업의 일환으로서 다루어진 적이 있었다.[7] 그런데 종래의 연구에서는 사업 그 자체의 경위를 밝히는데 머무르고 있어, 사업이 거행된 요인에 대해서는 충분히 돌아볼 일이 없었다. 다만, 조선왕조는 건국 이래 대장 경 회사를 실시해 왔고, 이를 계속하려면 조선왕조가 상당수의 대장경을 확보할 필요가 있었다. 이를 고려하면 대장경 인출사업과 대장경 회사 사이에는 어떠한 인과관계가 상정될 수 있다. 따라서 조선왕조가 대장경 을 회사하는 상황을 구체적으로 해명하는 기초작업으로서, 세조 4년 (1458)의 대장경 인출사업을 대상으로 한 분석이 요구된다.

이상의 문제의식을 가지고 본고에서는 조선왕조에 의한 대장경의 회 사·인출 상황을 세조 4년(1458)의 대장경 인출사업에 초점을 맞추면서 다시 검토하고자 한다. 그리고 조선왕조가 일본의 제세력들에게 대장경 을 회사한 의도에 대해서 약간의 고찰을 더하고자 한다.

2. 대장경 인출사업 시행의 배경
―조선왕조 건국 당초의 대장경 회사―

조선왕조가 일본 사절에게 대장경을 회사했던 것이 판명되는 사료상 의 초견은 『태조실록』 4년(1395) 7월 신축조에 수록된 이마가와 료슌(今 川了俊)의 서장이다. 이 서장은 태조 3년(1394)에 일본에 파견된 崔龍蘇 가 이마가와 료슌의 使僧인 宗俱를 수반해, 피로남녀 570餘口를 이끌어

---

7) 세조 4년(1458)의 대장경 인출사업에 관한 專論은 吳龍燮, 「世祖 4年의 「高麗 大藏經」後刷考」『文獻情報學報』 5輯, 中央大學校 文獻情報學科 創設30周年 紀念特輯, 서울, 1993 : 『『捌印節目』으로 본 世祖年間 大藏經 印出』『書誌學 研究』 30輯, 서울, 2005이 있다.

귀환했을 때에 宗俱가 지참한 것으로 생각된다. 그 중에 「(전략) 거듭 들으니, 국사 호조전서 金積善은 양 장경을 호송해 올해(태조 4년·1395) 3월 초8일, 이 물가에 계람하여 (후략)」[8]이라고 나와 있어, 태조 4년(1395) 3월에 조선왕조의 사자인 호조전서 김적선이 대장경 2부를 일본에 가져간 것을 알 수 있다.

이후 조선왕조는 중종 12년(1517)까지 약 50부의 대장경을 일본의 제세력들에게 회사하게 된다. <표>는 선행연구 성과에 의거하면서 조선왕조가 대장경을 회사한 사례를 연대순으로 정리한 것이다.[9] 이들 회사의 사례를 검토하면, 조선왕조가 일본 제세력들의 거듭되는 구청에 대응하면서 회사체제를 점진적으로 구축해 간 것을 엿볼 수 있다. 이하 그 양상을 정리한다.

이미 선행연구에서도 지적된 바와 같이 조선왕조의 대장경 회사는 일본 제세력들의 구청에 대해, 국내 각지에 산재하는 사찰에서 경전을 수집하여 이루어지고 있었다(須田牧子, 「中世後期における大内氏の大藏経輸入」 『年報中世史研究』 32호, 165～167쪽). 예를 들면, 태종 16년(1416) 8월에 소 사다시게(宗貞茂) 및 오오우치 타타라 도유(大内多多良道雄, 오오우치 모리미<大内盛見>)가 사자를 파견하여 대장경을 구청하였으므로, 예조가 상계하여 僧錄司 승려에게 말을 주어 대장경이 있는 곳으로 파견하여, 충청도·경상도의 각 사찰에 경전을 선출·成帙해 공급하는 것을 요구해, 국왕의 재가를 얻었다(『태종실록』 16년 8월 기묘). 승

---

8) 「 」 안의 원문은 아래와 같다. 「(전략) 重承、國使戶曹典書金積善、護送兩藏經、今歲三月初八日、繫纜于此岸、(후략)」.

9) 村井章介, 「≪倭人海商≫の國際的位置－朝鮮に大藏経を求請した僞使を例として－」 『アジアのなかの中世日本』, 校倉書房, 東京, 1988 수록, 1987 초출) 수록 「表 7 高麗版大藏經の請來(一四六一年以降のみ)」, 楠井, 앞의 논문, 「高麗朝鮮仏教美術伝來考」 수록 「【年表】高麗・朝鮮と日本の兩者間における仏教關係文物交流」, 須田, 앞의 논문, 「中世後期における大内氏の大藏経輸入」 수록 「【表1】大藏経求請一覽」을 참조하면서 약간의 보충을 더했다.

록사는 고려시대부터 설치되어 있던 중앙 승관의 관아인데, 조선왕조에서는 태종 5년(1405)에 예조로 소속되었고(『태종실록』 5년 3월 병신삭) 세종 6년(1424)에 폐지되었다(『세종실록』 6년 4월 경술). 따라서 승록사가 폐지된 이후는 예조가 그 사무를 담당했다고 추측된다.

그 다음에 세종 7년(1425) 4월에는 예조가 상계하여, 중앙에서는 禪敎 양종에 지방에서는 관할의 수령에게 폐지된 寺院 및 승려가 없는 사원에 소장되어 있는 諸經 및 경판을 조사한 다음에 회수해 승려가 거주하는 사원에 이전시켜, 각 사원에 현존하는 제경 및 경판의 수를 상세하게 기록해 보고시키도록 청원했다고 기록되어 있다(『세종실록』 7년 4월 경자삭).

이러한 사례로 조선왕조는 국내에 산재하는 대장경의 소장상황을 조사하고 대장경 및 그것을 소장한 사원에 관한 정보를 장악하고 있었음을 알 수 있다. 따라서 조선왕조는 일본의 제세력들의 거듭되는 구청에 대해, 스스로의 의향으로 경전의 공출을 사원에 요구해 수집한 경전을 대장경으로서 회사할 수 있었던 것이다.

조선왕조는 대장경 수집체제를 구축하면서 점차 일본의 제세력들에 대한 대장경 회사를 제어하려는 자세를 보이게 되었다. 예를 들면, 세종 16년(1434) 3월에 對馬州 太守 소 사다모리(宗貞盛)는 서신을 예조에 바쳐 대장경을 요구했다. 그 때 세종은 이전에 일본국왕이 대장경을 귀중한 것이라고 하면서 구청했을 때, 우리나라(조선)에서도 또한 대장경이 중요한 것이므로 회사를 허락하였다고 하고, 지금 소 사다모리의 구청을 허락하면 그 본국(일본국왕)의 의향을 존중하지 않은 일이 된다고 말했다. 따라서 예조에 명하여 대장경 결핍을 이유로 소 사다모리의 구청을 거부한 것이다(『세종실록』 16년 3월 임오).

이 사례에서는 세종이 소 사다모리의 구청을 일본국왕의 구청과 조합한 다음에 거부라는 판단을 내린 점이 주목된다. 이로부터 세종이 일본과의 통교에 있어서의 대장경의 중요성을 인식하고, 일본국왕에게 회사하였음을 염두에 두고 그 가부를 판단하고 있었음을 알 수 있다.

이 사례를 보는 한, 조선왕조는 대장경을 기본적으로는 일본국왕에 대한 회사품이라고 생각하고 있었음을 엿볼 수 있다. 그러나 <표>에서 보이듯이 조선왕조의 대장경 회사는 실제로는 일본국왕 뿐만이 아니라 오오우치씨·소씨를 비롯하여 여러 세력들에게 실시되어, 조선왕조의 의향대로 되지 않았다. 결국 조선왕조에 의한 대장경 수집은 일본의 제세력들에게 대장경을 빈번히 회사한 것으로 국내에 잔존하는 대장경이 근소해짐에 따라, 점차 어려워졌다고 생각된다.

단종 즉위년(1452) 10월, 일본국 사자 테이센(定泉)의 호송관인 河緯地가 예조에 馳書하였다. 이때 定泉은 지난 윤9월 14일에 熊川에 도착했는데, 회사된 대장경이 脫帙 113권이었던 데에 대해 불평을 말해, 근린 읍에 있는 경문을 충당하여 사급하도록 강하게 청원했다. 이에 대해 하위지는 일찍이 귀국(일본) 및 諸島의 酋長들이 잇달아 대장경을 요구했기 때문에 구청에 응하기가 어렵다고 대답했다. 그러나 테이센이 하위지의 회답에 따르지 않았기 때문에 하위지는 예조에 치서하여 지시를 청하였다. 그래서 예조는 의정부에 보고해 상계하여, 승려 覺宗을 파견해 지방에 소장되어 있는 대장경을 수색해, 탈권을 완전하게 보충하고 회사하도록 요구해 국왕의 재가를 얻었던 것이다(『端宗實錄』 즉위년 10월 계묘).

이로부터 단종 즉위년(1452)의 시점에서는 조선왕조가 일본 측의 대장경 구청에 대해 충분히 대응하기가 어려운 상황에 있었던 것을 알 수 있다. 한편, 일본의 제세력들에 의한 대장경의 구청은 점차 강경해지고 있어서 조선왕조도 그 압력을 느끼지 않을 수 없었다고 추측된다. 즉, 이때 조선왕조는 대장경 회사에 대해서 새로운 대책을 내세울 필요를 느끼고 있었던 것이다.

3. 세조 4년(1458)의 대장경 인출사업

1) 대장경 인출사업의 개요

조선왕조에서는 단종 원년(1453)에 癸酉靖難이 일어나, 그 2년 후에 세조가 단종으로부터 왕위를 찬탈하는 사태를 맞이하였다.[10] 세조는 즉위 직후부터 왕권 강화책 시행에 진력한 것으로 알려져 있어,[11] 대장경 인출사업도 또한 국내의 대장경 감소를 받아 일련의 왕권강화책과 병행해서 실시되었다고 생각할 수 있다.

세조 3년(1457) 6월, 세조는 桂陽君 璔에게 명하여 승정원에 대장경 50질을 인출하도록 傳敎하였다(『世祖實錄』3년 6월 임자). 또한, 경상도 관찰사 李克培에게 下諭하여, 내년 봄 2월부터 대장경 50질을 海印寺에서 인출하여 尹贊·鄭垠을 해인사에 파견해 감독하도록 명하였다(『世祖實錄』3년 6월 무오). 그리고 세조는 충청도·전라도·경상도·강원도·황해도의 관찰사에 하유하여 대장경 50질을 인출하는데 필요한 종이·묵·黃蠟·참기름을 해인사에 송부시켰다. 이때 각 도에 공출시킨 물품은 충청도가 종이 51,126권·묵 875丁·황납 60斤, 전라도가 종이 99,004권·묵 1,750정·황납 125근, 경상도가 종이 99,004권·묵 1,750정·황납 70근·참기름100=[斝], 강원도가 종이 45,126권·묵 875정·황납 125근, 황해도가 종이 51,126권·묵 875정·황납 60근이었다(『世祖實錄』3년 6월 무오).

동년 9월에는 경상도 관찰사에게 하유하여 印經의 제반사는 되도록 간편하게 하고, 舍宇 조성·造紙·造墨·승려 및 백성의 役使부터 채소·염

---

10) 계유정난부터 세조의 왕위찬탈까지의 경위에 대해서는 崔承熙, 『朝鮮初期 政治史硏究』, 지식산업사, 서울, 2002, 276~279쪽을 참조.
11) 세조의 왕권강화책의 개요에 대해서는, 최승희, 앞의 책, 『朝鮮初期政治史硏究』, 300~324쪽을 참조.

장·器皿 등의 供費에 이르기까지, 폐해가 백성에 이르지 않도록 요구했다(『世祖實錄』 3년 9월 갑신).

세조 4년(1458) 7월, 우부승지 金碩이 책임자가 되어, 대장경 50질을 인출하여 海印寺·興天寺·예조에 각각 한 개를 안치했다(『青莊館全書』 권55, 盎葉記2, 海印寺藏經, 世祖朝搨印節目, <세조 4년·1458> 7월 24일). 그리고 해인사 印經敬差官 鄭垠이 대장경 3건을 진헌하여, 세조는 이들을 홍천사에 두도록 명하였다(『世祖實錄』 4년 7월 임자).

그리고 동년 9월에는 도승지 曹錫文이 책임자가 되어, 나머지 44질이 각지의 사원에 배당되었다(『青莊館全書』 권55, 盎葉記2, 海印寺藏經, 世祖朝搨印節目, 天順 2년<세조 4년·1458> 9월 14일). 이때 각 도에서 납입된 經紙는 경상도가 99,400貼, 전라도가 99,400첩, 충청도가 90,754첩, 강원도가 45,126첩, 황해도가 51,126첩이며, 純倭紙 17,254첩과 交倭紙 8,634첩도 납입되었다. 또한, 赴役僧의 수는 公粮僧이 7,057, 私粮僧이 1,485이며, 그들에게는 中米 4,675석 6두가 공급되었다(『青莊館全書』 권55, 盎葉記2, 海印寺藏經, 世祖朝搨印節目, 天順 2년<세조 4년·1458> 9월 14일).

이상에서 대장경 인출사업에서는 50질을 인출하고, 그 때문에 대규모 인원이나 물품을 필요했는데도 불구하고 인원 및 물품의 조달·인출·인본의 배포를 1년 정도의 기간에 완수한 것을 알 수 있다. 이를 완수하기 위해서는 세조 스스로가 관계 각관에게 명을 내려, 대량의 노동력과 물품을 해인사에 신속히 납입시켜, 해인사에서도 스스로 파견한 경차관에게 사업 수행을 감독시키는 일이 불가피했다. 즉, 대장경 인출사업은 세조의 주도로 비로소 달성이 가능했다고 말할 수 있다.

2) 「印成大藏經跋」의 내용

「印成大藏經跋」은 세조 4년(1458)의 대장경 인출사업의 경위를 기록

한 것이며, 『海印寺寺跡』(한국국립중앙도서관 소장, 청구기호 古1792-10)
에 수록되어 있다. 『海印寺寺跡』는 1915년에 당시의 조선총독 데라우치
마사타케(寺內正毅)가 해인사 소장의 대장경을 인출했을 때에 雜板庫 안
에서 주요한 각판을 선택해 1권에 철하고(藤田亮策, 「海印寺事蹟に就い
て」 『朝鮮學論考』, 開明書院, 1963년 수록, 1943년 초출, 526쪽), 그리고
1942년·1943년에 후지타 료사꾸(藤田亮策) 등이 해인사 소장의 잡판을 조
사했을 때에 증보된 것이다(주 6) 藤田, 앞의 논문, 「海印寺雜板攷」, 116
쪽. 김영선, 「≪海印寺事蹟≫ 刊本考」 『書誌學硏究』 19輯, 서울, 2000,
325쪽).

　「인성대장경발」은 金守溫의 찬이 있고, 「天順二年六月日」이라는 일
자가 보이는 것으로 대장경 인출사업이 실시된지 얼마되지 않아 작성되
었다고 생각된다. 그 목판은 현재도 해인사 藏板閣의 西板殿에 보존되어
있어 앞의 후지타 료사꾸 등의 조사로 상세한 부분까지 밝혀졌다. 이에
따르면, 冊子樣板4枚 表裏7張, 匡郭, 四周單邊, 세로 20cm, 가로 32~
32.5cm, 半葉7行14字, 板心은 「印成大藏經跋 一張~七張 洞」이라고 나
와 있다(藤田, 앞의 논문, 「海印寺雜板攷」, 121쪽).

　「인성대장경발」의 전문은 아래와 같다(사료 문중의 로마 숫자[Ⅰ·
Ⅱ·Ⅲ]·쉼표·번호[①·②·③]·밑줄·기호[、/ / / /]·선영은 인용자
가 첨부 」/ / / /는 원전에서 각각 개행·二字擡頭·一字擡頭로 적혀
있음을 나타낸다).

> 　　印成大藏經跋」
> 　　Ⅰ臣聞、我 / / 佛如來、初成正覺、酒曰奇哉、衆生、具」有如來
> 智慧德相、但以妄想執」著而不證得、豈憫其人人具足」於淸淨無漏之
> 性、而無明所覆、」輪轉六趣歟、此 / / 牟尼出世之本懷、而無怪乎、
> 直說喩」說、而其文之至於千万軸之多」者也、雖然法不自弘、由人而
> 弘、」則其法之行不行、又在於時君」世主之信不信如何爾、至於履」至
> 尊之位、躬上聖之資、研窮性」命之理、極乎道德之懿、而又有」以洞

明三藏、妙契眞乘、推我／／佛慈濟之道、思與億兆蒼生、捨邪歸」
正、同植德本、躋之于仁壽之域、」則是乃明君義辟、出於尋常万」万
者之所爲、而千百年、罕遇之盛際也、Ⅱ天順紀元丁丑之冬、／／①
上伝旨于桂陽君臣增·領中樞院事」臣尹師路·議政府左贊成臣申」叔舟·
判中樞院事臣李仁孫·臣」權擥·吏曹判書臣韓明澮·承政」院都承旨臣曹
錫文等、／／若曰、余以否德、承／／天地祖宗之靈位于臣民之上、
幸與」卿等、而共際會、亦非小種善根、」惟佛敎之流、于震丹、其來
已久、」其說之載于文、又莫若藏經之」專、幸其刊板、具在於海印
寺、②近」歲、士民之好善者、印成全部、然」間、被國家賜于日本、
存者無幾、」予欲印就若干部、分置于名山」福地、上爲／／先王先后
曁／／祖考之靈、以資福吉於冥冥、下爲法」界含靈、以至昆虫草木之
微、幽」明共利、普及無際、且凡事始厥」爲難、今因肇、功成至五十
部、將」遍鎭于我國僧藍之大處、卿等」其措置、當務之次第以聞、③
臣增」等奔走惟謹、其經畫本末巨細、」悉謀於慧覺尊者臣信眉·判禪」
宗事臣守眉·禪師臣學悅、隨卽」啓于／／上下、承政院、移于各道、
分其地之廣狹、」以定出紙之多寡、命副知通」禮門事臣尹贊·宗簿注簿
臣鄭」垠、往慶尙道、預爲區辦、與判禪」宗事臣守眉·海印住持臣竹
軒、」仍督其務、且／諭監司臣李克培、監摠之、遂用明」年春閏二月
創役、至其年四月」日告訖、於是／命臣守溫跋其後、Ⅲ臣謂、諸佛出
興、」唯爲一事、王者握符膺籙、以興」于世、則亦惟欲救民而已、故
佛」爲三界之師、以導其迷、君爲万」民之主、以濟其生、是雖有世出」
世之異、其發誓願、廣度無邊之」志、則佛與王者一也、恭惟我／／主
上殿下、曩在潛邸、親遭大難、掃除」奸兇、天與人歸大命以集、其盛」
德大業、實我東方未有之／／聖主也、然／卽位以來、不自滿暇、
切切求理、民安」而猶恐不安、時和而猶恐不和、」且謂自古聖帝明王
之治天下」國家也、莫不崇三寶仗大乘、以」之福國利世、延洪業於無
彊、以」無忘／／世尊正法付屬之遺意、於是特成大」典、弘揚眞化、
蓋後之千有餘歲、」去之万有餘里、而我／／聖上、精神心術之妙、慈
悲廣大之量、」與／／佛同一機也、或問於臣曰、世之名好」學善讀
者、不過數十卷而止、今」三藏之書、充於棟宇、而不可極」矣、孰能
遍觀而盡究其說乎、臣」應之曰、夫妙明円覺之体、徹乎」古今、而無
所變、通於凡聖、而無」所異、是蓋無迷無悟無此無彼」者也、楞嚴經
曰、一人發眞歸元、」十方世界悉皆消隕、是則當我／／聖上發意之
初、卽已轉大法輪、而與」佛刹微塵衆生、同證於無上菩」提之智矣、

又豈必人人之目此」而後爲功德哉、是不可以常情」而所能度也、天順
二年六月日、」嘉善大夫行忠佐衛上護軍臣」金守溫、拜手稽首謹跋

「인성대장경발」의 내용은 크게 3부로 나눌 수 있어, 行論의 형편상 3부 각각의 冒頭에 로마숫자(Ⅰ·Ⅱ·Ⅲ)를 붙였다. 3부 가운데, 제Ⅰ부·제Ⅲ부는 각각 세조를 숭불군주로서 예찬하는 내용이며, 제Ⅱ부(선영부분)가 대장경 인출사업의 실시상황을 기록하고 있다. 따라서 본고에서는 이하 제Ⅱ부를 검토대상으로 한다.

제Ⅱ부는 우선 세조가 桂陽君璔·尹師路·申叔舟·李仁孫·權擥·韓明澮·曹錫文 등에 전지하여(밑줄부분 ①), 대장경 인출을 지시한 것을 기록하고 있다. 계양군증·윤사로·신숙주·이인손·권람·한명회·조석문은 모두 세조 밑에서 정권의 중추를 맡은 인물이며,[12] 왕조 정부의 상층부가 빠짐없이 대장경 인출사업에 관여하고 있었음을 나타내고 있다.

이어서 밑줄부분 ②의 기사를 보면, 세조는 일본에 회사한 것으로 대장경이 거의 없어졌기 때문에 약간의 부수를 인출하여 名山·福地에 분치하는 것으로 선왕·선후 및 조상의 영혼을 위로하려고 생각하고 있었던 것이 엿보인다. 이에 의해 일본의 제세력들에 대한 회사를 하나의 계기로서, 왕실 및 국가의 평안을 위해 대장경 인출사업을 실시한 것을 사료상에서도 확인할 수 있다.

또한 밑줄부분 ③의 기사에서 信眉·守眉·學悅·竹軒이 대장경 인출사업에 관련하고 있었음을 알 수 있다. 신미·수미·학열·죽헌은 모두 승려이며, 당시의 불교계를 주도하는 입장에 있었다. 그 중에서도 신미는

---

12) 『세조실록』 원년 9월 임진조에 따르면, 계양군 증이 輸忠衛社同德佐翼功臣桂陽君, 윤사로가 輸忠衛社同德佐翼功臣鈴川君, 신숙주가 輸忠協策靖難同德佐翼功臣藝文館大提學高靈君, 이인손이 호조판서, 원람이 輸忠衛社協策靖難同德佐翼功臣吏曹參判吉昌君, 한명회가 推忠衛社協策靖難德同佐翼功臣右承旨, 조석문이 推忠佐翼功臣右副承旨로 임명되었다.

「인성대장경발」의 찬자인 김수온의 친형이며, 세종·문종의 총애를 받아 문종에게서 "禪敎宗都摠攝密傳正法秘智雙運祐國利世圓融無碍慧覺尊者"의 직위를 제수받았다(『문종실록』 즉위년 7월 무신). 세조기에 이르러도 왕실에 의한 불경의 간행과 법회 催行을 주관해, 제자인 학열·學祖와 함께 "三和尙"이라고 불려, 세조를 비롯한 왕실로부터 존경을 받고 있었다.[13] 또한 수미는 세종의 제8자인 永膺大君이 세조 3년(1457)에 道岬寺에서 약사여래 3軀를 봉안했을 때에 도갑사의 주지로서 이에 종사해, 세조에게서 王師로 임명되어 "妙覺"이라는 師號를 하사받았다(性聰撰,「月出山道岬寺王師妙覺和尙碑」, 朝鮮總督府內務部地方局編,『朝鮮寺刹史料』上, 1911년 및 朝鮮總督府編,『朝鮮金石總覽』下, 1919년 수록). 세조는 인출계획을 신미·수미·학열에게 묻고, 경상도로 윤찬·정은을 파견하여 수미·죽헌과 함께 실무를 담당시키고, 한편으로 감사 이극배에게 하유하여 총감하게 한 것이다.

이상, 제Ⅱ부의 기술에서 대장경 인출사업이 일본의 제세력들에 대한 회사로 인해 감소한 대장경을 보충하고, 왕실 및 국가의 평안을 비는 것으로 국왕으로서의 위엄을 과시하기 위해 세조 스스로가 왕조 정부와 불교계를 동원해 실시한 사업이었음을 알 수 있다.

4. 맺음말

이상의 고찰을 통해 조선왕조가 건국 이래, 국내의 대장경의 소장상

---

13) 신미의 행적에 대해서는 李昊榮,「僧 信眉에 대하여」『史學志』10輯, 서울, 1976)에 자세히 나와 있다. 또한 황인규,「세조대 삼화상 信眉와 學悅·學祖」『고려말·조선전기 불교계와 고승 연구』, 혜안, 서울, 2005는 신미와 그 제자인 학열·학조의 불교계에서의 활동을 간단명료하게 서술하고 있다.

황을 파악하고 일본의 제세력들의 구청에 대응하는 체제를 구축해 온 것
과 세조 4년(1458)의 대장경 인출사업이 일본의 제세력들에게 회사함으
로 인해 감소한 대장경을 보충하고, 왕실 및 국가의 평안을 빌기 위해
실시되었음을 확인할 수 있었다. 조선왕조, 그 중에서도 왕실에서의 대
장경은 스스로의 평안을 기원하는 것이며, 이를 일본의 제세력들에게 회
사하는 것은 왕권의 위신을 내외로 과시하는 것을 의미했다고 생각할 수
있다. 특히 계유정난으로 실권을 장악하고 단종에게서 왕위를 찬탈한 세
조에게 있어서, 대장경은 자신의 왕권을 장엄화하기 위한 좋은 도구였다
고 추측된다. 세조는 대장경을 스스로 인출하는 것으로 자신의 왕권의
정통성을 내외로 과시하려고 했을 것이다.

조선왕조는 대장경 인출사업을 실시한 결과, 일본의 제세력들에게 대
한 대장경 회사를 계속할 수 있게 되었다. 예를 들면, 성종 13년(1482)에
일본국왕사승인 榮弘이 圓成寺 중창 조연을 위해 대장경 한 件을 구청
해, 조선왕조는 경상도 소재의 대장경을 회사하였다(『성종실록』 13년 4
월 정미·병진. 동 13년 5월 경진. 주 2) 堀池, 앞의 논문, 「中世·日鮮交涉
と高麗版藏経」, 347~363쪽).

이때 회사된 대장경은 현재 增上寺에 소장되어 있고, 앞서 언급한 「인
성대장경발」을 포함하는 것으로 밝혀졌다(堀池, 앞의 논문, 「中世·日鮮
交涉と高麗版藏経」, 363~366쪽. 增上寺史料編纂所 편, 『增上寺三大藏
経目錄解說(增上寺史料集別卷)』<增上寺 1981년>, 46~47쪽). 또한 연
산군 8년(1502)에는 대장경 인출사업 때에 일부가 배포되어 있던 星州
安峯寺 소장의 대장경이 일본국왕사에게 회사되어 있다(『연산군일기』 8
년 정월 임진). 이러한 대장경은 모두 세조 4년(1458)에 인출된 것으로
추측된다.

〈表〉 大藏經回賜事例一覽

年	月	回賜先 (史料上의 表記)	回賜品	典 據	備 考
1395 (太祖4)	7	九州節度使源了俊	兩藏經	『太祖實錄』卷8, 4年 7月 辛丑條	·太祖 3년(1394) 12월, 鎭西節度使 源了俊의 使人이 대장경을 구하다(『太祖實錄』卷6, 3年 12月是月條).
1407 (太宗7)	9	大內多多良德雄	大藏經一部	『太宗實錄』卷14, 7年 9月 辛亥朔條	
1408 (太宗8)	8	大內多多良德雄	大藏經一部	『太宗實錄』卷16, 8年 8月 丙子朔條	
1409 (太宗9)	閏4	大內殿	大藏經一部	『太宗實錄』卷17, 9年 閏4月 戊辰條	
1411 (太宗11)	12	日本國王使及大內殿	大藏經一部	『太宗實錄』卷22, 11年 12月 丁亥朔條	·太宗 11년(1411) 10월, 日本國王 및 大內多多良德雄이 사자를 파견하여 대장경을 구하다(『太宗實錄』卷22, 11年10月己酉條).
1413 (太宗13)	3	對馬島宗貞茂	大藏經	『太宗實錄』卷25, 13年 3月 辛巳條	
1413 (太宗13)	6	筑州藤公	大藏經	『太宗實錄』卷25, 13年 6月 戊午條	
1414 (太宗14)	7	日本國王	驪興神勒寺所藏大藏經全部	『太宗實錄』卷28, 14年 7月 壬午條	·太宗 14년(1414) 6월, 日本國王使僧 圭籌 등이 대장경을 구하다(『太宗實錄』卷27, 14年6月辛酉條).
1416 (太宗16)	8	對馬島宗貞茂及大內多多良道雄	大藏經	『太宗實錄』卷32, 16年 8月 己卯條	
1420 (世宗2)	閏正	日本國王	大藏經全部	『世宗實錄』卷7, 2年 閏正月 甲申條	·世宗 원년(1419) 12월, 日本國 源義持가 釋氏亮倪를 파견하여 釋典 7,000軸을 구하다(『世宗實錄』卷6, 元年12月丁亥條).
1422 (世宗4)	12	日本國王·太后	大藏·藏經	『世宗實錄』卷18, 4年 12月 己亥條	·世宗 4년(1422) 11월, 日本國王 및 그 母后가

					승려 圭籌 등을 파견하여 대장경을 구하다(『世宗實錄』卷18, 4年11月 己巳條).
1423 (世宗5)	4	日本國王·源義俊	大藏釋典·尊經	『世宗實錄』卷21, 5年 7月 己丑條	·世宗 4년(1422) 11월, 日本 九州都元帥 元義俊이 本國 皇太后의 명으로 대장경을 구하다 (『世宗實錄』卷18, 4年 11月丙寅條).
1424 (世宗6)	2	日本國王	密教大藏若注華嚴經板·金字仁王護國般若波羅密經一部·金字阿彌陀經一部·金字釋迦譜一部·靑紙金字單本華嚴經一部·大藏經一部	『世宗實錄』卷23, 6年 2月 癸丑條	·世宗 5년(1423) 12월, 日本國王使臣 圭籌·梵齡 등이 대장경판을 구하다 (『世宗實錄』卷22, 5年12月壬申·甲戌條, 同卷23, 6年正月戊寅朔條).
1432 (世宗14)	7	日本國王	中國板印大藏經二部	『世宗實錄』卷57, 14年 7月 壬午條	·世宗 14년(1432) 5월, 日本國王이 梵齡을 파견하여 대장 2부를 구하다(『世宗實錄』卷56, 14年5月庚辰條). ·梵齡은 富山浦에서 死去 (『世宗實錄』卷56, 14年5月辛酉條).
1440 (世宗22)	9	大內殿多多良持世	大藏經一部	『世宗實錄』卷90, 22年 9月 庚戌條	
1445 (世宗27)	3	呼子殿	大藏經	『世宗實錄』卷107, 27年 3月 乙酉條	
1445 (世宗27)	5	宗貞盛	大藏經一部	『世宗實錄』卷108, 27年 5月 丁亥條	
1446 (世宗28)	6	大內殿多多良敎弘	大藏經一部	『世宗實錄』卷112, 28年 6月 甲寅條	
1448 (世宗30)	8	日本國王	大藏經一部函俱	『世宗實錄』卷121, 30年 8月 庚辰條	·世宗 30년(1448) 4월, 日本正使 文溪正祐가 南禪寺 奉安을 위한 대장경 7,000 여권을 구하다 (『世宗實錄』卷120, 30年4月壬午條).

1449 (世宗31)	9	對馬島宗貞盛	藏經一部	『世宗實錄』 卷125, 31年 9月 辛巳條	·世宗 31년(1449) 8월, 對馬州 宗貞盛이 승려 道闇을 파견하여 대장경 을 청하다(『世宗實錄』卷 125, 31年 8月 丙寅條).
1450 (文宗即 位)	5	日本國王	大藏經一部	『文宗實錄』 卷1, 即位年 5月 己酉條	·文宗 즉위년(1450) 2월, 日本國 源義成이 사신 景楞 등을 파견하여 대 장경 1부를 구하다(『文 宗實錄』卷1, 即位年 2月 己未條).
1450 (文宗即 位)	12	宗金	善山府得益寺所藏三 千八百卷	『文宗實錄』 卷5, 即位年 12月 癸未條	·文宗 즉위년(1450) 12 월, 日本國 關西路 筑前 州 冷泉 宗金 등 18인 이 輝德殿에서 進香하 다(『文宗實錄』卷5, 即 位年 12月 辛未朔條).
1452 (端宗即 位)	10	日本國使者定泉	大藏經脫帙一百十三 卷·鄕本大藏經	『端宗實錄』 卷4, 即位年 10月 癸卯條	·大藏經 脫帙 113卷을 주 나 定泉이 불평을 말하 므로 鄕本 大藏經을 찾아 탈권을 완보한 후에 주 다(『端宗實錄』卷4, 即位 年 10月 癸卯條).
1456 (世祖2)	7	日本國王	釋典一帙	『世祖實錄』 卷4, 2年 7月 戊辰朔條	·世祖 2년(1456) 3월, 日 本國王이 승려 承傳 등을 파견하여 대장경 7,000 여권을 구하다(『世祖實 錄』卷3, 2年 3月 甲申條).
1457 (世祖3)	5	日本國王	大藏經一部	『世祖實錄』 卷7, 3年 5月 戊子條	
1459 (世祖5)	8	日本國殿下	大藏經一部·法華經 二部·金剛經二部·金 剛經十七家解二部· 圓覺經二部·楞嚴經 二部·心經二部·地藏 經二部·起信論二部· 永嘉集二部·證道謌 二件·趙學士書證道 歌二件·高峯禪要二 部·翻譯名義二部·成 道記二部	『世祖實錄』 卷17, 5年 8月 壬申條	·世祖 5년(1459) 6월, 源義政이 승려 秀彌를 파견하여 대장경을 구 하다(『世祖實錄』 卷16, 5年 6月 癸丑條).

1460 (世祖6)	9	日本國左武衛	大藏經·成道記·法華經·金剛經·翻譯名義·證道歌·起信論·永嘉集·心經·大悲心經	『世祖實錄』 卷21, 6年 9月 庚子條	
1462 (世祖8)	正	琉球國王	大藏經一部·金剛經·法華經·四教儀·成道記·心經·大悲心經·楞嚴經疏·阿彌陀經疏·維摩經宗要·觀無量壽經義議·金剛經五家解·宗鏡錄·法經論及法帖各二部	『世祖實錄』 卷27, 8年 正月 辛亥條	·世祖 7년(1461) 12월, 琉球國 中山王이 普須古·蔡璟 등을 파견하여 大藏尊經 전부를 구하다(『世祖實錄』 卷26, 7年12月戊辰條).
1462 (世祖8)	12	日本國王源義政	大藏經一部函具	『世祖實錄』 卷29, 8年 12月 甲戌條	·世祖 8년(1462) 10월, 日本國王 源義政이 승려順惠 등을 파견하여 대장경을 구하다(『世祖實錄』 卷29, 8年10月庚午條).
1470 (成宗元)	8	畠山殿源義勝	大藏經一部	『成宗實錄』 卷7, 元年 8月 丙寅條	
1471 (成宗2)	12	琉球國王	大藏經一部	『成宗實錄』 卷13, 2年 12月 庚辰條	
1478 (成宗9)	秋	大內左京兆尹中大夫兼防長豐筑州太守多多良政弘	大藏	『成宗實錄』 卷158, 14年 9月 癸卯條	
1479 (成宗10)	5	大內殿政弘	大藏經一部	『成宗實錄』 卷104, 10年 5月 丁丑條	·成宗 10년(1479) 4월, 日本國 大內左京兆尹中大夫政弘이 승려 瑞興을 파견하여 불상 및 토의를 바치고 長州 安禪寺를 위한 毗盧大藏 一藏을 구하다(『成宗實錄』 卷103, 10年4月癸卯條).
1482 (成宗13)	5	日本國王源義政	大藏經一部	『成宗實錄』 卷140, 13年 4月 丙辰條 『成宗實錄』 卷141, 13年 5月 庚辰條	·成宗 13년(1482) 4월, 日本國王 源義政이 榮弘首座를 파견하여 圓成寺에 안치하기 위한 대장경을 구하다(『成

					宗實錄』卷140, 13年4月丁未條).
1487 (成宗18)	3	宗貞國	私藏大藏經一部	『成宗實錄』卷201, 18年 3月 己酉條	·成宗 18년(1487) 2월, 對馬州太守 宗貞國이 宗國秀을 파견하여 毗盧法寶 一藏을 구하다(『成宗實錄』卷200, 18年2月丁丑條).
1487 (成宗18)	7	日本國王	輚成(大藏經)一件	『成宗實錄』卷205, 18年 7月 丙子條	·成宗 18년(1487) 4월, 日本國王 源義政이 等賢首座를 파견하여 越後州 安國寺를 위한 毗盧法寶를 구하다(『成宗實錄』卷202, 18年4月乙未條).
1487 (成宗18)	8	(大內殿)源政弘	私藏(大藏經)	『成宗實錄』卷206, 18年 8月 庚午條	·成宗 18년(1487) 6월, 日本國 左京兆尹中大夫 兼防長豊筑四州太守 多多良政弘이 鐵牛를 파견하여 대장경 1부를 구하다(『成宗實錄』卷204, 18年6月甲申條).
1489 (成宗20)	9	日本國王	(大藏經)一件	『成宗實錄』卷232, 20年 9月 壬午條	·成宗 20년(1489) 8월, 日本國王 源義政이 승려 惠仁을 파견하여 대장경을 구하다(『成宗實錄』卷231, 20年8月乙未條).
1490 (成宗21)	10	大內殿政弘	大藏經一部	『成宗實錄』卷246, 21年 10月 壬戌條	·成宗 21년(1490) 9월, 日本國 大中台布左京兆尹兼防長豊筑四州太守 多多良政弘이 慶彭首座를 파견하여 紀州 安樂禪寺를 위한 대장경을 구하다(『成宗實錄』卷244, 21年9月丁卯條).
1491 (成宗22)	9	日本國王	大藏經一部	『成宗實錄』卷257, 22年 9月 癸卯條	·成宗 22년(1491) 8월, 日本國 源義材가 慶彭首座를 파견하여 筑前州 妙樂禪寺를 위한 대장경 전부를 구하다(『成

					宗實錄』卷256, 22年8月戊申條).
1492 (成宗23)	3	琉球國王	大藏經不帙一部	『成宗實錄』卷263, 23年 3月 癸酉條	·成宗 22년(1491) 12月, 琉球國王이 耶次郎을 파견하여 一藏을 구하다 (『成宗實錄』卷260, 22年12月甲辰條).
1502 (燕山君8)	正	日本國	星州安峯寺所藏 (大藏經)	『燕山君日記』卷42, 8年 正月 壬辰條	
1517 (中宗12)	8	日本	大藏經不帙一件	『中宗實錄』卷29, 12年 8月 丁巳條	

Ⅳ. 「陶祖」言說의 역사적 전제

고미야 기요라(小宮木代良)*

1. 머리말

근세초기에 도자기 산지가 성립한 배경과 관련해, 肥前·筑前·豊前·肥後·薩摩·大隅·長門 등지에서 明治初年경까지는 「陶祖」에 관한 비슷한 설명이 등장해 있었다(黑川眞賴, 「工芸志料」 明治 10年(1877) 12月. 農商務省 編, 「府縣陶器沿革 陶工伝統誌」 明治 19年 등). 그러한 설명들의 공통점은 16세기말 豊臣秀吉의 조선침략으로 인해 도공들이 끌려와, 그들이 각 지역에서 도기의 「陶祖」가 되었다고 하는 점이다. 이런 설명은 「燒物戰爭(도자기 전쟁)」이라는 어구의 사용과 함께 일반에도 넓게 유포되었다. 힌편 연구면에서는 이러한 설명에 대한 비판적 견해(中村質, 「秀吉政權と壬辰倭亂の特質」『アジア文化』8호, 翰林大學校, 1992. 뒤에 遺稿集, 『近世對外交涉史論』, 吉川弘文館, 2000年에 「壬辰丁酉倭亂と被虜人」의 후반부에 재수록)도 있어, 개인적으로는 최근에 「陶工の連行(도공의 연행)」이라는 표현에 대해 신중한 경향도 발생하고 있다고 느끼고 있다.

---

* 東京大學 史料編纂所

본고에서는 이러한 「陶祖」설명에 관한 상황을 바탕으로, 肥前 佐賀藩 有田의 陶祖설명이 성립한 전제조건에 대해 재검토하고자 한다.

2. 동시대 사료에서 본 도기 開始期에 대한 검토

肥前 佐賀藩 有田의 「陶祖」에 관한 설명은 대부분 18세기 이후에 쓰인 관련 유래담에 처음 등장한다. 본장에서는 이런 유래담의 내용을 염두에 두면서, 유래담 그 자체에서는 일단 벗어나, 근세초기 문헌사료에 한정해서 분석을 시도하고자 한다.

【史料 1】［多久家書物］(佐賀縣立図書館鍋島文庫所藏)
　寬永 14年에 唐人・又扶持人 및 그 외의 사람들에 대해, 도기제작과 관련해 泰盛院樣가 발급한 御書出의 필사본
　覺
　一, 옛날부터 있던 唐人과 그 嫡子로, 도기제작에 전념해 수년간 거주한 자는 앞으로 도기를 굽는 것을 허락한다.
　一, 唐人중에서도 他國에서 와서, 집이 없는 자는 추방할 것.
　一, 又扶持人(陪臣)・마땅한 직업이 없는 자・町人・旅人은 앞으로 도기를 구워서는 안 된다. 단 거주하고 있는 자로 앞으로 백성이 되겠다는 자는 그대로 거주시켜도 좋으나, 도기는 굽지 않도록 엄하게 명해야 한다.

寬永十四年 三月廿日

多久美作殿

이 사료는 佐賀藩의 家老였던 多久家에 전해오는 근세초기 文書群을 근세 중후기의 어떤 시점에 정리해서 필사한 것 중 하나로 엄밀한 의미에서 동시대의 일차사료라고 할 수는 없다. 그러나 내용상 동시대 사료인 점을 의심할 여지는 적다고 현재 판단하고 있다. 보낸 사람의 서명은

없지만, 이 필사본에 후일 붙여졌다고 판단되는 타이틀에는 寬永 14年 (1637) 당시의 佐賀藩主 鍋島勝茂(泰盛院)가 작성한 「御書出」이라고 기록되어 있다. 받는 사람 多久美作은 佐賀藩의 請役家老(藩의 행정을 총괄하는 역할)였던 多久茂辰으로, 이 문서가 藩主가 請役家老 앞으로 보낸 지시문라는 것을 알 수 있다. 전부 3개조로 구성되어 있는데, 제1조에서는 옛날부터 있던 「唐人」과 그 嫡子에 대해, 수년간 거주한 사람에게는 도기 제작을 허용하도록 지시하고 있다. 제2조에서는 「唐人」중에서도 他國(佐賀藩 이외의 지역을 의미하는가?)에서 와서 집이 없는, 즉 정주하고 있지 않은 사람은 추방할 것을 지시하고 있다. 제3조에서는 陪臣·마땅한 직업이 없는 자·町人·旅人 등에 대해서는 이후 도기제작을 금지하고, 다만 정착해서 살고자 하거나 백성이 되겠다고 하는 사람은 머물 것을 허락하되, 앞으로 도자기 제작에는 종사하지 않도록 할 것을 명하고 있다.

이것은 도기와 조선인(「唐人」)이 관련되어 등장하는 동시대 사료중에서는 가장 오래된 사료로, 한편으로는 도기제작에 종사하는 것을 허가하고, 한편으로는 금지하고 추방하는 두 가지 요소가 포함되어 있다.

이 사료에서 확인되는 사실은 ① 조선인이 肥前領內에 다수 존재한 점, ② 그들이 도기제작에 종사한 점, ③ 도기제작에 대한 허가와 금지(추방) 등의 조치가 藩權力에 의해 행해진 점 등을 들 수 있다. 이러한 사실을 바탕으로, 이하의 의문점이 발생한다.

① 왜 다수의 조선인이 肥前領內에 체류해 있는가?
② 왜 그들은 도기제작에 종사하고 있는가?
③ 왜 藩權力은 도기업 종사자들의 이동 등을 통제하려고 하는가?

사실 「陶祖」에 대한 설명에 따르면, 위의 세 가지 의문에 대한 해답

은 이미 주어져 있다. 그러나 여기서는 처음 말한 대로 동시대 문헌사료
인 史料 1을 출발점으로 분석해 나가고자 한다.

3. 조선인 포로의 渡日 사정

왜 근세초기 肥前에 다수의 조선인이 존재하고 있었는가 하는 질문에
는, 秀吉의 조선침략에 의해 포로가 되었기 때문이라고 하면 일단 설명
이 된다. 그러나 그것이 전부인가? 포로는 어떤 사람들인가, 또 왜 침략
종결 후 30년이 지난 시점에서도 이렇게 많은 사람들이 남아 있는가 하
는 점을 생각해 볼 필요가 있다. 포로에 관해서는 內藤雋輔著,『文祿·慶
長役における被虜人の硏究』(東京大學出版會, 1976)를 필두로 지금까
지 많은 연구가 있지만, 여기서는 도공과의 관련을 중시해, 침략전쟁중
포로에 관한 기술을 동시대의 朝鮮王朝實錄에서 찾아보고자 한다.[1]

    (A)『宣祖實錄』26年(1593) 6月 28日(辛亥)條
    (前略) 우리나라 백성 중에 포로가 되어 왜적의 세력 안에 있는 자가
수천에 달한다.
    (B)『宣祖實錄』26年 윤11月 12日(壬辰)條
    (前略) 명나라 사신이 (정세보고의) 첩을 다 읽고 말하기를,「이전에
포로가 (적진에서) 나오면 그들을 죽였기 때문에, 그들은 (죽임을 당하는
것을) 두려워해 나오려고 하지 않는다고 들었다. 지금 이 첩을 보면 (그러
한 사실은 적혀있지 않다). 내가 들은 것은 거짓이었단 말인가.」
    (C)『宣祖實錄』26年 12月 1日(庚戌)條
    비변사가 국왕에게 다음과 같이 보고했다.「근래 각도의 初試에 합격
한 사람 중에 적의 목을 베어 紅牌를 얻은 자가 계속 있었습니다. 그 숫

---

1)「被擄人」에 관한 검색은 한국국사편찬위원회 웹사이트에서「朝鮮王朝데이타베
이스」를 이용했다.

자가 매우 많으니 (그것 자체는) 가상한 일이기는 합니다. 그러나 말세에 허위와 배반을 일삼는 인심은 거짓을 풍습으로 삼고 있습니다. 걸인을 살해하여 그 목을 베거나, 돌아온 포로의 목을 베어 그 수급을 왜적의 머리라고 우겨, 탐욕스럽게 무과 급제를 얻는 경우가 있습니다. 만일 이와 같이 한다면 왜적을 살상하는 데에도 무익할 뿐만 아니라, 자국민을 해치고 또 귀순하는 길을 막는 처사입니다. 진실로 마음 아픈 일입니다.」

(D) 『宣祖實錄』 27年(1594) 3月 7日(乙酉)條

(前略)(戶曹參判 成泳 등이 적중에서 돌아온 宗仁에게) 우리나라 포로의 수를 물었다. 이에 (宗仁이) 대답해서 말하기를, 「당초 포로의 수는 많았지만, 젊고 쓸모있는 자는 왜국에 보내졌습니다. 그 외의 포로는 이리저리로 팔려가 부림을 당하다가 굶어 죽은 이가 많습니다.」라고 하였다.

(E) 『宣祖實錄』 27年 3月 23日(辛丑)條

사헌부가 국왕에 아뢰기를 「(중략) 무과의 초시에 합격한 자는 적의 목을 벤 후에 홍패를 받기로 되어 있습니다. 전쟁 초기 조정의 의논에서, 왜적을 토벌하는 데 급급하여 이와 같이 정했습니다. 그러나 식견이 있는 이들은 그때부터 이미 허위가 있을까 염려하였습니다. 다른 사람이 벤 수급을 구매하는 것은 물론 말할 것도 없습니다. 우리나라 사람으로 포로가 되었다가 돌아온 이들이라도, 베어 죽임을 당하는 재난에서 벗어나지 못합니다. 단지 무고한 자가 억울하게 죽을 뿐 아니라, 적중에서 돌아오려고 하는 자들도 또한 죽임을 당할까 두려워 감히 나오려고 하지 않습니다. 그 피해는 말로 다 할 수가 없습니다.」

(F) 『宣祖實錄』 27年 4月 17日(乙丑)條

柳成龍이 아뢰기를, 「(중략) 邊將들이 우리나라의 굶주린 백성들을 많이 베어, 大戰에서 적의 목을 벤 것이라고 합니다. 속이는 일이 대체로 이와 같습니다.」

(G) 『宣祖實錄』 28年(1595) 1月 22日(乙未)條

적중에서 포로가 돌아오더라도 모두 먹을 것이 없어 다시 적중으로 돌아갑니다.

(H) 『宣祖實錄』 28年 2月 11日(甲寅)條

(明의)遊擊이 다음과 같이 말했다. 「왜적은 이미 귀순하였습니다. 이후로는 降倭는 일절 받아들여서는 안 됩니다. 이미 받아들인 자들도 돌려보내야 합니다. 귀국의 포로들도 죽여서는 안 됩니다. 죽인다는 소문을 듣고 돌아오지 않는 자들도 많습니다.」

국왕이 그에 대해 「우리 백성 중에 왜적에게 투항한 자들은 어찌 그 사정이 없겠는가. 어쩔 수 없었을 것이다. 돌아온 자들은 各道에 나누어 안주시켜 부양할 생각이다. 어찌 이들을 죽이겠는가.」라고 대답했다. 遊擊이 「그 말씀은 매우 옳습니다. 그것이야말로 선왕이 인민에게 베푼 정사입니다.」라고 말했다.

(I)『宣祖實錄』28年 7月 26日(丁酉)條

李元翼이 국왕에 아뢰기를, 「(중략) 왜적에 투항한 포로들은 왜적이 물러가면 슬퍼하고 왜적이 머무른다는 소문을 들으면 기뻐합니다. 인심이 이와 같이 된 것은 다름이 아닙니다. 그들이 살아남을 방도가 왜적에게 있기 때문입니다.」라고 했다.

(J)『宣祖實錄』30年(1597) 12月 11日(丁卯)條

(明의)軍門이 물었다. 「본국의 인민 가운데 적에게 투항한 자가 매우 많다고 들었다. 이들은 거의 (자발적으로) 투항한 무리인가, 아니면 포로가 되었다가 죽음이 두려워 그리된 것인가.」

(K)『宣祖實錄』31年(1598) 6月 28日(辛巳)條

(明의 劉提督이 朝鮮의 兵曹判書등에게 말하기를) 「적중에 포로로 잡혀 있다 도망쳐 나온 사람이라도 즉시 免死帖을 발급해야 한다. 편의를 제공하여 안심할 수 있게 하면 인심을 얻는 것이 가능하다. 반드시 유익하기 때문에 이를 요청한다.」

침략의 시작에서 끝까지 포로에 관한 많은 기사를 확인하는 것이 가능하다. 그러나 위에서 언급하지 않은 포로관련 기사를 포함해, 우선 명백한 것은 조선 도공과 포로와의 관계를 보여주는 기사가 전혀 없다는 점이다.

(A)에서 알 수 있는 것처럼, 포로는 일본군의 세력범위내에 있는 사람들을 넓게 지칭하는 경우도 있다. 그들이 일본군이 점령한 성읍이나 촌락에서 도망쳐서, 조선군의 세력범위내로 들어가는 것이 물리적으로 불가능한 것은 아니다. 한편 (D)의 경우처럼 젊은 사람들을 중심으로 노예로 일본에 보낸 경우도 있었다. 많은 선행연구에서 밝힌 바와 같이, 이 경우에는 足輕(보병부대)층에 의한 인간사냥 행위와 사람을 사서 파는 노예상인들(카톨릭교단 상인 등 아시아 內外의 노예 교역 네트워크와 관

련된 사람들)의 개입이 있었다. 이런 사례는 문헌상 확인되는 경우 이상으로 무수히 존재했던 것이 분명하다.

그리고 이런 사례와는 별도로, 새롭게 확인가능한 포로관련 상황으로는 (B)·(C)·(E)·(F)·(H)의 기사에 보이는 경우가 있다. 즉 일단 일본군 영역에 들어와 포로가 된 사람이 前線의 조선군 지역에 돌아가서 살해된 경우가 있었다. 그 이유로는 침략초기인 (C)·(E)·(F)의 경우, 武科의 자격조건으로 왜적의 수급을 제출할 것을 특별조치로 공포한 결과, 조선군 중에는 자국민의 수급을 바치는 사람이 있었고, 그 수급의 대상이 귀환한 포로였다는 사실을 조선정부도 알고 문제시하고 있다.

포로가 귀환한 후 살해된 것은 (B)·(H)·(J)에서 보이는 것처럼, 明軍도 침략전쟁의 후반까지 몇 번이고 지적하고 있어, 아마도 실제로 지속되고 있었다고 보여진다. 그러한 일이 어느 정도 파급되고 있었는가는 사료상 확인하기 어렵지만, 조선조정도 인식하고 있는 것처럼, 그러한 사건에 관련된 소문·풍문이 확대되면서 일본과 조금이라도 접촉을 가진 사람을 포함한 넓은 의미의 포로들이 오히려 조선군 지역으로 돌아가는 것을 망설이는 상황이 발생했다. 더욱이 그러한 상황이 장기화되어 (G)·(I)에서 보이는 바와 같이, 침략군인 일본군과 행동을 함께하는 쪽을 선택하게 되는 경우도 있었다.

식량 문제도 있어, 그들은 전란이라는 상황속에서 자신의 생명을 보존하기 위해 침략군과 접촉·교류하지 않을 수 없었다. 게다가 일단 일본군과 접촉하고 나면 조선 측이 의심하는 존재가 되고 말았다. 물론 (H)에서 조선국왕도 인정하는 것처럼 어쩔 수 없는 상황하에 있는 포로를 의심하는 것은 국왕의 덕으로 볼 때 있어서는 안 되는 일이었다. 그러나 前線에 있는 군대가 민간인을 스파이로 보고 그러한 오해에서 종종 민간인을 학살한 것이 여기서도 확인된다.

여기서는 언급하지 않았지만, 일본군 영역을 오가며 그들이 조선 측에 정보를 전달한 기사, 심지어는 그들에게 정보탐색을 명령한 기사도 많다. 양군 사이에 놓인 포로들은 그 양쪽으로부터 스파이로 판단돼 정보탐색까지 강요받았던 것이다. 물론 주민 학살은 침략군인 일본군에 의해 행해진 경우가 압도적으로 많은 것은 말할 필요도 없다. 많은 사람들이 먼저 일본군한테서 도망쳐서 자신의 생명을 구하려고 했다. 그러나 전장에서 도망치지 못하고 살기 위해 일본군과 접촉하지 않을 수 없었던 경우, 돌아가서 자국군한테 해를 입을 가능성을 걱정한 사람들도 상당수 있었다는 것은 부정할 수 없다.

침략에 실패하고 일본군이 귀국할 때, 포로중에는 고민한 결과 일본군과 동행할 것을 선택한 사람들도 있었다고 보여진다. 침략 종결의 최종단계에서 귀환포로에게 지급하기 위한 免死帖이 존재했다(K)는 사실은, 조선에 남을 경우 처형당할지도 모른다는 우려가 있었다는 것을 보여준다.

그러나 일본군을 따라갔다고 해서 생명유지가 보장되었던 것은 아니다. 원래 일본군이야말로 자신들을 이러한 지경에 몰아넣은 장본인들이었다. (D)에서 보이는 것처럼, 침략중 일본국내 상황도 최악이어서 굶어 죽을 위험은 항상 존재했다. 아주 예외적으로 학자처럼 특별한 능력을 가진 경우나 家內노예였다가 특별히 등용된 경우 등을 제외하고는, 이국 땅에 건너온 사람들에게 살기 위한 방편은 거의 없었다. 한편으로는 개개의 일본인(대부분의 경우 일본군을 구성하고 있던 무사들)과의 관계에 의존해, 어떻게든 살아보려고 해도, 당시의 생산력으로 볼 때 노동력으로써 가치가 없어지는 경우도 있었고, 그 수가 너무 많은 경우에는 언제까지 그런 상황이 지속되지도 않았다. 그렇다고 촌락 주변에는 더욱 그들을 받아들일 여유가 없었다. 결국에는 산야로 추방되었다. 좋은 해결책이 없는 경우, 이것이 포로들을 기다리고 있던 운명은 아니었을까? 어디에도 가지 못하고 항상 생명의 위험을 느끼고 있었다. 그런 의미에서 그들은 난민이었다고 볼 수 있다.

　寬永期에 肥前에 다수 체재하고 있던 조선인들은 위와 같은 경우를 포함해서 여러가지 사정으로 도일한 사람들이었다. 鍋島軍이 연행해 온 사람들 외에 다른 大名과 함께 도일해서 北部 九州의 상륙지에 방치된 사람들도 포함되어 있었을 가능성이 있다. 刷還使나 通信使가 포로들의 귀국을 권유해 일정수는 귀국했지만, 많은 수의 사람들이 남은 배경에는 도일시 위와 같은 사정이 있었던 것과 관련이 있다. 귀국을 권하는 문서에는 포로들의 「죄를 용서한다」라는 문구가 있었다(「萬曆四十五年五月日朝鮮國礼曹帖(俘虜刷還諭告文)」佐賀縣立名護屋城博物館所藏). 국가가 구해야 할 피해자라는 의식만으로는 설명할 수 없는 점이 상당수 포로들과 조선조정 사이에 있었던 것이다. 이것이 그들을 일본에 남게 했다. 그러나 이 시점까지 이국에서 그들이 살아 남았다고 하는 것은 무엇인가 생업이 존재했다는 것을 보여준다.

4. 조선인 도공에 대해

　본절에서는 포로가 된 조선인들 중 대다수가 왜 도공이 되었는가를 검토하고자 한다. 먼저 그들이 도일해서 50여년이 지난 후 그들의 상황을 기록한 다음 사료를 보자.

　　【史料 2】[多久家有之候御書物寫 六](佐賀縣立図書館鍋島文庫所藏)
　　皿山의 金ヶ江三兵衛가 高麗에서 온 것에 관한 조목별 기록
　　覺
　　一, 나는 高麗에서 건너와 수년간은 長門守樣 밑에서 일했습니다. (그때부터) 지금까지 38년이 되는데, 丙申年부터는 有田의 皿山방면으로 이주했습니다. 多久에서부터 같이 이주한 사람들은 18명입니다. 그들도 나

의 자식들입니다. 모두 轆轤를 가지고 왔습니다. 또, 野田十右衛門殿 밑에 있던 唐人의 자식 8명, 木下雅樂助殿 밑에 있던 「かくせい」의 자식 2명, 「東の原淸元」밑에 있던 唐人의 자식 3명, 多久의 本皿屋 사람들 3명도 모두 轆轤를 가지고 왔습니다.

　一, 내가 구매한 사람들은 高木權兵衛殿 밑에 있던 唐人의 자식 4명, 千布平右衛門殿 밑에 있던 唐人의 자식 3명, 有田 百姓의 자식과 형제 2명, 伊万里町의 助作 이상 10명입니다. 전원 내가 보살피고 있습니다. 이상.

巳四月廿日

有田皿屋

三兵衛尉

　위 사료는 나중에 金ヶ江氏(가나가에씨)에 관한 陶祖설명의 근거로 인용되는 사료지만, 원래는 多久家에 전해오는 사료의 필사본 중 하나로, 사료 자체에 관해서는 그 성립에 대해 의문시할 요소가 비교적 적다. 사료에 따르면, 고려에서 도일한 후 多久長門(安順, 사료 1에 보이는 美作守 茂辰는 安順의 養子)밑에서 수년간 일한 후, 도일 후 20년 가까이 지난 元和 2年(丙申之年·1616) 多久에서 有田 皿山으로 거처를 옮겼다고 기록되어 있다. 이 사료가 씌여진 것은 丙申年에서 38년후의 巳年이므로 承応 2年(1653)에 해당된다. 여기서 주목되는 것은, 그들이 조선에서 건너온 사정에 대해 그들은 도공으로 그 기술을 가진 것 때문에 연행되었다고 설명하지 않는 점, 더욱이 주의해서 읽으면 長門守 밑에서 일한 것은 수년간뿐으로 적어도 元和 2年까지 20년에 가까운 기간의 대부분은 長門守 밑이 아니라, 多久領內의 어딘가에서 생계를 꾸려 나갔다고 추정되는 점이다. 그리고 元和 2年에 이동하는 단계에서는 도기 도구인 녹로를 소지하고 있어 도기를 구워서 생계를 꾸려왔던 것을 알 수 있다.

　元和 2年 三兵衛와 함께 多久에서부터 동행한 집단은 三兵衛의 자식 18명과 野田十右衛門殿 밑에 있던 唐人의 자식 8명, 木下雅樂助殿 밑에 있던 「かくせい」의 자식 2명, 「東の原淸元」밑에 있던 唐人의 자식 3

명 등, 나이어린 조선인들과 함께 多久의 本皿屋의 3명이 포함되어 있다. 三兵衛가 원래부터 조선인 도공이 아니었다면, 도기제작으로 생계를 꾸리기 위해서는 多久 체류중에 도기제작 기술을 가진 다른 기술자와 접촉하지 않으면 안 된다. 多久의 本皿屋 사람들은 누구였을까?

여기서 片山まび씨의 조선인 도공이 北部 九州에 존재하기 시작한 시기에 관한 연구에 주목해 보고자 한다. 片山씨는 古唐津陶器의 연구를 통해, 秀吉가 조선을 침략하기 전부터 唐津의 波多氏 영지를 중심으로 한 지역에 상당수 조선인 도공들이 건너와 생산에 종사하고 있었을 것이라고 지적하고 있다(片山まび, 「「朝鮮人陶工」とは誰なのか?－全羅道‧慶尙道の一六世紀窯址と岸嶽系唐津の比較から－」『陶說』541号, 1998. 同 「一六世紀の朝鮮陶磁と草創期の唐津燒との比較研究－「近世的な窯業」の萌芽を視座として－」『朝鮮學報』167輯, 1998). 波多氏가 文祿 3年(1594) 秀吉에 의해 영토를 몰수당했기 때문에, 波多氏의 居城 岸嶽城을 중심으로 존재했던 朝鮮系 가마가 사라졌다고 지적하고 있다. 그러면 그들은 어디로 갔을까? 조선 침략은 해협간의 정상적인 왕래를 차단했을 것이고, 九州 北部의 조선인 도공이 전쟁개시와 그후의 波多氏 몰락으로 난민화했을 것은 짐작이 가능하다. 그러한 그들이 주변에 도기를 구울 수 있는 장소를 찾아 분산했을 가능성을 생각해 볼 수 있다. 波多氏와 같은 보호자가 없어졌기 때문에, 가능하면 다른 주민과의 충돌을 피해 계곡이나 산속 깊은 곳에 가마를 설치했다고 생각된다. 岸嶽城와 有田의 중간지점에 있는 茅の谷遺跡(伊万里市史編さん委員會編, 『伊万里市史 陶磁器編 古唐津‧鍋島』, 伊万里市, 2006, 9쪽)에서 발견된 계단형 가마같은 초기 가마터는 그들이 설치한 것으로 볼 수 있다. 또 그들이 多久 등 주변분지에 최초의 난민으로 산재했을 가능성도 생각해 볼 수 있는 일이다.

그리고 秀吉의 침략과 더불어 도일해 온 金ヶ江氏 등과 같은 제2차

난민이 먹고 살기 위해 山野로 들어갔을 때, 거기에는 이미 조선계 도기 기술을 가진 동포들이 있었다. 多久의 本皿屋의 3명이 그런 사람들이었 거나 아니면 그런 사람들과 관련된 사람들이었을 가능성은 부정할 수 없 다. 金ヶ江三兵衛는 도일한 당초에는 多久長門 밑에서 일했으나, 소수의 사례를 제외하고 일본 사회로부터 추방된 다른 많은 동포들과 마찬가지 로, 多久家와의 관계가 단절되었던(적어도 경제적 원조는 없어졌다) 것 은 아닐까? 三兵衛에게 多久의 山野에서 조선인 도공들과 함께 시작한 도기제작은 생명선이었고, 거기에 모인 다른 동포들에게도 마찬가지였으 리라 생각된다. 元和 2年 有田로 이동한 것은 말하자면 多久에서 쫓겨난 것과 같다.[2] 多久家에게 山野는 영지의 일부였다. 동행한 집단에, 일본 인의 被官같은 존재였다고 보여지는 唐人들이 일본에서 낳은 자식들이 다수 포함된 것도 경제적으로 곤궁한 부모의 입장과 그 때문에 먹는 입 을 줄이고자 하는 상황을 추측하게 한다.[3]

　　당시 그들의 생활이나 생업의 실태를 직접 보여주는 사료는 없지만, 肥前에서 온 조선인 도공의 이주지로 추정되는 豊前 上野나 弁城에 대 해서는 細川家史料에 많은 사료가 남아있어, 永尾正剛氏·福原透氏 등이 元和末年에서 寬永初年경의 실태를 밝혀냈다. 그에 따르면, 그들은 「燒 物山(도기굽는 산)」에서 「燒物師(도공)」이나 「うりこ(판매상)」로 백명전 후가 모여 부락을 형성해, 도기제작 뿐 아니라 소규모의 개간지도 경작 하면서 생활했다(永尾正剛, 「細川茱園場窯と上野燒陶工」 『東洋陶磁』 30호, 2001. 福原透, 「歸化陶工の實像について－山鹿上野燒陶工の事 例を中心に－」『陶說』639호, 2006). 肥前에서의 상황도 비슷하지는 않 았을까?

---

2) 中村質는 머리말에서 인용한 論文 「秀吉政權と壬辰倭亂の特質」에서 「放逐」 이라고 표현하고 있다.

3) 三兵衛 본인이 반드시 도공일 필요는 없고, 先住 조선인 도공을 관리하고 연소자 를 중심으로 한 차세대의 도공을 양성하는 집단의 지도자였을 가능성도 있다.

5. 도공집단의 추방과 그 증언 그리고 도기제작의 개시기에 대해

본 절에서는 肥前領內에서 조선인 도공집단을 추방한 사실과 그 이유를 검토하고, 동시에 도자기 제작을 시작한 시기를 추정하고자 한다.

【史料 3】[多久家文書](寬永10年代)
六月九日 鍋島勝茂의 書狀(多久市鄕土資料館所藏 「多久家文書」 2284号)
(전략)
一, 도공 2명에게 도기제작을 허락해 달라고 紀伊守(鍋島元茂)가 신청해 왔기에, 이번에 나의 허가서(手形)를 보냈다. 이전에 말한대로 도공이 많으면 산이 황폐해지기 때문에, 더욱 엄중히 관리할 필요가 있다. 앞으로는 내가 발급하는 문서를 통해서만 도기제작을 허락해야 한다는 것을 명심할 것. (중략)

(鍋島)
六月九日 信濃守 勝茂(花押)
(茂辰)
多久美作守
諸岡彦右衛門殿

사료 3은 도공을 추방한 것이, 도기제작용 연료를 벌채해서 산지가 황폐회되는 것을 막기 위한 것이라고 명시하고 있다. 이「追放」에 대해서는, 후술하는 「陶祖」 설명을 보면, 寬永 14년(1637) 3월 19일, 佐賀領內 伊万里・有田방면의 산이 황폐화해져서 조선인(「唐人筋」) 이외에 도기제작에 종사하는 일본인을 추방했다고 설명하고 있다. 그러나 史料 1・史料 3에 따르면, 추방된 사람은 조선인・일본인을 포함해 해당 지역에서 안정된 품질의 도기제작을 기대하기 어렵다고 판단된 그룹으로, 일본인만을 추방했다고 해석할 수는 없다. 농정과 관계가 깊은 산림을 보호하는 것이 농지개발을 추진하던 초기 에도막부에게 최우선시된 것은 당연한 일로, 일본인·조선인에 관계없이 도기제작을 위해 산림을 황폐화시키는 사람들이 계속해서 추방당했다는 것은 짐작이 가능하다. 앞에서 언급한 元和 2년에 金ヶ江三兵衛가 多久領에서 「추방」된 것도 같은 이유일 것이다. 그렇게 생각하면 오히려 史料 1의 제1조는 그때까지 각지에서 추방만 당하던 조선인 집단 중 일정 조건에 달하는 사람들이 처음으로 추방에서 면제됐다는 것을 보여준다. 왜 寬永 14년에 추방이 면제되었는가? 일정 조건에 도달하지 못해 추방된 그룹과 비교해서 추정해보면, 그것은 藩당국에 이익을 가져다주는 도기 즉 중국계 도기와 비슷한 도기를 생산하는 것이 이 지역에서 시작되었기 때문이라고 볼 수는 없을까? 중국에서의 수입에 의존하지 않을 수 없는 도기를 국내에서 생산하면 막대한 이익을 가져올 것이었다.

　이하에서 寬永 14년 전후에 佐賀藩 영내의 도기생산에 관한 동시대 사료를 살펴보기로 하자.

　　【史料 4】［細川家史料］寬永 13年 9月 11日 鍋島勝茂 앞으로 보낸 細川忠利의 書狀의 필사본[4]

---

4)『大日本近世史料 細川家史料 二十』, 細川忠利文書 3214号. 有田의 磁器生產에 있어서 泉山의 陶石을 발견한 점은 중요하다. 寬永 13년의 사료에서도 「燒物之土(도기를 만드는 흙)」에 대해 언급되어 있다. 만일 이것이 陶石이라면 아래의 寬永 10년 사료도 참고가 된다.
　　［細川家史料］寬永 10年 10月 27日 鍋島勝茂 앞으로 보낸 細川忠利의 書狀의 필사본(同細川忠利文書 2362号)
　　몇 자 적어 올립니다. 제 영지인 肥後에서 도기를 제작하도록 명령했는데, 도기용 흙이 없어서, 귀하의 영지인 肥前의 흙을 보내달라고 부탁드렸는데, 흙을 운반할 인부와 말까지 조달해 주시고, 특히 저희 使者한테 小袖까지 하사하셨다는 얘기를, 肥後에 있는 부하가 江戶에 있는 저에게 보고해 왔습니다. 그렇게까지 신경 써주셔서 정말 감사드립니다. 만나 뵙게 되면 다시 한번 감사드릴 작정입니다. 삼가 이만 줄입니다.

귀하의 편지는 잘 받아 보았습니다. 도기용 흙을 부탁드렸는데 (귀하의 부하에게) 배까지 준비하도록 명령해 주셔서 정말 감사합니다. 또 접시를 5개 정도 부탁드린다고 했는데, 다섯 종류의 접시를 정성스럽게 보내 주셨습니다. 정말 이렇게 훌륭한 접시를 만들 수 있다면 중국제는 필요없습니다. 각별히 감사드립니다. 그럼 또 연락 기다리겠습니다. 삼가 이만 줄입니다.

【史料 5】「隔蓂記」 寬永 16年 閏11月 13日의 記事(東京大學史料編纂所藏 謄寫本 2073-192)
13日 오전 12시경, 壽息가 조문을 왔다. 野九郎右衛門도 왔다. 南歌도 오셨다. 宗貞의 遺品인 藤實의 그림이 그려진 伊万里산 香合을 나에게 양도하겠다고 한다.

【史料 6】 毛吹草(新村出校閱·竹內若校訂『毛吹草』岩波文庫)(寬永 15年경으로 추정)
肥前
白大唐(米)·土器, 秀吉가 薩摩에 갔을 때 천하제일의 칭호를 허락했다.
佐賀의 疊表·有馬의 鐵炮·唐津伊万里의 燒物·長崎의 木綿 (以下略)

有田에서 陶土가 발견되어 도기를 굽기 시작한 시기에 대해서는 주로 후술하는 陶祖설명에 근거해서 元和初年으로 보는 설이 존재한다. 그러나 隔蓂記에서 명확히 有田 磁器의 유통이 확인되는 것은 寬永 10년대 후반이후이다(前山博, 『伊万里燒流通史の硏究』, 私家版, 1990. 岩田久

[松井文書]寬永 10年 10月 29日 松井興長 외 4명 앞으로 보낸 細川忠利의 書狀(財団法人松井文庫藏)
一, 肥前에서 도기용 흙을 얻기 위해 使者를 보냈더니, 鍋島家의 家老인 石見와 長門가, 친절하게 선착장까지 인부·말·배를 준비해 주고, 화물 관리인까지 배에 태워서 흙을 肥後까지 보내 주었다는 보고를 받아서, 여기(江戶)에서 鍋島勝茂 앞으로 감사의 뜻을 전했다. 화물 관리인으로 온 鍋島의 부하에게 小袖를 하사한 것은 아주 잘한 일이다.
더욱이 福原透의「細川忠利のお庭燒、牧崎窯について」『陶說』644호, 2006에서는 이 흙을 肥後 高橋까지 해상으로 운송해, 熊本 本妙寺 근처 細川忠利의 영지에 있던 燒牧崎窯에서 이용했을 것이라고 추정하고 있다.

子,「『隔蓂記』のなかの伊万里」, 岡佳子·岩間香 編, 『寬永文化のネッ
トワーク―『隔蓂記』の世界』, 思文閣出版, 1998). 毛吹草의 기사는 그
것이 磁器인지 아닌지가 명백하지 않다. 그리고 寬永 13년(1636) 시점에
서 細川忠利가 肥前 磁器의 완성도에 대해 언급한「중국제는 필요없습
니다」라는 품평이나 조선인 추방을 갑자기 중지한 명령에서, 寬永 13
년~14년에서 멀지않은 과거에 상품으로 손색없는 磁器를 생산하기 시
작했을 가능성을 추측해 볼 수 있다. 磁器의 紀年銘에 관한 연구에서도
가장 빠른 사례라도 寬永 10년대(大橋康二,「肥前·有田磁器における紀
年銘について」『國立民俗博物館硏究報告』 89, 2001)의 경우가 많다.
磁器를 굽기 시작한 시기에 대해서는 그외에 고고학적 데이터에 근거한
추정치가 다수 나와 있지만, 가령 寬永期가 시작된 이후라고 하더라도
오차의 범위안에 들어간다.

寬永 4년 有田의 상황을 에도막부의 스파이가 정탐한 사료에「筑前·
筑後·肥前·肥後探索書」(東京大學史料編纂所藏影寫本, 3041-2)가 있다.
여기에 묘사된 당시 有田에 관한 정보에는 도기에 관한 기록이 전혀 없
다. 당시 다른 九州 諸藩과 같이 금광·은광개발을 위해 수천명 규모의
노동력을 집중시켜 마을을 건설하려고 시도했으나, 단기간내에 광산개발
을 포기한 직후의 모습이 담겨있다. 막부의 스파이가 有田의 磁器 생산
에 대해 전혀 언급하지 않은 것은 아직 이 시점에서는 그들의 주목을 받
을 정도는 아니었기 때문이라고 추측된다. 더욱이 有田의 여러 지역을
파헤쳐서 금광 시굴조사를 하는 과정에서 泉山의 陶石을 발견했을 가능
성, 또 광산 때문에 일단 집중된 노동력이 그대로 체류해서 도기생산이
시작되자 그쪽 노동력으로 흡수되었을 가능성도 생각해 볼 수 있다(『有
田町史』 政治·社會編 I, 1985.「有田の町や村」을 참조).

永尾氏가 肥前의 陶工이 豊前으로 移住한 사료로 제시하는 寬永 5년
3월 11일 細川家日帳의 기사(『福岡縣史 近世史料編 細川小倉藩二』)에

따르면,「石藥」을 肥前에서 豊前로 보낼 것을 명하고 있다.「石藥」을 磁器의 원료와 안료라고 보는 大橋康二씨의 설(大橋康二・永尾正剛他,「討論集會『上野・高取』について」『東洋陶磁』30호, 2001)에 따르면 이미 寬永 5년 有田에서는 磁器를 채색하고 있었고, 그 사실을 안 豊前 細川氏도 그것을 도입하려고 시도한 것이 된다.「探索書」가 작성된 寬永 3・4년 직후부터 磁器 제작을 둘러싼 상황이 급변했다고 할 수 있으나, 寬永 5년의 기사가 有田에서 磁器를 제작한 초창기의 상황이라고 한다면, 직전의 광산개발과정에서 泉山의 陶石을 발견해서 磁器에 사용하기 시작했다는 가설과도 모순되지 않는다.

6. 맺음말을 대신하여

본 논문에서 명확히 한 사실을 정리하면 다음과 같다. 18세기 이후의 사료를 제외하고 생각하면 17세기 초기(1610년대 이후) 有田에 모여든 조선인 도공집단은 그때까지 肥前을 중심으로 北部 九州 각지의 산야에 들어가 조선계 기술로 도기를 굽고 있었다. 그들 대부분은 秀吉의 조선 침략으로 조선국내가 혼란한 상황에서 포로로 잡혀온 사람들이지만, 생명의 위기를 느끼면서 이국에서도 추방이 거듭돼 점점 생계를 유지할 수 없는 상황에 놓인 난민과 같은 존재였다. 그들이 원래 도공으로 그 때문에 일본에 연행되었다고 하는 동시대 사료는 현재 확인되지 않는다. 난민이었던 그들이 도공집단이 되는 과정은, 같은 과정을 거쳐 먼저 이국의 산야에서 난민화한 조선인 도공집단의 존재가 상정된다. 합류해서 기술을 전수하면서 집단을 형성해 조선계 도기를 굽고 있던 그들이 나아가 중국계 磁器기술도 습득해 藩權力의 인정을 받아 최종적으로 추방되지 않게 되는 것은 寬永 14〜15年(1637〜38) 전후이다.

明治 38년(1905) 日露戰爭 중에 출판된 史學會 編, 『弘安文祿征戰偉蹟』(富山房)에 수록된 平出鏗二郎, 「文祿役の我が工芸に及ぼせる影響」은 다음과 같은 문장으로 시작된다. 「옛날부터 秀吉의 조선정벌은 역사학자들에게 나쁜 평판을 받아 명분없는 전쟁이라든가 무익한 전쟁이라고 불리고 있다. 그 무익한 전쟁을 문자 그대로 해석해서 이익없는 전쟁이라는 뜻이라면 그래도 낫지만, 하지 않아도 될 전쟁을 일으켰다는 의미로 무용한 전쟁이라고 평가되고 있다. 이것은 영웅호걸의 행동을 너무도 획일적으로 판단한 관점으로, 조선정벌이 예상외로 잘 진행되지 않은 점이 논자의 감정을 자극했다고 생각되어진다. (중략) 어쨌든 이 무익한 전쟁이라고 불리는 조선정벌이 군사와는 동떨어진 工芸方面에 커다란 발전을 일으킨 점은 아무리 총명하고 지혜로운 秀吉이라도 예상도 못했을 것이다.」라고 해서 秀吉의 조선출병을 계기로 조선의 도예기술이 일본에 전파되었다는 점을 강조하고 있다. 大正 7年(1918) 『歷史と地理』 1권 6호에 게재된 魚澄惣五郞, 「文祿慶長の役の我が製陶業に及ぼせる影響」도 거의 같은 논조로 「간접적 이익은 의외로 커서 특히 군사와는 완전히 동떨어진 공예방면에 기여한 영향은 아무리 총명한 秀吉이라도 생각지도 못했을 것이다. 특히 우리 製陶業에 미친 영향은 너무나도 주목할만한 점」이라고 하고 있다. 당시 역사지리 분야 등에서는 전쟁이 산업이나 사회의 발전에 미친 영향이라는 논조에 따른 연구(野村晋城, 「朝鮮の役と北九州における都市の發達」 『社會経濟史學』 9권 3호, 1939)가 성황을 이루고 있었는데 이 논문도 그 중 하나이다.

여기서 平出이 저술하고 있는 것처럼 江戶期 지식인들은 임진왜란에 대해 상당히 비판적이었다. 유학자 木下順庵의 문파이자 雨森芳州와도 가까웠던 河口靜齋는 鹿島 鍋島家에서 鍋島直郷의 스승이기도 했는데, 그의 수필 「秉筆錄」(大庭卓也翻字, 『秉筆錄抄』. 『硏究成果報告 鹿島鍋島藩の政治と文化』, 人間文化硏究機構共同硏究報告書 硏究代表 井上敏

幸, 2008, 「江戸時代中期文人大名に見る學芸と思想に關する總合的硏究
－佐賀鹿島藩第6代藩主鍋島直郷の事跡を中心に－」)에서 다음과 같이 적
고 있다.

　　【史料 7】
　　一、朝鮮 釜山浦에서는 매년 3月에 짚으로 만든 인형을 배에 실어
군선처럼 보이게 하고, 이것을 加藤淸正이 항복한 것이라고 부르고 있다.
아마도 해상에서 전투 연습을 하는 것일 것이다. 雨森芳洲 등은 매번 구
경하고 있다. (中略)
　　一、戊辰년(1748)에 온 통신사 일행중의 한 朝鮮人을 尾張藩의 유학
자 木下卯右衛門(号蘭皋)가 면담하고 싶어서, 자기소개 차원에서 자신의
성을 豊臣이라고 적어서 보냈더니, 그것을 본 조선인이 「당신과는 불구
대천의 원수지간이다」라고 하며 면담하러 나오지 않았다고 한다.

　　江戸期 지식인들은 通信使나 對馬에서의 경험을 통해, 전쟁이 가져온
결과를 적어도 그들의 후배들보다는 잘 알고 있었다. 이것은 포로들의
존재가 아직 생생했던 것도 크게 작용했는지도 모른다.
　　전쟁에 휘말린 민중이 살아남기 위해 선택한 생업인 도기. 더욱이 그
들의 자손이 살면서 만들어 낸 각각의 陶祖설명은 다양한 모습을 띠게
되었다. 근대이후 전쟁유용론이 만들어낸 「燒物戰爭(도자기 전쟁)」이라
는 설명만큼 그들의 경험을 무시한 것은 없다고 생각한다. 그렇다면 왜
근세에 이러한 「陶祖言說」이 성립한 것일까. 그 문제는 별고에서 다루고
자 한다.5)

5) 「『陶祖』言說の成立と展開」라고 하여 『九州史學』 게재 예정.

V. 16세기 日歐關係史를 통해 본 壬辰·丁酉倭亂
-크리스챤 전도와의 관계-

가로 에이치(加藤榮一)[*]

1. 머리말

通詞 바테렌의 異名을 취한 죠앙 호드리게스(Joao Rodrigues Tcuzzu)는 1561년경 포르투갈 북부 세르난세류(Cernancelho)에서 태어났다. 그의 출생이나 어린 시절에 대해서는 자세히 알 수 없지만, 13~14세 때 포르투갈을 떠나 아시아로 도항, 1577년에 長崎에 도착했다. 당시 포르투갈의 수도 리스보아(Lisboa)로부터 長崎까지는 배로 통상 2년 이상 걸렸기 때문에, 그는 1574년이나 다음해 봄에는 리스보아의 항구를 떠났다고 할 수 있다.

1574년 3월 10일에 예수회 순찰사 알렉산드로 발리니아노(Padre visitador Alessandro Valingnano, SI)가 리스보아를 출발한 5척의 선단 중 한 척에 승선하여 고아를 향하였는데, 만약 이 해에 호드리게스가 리스보아를 떠났다고 한다면 호드리게스도 이 선단의 어느 배인가에 타고 있었을 가능성이 높다. 후에 그는 일본에 도착한 후 일본어에 대한 재능을 인

---

* 前 東京大學 史料編纂所

정받아 발리니아노의 통역으로 기용되었으며, 豊臣秀吉을 비롯한 당시의 일본 지배자층의 주요 인물들과 접촉하는 등 예수회 선교사와 일본의 권력자 사이에서 중개자이자 예수회 대변인으로서 그 역할을 다하였다.

포르투갈에서 만족스런 교육을 받을 기회가 없던 호드리게스는 일본에 온 후 예수회 교육시설에서 초등교육과 일반교양, 그리고 장래에 사제가 되기에 필요한 신학이나 철학과정 등을 수학하였다. 1580년 7월에 豊後臼杵의 수련원인 Noviciado에 들어가, 1581년부터 86년까지 豊後府内의 콜레죠(Collegio)에서 학예과정과 철학과정을 수료하고 신학과정에도 진학했으나, 豊後의 정국불안으로 인해 학업을 일시 중단하지 않을 수 없었다.

한편 신도들의 자제를 위한 초등교육기관이라고 할 수 있는 세미나리오(Seminario) 또한 일본 국내의 전란이나 정변 등의 여파로 인해 이합집산과 유위전변 끝에 長崎에 모여들게 되었으며, 秀吉의 禁敎令 발포를 계기로 有馬의 벽지나 八良尾로 이전되었다. 그 후 다시 加津佐로 이전하였다가 1591년 5월에 재차 八良尾로 돌아왔다. 호드리게스는 1587년경까지 八良尾의 세미나리오에서 신학생들에게 학예나 라틴어를 가르쳤다. 순찰사 발리니아노는 府内에 콜레죠를 설치하고, 이를 장래에 일본인과 서구인을 대상으로 한 철학과 신학과정을 갖춘 동양 최고의 신학원으로 만들고자 구상하고 있었다. 그러나 1587년의 금교령 발포로 인해 그러한 중앙양성기관으로서의 콜레죠는 일본이 아닌 마카오에 설립되었다.

I.

1579년 알렉산드로 발리니아노는 인도순찰여행의 최종 여정으로 일본을 향하였다. 이는 그의 첫 번째 일본순찰이었다. 예수회 순찰사(Parde Visitador)란 말하자면 예수회 총회장의 사적인 대표로서, 총회장이 어떤 특수한 임무수행을 위해 파견한 '특사'이기도 했다. 그는 1573년 8월 당시 총회장이던 에베라르 메르쿠리앙(Eberhard Mercurian, SI)으로부터 '인도' 즉 동양 전역의 순찰사로 임명되었다. 그에게 부여된 권한은 사료나 기록에 남아있는 그의 사적으로 미루어 볼 때 일반 순찰사보다 훨씬 큰 것으로 필요하다면 인도에 새로운 管區를 설립하여 管區長을 임명하고, 住院이나 콜레죠를 설치할 수 있었다. 그리고 敍階나 終世誓願의 인가를 부여하고, 또 부적당하다고 생각되는 사람을 유럽으로 돌려보내거나 盛式四誓願의 회원조차 제적시키는 등 여러 가지 권한을 가지고 있었다.

첫 번째 일본순찰에서 발리니아노의 행동이나 업적은 광범위하고 다방면에 걸쳐 있기 때문에 하나하나 왈가왈부하지는 않겠다. 다만 일본의 포교체제 쇄신이라는 국면에 한정시키자면, 발리니아노의 기본방침은 당시 일본사회의 신분제도나 계층성, 예의작법 등을 포교에 종사하는 선교사가 충분히 이해하여 일본인으로부터 선교사들이 '宗敎家'로서 존경받을 수 있도록 행동하자는 것이었다. 이제까지 유럽의 풍속을 그대로 드러낸 선교사들의 행동을 비판하고, 일본의 풍속이나 관습, 전통문화에 적합한 행동을 취하도록 지시하였다. 동시에 일본인 성직자를 적극적으로 육성하여 그들을 일본포교의 중핵으로서 장래에 일본교회를 지고 갈 수 있도록 만들고자 하였다(Valignano, Alessandro, SI, Advertimentos e avisos acerca dos costumes e catangues de Jappao, 1581. (Schutte, F., J., SI. ed., Il Cerimoniale per i Missionari del Guappone, Roma, 1946.)).

위의 지침은 발리니아노가 일본 국내를 널리 시찰하면서 여러 계층의 일본인과 교류하고, 다년에 걸쳐 일본포교에 종사해 온 선교사들과의 의견청취나 회의결과 등을 총괄한 것이었다. 그러나 이제까지 일본포교구 상장으로서 재일예수회사를 총괄해 온 프란시스코 카브랄(Francisco Cabral, SI)은 발리니아노가 제시한 일본사회 본위의 정책이나 일본인 사제의 양성에 대해 모두 반대하였다. 카브랄은 일본인 신도의 자질에 대

해 매우 회의적이었다. 그들은 서구의 철학이나 신학의 진수를 이해할
수 없으며, 어중간하게 지식을 전수한다면 그들은 거만해져서 우리들을
깔보고 복종하지 않게 될 우려가 있다고 주장하였다. 결국 두 사람은 서
로를 받아들일 수 없었고, 끝내 발리니아노는 1581년에 순찰사의 권한으
로 카브랄을 일본포교장직으로부터 해임하고 마카오로 전출시켰다.

카브랄의 해임을 계기로 발리니아노는 포교조직의 개혁을 단행, 이제
까지 인도관구에 속해 있던 일본포교구를 '準管區'(Vice-Provincia)로 승
격시키고, 가스팔 코엘류(Gaspar-Coelho, SI)를 일본준관구장으로 임명하
였다. 그는 이 새로운 준관구를 다시 세 구역(豊後·豊前·日向)의 大友領
을 포함한 '豊後', 나머지 九州 각국을 포괄하는 'Ximo=下', 그리고 京
阪地方 'Cami=上·또는 Meaco=京' 등 세 지역으로 구분하고, 각 지구에
콜레죠와 세미나리오를 설치하여 각 지구의 상장에게 이를 관할케 하는
계획을 세웠다. 그러나 각 지구에 콜레죠와 세미나리오를 설치하는 안은
재정상 곤란하였기 때문에 완전히 실현될 수 없었다. 세미나리오는
1580년에 有馬와 安土에 설립되었을 뿐 豊後의 세미나리오는 설립되지
않았다. 발리니아노는 1580년에 臼杵에 수련원을, 豊後府內에 콜레죠를
설립케 하였으며, 1582년 2월 25일 九州 三侯의 소년사절을 동반한 채
長崎를 떠나 마카오를 향하였다.

II.

이즈음 유럽에서는 포르투갈 국왕 돈 세바스찬(Dom Sebastiao)이
1578년에 모로코를 원정한 후 적군의 공격을 받아 소식이 끊어지는 상
황이 발생하여 국내에 왕위계승문제가 이어지는 사이, 에스파냐 국왕 펠
리페 2세(재위 1556~98)가 리스보아에 3만의 군세를 파견하여 포르투
갈을 정벌하고 다음해 4월 포르투갈 왕위에 오르는 사건이 발생하였다.

그러나 이 '西葡合邦'은 1494년의 토르데지랴스 조약(Tratado de Tordesilhas) 체결 이래 '항해영역'을 둘러싼 양국의 경합관계를 격화시켰을 뿐 문제를 완전히 종식시킬 수는 없었다.

1565년 레가스피(Miguel Lopes de Legazpi)의 세부섬 상륙을 계기로, 에스파냐인들은 필리핀 지배를 지렛대 삼아 중국에 크리스트교 포교와 무역을 위한 문호개방을 적극 요청하기로 하고, 이를 실현할 수단으로 중국에 군사행동을 일으키는 문제에 대해 논하고 있었다.

당시 가톨릭교도 사이에는 성스러운 복음의 선포를 가로막고 자유로운 교역에 문닫아버린 자들을 제거하기 위해 군사행동을 일으키는 것은 정의의 전쟁이라 간주되고 있었다. 마닐라의 에스파냐정청은 펠리페 2세가 포르투갈 국왕에 취임했음을 마카오의 포르투갈인들에게 전하고, 그들이 국왕에 공순하도록 1582년에 재마닐라예수회사 알론소 산체스(Alonso Sanchez, SI)를 마카오에 파견하였다. 산체스는 마카오 측의 전면적인 '공순'을 요구하고, 동시에 마카오 당국자에 대해 중국과의 통상 및 포교를 실현할 수단으로 군사행동의 발동을 제기하고 그 가부를 물었는데, 그 자신은 군사행동의 발동을 주장하였다(高瀬弘一郎, 『キリスタン時代の硏究』, 岩波書店, 1977, 79~81쪽).

이에 대한 마카오 측의 견해는 대략 다음과 같다.

> ·중국에 대한 군사행동 제기는 복음 포교의 진전을 위한 정당한 행위이다.
> ·만약 주도면밀한 계획과 충분한 준비로 임한다면, 그 목적 달성은 그다지 어려운 일이 아니다.
> ·그러나 마카오의 안정이 모두 중국과의 우호관계에 달려 있는 현재, 서툴게 행동을 일으키는 것은 위험할 뿐만 아니라, 극동에서의 폐하를 위한 중요한 거점을 상실하고 폐하의 이익에 손해를 끼치게 될 수 있다.
> ·또한 중국이 우리들에게 통상의 문호를 닫고 있는 것도 아니고, 또

복음 선포에 대해서도 두 사람의 예수회사, 즉 미켈레 루게리(Michele Ruggieri)와 마테오 리치(Matteo Ricci)가 중국 본토에서 포교활동에 종사하면서 그 나름의 성과를 올리고 있다.

요컨대 중국 본토를 두 눈으로 확인하고 그 존재감에 충격을 느끼고 있던 마카오의 당국자들로서는 마닐라 측의 성급한 정복론에 대해 곧바로 찬동할 수는 없었다. 그러나 마카오나 일본 등 포르투갈의 극동 포교에 종사하고 있던 예수회사 중에는 중국 및 일본에서 포교를 진전시키기 위해서는 군사력의 엄호도 필요하다는 의견에 동감하는 자가 적지 않았다. 특히 굳게 문호를 닫은 중국 본토를 눈앞에 두고 그 어떤 타개책도 강구하지 못하던 그들의 초조감이 중국포교의 돌파구를 열기 위해서는 에스파냐의 병력도입도 사양하지 않는다는 생각을 품게 했다고도 생각할 수 있다. 에스파냐 세력의 극동수역 진출은 이 지역 예수회사들(그들은 포르투갈 국왕의 포교보호권 하에서 활동하였다)의 포교 활동에 미묘한 파문을 일으켰다.

Ⅲ.

앞서 언급한 산체스는 그 후 1584년 5월 재차 使者로서 마카오에 파견되었다. 그는 마카오시의 政敎 관계자들과 협의할 때 마닐라 측의 중국정복 의향을 강하게 주장하였다. 그리고 같은 해 7월 5일자로 예수회 일본준관구장 가스팔 코엘류에게 서간을 보내 그의 중국정복사업에 대한 생각을 전하였다(ARSI, Jap-Sin. 9-Ⅱ, ff 368-369v.). 즉 복음 선포에 대한 방해물 제거를 위해 무력을 행사하는 것은 크리스트교도로서 정당한 행위이며, 그를 위해 행하는 전쟁은 정의의 전쟁이다. 중국인은 자유로운 통상무역을 거절하고 선교사의 입국을 가로막고 있기 때문에, 에스파냐 국왕은 중국에 전쟁을 일으킬 정당한 권리와 의무를 가지고 있다는 취지였다. 전반적으로 마카오의 예수회사들은 중국에 대한 군사행동 제기에 대해 원칙적으로는 동감하면서도 그 실행에 관해서는 매우 신중하였다. 특히 최고 지도자인 발리니아노는 선교사가 중국의 풍속습관과 지식인의 행동양식을 취하여 모든 일을 중국풍으로 행하자는 중국 본위정책으로 중국포교에 임해야 한다고 주장했다.

한편 같은 시기 일본에서 포교에 종사하고 있던 회원 중에는 적극적으로 군사행동을 제창하는 자가 적지 않았다. 그들의 주장은 일본포교의 현 상황을 타개하기 위해서는 일본 국내에 교회의 안정된 기반이 될 영토가 필요하며, 이를 확보하기 위해 에스파냐 국왕의 군대를 일본에 도입할 필요가 있다는 취지였다.

일본준관구장 가스팔 코엘류는 앞서 서술한 산체스의 서간에 호응하듯이, 1585년 3월 3일자의 서간에서 필리핀의 예수회 상장 안토니오 세데뇨(Antonio Sedeno, SI)에게 일본교회의 지원을 위해 에스파냐 군함과 병력을 일본에 파견할 수 있도록 마닐라정청에 알선해 주길 바란다고 청하였다(ARSI, Jap-Sin. 10-Ⅰ, ff 23-23v). 그러나 마닐라의 군사력으로는 애당초 이에 응할 만한 여유가 없었으며, 뿐만 아니라 이 정보를 탐지한 예수회 인도관구장 발리니아노의 강한 요청에 따라, 마닐라 측은 코엘류의 요구를 거부하였다(ARSI, Jap-Sin. 10-Ⅰ, f 154).

그 후 코엘류는 선교사 협의회를 열어 국면타개를 위해 파도레 벨치올 데 모라(Belchior de Mora, SI)를 마카오에 파견하기로 결정하였다. 이번 사자의 임무는 마카오에서 귀국 길의 遣歐使節과 함께 일본으로의 도항 기회를 기다리고 있던 발리니아노를 만나, 그가 일본으로 건너갈 때 병력과 식량 및 탄약을 가지고 가도록 요청하고, 만약 발리니아노가 사망한 경우에는 추가적으로 에스파냐 국왕의 원조와 총회장의 양해를 얻도록 유럽에 간다는 것이었다. 그러나 이 계획은 발리니아노에 의해 저지되었으며, 1590년에 코엘류가 사망함에 따라 모두 중단되었다.

발리니아노는 일본을 처음 시찰한 1579년 단계에서는 일본교회가 자위를 위해 방어를 견고히 하고, 개종한 영주에게 군사경제적 원조를 행하는 것이 옳다고 판단하고 있었다. 그러나 이후 일본의 정세가 변화함에 따라 일본에 있는 선교사가 세속영주와 정치군사적으로 관계하는 것을 일체 금하는 방향으로 방침을 전환하였다(Valignano, op. cit.). 1590년에 遣歐使節과 함께 다시 일본에 들어온 발리니아노는 이른바 '군사계획'에 동조하는 회사들을 억누르면서 선교사의 국외중립을 극력 주장했으며, 통일권력을 확립해 가는 일본의 국내정세 속에서 예수회의 입장을 유지하기 위한 방책을 모색하였다. 또한 중국이나 일본에 대한 무력행사론에 대해서는 극동에서의 이베리아 양 국민의 세력으로 볼 때 일본 및 중국에 대해 군사행동을 일으킬 만한 여력은 없으며, 설령 일시적으로 거점을 점령한다 해도 이를 확장하거나 또 오래 유지하는 것은 불가능하다고 지적하였다. 그는 일본의 정치정세를 분석한 끝에, 교회에 호의적인 몇몇 영주를 정치군사적으로 지원한다 하더라도 안정을 얻을 수는 없으며, 선교사가 일본 영주들 간의 정치문제에 어설프게 개입하는 것은 도리어 세속영주로부터 의혹을 불러일으키기 쉬운 까닭에, 이는 교회를 위해서나 신도를 위해서도 불리한 일이라 생각하였다. 그리고 선교사는 완전히 국외중립을 지켜, 영주 간의 맹약체결이나 그것의 파기에 관여하거나, 혹은 특정의 영주를 옹호하거나 공격하는 태도를 명백히 보여서는 안 된다고 주장하였다.

IV.

한편 이즈음 豊臣秀吉이 루손의 入貢을 요구함에 따라 마닐라의 에스파냐정청과 외교교섭이 개시되어, 1591년에는 마닐라로부터 사절로서 프란시스코회사 프라이 페도로 바우티스타 블라스케스(Fr. Pedro Bautista

Blazques y Blazques, OFM.) 일행이 도래하여 에스파냐계 선교단에 의한 일본포교의 기원을 이루게 되었다.

여기에서 말하는 에스파냐계 선교단이란 16～17세기에 마닐라로부터 일본에 파견된 프란시스코회, 도미니크회, 아우구스티노회의 跣足派 수도회에 소속된 선교사들로서, 이 선교사들은 에스파냐 국왕의 포교보호권 하에서 에스파냐 국왕정부로부터 포교활동에 필요한 모든 비용을 지급받아 에스파냐 배로 내항하고 또 에스파냐 국왕의 국익을 위해 일본에 파견된 선교사 집단이었다. 이때 선교사들의 출신이 모두 에스파냐라고는 단정할 수 없다. 이는 포르투갈 선교단 일본예수회의 경우도 마찬가지로, 초대 일본포교장인 코스메 데 토르레스(Cosme de Torres, SI)도, 그리고 그의 동료인 후완 페르난데스(Juan Fernandez, SI) 수도사도 모두 에스파냐인이었다.

한편 포르투갈계 선교단이란 포르투갈 국왕의 보호 하에 포르투갈 배로 일본에 도래하고 포르투갈의 국익을 위해 포르투갈의 국가사업으로서 일본포교에 종사한 선교사 집단으로, 사실상 예수회가 포르투갈의 일본포교사업을 독점하고 있었다.

프란스시코회사를 시초로 하는 에스파냐계 선교단의 일본포교참가는 포르투갈의 보호하에 있는 예수회회사와의 사이에 일본포교의 권리를 둘러싼 대립과 항쟁을 격화시키는 결과가 되었다. 秀吉 정권의 금교령 하에서 예수회회사는 탄압을 면할 수 있도록 포교활동에 최대한 배려를 하였으나, 블라스케스 등은 1593년에 名護屋에서 秀吉을 알현할 때 교회를 건립하여 그리스도의 복음을 전할 수 있도록 허가를 받았다고 주장하면서, 수도에 교회를 세우고 공식적으로 예배를 행하는 등 눈에 띄는 포교 활동을 벌여갔다. 그러나 秀吉은 블라스케스가 이와 같이 믿고 있던 바에 대해 일절 발언한 적이 없다고 한다. 名護屋에서의 알현에 입회했던 前田玄以는 예수회 일본준관구장인 페드로 고메스(Pedro Gomes,

SI)에게 보낸 서장에서 "彼法御禁制之儀候而、於日本自然彼法をひろ
め候事なと有間敷候旨"라고 적었으며, 또한 秀吉이 블라스케스 등에게
포교를 허가한 적이 없다고 전하였다. 이것은 블라스케스의 지레짐작이
있는가 아니면 통역의 잘못이었는가라고 마이켈 쿠퍼는 말한다(Cooper,
Michael, Rodrigues, The Interpreeter: An Early Jesuit in Japan and China,
John Weatherhill, Inc. ed., New York, 1974. <松本また譯,『通辭ロドリ
ゲス』, 原書房, 1991>). 결국 이 문제는 블라스케스 이하 26명의 선교사
와 일본인 신도가 長崎西坂에서 처형되는 순교사건으로 귀결되었다.

　　이와 같은 선교단 상호 간의 항쟁은 이베리아 양국의 항해영역과 포
교보호권에 뿌리를 둔 대립이었으며, 이와 같이 상대국 주권을 무시한(조
금 현대적 표현이긴 하나) 대립과 항쟁은 통일권력형성기의 위정자의 의
혹을 사게 되어, 선교사들이 통일사업에 참여하고 있다는 시각에서 한 발
더 나아가 국가주권의 침범자라는 시각으로 바뀌어 갔다고 할 수 있다.

2. 에필로그

　　豊臣秀吉이 루손의 에스파냐정청에 입공을 강요하는 내용의 信書를
보낸 1591년은 또한 임진왜란으로의 도화선에 불이 붙은 해이기도 하다.
秀吉은 1590년 일본에 건너온 조선통신사를 복속사절이라 단정하고 조
선에 '征明嚮導'를 요구하였다. 1591년 諸大名에게 조선출병을 명하였
고, 다음해에는 征明軍의 부서를 정해 肥前名護屋에 본영을 두었다.
1592년(선조 25년) 4월 13일(일본력 12일) 小西行長과 宗義智 등의 제1
군이 부산포에 육박하여 길을 열라고 요구하였고 조선 측은 이를 거절하
였다. 이로써 전단은 열렸고 조선에서의 전후 7년에 걸친 전쟁이 시작되
었다.

주지하는 바와 같이 임진·정유왜란에는 일본의 크리스챤 大名도 다수 참가하고 있었고, 小西行長이나 內藤如安 등과 같은 장수급 크리스챤도 적지 않았다. 본고에서는 임진·정유왜란에 이르는 前史로서 대외관계사를 크리스챤 전도문제와 관련지어 논술하였다. 이와 같이 임진·정유왜란을 국제관계사의 일환으로 자리매김하는 것도 의의가 있다고 생각한다.

필자소개(집필순)

橋本雄 (北海道大學) 尹裕淑 (동북아역사재단)

藤田 勵夫 (九州國立博物館) 伊藤 幸司 (山口縣立大學)

申東珪 (강원대학교) 國原美佐子 (東京女子大學)

佐伯弘次 (九州大學) 米谷 均 (共立女子大學)

北島万次 (前 共立女子大學) 荒木和憲 (文化廳 文化財部)

閔德基 (청주대학교) 金文子 (상명대학교)

木村直也 (産業能率大學) 池內 敏 (名古屋大學)

關周一 (筑波國際大學) 鈴木 文 (福岡市總合圖書館)

須田牧子 (東京大學 史料編纂所) 赤司 善彦 (九州國立博物館)

孫承喆 (강원대학교) 志賀智史 (九州國立博物館)

大西信行 (中央大學杉並高等學校) 押川信久 (九州大學)

村井章介 (東京大學) 小宮木代良 (東京大學 史料編纂所)

柳在春 (강원대학교) 加藤榮一 (前 東京大學 史料編纂所)

한일 교류와 상극의 역사

값 30,000원

| 2010년 4월 9일 | 초판 인쇄 |
| 2010년 4월 20일 | 초판 발행 |

엮 은 이 : 北島万次 孫承喆 橋本 雄 村井章介
펴 낸 이 : 한 정 희
펴 낸 곳 : 경인문화사
편   집 : 신학태 김지선 문영주 안상준 정연규
서울특별시 마포구 마포동 324-3
전화 : 718-4831~2, 팩스 : 703-9711
http://www.kyunginp.co.kr ㅣ 한국학서적.kr
E-mail : kyunginp@chol.com
등록번호 : 제10-18호(1973. 11. 8)

ISBN : 978-89-499-0717-8 93910